Ludovica Squirru Dari

Horóscopo chino 2020

Rata de metal

2008 • 2020 • 2032

VERGARA

PRODUCCIÓN GENERAL E IDEAS
L. S. D.

COORDINACIÓN EDITORIAL Y CORRECCIÓN
Marisa Corgatelli

DISEÑO Y SUPERVISIÓN DE ARTE
Natalia Marano

FOTOS, TAPA, CONTRATAPA, INTERIORES Y PÓSTER CALENDARIO
Claudio Herdener - gatophoto@gmail.com

gatophoto.blogspot.com

RETOQUE DIGITAL
Alejandro Calderone - accphoto@gmail.com

ILUSTRACIONES DE INTERIOR
Ana Candioti - anacandioti@live.com

VESTUARIO
Claudia Pandolfo - claudiapandolfo@gmail.com

Portofem

PEINADO Y MAQUILLAJE
Gabriel Oyhanarte - gabrieloyhanarte@gmail.com

BIJOU
Fabiana Alaniz - fabiana_alaniz@hotmail.com

COLABORACIONES ESPECIALES
Cristina Alvarado Engfui - islacentral@yahoo.com
Ana Isabel Veny Llabres - zonaatomica@gmail.com

COLABORACIONES
Esteban Villareal - esteban.villareal@gmail.com
Leandro A. Vega - leandro.andres.vega@hotmail.com

AGRADECIMIENTOS
Hoby De Fino - @hobydefino
Fernando Manguz, Rita del Valle Cejas Vimma
y Felipe A. Caro Oshiuko
Gabriela Romano
Deepak Ananda - contacto@deepak.com.ar
Fundación Espiritual de la Argentina
http://www.ludovicasquirru.com.ar/html/fundacion.htm

DIRECCIÓN DE INTERNET
www.ludovicasquirru.com.ar

CORREO ELECTRÓNICO
lulisquirru@ludovicasquirru.com.ar

Primera edición en Argentina: septiembre, 2019
Primera edición en México: noviembre, 2019

ISBN: 978-607-318-414-4

Impreso en México – *Printed in Mexico*

El papel utilizado para la impresión de este libro ha sido fabricado a partir de madera procedente de bosques y plantaciones gestionadas con los más altos estándares ambientales, garantizando una explotación de los recursos sostenible con el medio ambiente y beneficiosa para las personas.

Penguin
Random House
Grupo Editorial

A William Shakespeare

•

Rata de Metal
Juan Cruz Sáenz
Patricia Arenas
Vivian Grun
Roby de Gaetani
Alejandro Calderone
Jorge Fernández Díaz
Jorge Lanata
Claudio María Domínguez
Lino de "Volver" Ushuaia

Rata de Tierra
Crispin
Lidia Urdinez, Portofem
Mirta Todarelli
Jeremías De Fino

Rata de Agua
Gabriel Oyhanarte

Rata de Madera
Juan Pretini
Nadia de Maldonado

Rata de Fuego
Norma Aleandro
Mario Varga Llosa
El Pibe Banana
Felicitas Valenzuela
Gloria Rodrigué
Trini Vilar
Felisa Moreno Quintana
y el papa Francisco

Y a todas las ratas hechizadas que anónimamente
o descaradamente me declaran su amor.
L. S. D.

ÍNDICE

PRÓLOGO 2020

Música de las ballenas de Puerto Pirámides.

AHAU autoexistente en el TZOLKIN.

La mañana voló como un galope a pelo en la pampa sin rumbo, con los avatares que me guiñan el tercer ojo para que confíe en que durante el año del chancho todo es imprevisible, denso, hocico con hocico, con humores intempestivos y reloj de arena.

Es tanto lo que viví desde que puse punto final al año del perro, que siento que tuve cien reencarnaciones en nueve meses, que intento ordenar psíquicamente antes de reencontrarme con el año de la rata al que presiento como un cohete al espacio sideral.

El viaje es diferente; tuve que adaptarme como las plantas, los animales y los mortales a los ciclones, huracanes, tempestades que me cayeron sin que tuviera escafandra para resistirlos.

Argentina y su devastación más espiritual que económica.

Intento no prender la televisión hasta casi la noche, para preservarme del alud tóxico que envenena a la población. Inevitable; algunas noticias llegan infiltradas por el chancho, amigos, vecinos o víctimas del fin del mundo.

Vacío la mochila entre ceremonias de sincretismo que son mi "alineación y balanceo" para salir íntegra a la calle.

Fue un verano raro.

No solo por los antojos del cambio climático sino por el desconcierto de la gente ante la CRISIS más globalizada que se ha conocido en la historia de la humanidad.

Siempre hubo grandes ciclos y cambios, pero esta vez, aunque busquemos un paraíso donde refugiarnos, como Cerdeña, encontraremos –en la orilla de su mar turquesa y playas paradisíacas– una ballena muerta por ingerir toneladas de plástico, un *snorkel* y botellas de detergente, lo que produjo –además– el aborto de su cría.

¡¡Y aún hay gente que cree que quedan paraísos en la Tierra!!

La búsqueda de la felicidad pasó de moda.

Nos queda transitar el CAMBIO DE CONCIENCIA, de *off* a *on*.

Y CON LA RATA DE METAL ENTRAREMOS EN ESA DIMENSIÓN, COMENZANDO UN CICLO DE 60 AÑOS.

Observo el paralelismo entre el afuera y el adentro.

La velocidad, hasta viviendo en la montaña, es acelerada.

El eje de la tierra se está moviendo y corre como una maratón.

La desorientación abarca a todos los reinos de la naturaleza.

Y LA INFLUENCIA CÓSMICA, mayormente ignorada, es lo que nos está mandando fuertes señales para que nos conectemos y aceptar que somos parte del insondable universo.

¿Cómo lograr tener salud holística?

CONECTÁNDONOS CON LO QUE NOS DA MIEDO: EL CAMBIO INEVITABLE DEL TIEMPO-ESPACIO.

La rata de metal viene con velocidad de tren bala japonés.

Por eso, hasta que comience su reinado, el 25 de enero de 2020, debemos prepararnos como samuráis.

La gira del año del chancho fue un chopsuey agridulce. Intentaré recordarla.

La situación de la Argentina hace mucho tiempo que no da para *big party*, y propuse que la presentación del libro fuera en Villa Ocampo, el edén de Victoria,[1] mi musa inspiradora desde hace años.

Parecía un sitio muy lejano, difícil y a trasmano; pero quienes son los responsables de dichos eventos se jugaron una vez más por LSD: Rodolfo Blanco, Juan Pretini, Nadia y Francisco.

Beccar, sobre el río, la casa que construyó el papá de Victoria para la familia, cuando vivir allí era una aventura para los porteños del asfalto.

El jardín tiene el FENG SHUI de una villa italiana, y los aromas que destilaban los jazmines y las madreselvas en noviembre enamoraban a un marciano.

Todo fluyó, en una semana acuática en la que parecía que la lluvia no se detendría.

El día de la presentación, el sol asomó temprano, secó el pasto y el mal humor porteño para recibir al zoo que, con invitación

[1] Villa Ocampo es la mansión de la escritora argentina Victoria Ocampo. Está situada en Beccar, provincia de Buenos Aires. Desde 1993 es Monumento Histórico Nacional.

o sin ella, estaba esperando que se abrieran las compuertas del templo cultural, de los pocos bastionses que quedan en la provincia de Buenos Aires.

Fuimos a la fiesta con Claudia, Gabriel y Catman, para producirme. Espiábamos por los ventanales la llegada de amigos, fanes, gente de prensa que con gran cariño tomaron el tren, algún auto compartido o el clásico colectivo 60.

Invité a mis sobrinos a participar con canciones, *performances* en las míticas galerías antes de mi aparición en 4D.

La noche recién preñada estaba deliciosa; aun cantaban pájaros, se veía la luna creciente y una brisa nos envolvía como una gasa.

Agradecí la historia cultural de quienes pasaron días, horas allí. Se vibraba a Borges, Sabato, Bioy Casares y Silvina, Tagore y otros escritores de gran prestigio que dejaron su huella invisible, y al fantasma que muchos ven y presienten.

Comencé la disertación con: "Gracias, cambio climático".

Porque se portó, y después de una fiesta que realmente quedará en la memoria celular de los que estuvimos allí, al despedirme de cada uno, las primeras gotas cayeron suavemente para continuar con un diluvio del génesis.

Los días previos había ido a la TV pública, al programa de entrevistas a medianoche, a la mesa de la inefable Mirtha Legrand, a lo de Pampita, a programas de radio, y realicé notas en diarios de papel y virtuales que promocionaron el clásico del horóscopo chino.

El 4-12-2018 cumplimos quince años de la Fundación espiritual de la Argentina, y lo celebramos con libro incluido, entre amigos, fundanautas, Fernando Manguz y su poesía musical, y con otro aguacero que es común en el lugar.

Miguel y Flavia Grinberg estuvieron "ausentes con aviso" por la salud del búfalo ecológico que bajó defensas en el cruel año del perro.

La felicidad de compartir con los amigos de la comarca –Juan Marchesi, Jeanette, Eduardo y Silvana, los *sponsors* de puentes del Sur, Miguel y Tanya, y los amigos locales, Carla y sus chamanas– fue una recompensa a nuestra siembra de quince años.

Mario y Luna, creadores de la Triac[2], nuestra médium del valle, dieron el presente junto a Elbio y el zoo de la pulpería. Los seminarios de una semana, y luego partir rumbo a Montevideo, con una breve escala en Buenos Aires, saludos agridulces de diciembre y el cruce en el *Papa Francisco*, que a pesar de su nombre es un crucero de lujo.

Allí me esperaba Fernando, el gallo conductor que me acompaña en giras, para depositar mis siete cuerpos en el Radisson antes de la rueda de prensa.

Dos días en programas entrañables de TV y radio y la presentación en un salón del hotel al que llegaron fanes, lectoras y amigas como Ago Páez, Myriam, Adriana y su zoo.

Con Ana Isabel Veny, colaboradora uruguaya del libro, dimos nuestra cosmovisión del año del chancho de tierra.

La estadía se compensó con el premio al libro de oro, una tradición que ya tiene más de quince años, y en la cual soy la autora extranjera *best seller* reconocida por la Cámara del Libro en Uruguay.

De allí al Argentino Hotel a reciclar el *spam* canino, reencontrarnos con Uschi y Fernando de María y pasar la Navidad con ellos.

Este hotel es un lugar que valoro por preservar la identidad, la cultura, el calor de hogar, la buena comida y la excelencia del personal, que año tras año nos recibe con sonrisas y una atención de "otro tiempo", ese que añoramos los que sabemos del respeto al prójimo.

La querida René, anfitriona, y Juanjo Méndez Requena lograron la continuidad del hotel más esotérico de Sudamérica, y es muy grato saludarlos sin invadirlos cada mañana.

Masaje en el *spa*, pileta y Catman con gripa que duró toda la estadía.

OMOMOM.

Desde allí en un vuelo de Punta del Este a Córdoba.

Ver a Usi y a Lolita, mi ADN holando argentino, un día en las sierras y compartir su felicidad de pisar la pacha serrana, con pileta y tartas exquisitas fue el mejor broche del año.

[2] Es una radio de Los Hornillos, en la provincia de Córdoba.

Año nuevo con nuestros perros amados, y comenzar 2019 al lado de Feng Shui[3] en la cantina de Carlo, con sus ricas pastas caseras y chamuyo, con un cielo tapizado de estrellas y misterio.

Otoño en Feng Shui.

Retorno al prólogo en el templo serrano en Semana Santa.

La pascua (paso) que di y celebraré en mi tierra serrana es un intervalo para contarles mis últimos cambios astrológicos.

El TAO (camino) recorrido junto a la querida editorial Urano dio un giro galáctico hacia Penguin Random House.

Transcurrieron seis meses arduos, inesperados, sin red, hacia una nueva propuesta editorial.

Fui invitada a la Feria del Libro de San José de Mayo, en Uruguay, el 12 de septiembre, el día de la despedida en su amada ciudad del queridísimo Omar Gutiérrez.

La causalidad es mi aliada y las señales fueron claras.

Celeste Verges, la gata de metal, organiza desde hace quince años esta mítica Feria en la plaza y en el teatro Macció, el último lugar donde cantó Gardel en suelo uruguayo antes de partir al más allá.

A los escritores uruguayos y extranjeros nos habían alojado en el mismo hotel, pulcro, céntrico y cálidamente atendido.

Una tarde me encontraba sentada a una mesa, sola, tomando un té antes de ir a la Feria, cuando inesperadamente Julián Ubiria pegó un brinco de conejo, gato o liebre, y con la seducción digna del signo me acorraló en el corner y se presentó: “Soy Julián Ubiria, gerente de Penguin en Uruguay ¡¡y te queremos tener con nosotros!! No puede ser que el libro extranjero más vendido de Uruguay siempre sea el de Ludovica, y no seas ‘nuestra’”.

Quedé estupefacta. Fue una flecha al blanco, como solo los conejos de agua logran acertar.

Le dije que estaba feliz con Urano, que su gente y su profesionalismo no me provocaban interés en irme de allí.

Su sonrisa dibujó un acertijo en la quietud de la siesta charrúa.

Marcela Sáenz fue testigo del encuentro en la etapa en que ya el aguijón estaba en mi sangre, invisible.

---

[3] Así se llama la casa de Ludovica en Traslasierra.

Intercambiamos tarjetas y propusieron un almuerzo en Buenos Aires con el tigre Juan Ignacio Boido y el conejo Julián. Y aumentó mi curiosidad por el entusiasmo de ambos por tener a LSD en la matrix galáctica.

Atravesé la *Ilíada* y la *Odisea* hasta cruzar "nuestro Ganges", el Río de la Plata.

Reconozco que la invitación a editar todos mis libros publicados –para las generaciones que no me conocen– y el anuario chino me dio el envión final.

Estoy en pleno mediodía en el jardín de Feng Shui con los pies sobre el pasto húmedo del otoño e impregnada de aromas de hojas que fueron pintadas por Van Gogh hace un tiempo en otro lugar, comulgando en el éxtasis que es la naturaleza cuando nos habla e inspira a través del espíritu.

Los pájaros aquietan su canto, las chicharras, las mariposas, los insectos descansan en esta estación para renacer en primavera, y así florecer junto a este libro rata de metal, que socava nuestra psiquis con psicodelia y mensajes proféticos, iniciando un período de sesenta años, marcando un cambio cíclico y anunciado en todas las cosmovisiones de la humanidad.

Se manifestará en lo planetario, geopolítico, social, tecnológico, que cambiará el rumbo de esta decadente humanidad para ser testigos del nuevo germen humano y tal vez cósmico, finalmente recuperado en nuestra navegación en este planeta para comenzar un viaje interestelar, quizá hacia Marte o la Luna.

Coincide este momento con el incendio de Notre Dame, catedral que visité hace más de treinta años, cuando me embarcaba desde París hacia China.

El fuego es el elegido por los dioses para enseñarme el desapego y la purificación en esta reencarnación.

Sé lo que es quedar "en Pampa y la vía",[4] viendo algo que creemos que es una pesadilla, pero cuando llega el amanecer confirmamos que la tragedia ya forma parte de nuestras vísceras marcadas a fuego hacia la eternidad.

Testigos en el mundo de 800 años de la historia de Francia a través de Notre Dame, oculta, misteriosa, íntima cofradía de

[4] Es una expresión argentina, en especial porteña, que significa quedarse sin dinero.

pecados mortales y capitales sin saldar en el karma humano, y meca del turismo mundial.

Nos esperan episodios con efecto dominó que transformarán el rumbo de la historia y la morfología de la Tierra; ciudades, pueblos, lugares sagrados de todos los credos y religiones están atravesando una crisis sin retorno.

Todo sacará a la luz a la metálica rata: los profetas y mesías enviados para cerrar grandes capítulos e iniciar "el retorno de los brujos e iluminados" que gobernarán con leyes cósmicas y humanas a quienes queden en este paisaje de ciencia ficción, hasta su próximo ciclo en el año 2080 y 4778 para el calendario chino.

Cruza una bandada de loras en el aquietado mediodía, rompiendo la barrera del sonido. En simultáneo en la TV los loros políticos anuncian medidas para congelar precios y tarifas.

Cito a Gaba Robin, de un mail: *El tiempo y el amor se fueron a vivir a otro planeta.*

Hace un katún (veinte años) me bauticé "la ultima romántica del apocalipsis" y estoy convencida de que cuando ya sea una emergencia evacuar las grandes ciudades, las capitales del mundo amenazadas por la destrucción y la agonía de la gente, y la tecnología se haga añicos, conectaremos una antena parabólica al cielo y a la tierra y seremos dioses en el planeta.

Pascua-Pésaj.

El amanecer en las sierras es plateado.

Con una luz sobrenatural de la última luna llena y un día que está tatuado en el ADN de los genes por el símbolo de la resurrección de Cristo.

Coincide con el Pésaj judío y la liberación de su pueblo de la esclavitud en Egipto, su búsqueda de la libertad, el cruce del Mar Rojo y una nueva humanidad.

Y acá en la 3D todo sigue igual. Las celebraciones religiosas están en crisis, son excusas de escape para el fin de semana o el *dolce far niente.*

Llueve finito, y siento gratitud por estar en mi cama calentita iniciando el día.

Hice un gran paréntesis para contarles mi situación editorial, pero continuaré el viaje dentro del viaje que fue la gira canina en Estados Unidos.

Esta vez me tocó a mí.

Debido a la crisis nacional, la editorial decidió que tenía que promocionar el libro en enero en el hemisferio Norte.

Unos días en Buenos Aires, y a preparar vestuario para New York, donde la térmica rondaba entre 10 y 25 grados bajo cero.

Tenía una invitación, como tres años atrás, para presentar el anuario chino en el Consulado Argentino en New York.

Desde hace tres décadas, mis giras son pagadas por la editorial que me contrata, y como soy libre pensadora y escritora *best seller*, no necesito tocar puertas blindadas, pues se abren solas.

Hace tres años, en el mismo lugar, tuve la grata invitación del cónsul Pérez Gabilondo, del gobierno k, y la sala se llenó como en enero pasado, con la diferencia de que esta vez fui mediáticamente crucificada en la Cruz del Sur por quienes decidieron usarme para seguir con la guerra sucia del año electoral.

Como no tengo redes, Facebook, twitter, ni instagram, fueron contra el embajador argentino, Marcelo Giusto, su familia, el cónsul Eduardo Almirantearena y quienes apoyaron esta presentación en la cual la sala se llenó de gente de Latinoamérica y argentinos de la grieta.

Sobrevolé la situación y no subí al *ring* mediático para que me descuartizaran como a Tupac Amaru.

La conferencia fue contundenae, la llegada de artistas argentinos y amigos acarició mi nervio ciático que quedó duro por la térmica y el estrés.

Bye bye, New York, hasta el verano, u otoño, cuando ser humano es una posibilidad en *The Big Apple*.

Desde allí fuimos a Miami, que fue el paraíso climático y humano.

Estadía en *downtown*, con vista a la bahía; buenos amaneceres y *sunsets*, y retornar a los medios que me abrieron las puertas con cariño y ganas de conocer las predicciones del cada vez más cercano año del cerdo.

Allí Lucía, Mariela y Nitsy, tres mujeres geniales, tenían bien aceitada la gira y la presentación en la librería que es un clásico en Miami y donde me eternizaría si pudiera: Books & Books.

Fue realmente otra ceremonia vital: Mónica Prandi me presentó como en otros años, con su lucidez, calidez y profesionalismo, y asistieron amigos y un público que sigue mi obra desde hace 35 años.

Después, una comida pantagruélica en Graziano, donde María, la moza charrúa, ya es el alma del lugar y siempre me recibe como una reina de la Cruz del Sur, junto a sus dueños.

Esteban Villareal, que este año narra un capítulo sobre las vacaciones del zoo chino, estuvo acompañando esta travesía con buen humor, y la sinergia de la noche fue una gran recompensa al mal trago neoyorkino.

El mundo, incluido Estados Unidos, está en crisis; una crisis más espiritual, humanitaria, solidaria y altruista que económica.

La incertidumbre ronda el día a día, y la xenofobia hacia quienes no son de la raza aria se manifiesta con crueldad.

Salidas amenas con Esteban por Lincoln Road, algunas compras mínimas y el vuelo a Buenos Aires el primer día de febrero.

La primera parte flotando en el NIRVANA, y desde Bolivia hacia Ezeiza en el infierno de turbulencias; tripulación y gente descompuesta y un "Dios mío, que cerca estamos de la eternidad volando en la oscuridad sideral del universo".

OMOMOM. Ezeiza.

Y gracias, Urano, por el auto que nos esperaba para cerrar la gira canina que me mordió fuerte en mi ausencia del país.

Abrir la puerta de mi casa fue la gran recompensa de un tiempo que marcó mi horizonte hasta ese momento placentero de ser autora *best seller,* con giras que les he narrado en mis libros con gran alegría y gratitud.

L. S. D.

INTRODUCCIÓN A LA ASTROLOGÍA CHINA

por Cristina Alvarado Engfui

La astrología china –que en realidad es una combinación de numerología, la observación del Sol, la Luna, Venus y Júpiter– es parte esencial de la historia de la antigüedad china. Fueron los primeros intelectuales de los reinos anteriores a la dinastía Han los que le dieron pies y cabeza a toda una colección de leyendas y mitos para ayudar a crear un reino unido, con miras de ser un gran imperio milenario. Esta tropa de magos, médicos y poetas dieron forma al pensamiento místico, científico y cultural chino desde el tiempo de los primeros asentamientos humanos, principalmente en la cuenca central, al margen del Río Amarillo. Grandes sabios, hombres y mujeres, se mantuvieron cercanos a los líderes militares, quienes por fuerza se convertían en reyes y emperadores. En esa época nacieron las formas de escritura talladas en omóplatos, huesos y caparazones de tortuga, y ahí –con discreción– nacieron los doce signos del zodíaco chino: rata子 zǐ, búfalo丑 chǒu, tigre寅 yín, conejo卯 mǎo, dragón辰 chén, serpiente, 巳 sì, caballo 午 wû, cabra未 wèi, mono申 shēn, gallo酉 yǒu, perro戌 xû y chancho亥 hài.

Junto con los ideogramas que interpretan objetos como el Sol, la Luna, las personas y los animales, los signos del zodíaco se convirtieron en marcadores del tiempo, el espacio, las direcciones y, más adelante, en parte esencial del estudio de la anatomía y la medicina tradicional china. Los doce caracteres forman parte del grupo de caracteres más antiguos y hay registros físicos de estos a partir de la dinastía Shāng (1600 a. C. a 1046 a. C.).

En el idioma chino importa el contexto, no hay una gramática igual a la del español, pero los errores se cometen al no tomar en cuenta todo el texto cuando se saca un solo carácter y se pretende darle un significado único. Por eso, lo que en chino tiene sentido, en castellano nos puede parecer críptico; por lo tanto, los caracteres que componen los doce signos del zodíaco, las doce ramas terrestres y los diez troncos celestes –que además se relacionan por medio del calendario chino con las *nueve estrellas voladoras* (Ki de las 9 estrellas)– presentan un marco de variaciones y significados que podrían alucinar a cualquiera.

Esos primeros caracteres fueron usados para marcar las fechas del movimiento del Sol (que evoca la calidad del día), la Luna (que marca el ciclo del mes que corre) y Júpiter (que describe la calidad de las cosas, los animales y las personas por el año de nacimiento) en un calendario que ha ido adquiriendo caracteres, significados y rituales, y en algún momento desde el final de la dinastía Xià 夏(2070 a. C a 1600 a. C.) hasta nuestros días se ha convertido en esencial para la cultura china, el sudeste asiático y el norte de Asia, incluso si no se utiliza como medio esotérico.

El zodíaco chino, al igual que el caldeo, utiliza doce signos que en China se llaman Shēngxiào 生肖, que literalmente significa: "Año de nacimiento". Al llegar la dinastía Han del Oeste 西漢, poco después del año 200 a. C., se crea el Calendario de los Mil Años o Wàn nián lì 万年历 con el cual se integra el zodíaco chino en forma de calendario, acompañado de un sistema numérico llamado Troncos celestes Tiāngān 天干, que, por cierto, son aún más sobresalientes que los signos zodiacales a la hora de definir la carta natal, y que también forman parte de la base del idioma chino, tal cual lo conocemos.

Para explicar y presentar todo esto a la gente sin confundir, tenía que existir un sistema, una poética del lenguaje interesante y fue entonces que nació la leyenda.

El Emperador de Jade se ilumina

Según la mitología taoísta anterior a la llegada del budismo a China, cuando el ser humano aún vagaba por la tierra, Yù Huáng, el Emperador de Jade veía con desconcierto que las personas seguían acampando aquí y allá, formando clanes nómadas que constantemente peleaban sin llegar a un lugar donde fructificar y crecer en paz. Estas personas aún no sabían distinguir las fases del tiempo, el espacio y el clima, ni el momento apropiado para descansar o seguir trabajando. Por ende tampoco comprendían sus propios ciclos corporales o el de las bestias que cazaban. Era apenas el inicio de la Edad de Bronce.

Yù Huáng sabía que no podría seguir cuidando de la humanidad porque el destino de los humanos debía ser trazado por ellos mismos. Ni dioses ni bestias podían decidir su devenir más que ellos, a punta de errores y desatinos. Pero el animal humano –ese bípedo inteligente que comenzaba a usar sus herramientas como extensiones del cuerpo y tenía ya el conocimiento del uso del fuego– había alcanzado la posibilidad de llegar a ser inmortal[5], de cuidar su hogar, de comprender el crecimiento de las plantas y de ayudar a sus descendientes a seguir evolucionando.

El zoo

Según uno de los mitos fundacionales de China, los humanos estaban en contacto constante con todos los animales; había comunicación entre todas las criaturas. Los dragones surcaban el cielo, dormían en los ríos y reinaban en los mares. La cabra y el caballo les habían enseñado a sembrar la tierra y a guardar semillas para la siguiente siembra. El perro, el gallo y el mono tenían una gran amistad que inspiraba a los humanos por su capacidad para trabajar en equipo, la rata y el gato eran buenos amigos y patrullaban los rincones más pequeños y el tigre señoreaba las montañas y los bosques, asegurándose de que se hiciera justicia entre las bestias, lejos de la mirada de los humanos. El búfalo y el chancho acompañaban a la gente en su aprendizaje por comprender los ciclos de la tierra, y mientras, la serpiente enseñaba a los primeros chamanes las artes ocultas de la medicina y el Tao.

De pronto, el viento cambió su curso y trajo buenas nuevas a todos los seres sintientes; El Emperador de Jade debía partir a la Isla de los Inmortales en la dimensión celestial y quería dejar una herramienta más para los humanos. Así, el emperador que quedara al mando de China una vez que él estuviera ausente podría hacer un Imperio de los Diez Mil Años, un lugar donde florecieran los cultivos más hermosos y una cultura de inmortales.

Hacer un calendario basado en un zodíaco para marcar tiem-

[5] En esa época el objetivo de la mitología taoísta era ser inmortal.

pos, zonas, órganos, y realizar todo tipo de clasificaciones ayudaría en el camino a la evolución y consecuente iluminación de los Hijos del Dragón –como se hacían llamar los chinos– hasta llegar a todo el mundo.

La carrera

Quedaron fijadas las reglas: los lugares en el zodíaco se ocuparían según fueran llegando al palacio, y el que no llegara antes del anochecer, quedaría fuera. El Emperador de Jade invitó a los mejores, pero el azar y sus mutaciones dictaría un destino distinto.

La rata no pudo dormir la noche anterior a la carrera, así que decidió salir antes de tiempo. Al hacer esto, dejó al gato dormido. El gato acostumbraba a trabajar de madrugada, pero esa noche estaba muy cansado y le había pedido a la rata que lo despertara en cuanto amaneciera; la rata –debido a que salió de noche– olvidó despertar al gato y este se perdió la carrera. Desde entonces, el gato caza al ratón y la rata procura no acercarse a él, por lo que permanece oculta todo el tiempo posible.

En el camino, la rata encontró al búfalo, que dormía junto al río. Como vio que era más alto que el río, lo despertó: "Oye, búfalo, ¿vas a ver al Emperador de Jade? ¡Llévame contigo! Si cruzamos juntos llegaremos más rápido, y te puedo hacer compañía". El búfalo vio que no era mala idea. Asintió y decidió cruzar el río con la rata sobre su cabeza. Esta era tan simpática que al búfalo no le importó haber perdido unas horas de sueño. El tigre despertó cuando era de noche. Buscó el traje más lujoso y aunque perdió un poco de tiempo, salió también de madrugada camino al palacio, confiado en que llegaría en primer lugar.

En el camino, el tigre se encontró con un pequeño conejo que estaba asustado. Tenía que atravesar el bosque solo para llegar ante el Emperador de Jade, pero le daba miedo la oscuridad. El tigre le dijo: "Ven conmigo, a mí tampoco me gusta andar de noche". Al poco rato atravesaron una aldea y los campesinos que comenzaban a levantarse al ver al tigre huyeron despavoridos. El conejo pensó: "Vaya, que buena suerte tengo con este guardaespaldas". El tigre, sin estar consciente de su aspecto pensó: "Este pequeñito de seguro es terrible, ¡todos huyen a su paso!".

El dragón cruzó el cielo avanzando a gran velocidad, en realidad no estaba interesado en llegar en primer lugar, lo importante era estar ahí en un momento tan importante. Llegaría a una hora en la cual su energía sería la primordial. La serpiente no esperaba ocupar un lugar en el zodíaco; estaba muy ocupada curando gente, así que despidió a su amigo dragón y siguió trabajando.

El caballo, acostumbrado a dormir muchas horas seguidas, se quedó dormido, pero a pocos minutos de llegar el mediodía se levantó y comenzó a recorrer los mil Li que lo separaban del palacio. Más adelante se encontraba la cabra saltando de árbol en árbol. Llevaba en su hocico semillas que después regalaría a los hombres sin saber que eso daría nacimiento a la agricultura. Tampoco tuvo problema alguno para llegar al palacio, pero alcanzó a ver pasar al caballo y se dijo: "Está bien así, prefiero llegar tarde y tranquila, que temprano pero resoplando como el caballo, además, no me quiero tragar las semillas".

A las márgenes del río, un poco desanimados, se encontraban el mono, el gallo y el perro. A diferencia de los demás invitados, ellos no tenían ninguna agilidad especial, tan solo su ingenio. Trabajaron en equipo y, tras deliberar, decidieron hacer una balsa que cruzaría las aguas sin tener que perder mucho más tiempo. El mono cortó la madera, el gallo usó sus alas como velas y el perro utilizó su rabo como timón. Tardaron más tiempo de lo previsto, pero lograron cruzar el río al llegar el anochecer.

Ya noche, el Emperador vio que dos invitados habían llegado y decidió abrir las puertas del palacio. Apenas estas se abrieron, la astuta rata saltó de la cabeza del búfalo y llegó a las 23 horas. El búfalo recién logró pasar a la una de la madrugada pues la puerta era muy pesada y difícil de maniobrar. Desde entonces, el zodíaco chino marca el inicio de su ciclo a las 23 y no a la medianoche, como en otros sistemas de medición de tiempo.

El tigre se llevó una sorpresa. Pensó que llegaría en primer lugar porque arribó a las tres de la madrugada, pero aceptó sin protestar. El pequeño conejo no creía ser merecedor de un lugar en el zodíaco, pero al Emperador le hizo tanta gracia que el conejo no le tuviera miedo al tigre, que al sonar las 5 de la madrugada le dio el cuarto lugar en el zodíaco.

Cuando el sol ya estaba en el horizonte y la vida comenzaba a despertar, el dragón descendió en el patio del palacio. "Señor mío –dijo el dragón–: pensé que esta sería la hora más civilizada para llegar ante usted". "Así es, hermano; bienvenido seas".

El tiempo cruzaba su séptima hora. Entonces el emperador le preguntó al dragón por la serpiente. "Dice la sabia serpiente que está muy ocupada y no quiso venir", dijo el dragón levantando los hombros. "¡Pamplinas!", contestó el emperador, y con un pase mágico hizo que la serpiente desapareciera del lugar en que estaba. Justo en ese momento, un guardia advirtió que a pocos pasos se encontraba el caballo, que al entrar al galope en el palacio se encontró con la serpiente, que por arte de magia apareció entre sus cascos. El caballo se pegó un susto tan tremendo que perdió el conocimiento. Eran las nueve de la mañana, pero recién a las once recobró la conciencia. Desde entonces el caballo le tiene miedo a la serpiente, pero no por eso deja de galopar velozmente adondequiera que va.

A las 13 horas llegó la cabra dando saltitos. Hacía mucho que el caballo la había dejado atrás, pero no le importó. Se acercó al grupo, saludó al Emperador y pacientemente esperó a que llegaran los demás convidados.

Mientras tanto, en el río, ocurría un pequeño drama. El bote que hicieron los tres amigos se estaba desarmando y a duras penas llegaron a la orilla. Entristecidos se fueron desbandando, porque sintieron que era mejor aparentar que no venían juntos, pues pensaron que el haber hecho la balsa era trampa. El mono llegó a las 15, el gallo a las 17 y el perro a las 19 horas. Al llegar las nueve de la noche, el llanto de dolor de un chancho al que llevaban al matadero llamó la atención del Emperador. La cabra, que conocía bien al chanchito, le dijo que podría ser un buen guía para la humanidad porque era tan trabajador que se sacrificaba constantemente por ellos. El Emperador asintió e hizo que trajeran al chancho ante él. Y del gato, ni sus luces.

Desde entonces, a todos estos animales no solo les tocó comandar un año dentro del zodíaco chino, sino también dos horas marcadas por el tránsito del sol a lo largo de la carrera, desde las once de la noche –tiempo en que llegó la rata al palacio–

hasta las once de la noche del día siguiente, cuando el chancho realmente se dio cuenta de que su vida había sido salvada. 24 horas divididas entre dos: *yin* y *yang*, en un ciclo que durará mientras el Sol, la Luna y los demás planetas sigan su recorrido vertiginoso a través de la galaxia. Cada animal ocupó también un lugar en el cosmos. Cada lugar ocupado le diría a la humanidad qué energía habita ahí, de esa manera podrían curar sus órganos, mejorar sus fluidos y sus actividades. Sabrían cuándo dormir, cuándo despertar y a qué hora trabajar, convirtiendo a la humanidad en una especie evolucionada.

Los resultados de la carrera

En adelante, cada animal gobernaría un lugar en el planeta y, al llegar su momento, sería el general del Gran Duque Tai Sui, que se ocuparía de la salud de una parte del cuerpo, marcaría un cambio de temporada y daría una actividad apropiada para el humano, según la hora y el órgano que su energía marcase.

Cada animalito tomaría el lugar que le corresponde en esta dimensión. Cada lugar ocupado por cada signo del zodíaco en el calendario marcaría el momento adecuado para realizar las actividades que pueden liberar y sanar a los humanos.

La recompensa para cada competidor es un lugar en el cielo y un territorio en la tierra marcado por los grados de la brújula. A partir de ese momento, cada año, los animales del zodíaco ostentan el grado de Gran Duque Tai Sui durante todo el año y su territorio podría ser un lugar de paz. Pero atención: los humanos debemos tener cuidado cada año, porque si causamos disturbios de modo violento, cavando, provocando incendios, explosiones; si discutimos y agredimos el territorio del Gran Duque que gobierna cada año chino, habremos molestado las leyes de la naturaleza y con ello podrían ocurrir toda clase de desgracias... hasta que comprendamos al fin que la mejor recompensa que nos puede dar el universo es la paz.

Los signos del zodíaco chino nos enseñan con su carrera de miles de años que no hay mejor recompensa que la paz, porque tener un lugar en el universo es esencial para crecer y ser mejores y solo en donde priva la paz se puede lograr el libre albedrío, es decir que lo importante toma el lugar de lo urgente. Hay quien dice que el destino del hombre es morir y descansar bajo la tierra. Las tres filosofías chinas y asiáticas que son Taoísmo, Confucianismo y Budismo dicen que no es así; hay un paso más después de la muerte y ese destino es elevarnos por encima de nuestros temores, agresiones y tristezas por medio de la libertad.

Posición en el marcador	Lugar en el tiempo	Lugar de su reinado.	Lugar en el cuerpo humano	Energía fija	Mes del año	Nombre chino del clima
1º Rata	23:00 00:59	352º – 7.5º Norte	Riñones	Agua *yang*	Diciembre	Gran nevada
2º Búfalo	01:00 02:59	22.5º – 37.5º Nordeste	Bazo	Tierra *yin* y metal	Enero	Frío moderado
3º Tigre	03:00 04:59	52.5º – 67.5º Nordeste	Hígado	Madera *yang*	Febrero	Inicio de primavera
4º Conejo	05:00 06:59	82.5º – 97.5º Este	Tendones	Madera *yin*	Marzo	Agua de lluvia
5º Dragón	07:00 08:59	112.5º –127.5º Sureste	Estómago e intestinos	Tierra *yang* y agua	Abril	Equinoccio de primavera
6º Serpiente	09:00 10:59	142.5º – 157.5º Sureste	Venas	Fuego *yin*	Mayo	Maduran los granos
7º Caballo	11:00 12:59	172.5º – 187.5º Sur	Corazón	Fuego *yang*	Junio	Inicio del verano
8º Cabra	13:00 14:59	202.5º – 217.5º Suroeste	Páncreas	Tierra *yin* y madera	Julio	Calor moderado
9º Mono	15:00 16:59	232.5º – 247.5º Suroeste	Pulmones	Metal *yang*	Agosto	Gran calor
10º Gallo	17:00 18:59	262.5º – 277.5º Oeste	Bronquios	Metal *yin*	Septiembre	Rocío blanco
11º Perro	19:00 20:59	292.5º – 307.5º Noroeste	Estómago y colon	Tierra *yang* y fuego	Octubre	Rocío helado
12º Chancho	21:00 22:59	322.5º – 337.5º Noroeste	Sistema linfático	Agua *yin*	Noviembre	Inicio del invierno

Ser el Gran Duque de nuestros destinos, por lo tanto libres, es el verdadero objetivo en esta carrera que comenzamos todos cuando abrimos los ojos al mundo y les hacemos caso a nuestros amorosos compañeros de ruta, que son los doce amorosos animales del zodíaco chino.

Que el Tao les sea propicio.

Astrología POÉTICA

RATA

Dejar un ciclo del tiempo
presintiendo el próximo
desnudarnos sin espejo
con la piel a la intemperie
y sin memoria.
Llegas antes de tiempo
con el HANTAVIRUS
y sos plaga en los cinco continentes
marcando tu retorno.
Te deseo antes de verte,
invoco tu talento
de ciclón creativo
sin impuesto a las ganancias y al ingreso per cápita.
Traés nuevos movimientos
en el cuerpo y en el alma;
sos refugio en tu madriguera portátil
para los náufragos del tiempo.
Tus cuevas, palacios después de las guerras
terremotos, maremotos, tsunamis, incendios,
volcanes de dolor extinguidos
antes del renacimiento.
L. S. D.

FICHA TÉCNICA

Nombre chino de la rata
SHIU

Número de orden
PRIMERO

Horas regidas por la rata
23.00 A 01.00

Dirección de su signo
DIRECTAMENTE
HACIA EL NORTE

Estación y mes principal
INVIERNO-DICIEMBRE

Corresponde al signo
occidental
SAGITARIO

Energía fija
AGUA

Tronco
POSITIVO

ERES RATA SI NACISTE

18/02/1912 - 05/02/1913
RATA DE AGUA

05/02/1924 - 24/01/1925
RATA DE MADERA

24/01/1936 - 10/02/1937
RATA DE FUEGO

10/02/1948 - 28/01/1949
RATA DE TIERRA

28/01/1960 - 14/02/1961
RATA DE METAL

15/02/1972 - 02/02/1973
RATA DE AGUA

02/02/1984 - 19/02/1985
RATA DE MADERA

19/02/1996 - 06/02/1997
RATA DE FUEGO

07/02/2008 - 25/01/2009
RATA DE TIERRA

25/01/2020 - 11/02/2021
RATA DE METAL

Cae la tarde del otoño serrano y las sombras invitan a quedarse dentro de la casa.

Hay silencio; solo los troncos que se retuercen dentro de la salamandra gimen su último suspiro. Escribí hace un mes un capítulo sobre la rata y ohhhhhhhhh, se evaporó en el ciberespacio.

Sé que –rumbo a su reinado– me harán trabajar el doble, y me tomarán examen.

En el plano afectivo he cursado dos veces cátedras ratunas e inexorablemente mi vida se convirtió en practicar el experimento con cobayos de alta gama. A veces creo que viví una experiencia de ciencia ficción y una puntada en el pecho hace que esconda los recuerdos detrás de las nubes bíblicas que me visitan en mis escasos momentos de nostalgia.

Cada rata marcó mi corazón vagabundo en una posada de pasión, poesía, magia, caricias, manjares afrodisíacos y admiración mutua.

Y en las dos ocasiones me atropellaron sin que me diera cuenta.

Capturaron mi energía completamente, sin dejar una rendija para otra persona, otra mirada al mundo que no pasara a través de su magnética e hipnótica personalidad.

Así son las ratas en el sexo que más les guste elegir: pioneras en relaciones galácticas, venusinas, marcianas, intraterrestres, en todas las etapas en la historia de la humanidad, y dejan grandes enseñanzas a corto, mediano y largo plazo.

La rata perfora las membranas del alma humana. Conoce más que otro signo los vericuetos donde anidar, desplegando su obsesión hacia quien elige en las turbulencias de largas noches de insomnio, en las que recorre el inconsciente colectivo y se inmiscuye en nuestros sueños y pesadillas sin visa ni pasaporte.

Descorre el velo de una bailarina árabe en éxtasis, y la deja desnuda en público; barre con sus bigotes el hollín de algún amor enhebrado al azar para posesionarse como dueño y patrocinador hacia la eternidad.

Su intensidad se descubre apenas pone el gran angular en tus siete cuerpos, pero lo más notable de su arte es cómo nos envuelve como la araña en su telar.

Destila magnetismo, un perfume inconfundible, una presencia que acapara la atención *full time* y tal vez *full life*.

Es capaz de pasar horas, días, meses, años y siglos esperando a esa persona con la que elucubró una vida en común, un viaje, una fantasía, un negocio, un mundial, una partida de ajedrez, para degustarla, saborearla, agasajarla, disecarla, manipularla, flecharla sin posibilidades de escape; sabe muy bien cómo es la vida en el inframundo, en los túneles, en las alcantarillas, en los cines, teatros, bohardillas.

Sabe esperar: tiene todo fríamente calculado, disfruta imaginando, diseñando una posible aventura que la estimule, le remueva su áspera piel y la transporte a otra dimensión.

Su tenacidad es digna de su persistencia en el planeta.

Será el único animal que sobrevivirá a futuras glaciaciones, incendios, sequías y guerras nucleares.

Es imposible exterminarla en New York; cada año más y más ratas emergen debajo de las rocas, cuevas, cañerías, parques. Han invertido 36 millones de dólares para suprimirlas en los últimos cuatro años y no han logrado matarlas.

Está observándonos en un rincón de la alacena; del placar, del zócalo, desde los tirantes del techo; nos asedia, ausculta, escanea.

Sabe que no tenemos su velocidad mental ni agilidad motriz para aparecer y desaparecer como por arte de magia; nos propone juegos prohibidos, absurdos, maquiavélicos.

Es capaz de romper alianzas políticas por una mejor oferta, decepcionando a un país que está en vilo; no tiene moral, es fría y calculadora y no espera a nadie cuando tiene la horma de queso gruyere para ella sola.

Sibarita, *sexy*, de inteligencia aguda y profunda, es una locomotora para arengar a quienes creen y confían en ella, y la admiran. Sabe enamorar, entusiasmar; predicar con el don de la oratoria y la coherencia en algunos casos, y en otros, decepcionar a quien puso un pleno en su fórmula presidencial.

Puede ser príncipe o mendigo; y siempre tendrá experiencias fascinantes para relatar, escribir, filmar, compartir con su tribu.

Su sentido del humor oscila entre el marqués de Sade y Tristán[6].

Disfruta de sus vicios: tabaco, alcohol, sexo, ludopatía, adicción a alguna persona hasta deglutirla en soledad.

---

[6] Actor cómico argentino.

Es extremadamente solitaria, aunque trabaja en equipo cuando la convocan, y deja un tendal de corazones partidos por su *charme* y *sex appeal*.

Su mejor amigo y enemigo es ella misma.

L. S. D.

HISTORIA Y MITOLOGÍA

Cuenta la leyenda que la rata fue la primera en llegar a la cita cuando Buda convocó a todos los animales para el *casting* del zodíaco chino.

Al cruzarse con el buey en el camino, le pidió que la llevara en su lomo, y le prometió todo tipo de recompensas hasta el fin de su vida.

El inocente buey la transportó fascinado con la imaginación de la rata; y al llegar al palacio ella saltó desde su lomo al piso para ganar así el primer puesto ante Buda.

La creencia popular cuenta que la vida de una rata puede llegar hasta los 300 años y que, cuando cumple los cien, su pelaje se vuelve blanco; ese es el momento en que está en el máximo de su sabiduría, y su clarividencia se encuentra acentuada. Puede producir suerte o desgracia para un año entero.

La imagen de la rata no es bien vista en Oriente ni en Occidente. Sin embargo, en Asia se la considera portadora de buena suerte.

En la mitología japonesa es la compañera de Daikoku, dios de la riqueza y la prosperidad; en China se inquietan cuando los lugares se quedan sin ratas, pues implica que no habrá muchas ganancias. En la representación de Apolo, la rata tiene una dualidad: se la relaciona con la peste y con el dios de las cosechas. Es también símbolo de venganza. A la rata se la asocia con la medicina, igual que a la serpiente. Por esto tiene el poder para azotar con la peste y curarla simultáneamente.

Por tradición, para los chinos una rata que nace en verano tiene más posibilidades de triunfar que una que nace en invierno pues los graneros están llenos de comida en esa época del año y puede almacenar alimentos sin trabajar esforzadamente

MUJER RATA

Imposible que pase inadvertida; es un torbellino de pasiones, adora los altos y bajos placeres de la vida, y no se priva de nada.

Sibarita, viciosa, adora llegar a situaciones límite y siente una atracción fatal por lo prohibido. Despista con su carácter aparentemente tranquilo, su vivacidad y su sentido crítico desarrollado producen grandes contrastes. Segura de su seducción, hechiza a los demás y casi siempre consigue lo que desea.

Desconfiada, le gusta hacer valer sus juicios analíticos y muy perspicaces. Posee equilibrio entre la materia y el espíritu, conjugados con gusto refinado. La curiosidad la carcome, por eso es una gran periodista. Detesta que se metan en su intimidad, y si lo hacen se evapora instantáneamente.

Cuando se compromete con su amado da la vida por él; es la mejor ama de casa, anfitriona, secretaria, amante, cocinera y consejera. A veces parece fría e indiferente, pero es solo una máscara para ocultar sus sentimientos.

Crea adicción en la pareja porque produce alteración en las hormonas, los horarios, en el cerebro y en la rutina.

Es dominante, posesiva, y puede ser muy independiente aunque adora la vida hogareña, en la que demuestra talento e imaginación y un exquisito *charme* que la convierten en una DIOSA.

La mujer rata es cachivachera, adora guardar desde artículos en desuso hasta la primera foto que se sacó cuando estaba noviando. Es cálida, afectuosa, y una luz de sabiduría.

HOMBRE RATA

El hombre rata busca sensaciones fuertes, es un excelente amante, ardiente, que se desvive por complacer a su pareja. Muy competitivo y capaz de matar ante la menor sospecha de infidelidad. Tiene una gran imaginación en la cama y siempre sorprende a su pareja con regalos, poemas o viajes al más allá.

Aparentemente posee todo para gustar: inteligencia, calma, sentido crítico... pero a veces tras esa apariencia apacible se esconde un ser agresivo, inseguro e interesado.

Nunca se muestra tal cual es: le gusta probar en sociedad sus experiencias intelectuales, estudiar el comportamiento de los demás y analizar las reacciones sociales. Es capaz de proponer un juego erótico a sus invitados en medio del postre.

Posee vocación de confidente y da acertados consejos. Más intelectual que manual, es incapaz de vender su libertad por el precio de sus éxitos sociales.

Padre conflictivo, competitivo, a veces responsable, y en ocasiones se borra; se le recomienda hacer constelaciones familiares. En su profesión aporta creatividad, innovación y buen humor.

Sus dos obsesiones son el dinero y el sexo. Esta molotov lo convierte en un ¡¡GRAN JUGADOR!! Gigoló irresistible y casanova, dejará un tendal donde aterrice.

Su objetivo es lograr el usufructo del queso que se le cruce en el TAO (camino), abundancia en la fertilidad, la familia o tribu que consiga, y el hedonismo.

LA RATA EN EL AMOR

RATA Y RATA: Son dos seres complejos, se conocen las trampas y los secretos. Al principio la pasión estará exaltada, pero luego decrecerá el placer. Buena terapia de autoconocimiento para ambos.

RATA Y BÚFALO: Se llevarán muy bien, y por un tiempo eterno. Son independientes y admiran el individualismo del otro. Sus metas son sólidas, tienen gran afinidad sexual y pueden filosofar juntos. Pueden contar el uno con el otro incondicionalmente.

RATA Y TIGRE: La rata se siente fascinada por los riesgos que comparte con el Tigre y lo admira. La relación no será calma, pero no arderá Troya. Sabrán complementar el idealismo del tigre con la seguridad de la rata.

RATA Y CONEJO: La sensibilidad del conejo sufrirá con la agresividad de la rata, que lo tratará de cobarde. Estarán tensos, en otra frecuencia en todo. Tal vez tengan días de pasión y magia, pero la vuelta a lo cotidiano los enfrentará a mundos diferentes. Juntos harán un curso acelerado de vida, que será muy benéfico.

Rata y Dragón: Una alianza muy positiva para ambos. El brillo del dragón se acentuará con la astucia de la rata; harán planes que resultarán exitosos espiritual y económicamente.

Rata y Serpiente: Oportunistas, materialistas, con metas parecidas. La rata sabe seducir a la serpiente, y esta la hipnotiza para que la rata le lleve tesoros. Tienen su propia moral y un pacto secreto.

Rata y Caballo: Una combinación explosiva. Es imposible detener la gran atracción sexual que los incita. Son el colmo de la posesión, los celos y el egoísmo; por un rato puede ser.

Rata y Cabra: No tienen mucho en común. La rata es demasiado cínica, agresiva, impaciente para tolerar las fantasías de la cabra; necesita que alguien le dé seguridad, y sabe que la cabra está a años luz de brindársela.

Rata y Mono: Por mi propia experiencia de mono les digo que en este caso es imposible resistirse al flechazo que siempre se produce entre ambos. Conocerán el cielo y el infierno juntos. Gozarán todos los placeres terrenales y espirituales, y tendrán mucho que compartir hasta que la vida o la muerte los separe.

Rata y Gallo: Solo con los astros occidentales a favor podrán sobrevivirse mutuamente. Estarán expuestos a las penurias materiales, que ninguno de los dos quiere afrontar, pues están demasiado ocupados en torturar a su pareja con sus armas letales.

Rata y Perro: ¿Por qué no? Tendrán una gran afinidad espiritual y sensual. No serán demostrativos ante los demás. Se respetarán la individualidad, viajarán y tendrán hijos a los que educarán conjuntamente.

Rata y Chancho: No podrán salir del lecho-chiquero; desbordarán lujuria. Pero a veces el chancho se sentirá ahogado por las exigencias de la rata y se irá silenciosamente, cuando esté a un segundo de ser llevado al matadero.

LA RATA EN LA AMISTAD

Rata y Rata: Cómplices y amigas en las buenas y en las malas. Se emborracharán juntas y viajarán física y mentalmente al más allá.

Rata y Búfalo: Se ayudarán y estimularán sin límites. Estarán juntos, hasta que la muerte los separe.

Rata y Tigre: Compinches para las bajas pasiones, pero cuando las papas quemen, estarán ausentes.

Rata y Conejo: Se atraerán por las diferencias, pero el conejo tendrá siempre a la rata en la mira. Desconfiarán uno del otro.

Rata y Dragón: Se admirarán y dejarán brillar al otro; compartirán los momentos difíciles y se confiarán los secretos.

Rata y Serpiente: Tienen gustos idénticos; lo pasarán muy bien y harán estragos juntas. "Filosofía alta y taco aguja".

Rata y Caballo: Cortocircuito astral. No comparten ni las grandes ni las pequeñas cosas de la vida.

Rata y Cabra: Será una amistad frágil y superficial. Se divertirán a costa de los demás, y cuando se les acabe la plata buscarán una víctima para desplumar.

Rata y Mono: "El cielo es el límite".

Rata y Gallo: Será una relación fría y distante. Aunque simpaticen, no tendrán grandes puntos de contacto, pues compiten permanentemente.

Rata y Perro: La rata no apunta lo suficientemente alto para el perro. Tendrán problemas éticos.

Rata y Chancho: Dos golosos, viciosos y cariñosos amigos, que vivirán mil peripecias juntos.

LA RATA EN LOS NEGOCIOS

Rata y Rata: Ideas les sobran, pero ¿dónde está el capital? Puede resultar un floreciente negocio de usureros.

Rata y Búfalo: El búfalo llevará las riendas; trabajará sin descanso y acumulará riquezas. La rata hará las relaciones públicas.

Rata y Tigre: Será una sociedad feliz. La aprovechadora rata aportará límites y organización; y el tigre, empuje y fuerza.

Rata y Conejo: En asuntos de negocios el conejo es temible, y sobre todo si hay dinero de por medio.

Rata y Dragón: Excelente "aleación metálica" si es el dragón el que manda. La rata aporta su astucia y el dragón su poderío.

Rata y Serpiente: Interesante sociedad para mirarla desde afuera. Ambas quieren todo para sí.

Rata y Caballo: Es imposible que se entiendan; no se quieren. Se perjudicarán mutuamente.

Rata y Cabra: La cabra puede aportar a la rata su sentido artístico, pero tal vez la rata no sepa controlar el libertinaje de ambas.

Rata y Mono: Sí. Aunque la rata debe desconfiar de la ciega admiración que siente por el mono.

Rata y Gallo: ¡Casi un suicidio! Siempre harán pésimos negocios juntos. ¡Presentarán quiebra antes de empezar!

Rata y Perro: El perro es idealista y lúcido, y la rata, muy interesada; podrían formar un interesante equilibrio.

Rata y Chancho: Aquí la rata podría llegar a querer engañar al chancho, ¡pero él tiene tanta suerte con el dinero!

LA RATA Y SU ASCENDENTE

Rata ascendente Rata: 23.00 a 1.00

Para esta rata, "el fin justifica los medios". Usará su encanto de manera despiadada, y tratará de manejar a todos.

Rata ascendente Búfalo: 1.00 a 3.00

Testaruda como pocas, le gusta organizar todo. Por suerte el búfalo la frena un poco. Una rata buena y sólida en el amor y la amistad.

Rata ascendente Tigre: 3.00 a 5.00

El tigre le suma virtud. Esta rata puede ser generosa y adaptarse a distintas situaciones, pero no le gusta que le digan "no".

Rata ascendente Conejo: 5.00 a 7.00

Poseerá la cautela del conejo sumada a la inteligencia manipuladora de la rata. Será desconfiada e intolerante.

Rata ascendente Dragón: 7.00 a 9.00

Esta rata puede convertirse en una emperatriz, en un ser valiente, talentoso. Pero tiende a ser sumamente ambiciosa.

Rata ascendente Serpiente: 9.00 a 11.00

Es astuta y sorprende con sus habilidades. Genial con el dinero, atrae a la gente y la manipula. Suele ser muy afortunada.

Rata ascendente Caballo: 11.00 a 13.00

¡Qué ratón! No se priva de aventuras. Libre como el viento, extravagante, seguro de sí, capaz de casi cualquier hazaña.

Rata ascendente Cabra: 13.00 a 15.00

La cabra logra bajar un poco las características más exasperantes de la rata. Tal vez este ejemplar se dedicará a las artes.

Rata ascendente Mono: 15.00 a 17.00

Una rata irresistible y peligrosa. Culta, de modales amables, capaz de hacer a un lado la moral para conseguir sus objetivos.

Rata ascendente Gallo: 17.00 a 19.00
Una rata inteligente y trabajadora, capaz de crear una fortuna y de perderla en un momento. No se lleva bien con la verdad.

Rata ascendente Perro: 19.00 a 21.00
El perro pesimista frenará el arribismo de la rata, que será más comprensiva y honesta. Artista sensible, defiende lo suyo con convicción. Es una amiga fiel e inteligente.

Rata ascendente Chancho: 21.00 a 23.00
El chancho la convertirá en una amante sumamente sensual. Algo bipolar, se destacará por su generosidad. Adora la vida.

LA RATA Y SU ENERGÍA

Rata de Madera (1924-1984)
Esta es una rata muy impaciente, pero que ama la armonía. Un poco despistada, no puede enfocarse en algo por mucho tiempo. La gente sabe confiar en ella porque su corrección y honestidad dan seguridad. Suele ser propensa a enfermedades y otros males. Su preocupación por el futuro la hace trabajar mucho para proveerse de bienes materiales que le aseguren su vejez. Es capaz de atraer mucha gente a su alrededor, pero a veces irradia una energía que puede ser peligrosa. Posee sentido artístico que la hace buscar un equilibrio estético.

Personajes famosos
Marcello Mastroianni, Leo Damario, Cristiano Ronaldo, Charles Aznavour, Mark Zuckerberg, William Shakespeare, Henri Mancini, Scarlett Johanson, Hugo Guerrero Marthineitz, Narciso Ibáñez Menta, Carlos Tévez, Toulouse Lautrec, Lauren Bacall, Doris Day, Eva Gavor, Marlon Brando.

Rata de Fuego (1936-1996)
Una rata hiperactiva en extremo. En la superficie se muestra poderosa, entusiasta, y a veces se arriesga demasiado para conseguir lo que quiere. Es también muy inteligente, y si fuera capaz de controlarse podría llegar muy lejos. Con el tiempo esta rata

irá adquiriendo conocimientos y se hará más sabia. No es diplomática, su emoción la descontrola en sus actos. Adora viajar, conocer nuevos lugares y ser extremadamente independiente. En ocasiones puede herir a los demás con su temperamento.

Personajes famosos

Sofía Morandi, Oriana Sabatini, Mario Vargas Llosa, Anthony Hopkins, Wolfgang Amadeus Mozart, Norma Aleandro, Mata Hari, Ursula Andress, Rodolfo Bebán, Richard Bach, Glenda Jackson, Pino Solanas, Bill Wyman, Jorge Mario Bergoglio, padre Luis Farinello.

Rata de Tierra (1948-2008)

Esta rata no anda con rodeos. Se asegura muy bien de conseguir su alimento trabajando duramente toda su vida. Su conocimiento e inteligencia la ayudarán mucho en ese punto. Muy conservadora, le gustan las apariencias; sin embargo es una rata sensible que florecerá con el paso de los años. No se distrae con ninguna otra cosa cuando está comprometida a entregar un trabajo. Con paciencia y esmero logra destacarse por la eficacia en sus tareas. Pero es capaz de arrasar con cualquier persona que se cruce en su camino de éxito.

Personajes famosos

Olivia Newton-John, Rubén Blades, James Taylor, León Tolstói, Robert Plant, Gerard Depardieu, Grace Jones, príncipe Carlos de Inglaterra, Litto Nebbia, Chacho Álvarez, Karlos Arguiñano, Brian Eno, Donna Karan, Vitico, Indio Solari.

Rata de Metal (1900-1960)

Esta rata debería tratar de desarrollar sus cualidades. Su inteligencia, su fuerza y su dedicación hacen que se imponga en su hogar. Sabe muy bien cómo manejar su casa y su familia pues no se dispersa y tiene claridad y firmeza para concretar sus objetivos. Bastante peleadora, no conoce el término medio: para ella todo es blanco o negro. Pero pese a esta apariencia dura no alcanza la paz interior porque quiere controlar sus deseos carnales y su moral. Es una romántica apasionada que ama el poder, y sobre todo el dinero.

Personajes famosos

Claudio María Domínguez, Antonio Banderas, Cura Brochero, Jorge Fernández Díaz, Sean Penn, John Kennedy, Jorge Lanata, Roberto Arlt, Bono, Ayrton Senna, Gabriel Corrado, Alejandro Sokol, Tchaikovsky, Nastassja Kinski, Luis Buñuel, Juan Cruz Sáenz, Ginette Reynal, Diego Maradona, Lucrecia Borgia.

Rata de Agua (1912-1972)

Esta rata acuática se destaca por su capacidad de analizar, asimilar, comprender y transmitir sentimientos y motivaciones a los demás. Se preocupa demasiado por el futuro, porque es insegura. Muy inteligente, sabe cómo manipular a las personas para su beneficio personal y el de su familia. Le cuesta asumir responsabilidades y no se inquieta mucho por el presente. Aspira a tomar riesgos que le podrían costar caro, ya sea en su trabajo o en el amor. Pero una vez que supere esos riesgos dominará sus impulsos y pasiones.

Personajes famosos

Zinedine Zidane, Facundo Arana, Sofía Vergara, Charo Bogarín, Gene Kelly, Antonio Rossini, Antonio Gaudí, Cameron Díaz, Pablo Lescano, Maju Lozano, Valentina Bassi, Roy Rogers, Valeria Mazza, reina Leticia Ortiz, Pablo Rago.

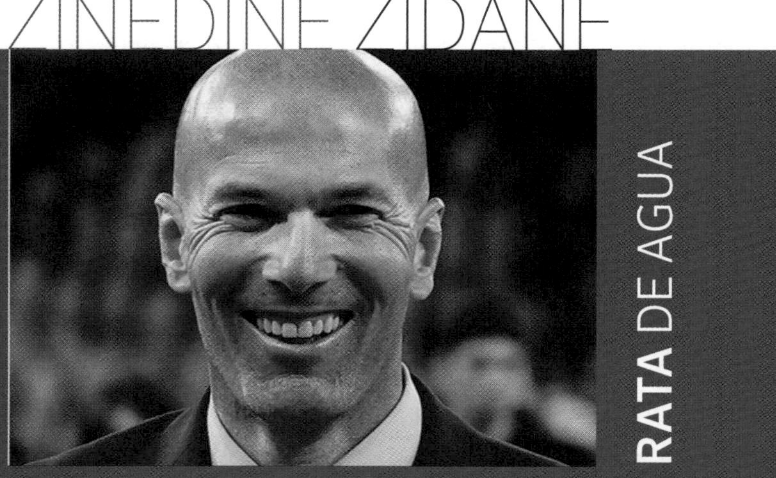

CONTAME UN CUENTO CHINO

María Amada Jokmanovich
Rata de Madera • Periodista y actriz • Argentina

Ni bien supe que era rata en el horóscopo chino, entendí todo. Entendí por qué tengo esa manera tan insaciable de comunicar, que si no lo hago me siento presa; de relacionarme con gente nueva constantemente sin darle lugar a una soledad sin sentido; por qué estoy siempre tan bien predispuesta a nuevas experiencias que no me permiten desconfiar, a menos que se trate de una alerta.

Una vez un profesor me dijo "tus ideas van más rápido que tu abecedario" lo cual era cierto. La comunicación me atraviesa, es más fuerte que yo, y encuentra sus formas mediante las cuales me convierto en un instrumento del mensaje. Transmuto, paso de la periodista a la actriz, de la actriz a la cantante, de la cantante a la estilista de moda, de la estilista de moda a la social media. Lo que sea que el contexto me indique que debo hacer con tal de comunicar. Esa velocidad del mensaje que a veces tampoco me deja descansar, que se vuelve ansiosa, imparable para la cual tengo que encontrar trucos mentales y frenar. Cada momento que encuentro divertido lo expreso, lo comparto, lo hago notar porque sin humor siento que no libero endorfinas, que pierdo el tiempo, humor que a veces se torna sospechoso en aquellos que no lo viven y creen que uno les quiere sacar algo entre risas.

La rata desconoce el "no" por respuesta, no le teme a los límites; una rata solo ve horizontes por conquistar.

Mireya Baglietto
Rata de Fuego • Artista Núbica • Argentina

No puedo imaginar qué habría sucedido si el 24 de septiembre de 1936 a las 6 y 10 de la mañana, cuando el doctor Negrete tuvo en sus manos ese cuerpecito cubierto con jugo resbaladizo, le hubiese dicho a mi mamá: "Es Rata". Agradezco al Universo que Ludovica solo existiera en potencial o como un pedacito de estrella de alguna galaxia vecina o quizá lejana.

Ya grande, recién me enteré de mi origen de roedor y por cuidado personal o por prejuicio, nunca incorporé ese dato en mi currículum vitae. No obstante cuando supe que era Rata de Fuego, igual que

Argentina, mi amadísimo país, mi apreciación de los roedores cambió e hizo que me sintiera totalmente identificada con la mayoría de sus virtudes y con algunos de sus problemas, aunque debo reconocer que además me alientan y también me aquejan algunas otras cuestiones personales que mis amigas no poseen. Fue entonces cuando comencé a mirar con respeto y quizá también con simpatía a estos animalitos escurridizos que, aunque se muestran poco, siempre van dejando huella. En ese momento traté de establecer analogía entre ellos y el mundo creativo que desde hace casi cuarenta años desarrollo en pos de ampliar radicalmente los márgenes de las miradas de esto que llamamos "realidad" Por lo pronto diré que a las ratas les encantan las telas, a mi también; ellas las guardan amontonadas en algún lugar de sus propias cuevas y las van comiendo de a poquito, yo también las guardo así, solo que no las consumo como alimento para el cuerpo sino que las uso para construir los Espacios Núbicos que son alimento, pero para el alma. Por ese motivo a las telas las cuido y las conservo con mucha prolijidad dentro de bolsas transparentes y ordenadas por sus nombres: "La Nube", "Nube 2 en Tucumán", "Nube 3, Bienal de São Paulo", "Nube 4, Centro Cultural Recoleta", "Nube 5..." y tantas más. Junto a esta serie se encuentran otras que están a la espera de cubrir un destino semejante. En mi estudio, otras bolsas con contenidos incompletos o menos bellos, permanecen calladitas aguardando la acción profesional de una "cirugía estética" que las renueve para poder volver al ruedo. La mayoría fueron mutando de a poco hasta llegar al cenit de sus posibilidades y así, junto a otras hermanas de género, convertirse en parte de un ámbito uterino, un auténtico Espacio Núbico, un campo de estimulación sensorial para que miles y miles de personas, mediante un espejo, vivan experiencias de ingravidez e inmaterialidad dinámica. Tanto los velámenes como los films transparentes, si bien podrían ser un manjar alimenticio para mis compañeras del horóscopo chino, yo, Mireya Baglietto, a esas telas les he otorgado otro destino: el de alimentar conciencias, conciencias que aumenten su cuota de lucidez, conciencias que puedan detener o por lo menos alivianar los horrores que cometemos algunos humanos con el resto de los seres vivos, conciencias que logren un anclaje en los espacios esenciales de la vida, que armen halos y condiciones poéticas y lingüísticas alineadas con el Universo, la Madre Tierra, sus suelos y sus aguas, sus climas, historias y secuencias. Conciencias que perciban la cualidad indivisible del Cosmos donde la Madre carga sobre sí misma a los millones y millones de seres y organismos vivos mientras gira vertiginosamente alrededor del Sol.

Esta Rata de Fuego no come telas, las usa para ampliar conciencias.

Cristian Gravenhorst
Rata de Tierra • Sannyasin • Argentina

"Los antiguos" dicen que existe un mundo (la realidad, la experiencia, lo cotidiano) para que las potencias oscuras puedan dar batalla a las potencias mágicas.

El mundo no es más que un escenario, o mejor dicho un inmenso y permanente campo de batalla. Cada uno de nosotros, sin excepción posible, estamos luchando en un lado o en el otro. Por supuesto, son muy pocos los que advierten que existe un combate de dimensiones cósmicas y que cada uno de nosotros –a pesar nuestro– somos soldados de la oscuridad o de la luz.

Tampoco es cierto que todos sabemos con claridad dónde alinearnos, qué lado de la batalla elegir: acaso esa sea la batalla más importante de todas, saber cuál es nuestro bando en este particular pasaje del mundo. Pero la inmensa mayoría lucha (y sufre) sin siquiera tener conciencia de que hay una guerra en curso.

Yo mismo lo logré, aunque una pulsión fortísima me llevaba hacia el lado de la magia.

Jorge Fernández Díaz
Rata de Metal • Escritor y periodista • Argentina

Advierto que mi madre Carmina quedó embarazada en un año chancho y que yo nací en un año rata. Esta explosiva combinación, coordinada con el complejo árbol genealógico de mi familia asturiana, explicaría en parte mi sensibilidad desgarradora. También mi ambición profesional y mi tendencia a escribir en la cuerda floja. Y a la vez la necesidad del sosiego de la cueva y mi atormentada búsqueda del equilibrio; mi intolerancia ante la mediocridad de la vida cotidiana y mi rendición incondicional ante el talento; mi entusiasmo y mi melancolía, mi imaginación dichosa y mi propensión a ser prisionero sufriente de mis propios inventos. Tienen razón cuando aquí señalan el juicio severo que las ratas formulamos siempre frente a la viveza criolla y la mala leche, y el dolor irreparable que nos provocan nuestros propios errores. Que no nos perdonamos. Previene la astrología china que seré ciclotímico hasta el fin de mis días, que llevaré una vida azarosa, aunque nunca aburrida, y que me reinventaré una y mil veces, con saltos mortales, porque puedo estar en muchos lugares al mismo tiempo. Mi madre me enseñó a buscar incansablemente el horizonte: me entrenó para ese ejercicio perpetuo, pero no me advirtió que es imposible alcanzarlo. Somos de esa manera ratas o cobayos en la eterna y demoledora ruedita de la vida, corriendo hacia todos lados y hacia ninguna parte. Y con la obligación de aprender a bajarnos de esa virtuosa trampa mortal que nos lleva al maravilloso progreso y a la vana extenuación. Qué bello es vivir. Y qué arduo.

Analía Maiorana
Rata de Agua • Empresaria y emprendedora social • Argentina

Rata *fashion*, emprendedora y solidaria

Soy rata de agua en el horóscopo chino, nada glamoroso por cierto, pero me puse a investigar qué tengo en común con este roedor y me sorprendí con algunas características: inquieta e involucrada con la moda desde muy joven, literalmente corría de un desfile a otro, fotos y *castings* de país en país, de ciudad en ciudad. Me encanta trabajar, desde que empecé nunca paré, porque disfruto ser independiente hasta económicamente. La sociabilidad es otro rasgo importante de la rata, me permitió moverme con soltura en todo tipo de ámbitos. Le estoy agradecida a mi profesión hasta el día de hoy, porque me ha servido en todos los aspectos de mi vida. Como empresaria de mi marca logré muchas cosas gracias a esa habilidad de ser "todo terreno".

La rata es el animal del zoo con mejor olfato y esa percepción es muy fuerte en mí, ¡¡lo huelo todoooo!! Tanto es así que lancé mi propio perfume, Ana, con esencias elegidas cuidadosamente, olores que me inspiran y despiertan todos mis sentidos, y digo todos porque fui parte del proceso de creación, desde el *packaging* y el frasco, que tiene un diseño art Decó. Es una piedra preciosa que fue pulida a medida. Es como un tesoro, con un resultado que impacta desde lo visual.

Soy muy controladora, estoy en todas partes, me obsesiono hasta la perfección. Tanto es así que, aunque a veces no esté en lo cierto, sigo adelante porque creo en mis convicciones. Cuando se me mete algo en la cabeza soy como la rata dentro de la rueda que gira sin ir a ningún lugar, muy testaruda, pero cuando la rueda para...

Amo el arte en todas sus expresiones: la pintura, el ballet, la música. Me gusta decorar mi casa, cada objeto es elegido puntualmente y tendrá su lugar para que se luzca. No me gusta delegar y no dejo nada librado al azar. Dije que era muy controladora, ¿no?

Me encanta ser madre y estar con mis hijas, disfruto mucho de los momentos compartidos en familia, soy superprotectora, como buena roedora. A ellas nunca les faltará nada. Soy muy familiera, me fascina estar en mi madriguera con los míos a pleno. Amo mimarlos y escucharlos, saber qué quieren y qué necesitan. También soy muy amiguera y me encanta reunirme, siempre habrá unos buenos quesos acompañados con un buen vino tinto. Me fascinan, y disfruto de una charla en la que nunca faltará el mate en cualquier día, a cualquier hora, en cualquier lugar, y la risa.

De la misma manera que corre la rata, así está a veces mi cabeza, a mil. Soy muy apasionada e intuitiva. Rara vez me equivoco con la gente, pero mal que me pese, he caído en alguna trampa, por eso soy buena escuchando consejos de amigos que me quieren bien. No soy rencorosa y no me enojo fácilmente, pero cuando me traicionan cierro una puerta que difícilmente se volverá a abrir. Tengo buena memoria, las cosas me quedan formateadas en mi disco rígido. Soy muy sincera, sin filtro y sin límites. La solidaridad es algo que nació conmigo, me encanta ayudar en causas nobles y movilizo cielo y tierra para lograrlo.

Todavía en el debe tengo algo pendiente: aprender a relajarme y disfrutar a pleno. Y sí, soy un combo importante, que a veces resulta difícil de seguir: muy intensa (para bien), lo que a veces es cansador hasta para mí. Ni les cuento para los que comparten mi vida.

Sensible, acumuladora, intuitiva, emprendedora, terca, impuntual, amorosa, obsesiva, autocrítica, protectora, divertida y generosa son algunas de las tantas características que componen a esta auténtica ¡¡rata de agua!!

BÚFALO

Despedí los últimos eslabones de ADN
al intentar vender la casa de mi abuela materna.
La familia es el origen y el final de la existencia.
L. S. D.

FICHA TÉCNICA

Nombre chino del búfalo
NIU

Número de orden
SEGUNDO

Horas regidas por el búfalo
01.00 A 03.00

Dirección de su signo
NOR-NORDESTE

Estación y mes principal
INVIERNO-ENERO

Corresponde al signo occidental
CAPRICORNIO

Energía fija
AGUA

Tronco
NEGATIVO

ERES BÚFALO SI NACISTE

06/02/1913 - 25/01/1914
BÚFALO DE AGUA

25/01/1925 - 12/02/1926
BÚFALO DE MADERA

11/02/1937 - 30/01/1938
BÚFALO DE FUEGO

29/01/1949 - 16/02/1950
BÚFALO DE TIERRA

15/02/1961 - 04/02/1962
BÚFALO DE METAL

03/02/1973 - 22/01/1974
BÚFALO DE AGUA

20/02/1985 - 08/02/1986
BÚFALO DE MADERA

07/02/1997 - 27/01/1998
BÚFALO DE FUEGO

26/01/2009 - 13/02/2010
BÚFALO DE TIERRA

Billy Azulay es un amigo que la vida me dio sin esperarlo.

Nos unían el arte, los amigos en común, épocas en las que en Argentina se vivía con lo justo y necesario y podíamos ser creativos, *underground*, visionarios, modernos, y apostar a la vocación, divino tesoro.

Desde muy joven, por amores que moldearon la escultura en la que me convertí, visité Colonia y quedé flechada por su romanticismo, su luz que varía según la estación y el cambio climático que ocurre intempestivamente en esa orilla del Río de la Plata.

Colonia enamora.

Y a través de los katunes, sola o acompañada, vuelvo.

Un día, hace más de trece años, me reencontré con Billy en su mítico restaurante *drugstore* en la esquina más pintoresca de Colonia; enfrente de la iglesia y en diagonal a la plaza por donde pasó gran parte de la historia entre portugueses, españoles y charrúas. Sentí alegría, magia, por estar en el lugar más canchero de Colonia rodeada de calor humano, una escenografía digna de New York, Barcelona, o algún rincón de la tierra donde todo es acogedor; buena música y mozas con sonrisas y la dulzura que tanto calma los arañazos porteños del maltrato.

El abrazo con Billy fue el de Gelsomina con un entrañable artista de la vida.

Y de pronto, como una cascada de manantial, nos pusimos al día; eran casi treinta años de no vernos en 3D, pero algo fluía y fluía atesorando recuerdos, emociones, amores que fueron y volvieron, y principalmente admiración mutua por el otro.

Billy es búfalo de tierra, y creo que pura sangre. Tan confiable, contenedor, cariñoso, profundo en sus sentimientos y emociones que crea un microclima de afecto inmediato.

Parecido a Marcel Marceau, su plasticidad se refleja en sus movimientos físicos y en su constante labor pictórica, de collage, *bricollage* y de fundador del Museo del Humor en Colonia.

Siempre sorprende con alguna idea innovadora; un pionero en Colonia en la compra venta de inmuebles y actualmente el creador de “Sos Gardel”, el lugar donde todos podemos comer al mismo precio con tenedor libre, los locales y los extranjeros.

Hospitalario, nos invita a su casa museo los días del año en que puedo escribir, y nos inspiramos, nos reenamoramos de la vida, de los tiempos que no volverán, y de sentirnos humanos en la joyita que con solo pisarla cambia nuestra sangre.

El búfalo es el signo más serio y responsable del zodíaco chino. Desde niño tiene conciencia de deberes y responsabilidades y se destaca por su madurez innata.

Su personalidad es la del líder que organiza eventos en la escuela, en el club, en la familia, da ideas claras y precisas y rompe el molde cuando entusiasma a las multitudes y los fanatiza. Lamentablemente no hay seres muy destacables: Hitler, Mussolini, Sadam Husseim, Margaret Thatcher. Y cuando embisten no retroceden hasta ser vencidos.

Los cambios abruptos de humor –algunos son maniacos depresivos– los alejan de sus relaciones afectivas, de su entorno más íntimo y de la naturaleza, que necesitan para equilibrarse y producir más calidad que cantidad de trabajo.

Su cabeza es una pc 2020; tiene orden interno, no se le escapan detalles y puede saber lo que pasa a control remoto desde un *spa* en las islas Maldivas.

Siente culpa con el ocio, las vacaciones y el descanso.

Su energía arrolladora, práctica y eficaz no tiene tregua.

Conseguirá cumplir sus objetivos a largo plazo; mientras el resto del zoo intenta tomar atajos, el buey sabe que su misión es para la eternidad y el bronce.

Su forma de ver la vida –salvo grandes artistas– es blanco o negro; desconoce la gama del arcoíris, y no tiene paciencia para escuchar planes ajenos, que a veces son ideas muy acertadas. Para el buey “el fin justifica los medios”.

Un excelente amigo para toda la vida: se puede contar con él, es capaz de dar su casa, compartir su trabajo, hacer obras de bien como Margarita Barrientos, y tener perfil bajo.

Su mayor satisfacción es la labor cumplida en el día a día, y aunque esté enfermo no se detendrá en su TAO (camino).

Algunos búfalos, según su ascendente en el zodíaco chino y la composición de su carta natal, tendrán más liviandad del ser.

Los que nacen en verano serán menos trabajadores y vivirán a expensas de otros, los de invierno labrarán la tierra día y noche.

En mi vida he conocido muchos búfalos, hombres, mujeres y transgéneros. Los he admirado, respetado, aprendido de su arte, valorado su sobreprotección a mi desamparo precoz, y ellos saben que siempre les agradeceré su amor incondicional.

L. S. D.

HISTORIA Y MITOLOGÍA

El búfalo es el segundo animal que llegó a Buda, pero habría sido el primero si la rata no se le hubiera adelantado después de una larga travesía en la cual la llevó sobre su lomo, víctima de la irresistible seducción del roedor.

El buey es, de los doce signos, el más tradicional, y tiene una perseverancia fuera de lo común, que dicho sea de paso lo convierte en un testarudo infernal.

Para los chinos, el búfalo representa el emblema de la agricultura, y la primavera (ambos símbolos muy preciados) pues es la base de la economía y el signo que honra al trabajo.

Se le atribuye el poder de dominar a los genios malos de las aguas (ríos, lagos, estanques). Por eso sobre el borde del lago artificial del palacio de verano, en los alrededores de Pekín, se ve la figura de un búfalo en bronce.

Es el más importante de los animales domésticos, y en China se lo venera y respeta, pues representa la familia, la tradición y el trabajo.

Es *yin-yang*, y se dice que una de las razones de su carácter *yin* se debe a que tiene una pequeña pezuña partida (trazo *yin* de un hexagrama).

En China, matar un buey para carnearlo está visto como un crimen. Antiguamente cuando comenzaba la primavera se destruía un búfalo de barro como ofrenda sacrificial, y en una época fue la víctima designada para los sacrificios. Los generales en jefe, antes de partir hacia una batalla, tenían la costumbre de sacrificar un buey para adivinar cómo les iría. Después del sacrificio se inspeccionaban las pezuñas del animal: si los dedos estaban juntos era un excelente presagio; si quedaban separados, debían proceder con la más extrema cautela. Aún se practica este ritual en los pueblos aborígenes del sudoeste asiático, como así también en Madagascar.

En la India y en el Tíbet el búfalo es reconocido como la deidad de la muerte. En los templos de Shinto (Japón) abundan las estatuas con bueyes.

Se lo relaciona con el aprovisionamiento del hogar, la abundancia doméstica e incluso territorial. Por eso, al emperador Shennog, inventor de la agricultura, se lo representa con la cabeza del buey. En Egipto se adoró al buey Apis, y para honrarlo se construyó un santuario en Menfis.

En China dicen: "No provoquen al búfalo, porque ve rojo".

MUJER BÚFALO

"OMOMOM. Cuerpo a tierra. ¡¡Acá estoy!!", bufa esta mujer.

Es un espécimen de gran tenacidad y equilibrio; tiene un espíritu despierto, original, una gran destreza e independencia. Llegará adonde se lo proponga cruzando –si es necesario– ríos y mares. La mujer búfalo estará siempre lista para afrontar situaciones difíciles de la vida; sabe que nada se podrá lograr sin esfuerzo y sacrificio.

Su mayor realización está en la familia, que será sui géneris. Deposita su peso específico y caudal energético y espera que todos respondan de la misma manera. Lo único que no soporta es que no respeten su individualidad y que le exijan cambiar en sus hábitos y costumbres.

Perseguirá por cielo y tierra a quien se le metió en la cabeza, aun sin ser correspondida. Se prepara durante meses para atrapar al elegido/a; estudia el arte de la seducción en manuales de todas las culturas, y rara vez falla al blanco. Ideal para el matrimonio y algo más: acción, constancia y procreación. No es recomendable para animales de la jungla, a quienes les gusta la variedad y ser light.

Es muy buena madre, su ternura se canalizará a través de la educación y del deber. Tiene autoridad, es cariñosa y procura el desarrollo intelectual y emocional con su prole.

(Inspirada en Fernanda Mainelli).

HOMBRE BÚFALO

A primera vista el búfalo puede parecer frío, distante; pero siempre educado. Prefiere observar a los demás y escuchar antes de ser protagonista.

Le gusta mandar. Es lacónico, minucioso y a veces desconfiado.

Se inclinará hacia los temas sinceros; detesta la liviandad del ser. Con un carácter original y vital, posee gran habilidad y una fuerte independencia.

Es constructor, hacedor, no pierde tiempo, marca un objetivo y hacia allí apunta.

Se rodea de buenos colaboradores, es un buen socio, preciso, activo y diligente y tendrá éxito en aquello que emprenda y se proponga.

La familia es el eje de su vida; es leal, protector, siempre la respeta e intenta procurarle una vida equilibrada, y aunque no intervenga directamente en los problemas, supervisará todo con autoridad y asumirá obligaciones.

Le rinde culto a la amistad: para él es sagrada y le encanta estar la mayor parte de su vida con sus amigos.

No hay que subestimarlo, se lo ve callado y calmo, pero por dentro hay un volcán, y si está enojado puede embestir hasta matar.

Adora compartir la vida con una compañera o pareja que lo inspire y reclame presencia, atención, sexo, todas las *golden card* y que lo tenga nervioso con amenaza de celos, infidelidad y abandono.

Debajo de su piel gruesa se esconde un gran amante.

Una pareja ideal para mantener un equilibrio emocional y confiar en que algún día podrá cambiar de estilo y sorprenderte.

EL BÚFALO EN EL AMOR

Búfalo y Rata: Éxito, y con gran felicidad. Se complementarán en todo y sentirán un gran apoyo mutuo. El búfalo traerá el alimento y la rata lo cocinará con devoción. Se admirarán y divertirán juntos.

Búfalo y Búfalo: Demasiado materialistas y pesados los dos. Están obsesionados por la seguridad y no se toman un recreo en la relación. Tienen que evitar constantemente el pesimismo.

Búfalo y Tigre: Convivencia imposible. El búfalo destruye al tigre. Tienen distintas metas en la vida: el búfalo es materialista y el tigre idealista. No hay caso; están en diferente longitud de onda y reencarnación. Tal vez zafen por los ascendentes.

Búfalo y Conejo: Puede ser si logran adaptarse poco a poco. El búfalo es exigente, estable y realista, y el conejo sociable. Eso sí, debe cuidar su sensibilidad y no sentirse agredido.

Búfalo y Dragón: No será una unión del todo armoniosa. El búfalo no soportará el brillo del dragón y su inconstancia; se sentirá desorientado.

Búfalo y Serpiente: Excelente alianza. Son materialistas y la serpiente apreciará la protección, la seguridad y el lujo que le proporcionará el búfalo. Además harán el amor tres veces al día.

Búfalo y Caballo: Una unión difícil, pero no imposible. El búfalo es terrenal, industrioso, organizado, y el caballo es poco convencional y no le brinda la cooperación que el búfalo necesita. Deberán hacer grandes concesiones.

Búfalo y Cabra: Son opuestos complementarios, por eso se atraen tanto. Pero tendrán momentos difíciles. La cabra es dependiente, gasta todo lo que el búfalo gana. Y él se cansa.

Búfalo y Mono: Ambos son materialistas y exitosos, pero a veces van por distintos caminos. Al búfalo, el mono lo hipnotiza, pero a la larga lo hace sufrir. Ninguno logrará dominar al otro.

Búfalo y Gallo: Acuerdo perfecto; ambos son trabajadores y conservadores. A los dos les encanta analizar y organizar, y saben aceptar las críticas del otro. *A happy love.*

Búfalo y Perro: Disfrutarán de la compañía mutua pero habrá asperezas. El perro revolucionario y el búfalo conservador no comparten la misma moral.

Búfalo y Chancho: Exaltarán al máximo las virtudes del otro. Cada uno tiene su *look* para encarar la vida cotidiana, pero se complementarán. El chancho es muy sensual y apasionado, la apatía del búfalo le hará sentir un agujero de ozono.

EL BÚFALO EN LA AMISTAD

Búfalo y Rata: Si el búfalo abre sus barreras sentirá que la imaginación de la rata le da alegría de vivir. La rata necesita la garantía y el respeto del búfalo.

Búfalo y Búfalo: Será difícil soportarse; pero se ayudarán silenciosamente, y hasta compartirán vacaciones juntos.

Búfalo y Tigre: No. El búfalo es desaconsejable para el tigre, le cae indigesto.

Búfalo y Conejo: El búfalo aprecia la sensibilidad y el sentido artístico del conejo. Es un bufón. El conejo aprovecha la protección del búfalo.

Búfalo y Dragón: Hay choque de personalidades. El búfalo se siente invadido por el dragón.

Búfalo y Serpiente: Podrán filosofar durante horas, ir juntos al cine y al hipódromo con placer, mientras se psicoanalizan mutuamente.

Búfalo y Caballo: No tienen los mismos gustos ni la misma forma de pensar. Cada cual con su mambo.

Búfalo y Cabra: Tendrán chispazos de entendimiento y luego no se soportarán. Deben graduar los encuentros.

Búfalo y Mono: Al búfalo lo cautiva el mono y este se siente halagado por tamaña admiración. Se necesitan mucho.

Búfalo y Gallo: Pueden ser excelentes amigos. Darán la vida uno por el otro.

Búfalo y Perro: Difícil relación, pero no imposible. El búfalo no seguirá al perro en todas sus correrías.

Búfalo y Chancho: Siempre que dosifiquen el encuentro, la cosa puede marchar. Suelen abrumarse y rechazarse.

EL BÚFALO EN LOS NEGOCIOS

Búfalo y Rata: La honestidad y el esfuerzo del búfalo pueden ser explotados por la rata.

Búfalo y Búfalo: Tendrán la oportunidad de construir un imperio y derribarlo luego. Deben procurarse una reserva.

Búfalo y Tigre: El búfalo trataría de destruir al Tigre. Sería una asociación catastrófica. Mejor evitarla.

Búfalo y Conejo: El conejo abusará de la fortaleza y generosidad del búfalo y tratará de engatusarlo.

Búfalo y Dragón: Habrá problemas de poder. Ambos son poderosos e ingeniosos, pero no se soportarán.

Búfalo y Serpiente: Las apariencias… engañan. A otra cosa, mariposa.

Búfalo y Caballo: Son muy trabajadores. El caballo es tan honesto como el búfalo, pero más hábil.

Búfalo y Cabra: Deben evitar la tentación. La cabra haría desastres con el capital del búfalo.

Búfalo y Mono: El mono no tendrá límites para usufructuar al búfalo y este se debilitará.

Búfalo y Gallo: Mucho trabajo y poco beneficio. El búfalo no reconoce los esfuerzos del gallo. Lo cree perezoso.

Búfalo y Perro: No comparten la misma filosofía en estos asuntos, ¿cómo podrán tener éxito?

Búfalo y Chancho: Buena y fructífera asociación. Se estimularán en sus virtudes y habrá alto rendimiento.

EL BÚFALO Y SU ASCENDENTE

Búfalo ascendente Rata: 23.00 a 1.00
Un búfalo con verdadero sentimiento. La rata lo suaviza y le da comunicatividad. Cuidará el dinero.

Búfalo ascendente Búfalo: 1.00 a 3.00
Por su fuerte temperamento, puede ser un líder y llegar a altos puestos. No descollará en el humor ni la imaginación, pero sí en fijar reglas estrictas.

Búfalo ascendente Tigre: 3.00 a 5.00
Será un búfalo cautivante y de gran magnetismo. Fiel a sus impulsos, pero... ¡a cuidarse de su mal genio! Tal vez tenga una gran historia de amor.

Búfalo ascendente Conejo: 5.00 a 7.00
Será un búfalo diplomático y muy discreto. No se esforzará demasiado y probablemente se dedicará al arte por su gran sentido estético.

Búfalo ascendente Dragón: 7.00 a 9.00
Nativos de gran fuerza y poder. Gracias a esas cualidades logrará siempre sus objetivos. Tiene demasiado amor propio. Le convendría ser más receptivo.

Búfalo ascendente Serpiente: 9.00 a 11.00

Esta es una combinación de signos reservados y reacios a aceptar consejos que da como resultado un ser solitario y astuto.

Búfalo ascendente Caballo: 11.00 a 13.00

Este búfalo tiene un ritmo muy especial; posiblemente le guste el deporte. Es sensual y extremadamente fantasioso.

Búfalo ascendente Cabra: 13.00 a 15.00

Un búfalo amable que sentirá inclinación por el arte, y lo apreciará. Será capaz de hacer dinero a partir de sus aptitudes y su trabajo. Este nativo es muy receptivo.

Búfalo ascendente Mono: 15.00 a 17.00

Este búfalo no se tomará demasiado en serio los problemas. Será astuto, sociable y jovial. Tendrá siempre un naipe escondido en la manga.

Búfalo ascendente Gallo: 17.00 a 19.00

Este será un búfalo dinámico y concienzudo. Antes de usar los puños se valdrá de su pintoresca retórica. Una mezcla de predicador y soldado.

Búfalo ascendente Perro: 19.00 a 21.00

Aquí tendríamos un búfalo muy moralista y muy severo si no fuera por el temperamento del perro, que le dará una apertura a su vida para que la enfrente desde una óptica distinta.

Búfalo ascendente Chancho: 21.00 a 23.00

Este búfalo es afectuoso, muy exigente y sobre todo muy conservador. Por su bien, le convendrá ser más duro en situaciones de su propio interés y cuidarse en las comidas.

EL BÚFALO Y SU ENERGÍA

Búfalo de Madera (1925-1985)

Algo cabeza dura, puede ser dócil cuando hay intereses en

juego. Sabe escuchar para aprender cosas y aplicarlas tanto en el plano profesional como en su vida privada. Es un búfalo sociable y su filosofía algo extraviada no le impide la cortesía en sus relaciones. Siempre tiene ganas de viajar y conocer nuevas caras y costumbres que lo estimulen. Es trabajador, ambicioso, oportunista y voluntarioso; se adapta bien a las normas sociales y sabe utilizarlas.

Personajes famosos

Jonatan Viale, Keira Knightley, Gilles Deleuze, Paul Newman, Peter Sellers, Jack Lemmon, Tony Curtis, Carlos Balá, Dick Van Dyke, Benito Laren, Lula Bertoldi, Richard Burton, Roberto Goyeneche, Johann Sebastian Bach, Rafael Squirru, Rock Hudson, B. B. King, Johnny Carson, Bill Haley, Malcolm X, Sammy Davis Jr., Jimmy Scott, Bert Hellinger, Rosario Ortega.

Búfalo de Fuego (1937-1997)

Es un tipo seguro, tranquilo y también agradable. Lo acompaña también su dinámica, su deseo de poder y dinero para relacionarse con lo más alto de la sociedad. Ciclotímico, se enoja mucho cuando alguien se cruza en su camino o lo traiciona. Odia que lo desobedezcan y es muy autoritario, eso sí, no abusa de los que están por debajo de él. Generoso con sus amigos, ellos aprendieron a confiar en él por sus duros años de trabajo y la firmeza que pone siempre en las cosas que emprende. Ama a su familia y haría cualquier cosa por ellos.

Personajes famosos

Martina Stoessel, Camila Cabello, Robert Redford, Warren Beatty, Boris Spassky, Jack Nicholson, Hermann Hesse, Jane Fonda, Norman Briski, José Sacristán, rey don Juan Carlos I de España, Dustin Hoffman, María Kodama, Facundo Cabral.

Búfalo de Tierra (1949-2009)

Como los demás búfalos, se caracteriza por su fuerza y poder de voluntad, pero pide más y más cada vez. Hace todo lo necesario para asegurar el futuro monetario de su familia y de sí mismo. Muy independiente, a veces abusa de la libertad. Jamás duda al tomar una decisión y se apartará a estocadas de aquel que esté en su camino. Se puede contar con él para todo, ya que es un tesoro al que se le pueden confiar hasta los más íntimos secretos. Realizará sacrificios para ganarse la amistad de los que aún no lo conocen.

Personajes famosos

Sergio Denis, César Aira, Luis Alberto Spinetta, Oscar Martínez, Jairo, Joaquín Sabina, Richard Gere, Meryl Streep, Charles Chaplin, Paloma Picasso, Napoleón Bonaparte, Jean Cocteau, Ángeles Mastretta, Billy Joel, Renata Schussheim, Claudio Gabis, Alejandro Medina, José Pekerman, Gene Simmons.

Búfalo de Metal (1901-1961)

Es un búfalo altamente sociable y llegará a tener fama, poder y dinero; será muy generoso con los seres que ama. A veces se pone algo melancólico pero eso no podrá afectar nunca su carácter temible. Inflexible en sus acciones, jamás duda en tomar decisiones. Es una fiera que despedaza cualquier cosa que encuentre en su camino a la gloria. Adora ser responsable, por eso le gusta el trabajo difícil. Sensual y seductor, llegará a sus metas por calidad, y de ese modo conseguirá un futuro seguro.

Personajes famosos

Tom Ford, Marcelo Longobardi, Margarita Barrientos, José Luis Espert, Louis Armstrong, Enzo Francescoli, Barack Obama, The Edge, Boy George, Lucía Galán, Carlos Pagni, Ronnie Arias, Alejandro Agresti, Cinthia Pérez, Sergio Bergman, Ingrid Betancourt, Walt Disney, Juana Molina, Jim Carrey, Alejandro Awada, Andrés Calamaro, Andrea Frigerio, Diego Capusotto, Eddie Murphy.

Búfalo de Agua (1913-1973)

Es un búfalo feliz de su posición actual. Si sigue comportándose así disfrutará de un gran bienestar en el futuro, pero hay veces en que su corazón decae por típicas situaciones de la vida. Está lleno de ideales y grandes ambiciones que se cumplirán porque siempre sabe aprovechar posibilidades de crecimiento. Es un ser muy sensible y tiene la cualidad de captar los estados de ánimo de los otros… y tirar buenas ondas. Cuando encuentre su pareja (si no lo hizo ya), tendrá una buena relación porque es muy cariñoso.

Personajes famosos

Romina Manguel, Pharrell Williams, Belén Esteban, Albert Camus, Bruno Stagnaro, Carolina Fal, Inés Sastre, María Eugenia Vidal, Nicolás Pauls, Juliette Lewis, Iván González, Cristina Pérez, Sebastián Ortega, Juan Manuel Gil Navarro, Martín Palermo, Cecilia Carrizo, Zambayonny, Carlo Ponti.

JOAQUÍN SABINA

BÚFALO
DE TIERRA

CONTAME UN CUENTO CHINO

Lula Bertoldi

Búfala de Madera • Cantante • Argentina

Rojo.

Rojo sangre, rojo fuego, rojo pasión que tiñe absolutamente todo.

De frialdad, poco; la pasión invade y por la nariz sale humo a lo bisonte, descontrolada.

Arrebatos que terminan desenlazando historias, delirios que justifican los momentos más hermosos, frenesí y deseo.

Locura carmesí…“búfala”… de Madera.

TIGRE

Te estoy esperando,
presentí que flotabas
entre el altillo y los bambúes;
casi te atrapo al alba
en la tenue luz del reciente otoño,
día del cumpleaños de mi padrino
que desde un cuadro me saludaba
y a quien me encomendaba
para implorarles a las musas su retorno
exiliadas en Urano
con huelga planetaria.
Poesía
enraíza en mi corazón arrítmico
esculpido por arrebatos
del cambio climático
con quien comulgo entre el cielo y GRETA TILIN TILIN.
L. S. D.

FICHA TÉCNICA

Nombre chino del tigre
HU

Número de orden
TERCERO

Horas regidas por el tigre
03.00 A 05.00

Dirección de su signo
ESTE-NORDESTE

Estación y mes principal
INVIERNO-FEBRERO

Corresponde al signo occidental
ACUARIO

Energía fija
MADERA

Tronco
POSITIVO

ERES TIGRE SI NACISTE

26/01/1914 - 13/02/1915
TIGRE DE MADERA

13/02/1926 - 01/02/1927
TIGRE DE FUEGO

31/01/1938 - 18/02/1939
TIGRE DE TIERRA

17/02/1950 - 05/02/1951
TIGRE DE METAL

05/02/1962 - 24/01/1963
TIGRE DE AGUA

23/01/1974 - 10/02/1975
TIGRE DE MADERA

09/02/1986 - 28/01/1987
TIGRE DE FUEGO

28/01/1998 - 15/02/1999
TIGRE DE TIERRA

14/02/2010 - 02/02/2011
TIGRE DE METAL

Fue una travesía inesperada.

Pasó hace muchos años, no recuerdo si veinte, en la ruta maya que une Tulum con Mérida.

Tenía una presentación de *El Libro del Destino,* y quienes organizaban el evento me enviaron un chofer a las cabañas de Osho.

Siempre sentí que tuve una reencarnación en esas tierras, por lo bien que me siento cada vez que las visito.

La temperatura es cálida, con olor a mar y asfalto. La ropa liviana se adhiere a la piel.

Reconozco que en esa época estaba muy *sexy* y atraía como un imán a los hombres.

Ese día llevaba un vestido celeste y blanco, irregular, que dejaba un hombro al descubierto y las piernas al aire.

En general, en mis largas giras no entablo diálogo con ningún chofer, pues después puedo padecer cinco horas de consultas, confesiones, un vínculo íntimo en un auto que no me favorece, por eso aprendí a "tener la distancia óptima" hasta llegar a destino.

Los *tips* de viaje son: llevar agua, parar a hacer pipí cuando mis riñones demanden, y a veces detenerme a mirar algo que me sorprenda.

Era un Volswagen escarabajo verde, el auto que más amo, pues fue el que tuvimos en la familia, y con el que aprendí a manejar en Parque Leloir.

Noté que el apuesto maya me relojeaba desde el espejo retrovisor. Y de pronto, a la media hora, sonaban altoparlantes con boleros de Manzanero –nativo de Yucatán– baladas románticas mexicanas y canciones de alto tono *hot*.

Los dos solos.

Un viaje de cinco horas. OMOMOM.

Quedé muda. No pedí que bajara la música ni que apagara el equipo.

Me dejé llevar… hacía milenios que nadie me sacaba de mi constante disciplina de autora, escribiendo, leyendo, incursionando en templos, pirámides, ruinas, bosques en donde tenía la suerte de ser testigo de excavaciones milenarias, entreverada en duelos de amor que me costaron la menopausia precoz.

Este hombre estaba dispuesto a todo en este trayecto.

De repente, me preguntó su signo chino. Era del año 1962, tigre de agua.

Y supe que si no hacía algo concreto en ese viaje, tal vez podría tener un desvío entre los cenotes sagrados y las palmeras tupidas que me dejaría inmersa en otro viaje dentro del viaje.

Empecé a aullar como un mono de la selva.

Más fuerte que Manzanero, Olga Gillot, y la marimba que ya me aturdía.

Frenó de golpe.

Y puso el escarabajo casi enterrado en la arena.

Yo seguí mi *performance* mientras mi voz pasaba por todas las notas del pentagrama.

Bajó del auto, caminó unos pasos y, viendo que estaba en trance, volvió con cara de susto y me preguntó si necesitaba algo.

Le dije: “Ir al hospital más cercano; tengo estos ataques cuando invaden mi espacio. Por favor, apague la música”.

Y de pronto solo se escuchó el viento entre los árboles, y el sonido del mar Caribe.

Había transpirado más que en una maratón.

Este menudo hombre de ojos negros y pestañas que parecían pintadas con rímel me miró asustadísimo.

Y así fue.

Llegamos al hospital de Mérida donde hice pipí.

Quedó esperando afuera, y al salir (tardé 45 minutos) le dije que me habían medicado con ayahuasca.

Zafé de un enamorado que tal vez pretendía algo más con la simia y di la mejor conferencia de mi vida.

Así son los tigres; si se los deja, te atrapan en sus garras hasta que caigas dormida soñando con su revolcada inigualable y sorpresiva.

L. S. D.

HISTORIA Y MITOLOGÍA

En China se venera y respeta al tigre como el rey de la Tierra; su presencia en una familia se considera benéfica. Es el protector contra las tres desgracias mayores: los incendios, los fantasmas y los ladrones en la casa. Los cuatro puntos cardinales y el centro de la Tierra están señalados y guardados por los cinco tigres de los siete sabios, quienes se referían a ellos como "la seguridad del mundo". Por eso después se dio la denominación de "cinco tigres" (WU HO) a todo grupo de guerreros que se distinguía por su coordinación y efectividad, nacidos de un valor a toda prueba.

Para los budistas, el tigre representa el símbolo de la potencia que aporta la fe. Una muestra de su importancia en Oriente es el río Tigris. La leyenda cuenta que Dionisio, ansioso por seducir a una ninfa asiática, se transformó en tigre y persiguió a la joven hasta tenerla contra las aguas, obligándola así a recibirlo.

Por eso el río –hasta entonces llamado Sollax– tomó el nombre de Tigris para perpetuar al dios y la doncella, confirmando así al tigre como el más romántico de los signos.

Hay muchos mitos acerca del tigre en China. Su imagen se simboliza con el signo *yang*, a menudo grabado en el frente de su efigie tutelar.

En las pagodas también están los tigres en un arco de triunfo simbólico; es un lugar mítico por donde los genios malos que enferman a los niños no osan pasar cuando su víctima transitó ritualmente por allí.

Es un genio benéfico, imagen de la virtud militar.

Según los astrólogos, la estrella Alfa de la Gran Osa habría dado nacimiento, por metamorfosis, al primer tigre. Nació en el séptimo mes, cuando se forma la esencia *yang*. El tigre vive mil años, y en la mitad de su edad su pelaje se vuelve blanco, y deja de devorar a los seres vivientes.

La aparición de un tigre blanco es un excelente presagio. La piel del tigre rayada de negro es una imagen de la unión *yin* y *yang*.

MUJER TIGRE

Se destacará por su avasallante personalidad.

Dominante, pondrá las reglas del juego con la pareja y la familia. Se destaca por su carácter independiente, pero a la vez es tolerante.

Admirada por la manera en que se desenvuelve en el mundo, fiel a sus aciertos y errores, lucha por sobresalir, ama ser la primera, y lo hace con entusiasmo.

Es cruel cuando tiene a su víctima o adversario debajo de sus garras; su exótica belleza y *sex appeal* la mantienen en estado atlético y devorará candidatos, amantes y fanes de un solo bocado.

Tiene el sentido de la acción muy desarrollado, y una energía inagotable. Adicta a los elogios y a disponer de un ejército de esclavos que admiran su fantástica destreza.

Apasionada, detesta los sentimientos mediocres, las historias inconclusas, las huidas y las dudas. Es exigente con su pareja, considera que el sexo y el diálogo van de la mano.

Si alguien hiere su susceptibilidad, que se cuide de los zarpazos...

Femme fatale, para ella conquistar es conseguir trofeos, tiene una vida llena de altibajos emocionales que le traen conflictos.

Buscará el amor ideal a través del tiempo y el espacio, y dejará huellas visibles en cada corazón.

HOMBRE TIGRE

El felino necesita que lo admiren, adulen y aplaudan. Su ego gigante es el motor de sus aventuras, y buscará parejas que sean compañeras de sus más locas fantasías. Necesita admirar física e intelectualmente a su elegida, no soporta aburrirse y siempre encontrará desafíos para seguir apasionado.

Su coraje lo hará atravesar la barrera del sonido, pero tendrá que asumir completamente su naturaleza, porque de otro modo todo se le puede venir en contra.

Es el REY DE LA SELVA en la familia, en la política, en la sociedad y en el convento; le encanta organizar, pero necesita OBEDIENCIA DE VIDA.

Independiente, no tolera estar subordinado a nadie, ni dar explicaciones de sus actos.

Por su naturaleza nómada, vivirá en el AQUÍ Y AHORA, y tendrá viajes externos e internos que lo mantendrán curioso y ágil.

Niño eterno, tendrá buena onda con hijos y jóvenes; les dará más calidad que cantidad de tiempo, y se divertirá en safaris y escaladas al Champaquí y al Aconcagua.

Es el gran defensor de los derechos humanos, la libertad y la justicia.

Un amigo en las buenas y en las malas que luchará contra los molinos de viento.

EL TIGRE EN EL AMOR

TIGRE Y RATA: Si la rata no absorbe al tigre y deja que él concrete sus aventuras, pueden durar juntos toda una vida. Se sentirán atraídos sexualmente.

TIGRE Y BÚFALO: A ningún precio. No vale la pena intentarlo. Esta unión sería la destrucción del tigre y ambos se sentirían infelices.

TIGRE Y TIGRE: Se entenderán, divertirán, y llorarán juntos por las mismas causas, pero es aconsejable que no convivan. Se destruirán ferozmente.

TIGRE Y CONEJO: Se tantearán todo el tiempo. El conejo enloquecerá al tigre con sus sutilezas, pero los dos se sentirán insatisfechos. Se pelearán como dos felinos.

TIGRE Y DRAGÓN: Dos potencias juntas. El rey de la tierra y el del cielo. Se complementarán y juntos correrán riesgos. Deben manejar la competencia.

TIGRE Y SERPIENTE: Mejor que se eviten. Incomprensión absoluta y sin apelaciones. La sabiduría y el entusiasmo rara vez andan juntos. Muy buen sexo: a no desperdiciarlo.

Tigre y Caballo: Bien. Partirán a la aventura juntos. Se respetarán, admirarán y protegerán mutuamente de sus mismas debilidades.

Tigre y Cabra: Unión con poco futuro. El tigre tiene una rapidez que la cabra no conoce. Es difícil que se adapten y lleven adelante una relación duradera.

Tigre y Mono: Difícil pero posible. El mono hechizará al tigre y él –si no se descontrola– sabrá sacarle provecho.

Tigre y Gallo: Discutirán por problemas inherentes a cada uno, sin ponerse nunca de acuerdo. Al tigre lo deslumbra la libertad y no le gusta que lo acosen.

Tigre y Perro: Todo marcha bien. Comparten el mismo ideal y combaten juntos. Hasta olvidan amarse.

Tigre y Chancho: El chancho estima y comprende al tigre, aunque este puede llevarlo al agotamiento. Pero sabe defenderse. Será un complemento ideal, como la unión de un sociólogo y una antropóloga.

EL TIGRE EN LA AMISTAD

Tigre y Rata: Si no dejan el corazón en cada acto que compartan, pueden pasarla muy bien.

Tigre y Búfalo: Nunca podrían relajarse y entregarse aunque muchas veces se sientan a punto de hacerlo.

Tigre y Tigre: Sí, juntos pueden emprender una carrera de autos, la vuelta al mundo o una revolución, pero nunca compartir el mismo techo.

Tigre y Conejo: Se comprenderán a fondo. Pero el conejo no toma en serio al tigre y a este eso no le causa mucha gracia.

Tigre y Dragón: Sí, se complementarán y en general son muy útiles el uno al otro.

Tigre y Serpiente: No. Un diálogo de sordos. No sean falsos; busquen su verdadera esencia.

Tigre y Caballo: Se pelearán todo el tiempo, aunque se quieren mucho. Será una amistad para toda la vida.

Tigre y Cabra: No está demasiado claro qué podrían hacer juntos. La cabra proyecta, el tigre realiza.

Tigre y Mono: El encanto del mono provoca una relación muy interesante, aunque ninguno de los dos se entrega incondicionalmente. Como son opuestos complementarios, se divierten y ríen de sus travesuras.

Tigre y Gallo: Tal vez nunca lo hayan intentado. No se sienten atraídos mutuamente.

Tigre y Perro: No puede existir amistad más sólida. La causa de uno será la del otro. Se divertirán y crecerán juntos.

Tigre y Chancho: Si, se entienden muy bien, aunque el chancho deberá tomar precauciones.

EL TIGRE EN LOS NEGOCIOS

Tigre y Rata: La rata especulará con la intrepidez del tigre, y logrará que se haga responsable de sus ideas.

Tigre y Búfalo: Asociación negativa. El búfalo desea destruir al tigre, aunque sea el que corre más riesgos y afronta mayores. responsabilidades.

Tigre y Tigre: Desaconsejable. Asumirán demasiados riesgos. ¡Por favor, que no se asocien!

Tigre y Conejo: Es posible. Uno puede ser útil al otro, porque se complementarán. El conejo es prudente y el tigre, temerario.

Tigre y Dragón: Buena asociación: ambos son emprendedores. El dragón reflexionará por los dos.

Tigre y Serpiente: No. Nunca llegarán a ponerse de acuerdo. Eviten la alianza.

Tigre y Caballo: Sí, será complicado y violento, pero favorable.

Tigre y Cabra: El tigre la enjuicia con imparcialidad y tolerancia, pero la cabra a menudo se siente presa del pánico frente a él.

Tigre y Mono: Que el tigre desconfíe de las astucias del mono, y este de la fuerza de aquel.

Tigre y Gallo: Decididamente no. El gallo no está a la altura del tigre, y se agota rápidamente.

Tigre y Perro: Pueden llevar a cabo cualquier cosa, ¡menos un negocio!

Tigre y Chancho: El tigre, tan generoso e inconsciente, es un peligro permanente para el chancho.

EL TIGRE Y SU ASCENDENTE

Tigre ascendente Rata: 23.00 a 1.00
Gran amante de la libertad, este tigre será una fuente de energía y de pasión. Por lo general tiene temperamento optimista. Puede ser algo inseguro, y bastante posesivo.

Tigre ascendente Búfalo: 1.00 a 3.00
Un muy buen tigre, entusiasta y capaz de luchar limpiamente por sus ideales y de liderar importantes proyectos. Mide bien la realidad y es algo solitario.

Tigre ascendente Tigre: 3.00 a 5.00

El rey de los tigres. Imprevisible, temerario, idealista, no conoce la mesura y arremete sin piedad. Su carácter oscila entre un ciclón y un estanque.

Tigre ascendente Conejo: 5.00 a 7.00

Independiente, será previsor, aristocrático y muy sociable. No dará puntada sin hilo, y perseguirá siempre fama, poder y gloria.

Tigre ascendente Dragón: 7.00 a 9.00

Este es un tigre extraordinario. Será noble, valiente, enérgico y muy bello. Imperial, generoso, tendrá una ambición desmedida y exigirá pleitesía.

Tigre ascendente Serpiente: 9.00 a 11.00

Un ejemplar seductor, peligroso, pasional, amante del lujo y ambicioso. La serpiente tiene gran influencia sobre este tigre difícil de domesticar.

Tigre ascendente Caballo: 11.00 a 13.00

¡Qué tigre brioso y original! Hará lo que quiera cuando quiera; para vivir necesita mucha libertad y pocas responsabilidades. Será un amigo ejemplar.

Tigre ascendente Cabra: 13.00 a 15.00

A este posesivo tigre le interesa la comodidad. Puede tener humor fluctuante. Se siente atraído por el arte y es bastante movedizo. En ocasiones sale a disfrutar de la libertad.

Tigre ascendente Mono: 15.00 a 17.00

Esta combinación hará que este nativo concrete todo lo que se propone. El tigre aporta fuerza, determinación y riesgo, y el mono, profundidad y astucia. Tendrá mucho encanto.

Tigre ascendente Gallo: 17.00 a 19.00

Autoritario. Necesitará admirar a su adversario para actuar. Le faltará humor, pero será muy leal, de honor intachable.

Tigre ascendente Perro: 19.00 a 21.00

Aunque su apariencia sea fogosa, este tigre es introvertido y reflexivo. Percibe la realidad y la enfrenta. Conoce los misterios de la vida y es el mejor amigo del mundo.

Tigre ascendente Chancho: 21.00 a 23.00

Un tigre generoso que amará a su familia y será leal con sus amigos. Cuidará celosamente de su entorno, pero no tolerará que lo traicionen.

EL TIGRE Y SU ENERGÍA

Tigre de Madera (1914-1974)

Este tigre es de una sola pieza, está dotado de poder de crecimiento y de un alto sentido artístico que lo hacen un ser creativo. Gracias a la energía natural que emana y a su afabilidad no le faltarán amigos. A menudo carece de lucidez, pero debe aprovechar la mañana pues es un tigre madrugador y en ese momento del día rinde al máximo. No le gusta tomar responsabilidades pero puede ser muy obediente y disciplinado. Su carrera está asegurada gracias a su fe y amor por lo que hace. Igualmente este tigre tiene que ser consciente de sus límites.

Personajes famosos

Carla Peterson, Jorgelina Aruzzi, Oscar Wilde, Julio Cortázar, Thomas Merton, Robbie Williams, Leonardo DiCaprio, Meg White, Adolfo Bioy Casares, Joaquín Furriel, Penélope Cruz, Richard Widmark, Eleonora Wexler, Ariel Ortega, Marguerite Duras, Rafael Amargo, Alberto Castillo, Dani Umpi, María Julia Oliván, Germán Paoloski, Emmanuel Horvilleur, Elena Roger.

Tigre de Fuego (1926-1986)

Gracias a su inteligencia y disciplina siempre está listo para los retos de una nueva campaña. Su espíritu inventivo alimenta su sentido de aventura y acción. Imprevisible, no sabe adónde puede llevarlo su pasión. Si se lo propone puede ser un conductor de masas porque posee una gran fuerza de voluntad, que algunas veces impresiona. Su problema consiste en que no es un tigre demasiado sociable. Vive en el presente y sigue su instinto a costa de los demás seres que lo rodean.

Personajes famosos

Michel Foucault, Marilyn Monroe, Lady Gaga, Miles Davis, Klaus Kinski, Nazareno Casero, Sai Baba, Mel Brooks, Dalmiro Sáenz, Rafael Nadal, Martín Piroyansky, Luis Suárez, Alberto de Mendoza, Alfredo Di Stéfano, Jerry Lewis, Fidel Castro.

Tigre de Tierra (1938-1998)

Es un tigre responsable, y sobre todo tranquilo, lo que influye en gran medida para que sea el tigre más paciente de todos; sin embargo, los secretos de su personalidad lo hacen algo contradictorio y cabeza dura. Sabe diferenciar la importancia de cada cosa por separado. Tal vez no se destaque por algo especial, como los otros tigres, pero tendrá amistades sólidas y confiables. Su forma de ser lo lleva a veces a enredarse en pasiones sin salida, de las que emergerá airoso gracias a que es estable y responsable.

Personajes famosos

Paulo Londra, Federico Manuel Peralta Ramos, Rudolf Nuréyev, reina Sofía de España, Roberto Carnaghi, Isadora Duncan, Tina Turner, Alejandro Sessa, Roberta Flack, Alan Watts, Ángela Torres, Issey Miyake, Karl Lagerfeld, Ellen Johnson-Sirleaf, Pérez Celis, Leonardo Favio, Augusto Mengelle, Héctor Larrea, Jaime Torres.

Tigre de Metal (1950-2010)

Su adicción a los cambios lo hace un tigre nómada, un viajero que se adapta a cada lugar del mundo con mucha facilidad. Tiende a actuar precipitadamente. Es un egoísta que solo se ocupa de sus propios intereses y tiene un gran repertorio de métodos y técnicas que usará para triunfar. Es independiente y excepcionalmente afortunado. A veces toma sus deseos por realidades. Muy influenciable, le gusta ser alabado. Es un tigre con mucho sentido del tiempo, y eso lo hace cosechar frutos bien gorditos.

Personajes famosos

Carlos Gardel, Groucho Marx, Dolli Irigoyen, Ubaldo Matildo

Fillol, Peter Gabriel, Miguel Ángel Solá, Quinquela Martín, Hugo Arias, Stevie Wonder, Norberto "Pappo" Napolitano, Oscar Mulet, Michael Rutherford, Charles de Gaulle, Laurie Anderson, Pelito Galvez, Teté Coustarot.

Tigre de Agua (1902-1962)

Buen amigo y confidente, en ocasiones resulta algo agresivo. Un tigre que está siempre a la defensiva, listo para dar un zarpazo a cualquiera que lo traicione. Es trabajador, optimista, generoso; sin embargo, le resulta un poco difícil controlar su equilibrio emocional. Demasiado prudente, se dejará estar algunas veces, tendrá que trabajar muy duro para compensar lo perdido. Es un tigre multifacético, que se sentirá presionado interiormente hacia diferentes direcciones.

Personajes famosos

Alfredo Casero, Tom Cruise, Jodie Foster, Caruso Lombardi, Divina Gloria, Ivo Cutzarida, Andrea Bonelli, Ian Astbury, Carola Reyna, Ricardo Dorio, Bahiano, Sandra Ballesteros, Leonardo Bechini, Juanse Gutiérrez, Fernando Bonfante, Simón Bolívar, Ana Tarántola, Silvina Chediek, Juan Namuncurá.

CONTAME UN CUENTO CHINO

Pepita Sandwich
Tigresa de Fuego • Ilustradora • Argentina

Una vez soñé que tomaba el té con la reina de Inglaterra. Ella me contaba que era muy poderosa aunque, por ser mujer y de la realeza, tuviera que usar trajes color pastel y saludar a todos con una sonrisa, moviendo la mano como una cuchara chiquita en el aire.

Unos días más tarde, mientras esperaba mi turno en un consultorio médico color beige, leí que la reina Elizabeth II era Tigre en el horóscopo chino. La reina y yo compartíamos el mismo animal zodiacal.

Hasta ese momento nunca me había sentido identificada con la fuerza de una tigresa, a simple vista no tenía el magnetismo de un felino gigante, ni la seducción de un tigre de Bengala. Casi automáticamente, me acordé de lo que dijo la reina en mi sueño; yo también era poderosa atrás de colores pasteles.

Mi trabajo es silencioso pero potente, me escondo entre las hojas para alcanzar mi objetivo en el momento perfecto. Abandono la comodidad de mis castillos y me aventuro en iniciativas arriesgadas. Hago reverencias para evitar la monotonía.

Descubro que prefiero moverme en manadas llenas de mujeres reales, mientras las rayas atraviesan nuestros cuerpos con el paso de los años, volviéndonos cada vez más perfectas. Rugimos todas juntas por los derechos que nos pertenecen en la sabana. Somos las reinas de nuestros cuerpos libres, mientras nos desplazamos a toda velocidad.

CONEJO

Mundo que fuiste cambiando,
devenir de una civilización
que le dio la espalda a los planetas, estrellas, agujeros negros
donde caímos en la Tierra como marcianos sin boleto de vuelta.
L. S. D.

FICHA TÉCNICA

Nombre chino del conejo
TU

Número de orden
CUARTO

Horas regidas por el conejo
05.00 A 07.00

Dirección de su signo
AL ESTE DIRECTAMENTE

Estación y mes principal
PRIMAVERA-MARZO

Corresponde al signo occidental
PISCIS

Energía fija
MADERA

Tronco
NEGATIVO

ERES CONEJO SI NACISTE

14/02/1915 - 02/02/1916
CONEJO DE MADERA

02/02/1927 - 22/01/1928
CONEJO DE FUEGO

19/02/1939 - 07/02/1940
CONEJO DE TIERRA

06/02/1951 - 26/01/1952
CONEJO DE METAL

25/01/1963 - 12/02/1964
CONEJO DE AGUA

11/02/1975 - 30/01/1976
CONEJO DE MADERA

29/01/1987 - 16/02/1988
CONEJO DE FUEGO

16/02/1999 - 04/02/2000
CONEJO DE TIERRA

03/02/2011 - 22/01/2012
CONEJO DE METAL

Era el jueves santo, día TZIKIN 6 en el TZOLKIN, cumpleaños maya de mi papá.

Fui a la estafeta para buscar una carta natal que me regaló Deepak Ananda, y cuando subí las escaleras de piedra escuchando el susurro del arroyito noté que estaba cerrada.

Como una aparición digna de Semana Santa, encarnó delante de mí Antonio, un conocido desde mi juventud, que quedó en la memoria celular como el "piloto particular de mis tíos embajadores", de quien guardaba un lindo recuerdo.

Había detenido su auto al notar que las flores del porche de la comuna estaban agonizando de sed, y por su amor hacia ellas dejó el auto con la puerta abierta, las luces encendidas y con balde en mano las resucitó como Jesús a Lázaro, en un santiamén.

"Qué lindo gesto", pensé.

Éramos los únicos en el feriado aún pringoso del lugar.

Nos pusimos al día, sobrevolando años de no vernos en el valle serrano y lo noté entusiasmado con el reencuentro.

Al despedirnos me recordó que se dedica a la actividad inmobiliaria, y que lo tuviera en cuenta.

Le di mi tarjeta de "empleada del cosmos", lo cité en el campo fundacional y le dije: "Luz, cámara, acción".

Llegó puntualísimo, con Valeria, su hija dragón de fuego. Los recibimos con Catman en nuestro rancho.

A través de la emoción del reencuentro con LSD en esos parajes, las ganas de recuperar el pasado con anécdotas familiares y de amigos en común dejó relucir su espíritu sociable, armónico, elegante y coqueto.

Con orgullo nos dijo que en septiembre cumpliría ochenta años, y que es conejo de tierra en el zodíaco chino.

Su conversación pausada, detallista, con buenos contrastes en los intervalos entre un tema y otro expresaba las cualidades sociales y de enlazador de mundos.

Nos sorprendió con el relato de un viaje intempestivo que hizo para salvar la vida de Pedrito, un ahijado serrano que casi muere en Villa Dolores. Sus padres tuvieron que rezar a todas las vírgenes del mundo pues si no se le inyectaba penicilina corría riesgo su vida. La única salvación era llevarlo a Córdoba con suma urgencia, y Antonio tuvo que llevarlos en el avión, a pesar de que no tenía autorización ni licencia para atravesar altas cumbres, como hacen los cóndores que allí habitan.

Salvó a Pedrito y a sus desesperados padres. Y nunca recibió las gracias.

Pero demostró que es un hombre noble que se jugó a pesar de que existía la posibilidad de ser expulsado del club de pilotos del país por tamaño gesto, que sin duda lo pone en la senda del Cura Brochero.

Al despedirnos me dijo: "Por un crisantemo nos cruzamos en el camino".

Confirmé con convicción que el conejo es el signo más suertudo del zodíaco chino.

Partió feliz con Valeria y los libros autografiados a ventilarlos entre amigos, clientes y quizás a leerlos de reojo debajo de un sauce llorón en su madriguera.

Reía por dentro: el tripolar signo en mi existencia aparece y desaparece por arte de magia.

Y en ese tiempo tal vez deje escrito un capítulo inolvidable de nuestra vida, y nos traiga suerte, como Mirtha Legrand.

Hizo pactos con las altas y bajas jerarquías, y solo él o ella sabrán utilizarlas como pócimas, brebajes, en los momentos más desesperados por salvar su séptima vida.

Convive entre el sueño y la vigilia; deshoja margaritas para jugar con el enamorado de turno, diseña tramas de alto voltaje para engatusar a su juguete favorito.

Apuesta y gana, aunque sea un choripán en el barrio de la Boca.

Como una sirena descubre tesoros perdidos en el fondo del mar.

Tiene antena parabólica e intraterrestre, los cinco sentidos más acentuados y afinados que cualquier ET, y percibe cada instante de su vida con efectos especiales.

L. S. D.

HISTORIA Y MITOLOGÍA

El signo más afortunado del zodíaco oriental es, para los chinos, el conejo, para los japoneses, la liebre, y para los coreanos o vietnamitas, el gato. Aunque con distintos nombres, todos se refieren al mismo animal, y se le asignan diferentes leyendas.

En China el conejo es considerado un animal trascendental, su origen deriva de la esencia vital de la Luna, de modo que es *yin* por naturaleza. Constituye el signo más misterioso del zodíaco lunar. La tradición dice que en los días de luna llena se ve al conejo apoyado en la Luna acompañado de un sapo de tres patas en tren de fabricar filtros mágicos, y presagiando acontecimientos que siempre se cumplen.

Es un alquimista y mago apreciado, se lo considera un talismán de la buena suerte, y el protector de los enamorados por sus costumbres libertinas y su mala reputación… Por eso los vietnamitas prefieren al gato; pero como no hay un gato en la Luna, los japoneses optan por "la liebre de jade" en vez del gato.

La liebre o conejo, como un alquimista que transmuta, está dotada de mil años de longevidad; a los quinientos años consigue la blancura y adquiere el poder mágico de tomar todas las formas que desea.

La liebre o conejo de color blanco es de muy buen augurio, pero más aún la de color rojizo, que aparece en muy raras oportunidades; para que ello ocurra debe reinar la paz en el universo, y los dirigentes en curso tienen que ser eficaces y virtuosos. La liebre roja es símbolo de suerte.

Una leyenda taoísta cuenta que el conejo es ayudante de un sabio y colabora para mezclar el elixir de la vida.

El conejo y la serpiente fueron los únicos animales que no lloraron cuando Buda murió.

MUJER CONEJO

¿Una mezcla entre diosa y sacerdotisa?

¿Qué hace con los mortales?

Nació bajo el signo de la suerte, puede tener éxito en lo que enfoque pues no le teme a nada.

Coqueta, elegante, *sexy* y discreta, le encanta que la halaguen, le digan piropos, y jamás pasa inadvertida; es muy competitiva y celosa.

El hombre que la desee deberá alargar el día a veinticinco horas para dedicárselo por completo; tendrá que proporcionarle desde un lugar en la sociedad hasta su seguridad material.

Excelente anfitriona y ama de casa, hace lucir a su marido y habla lo justo y necesario.

Para el matrimonio es muy solicitada, buena candidata, por ser bella, discreta, reservada y culta. Buena *partenaire* de quien la elija.

Signo ideal para la convivencia. Especialista en el arte de enamorar, conoce los puntos G de los hombres y recurre a ellos para enamorarlos perdidamente y escabullirse hacia otra víctima sin inmutarse.

Por eso se dice que es la gata Flora.

Ella ama ser amada y es afortunada en el amor. No soporta que la ignoren, detesta la rutina, y busca amantes que la saquen del planeta Tierra y la hagan volar.

Es posesiva y de carácter dominante; por eso, si siente que le pueden quitar a su amado, sacará las uñas sin ningún remordimiento.

HOMBRE CONEJO

Nació con ángeles y demonios, con *bonus track*.

Aprecia y valora la comodidad, la tranquilidad y el escándalo cuando sale por los tejados de noche.

Su temperamento es muy *exciting*; no se aburre ni deja a nadie sin seducir, es una mezcla de Casanova y Narciso; ser *playboy* forma parte de su ADN y es irresistible.

Su inteligencia e intuición le procuran una gran percepción y discernimiento frente a todas las situaciones. Es un arquero para mandar la flecha certera al arco.

Gran confidente y escucha, amigo fiel y constante.

Detesta las situaciones violentas y los momentos de discordia. Busca espacios de armonía en la sociedad y nunca se juega si hay algún altercado.

Afectivamente inmaduro, es una misión imposible que mantenga una relación adulta.

Le gusta vivir bien, con lujo y con un buen pasar.

Es muy débil frente a la adversidad, y le cuesta procurarse el sustento.

Su carisma y seducción lograrán que aparezcan mecenas y jamás pasará necesidades. Hábil político, artista supremo, mago en el arte de las relaciones públicas.

Amado y a veces odiado, jamás pasará inadvertido en la vida del prójimo.

EL CONEJO EN EL AMOR

Conejo y Rata: A ambos les gusta el hogar. Si logran adaptarse pueden ser una pareja buena y responsable. La rata se hallará en constante peligro pues el conejo estará siempre en la casa y no resistirá la tentación de destruirla.

Conejo y Búfalo: Al conejo le gusta que lo manden. Se aportarán refinamiento y sensibilidad a cambio de protección y disciplina. Sí; es posible.

Conejo y Tigre: Su emociones tienen distinto ritmo, por eso difícilmente se adaptarán. El conejo es imaginativo y dócil, con buenas tendencias mentales y creativas. El tigre es dramático, sensual y eléctrico.

Conejo y Conejo: Se apoyarán en la parte práctica, pero serán muy mentales y ninguno cargará con el peso del otro. Combinación pacífica en todos los géneros.

Conejo y Dragón: Es una “aleación” realista y positiva. El dragón será el que lleve siempre la acción y proponga nuevas emociones. El conejo aportará diplomacia y buenos modales.

Conejo y Serpiente: El conejo tiene visión y tacto; la serpiente busca el éxito. Aman la comodidad, la belleza y son materialistas. Ambos son contemplativos y se regocijan precisamente en eso, en contemplarse: es ideal que mediten juntos.

Conejo y Caballo: El conejo prefiere el descanso y la soledad, y el caballo el movimiento. Puede ser, si el caballo no se harta. Sin embargo, el conejo puede seguir siendo un amigo comprensivo.

Conejo y Cabra: Gozarán de felicidad doméstica. Al conejo le gustan las fantasías de la cabra. El sentido artístico de ambos, el romanticismo que comparten y la afectuosidad que despliegan los acercan y unen.

Conejo y Mono: Se divierten... aunque en general siempre lo hacen a costa de los demás. Ambos tienen un gran ego, que deberán dosificar. Se atraen física e intelectualmente como un imán. Titilarán en el cosmos.

Conejo y Gallo: El gallo es directo, agresivo, y el conejo silencioso, tiende a cavilar. Pueden tener una vida muy incómoda. Se irritan mutuamente por incompatibilidad de personalidades.

Conejo y Perro: Se captan, respetan y ayudan. El perro será leal, afectuoso y apreciará los modales suaves y diplomáticos del conejo. Combinación benéfica y agradable.

Conejo y Chancho: El chancho es confiable, generoso y obediente, y el conejo agradecerá esa entrega tan conmovedora aportando seguridad. No encontrarán pelos en la leche; se complementarán y divertirán. Unión gratificante; sentirán interés y simpatía mutuos.

EL CONEJO EN LA AMISTAD

Conejo y Rata: Desconfianza y competencia. Solo para una noche de copas. Ambos tratarán de hacer que el otro "pise el palito".

Conejo y Búfalo: Serán compinches y juntos programarán viajes por el mundo, pero siempre a expensas del búfalo.

CONEJO Y TIGRE: Aunque disfruten de ciertos riesgos, se entenderán como dos felinos que se asustan de tener muchas cosas en común.

CONEJO Y CONEJO: Complicidad más allá del arcoíris. *For ever and ever. Yes.*

CONEJO Y DRAGÓN: Podrán divertirse, estimularse y ayudarse mutuamente. Un éxtasis de placer y lujuria. Son tal para cual.

CONEJO Y SERPIENTE: Mantendrán largas y encendidas pláticas rememorando, por ejemplo, la época de oro del cine de Hollywood. Una fiesta.

CONEJO Y CABALLO: Si no se invaden pueden tener excelentes relaciones mundanas y tal vez la posibilidad de una sólida amistad.

CONEJO Y CABRA: Puede ser. El conejo admira el sentido artístico de la cabra y se divierte con sus caprichos.

CONEJO Y MONO: No conviene provocarlos. Son dos buenos amigos y cómplices.

CONEJO Y GALLO: Cortocircuito. El gallo es demasiado alborotador y eso al conejo lo cansa.

CONEJO Y PERRO: Aunque no se aporte ninguna ayuda efectiva, el conejo será un buen confidente del perro.

CONEJO Y CHANCHO: Si, con la condición de que nunca salgan juntos. Pero no harán otra cosa en la vida, y producirán estragos. Una dupla genial.

EL CONEJO EN LOS NEGOCIOS

CONEJO Y RATA: Podrían buscar un garante y, aun así, esta unión sería un peligro.

Conejo y búfalo: El conejo tratará de seducir al búfalo, que trabajará para levantar los cheques voladores firmados.

Conejo y Tigre: Pueden complementarse, siempre que conserven los límites territoriales de cada uno. El conejo aporta diplomacia, el tigre, entusiasmo.

Conejo y Conejo: Pueden funcionar en algo que les sea afín a ambos; un estudio de abogados, de escribanos, una casa de antigüedades…

Conejo y Dragón: Sí. El conejo descarga en el dragón la responsabilidad de las decisiones, pero sabe darle buenos consejos.

Conejo y Serpiente: Sí. Seguro que hacen buenos negocios… siempre que se esfuercen para lograrlos.

Conejo y Caballo: Puede ser un buen deporte para ambos. El conejo es astuto, pero el caballo sabe defenderse. Les gustará tener una agencia de viajes o representar conjuntos de *rock & roll*.

Conejo y Cabra: El conejo tiene buen gusto y sabe elegir. Puede encontrar la manera de que la cabra produzca. Buena asociación.

Conejo y Mono: ¡Ni lo intenten! Cada uno tiene suficiente fuerza como para defenderse del otro… pero ninguno de los dos querrá hacer el trabajo duro.

Conejo y Gallo: ¡Atención gallo! Si el conejo quiere asociarse con un gallo es porque “hay gato encerrado”.

Conejo y Perro: El conejo será útil al perro por su habilidad y serenidad, y este a aquel por su fidelidad y realismo.

Conejo y Chancho: Sí, el conejo es sagaz y el chancho tiene una suerte increíble. Pueden hacer fortuna.

EL CONEJO Y SU ASCENDENTE

Conejo ascendente Rata: 23.00 a 1.00

Un conejo muy astuto que va a toda velocidad por la vida. Es capaz de sortear con éxito los más diversos obstáculos. En el amor es muy celoso, y tiene bastante mal genio.

Conejo ascendente Búfalo: 1.00 a 3.00

Apegado a las ideas conservadoras. Tiene mucha fuerza interior y determinación, pero suele ser algo contradictorio.

Conejo ascendente Tigre: 3.00 a 5.00

Un ejemplar intenso. Lo desborda la pasión y puede actuar impulsivamente sin medir las consecuencias por su temperamento fuerte. Se relacionará mejor cuando logre regularse.

Conejo ascendente Conejo: 5.00 a 7.00

Atención con este conejo. Su seducción sin límites hipnotizará a quien se le cruce en el camino. Culto y sagaz, sabe disfrutar de la vida y es un fino artista en el amor.

Conejo ascendente Dragón: 7.00 a 9.00

Ambicioso, seductor y con múltiples recursos, siempre encontrará el camino para llegar adonde quiere. Brilla como amante por su romanticismo y su exuberante pasión.

Conejo ascendente Serpiente: 9.00 a 11.00

Un conejo elegante y misterioso, con un aura de refinamiento. Se destaca por su intuición sumamente desarrollada y su romántico talento para el amor.

Conejo ascendente Caballo: 11.00 a 13.00

Será muy alegre, movedizo y competitivo. Estará ávido

de honores, viajes y gloria. Su *sex appeal* no tiene límites. Es optimista, inconstante y divertido; no conoce la prudencia.

Conejo ascendente Cabra: 13.00 a 15.00

Este conejo será artista, muy divertido y sibarita. Buscará seguridad y tal vez se case por conveniencia. Aparecerán mecenas que lo protegerán a lo largo de su vida, y no se privará de nada.

Conejo ascendente Mono: 15.00 a 17.00

Un mono genial. Será el emperador de la tragedia y la comedia, tendrá suerte en lo que emprenda y un séquito de fanes que no lo abandonarán... pero carecerá de moral.

Conejo ascendente Gallo: 17.00 a 19.00

Este conejo se sentirá interferido por las exigencias del gallo. No parará de trabajar y vivirá el ocio con culpa. Adora recibir amigos, aconsejar y juzgar. Tendrá estados ciclotímicos.

Conejo ascendente Perro: 19.00 a 21.00

Será muy depresivo y necesitará un refugio para descansar de la hostilidad del mundo. Muy sensible, creativo, defenderá a quienes ama. Inconstante y un poco perezoso.

Conejo ascendente Chancho: 21.00 a 23.00

Es un filósofo pacifista, solitario y terriblemente independiente. Vivirá con lujuria y será muy intelectual, tendrá un corazón de oro y dará la vida por sus ideales y amores.

EL CONEJO Y SU ENERGÍA

Conejo de Madera (1915-1975)

Este conejo maneja casi todo en su casa, aunque a veces puede llegar a pasar cualquier cosa porque es alborotado. Generoso y solícito, se brinda con facilidad. Se le abrirán muchas puertas gracias a sus conexiones con personas "de arriba" y a su diplomacia. Es desordenado, pero sabe con exactitud lo que quiere de la vida. Siempre pensando en los demás, buscará gente necesitada y la contratará para su trabajo. Es un buen amigo, le gusta ayudar cuando puede, pero odia que lo traicionen.

Personajes famosos

Federico Amador, Mariano Cohn, Luciano Castro, Juan Minujín, Ingrid Bergman, Orson Welles, Billie Holiday, Eugenia Tobal, Frank Sinatra, Anthony Quinn, Michael Bublé, Édith Piaf, Abel Santa Cruz, Jack White, David Beckham, Paola Barrientos, Enrique Iglesias, Dolores Barreiro, Leticia Brédice, Hernán Crespo, Angelina Jolie, David Rockefeller.

Conejo de Fuego (1927-1987)

Es un conejo muy estético, le gusta tener orden en la casa y en su trabajo. Tiene que sentirse a gusto con todo y quiere que los demás se sientan relajados en su casa. Es agradable, entusiasta, protege a los otros integrantes de su familia; tiene carisma y entereza. Por su espontaneidad e inteligencia cuando realiza sus trabajos lleva todas las de ganar. Posee habilidad y es versátil. En el amor, un conejo cariñoso; al principio puede ser algo temperamental, ¡pero a la larga responde como un conejito en celo!

Personajes famosos

Choly Berreteaga, Leo Messi, Raúl Alfonsín, Gabriel García Márquez, Jimena Barón, Tato Bores, Peter Falk, Francisca Valenzuela, Gilbert Becaud, Gina Lollobrigida, Harry Belafonte, Mirtha Legrand, Ángel Di María, Raúl Matera, Osvaldo Bayer, Emilia Attias.

Conejo de Tierra (1939-1999)

Este conejo estable y práctico no pierde el tiempo soñando y rogando suerte. Se sorprende con facilidad, ya que se distingue por ser muy curioso. Es una máquina de formar amistades porque tiene humor, sagacidad y chispa, que lo hacen figurar en lo social. No es buen confidente, así que no le cuentes tus secretos más íntimos. Por su materialismo nato, aprovecha las ocasiones y las explota al máximo. Sus padres quizá no lo entiendan mucho, ya que es un ser complicado.

Personajes famosos

Karol Sevilla, Paul Klee, Albert Einstein, Andrés Percivale, reina Victoria, George Hamilton, Francis Ford Coppola, Peter Fonda, Stalin.

Conejo de Metal (1951-2011)

Aunque es seguro de sí mismo, resulta a veces muy ansioso por querer obtener cosas para asegurarse su futuro. Asume responsabilidades hasta que se harta. A veces no es demasiado amable por las tensiones que sufre; sabe apreciar muy bien a su familia y la calidad de las cosas materiales. Le gusta estar rodeado de amistades y necesita vivir sus amores con una fuerte pasión. Su gusto definido lo ayudará a encontrar a su media naranja. A veces puede perder el control, pero es un tierno.

Personajes famosos

Rita Segato, Arturo Pérez-Reverte, Sting, Thelma Biral, Isabel Preysler, Charly García, Pedro Almodóvar, Ana Belén, Christian Lacroix, Anjelica Huston, Carlos Barrios, Confucio, Hugo Porta, Gustavo Santaolalla, Michael Keaton, Rosa Gloria Chagoyán, Romeo Gigli, Jaco Pastorius, Juan Leyrado, Valeria Lynch, León Gieco.

Conejo de Agua (1903-1963)

Consigue influenciar con su poder mental. Vivirá una vida feliz con sus seres queridos y su trabajo. Algo impaciente, a veces se precipita hacia lo desconocido y corre riesgo de perder algo más que su empleo. Muy atractivo, encontrará otra persona hermosa para vivir mucho tiempo. Detesta estar en el presente, y es muy sensible a los recuerdos. Piensa en el futuro y en el pasado. Hipersensible y en ocasiones sale de la realidad.

Personajes famosos

Jarvis Cocker, Whitney Houston, Brad Pitt, Niní Marshall, George Michael, Sergio Goycochea, Fernando Peña, Fabián Gianola, Johnny Depp, Quentin Tarantino, Fernando Samalea, Rosario Flores, Norma Antunez, Hilda Lizarazu, Ramiro Agulla, Xuxa, Fatboy Slim, Sheila Cremaschi, Germán Palacios, Gabriela Epumer, Gustavo Elía, Costi Vigil, Fito Páez.

CHARLY GARCÍA

CONEJO
DE METAL

CONTAME UN CUENTO CHINO

Andrea Fuchs
Conejo de Agua • Diseñadora textil "Hijas de la Luna" • Argentina

Cuento chino de una gata andina
Estar ahí,
Always
Mimos para los que amo,
Belleza alrededor
Horno tibio, siempre con sorpresas
Si llegan más huéspedes mejor
Bordando flores,
Soñando amores
Aunque Cupido llegue a estas alturas,
entre cerros, mil risas y disfrute easy,
Gracias por tanto

Gracias X las rutas mayas, X las rutas andinas, X las rutas del alma, desde el sillón con mis Discovery daughters...

Gracias.

Entre mantos calentitos en el invierno porteño llenándolos con flores para la primavera...

Miau...uuuu
Mulukita

DRAGÓN

Entre dos eclipses.
En mi tierra argentina
dejo que actúen en mi destino.
Solar en la montaña
lunar alunar en Buenos Aires.
Soy una nueva mujer.
L. S. D.

FICHA TÉCNICA

Nombre chino del dragón
LONG

Número de orden
QUINTO

Horas regidas por el dragón
07.00 A 09.00

Dirección de su signo
ESTE-SUDESTE

Estación y mes principal
PRIMAVERA-ABRIL

Corresponde al signo occidental
ARIES

Energía fija
MADERA

Tronco
POSITIVO

ERES DRAGÓN SI NACISTE

03/02/1916 - 22/01/1917
DRAGÓN DE FUEGO

23/01/1928 - 09/02/1929
DRAGÓN DE TIERRA

08/02/1940 - 26/01/1941
DRAGÓN DE METAL

27/01/1952 - 13/02/1953
DRAGÓN DE AGUA

13/02/1964 - 01/02/1965
DRAGÓN DE MADERA

31/01/1976 - 17/02/1977
DRAGÓN DE FUEGO

17/02/1988 - 05/02/1989
DRAGÓN DE TIERRA

05/02/2000 - 23/01/2001
DRAGÓN DE METAL

23/01/2012 - 09/02/2013
DRAGÓN DE AGUA

Deepak Ananda se infiltró en mi vida como solo los dragones pueden hacerlo.

Un día leí un mail suyo que aportaba datos muy exactos sobre la independencia en la India (1947) y la consulta que hizo el primer presidente BABU RAJENDRA PRASAD al mejor astrólogo para que estudiara la carta natal del país con su configuración astral para el nacimiento de su destino.

Me impactó porque recordé que hace quince años entre varios astrólogos hicimos el aporte a la idea de una nueva cosmovisión en la Argentina; fue un gesto generoso, abierto y solidario.

Desde que Deepak me regaló una extraordinaria carta natal hindú que leí atentamente en mi estadía serrana, mantenemos una relación espiritual ciberespacial con este dragón de fuego.

Para los occidentales la idea de ser una figura mitológica, descendiente tal vez de los jurásicos, hace millones de años, un personaje que ha sido descripto en los poemas y la literatura china constituye una inmensa responsabilidad que algunos representantes del signo disfrutan.

Ellos encarnan el único signo irreal, mitológico, producto de la imaginación popular, y además con el *bonus track*, en China, de reproducir un *baby boom* en su año, pues consideran a este signo el mejor del zodíaco chino. Y la tradición china indica que si nacen varones, mejor.

El efecto que produce este animal quimérico es sumar las energías eólica, solar, lunar y la de la galaxia cuando estamos a su lado, o irrumpe sin permiso en nuestra vida.

Su presencia es impactante; deslumbrará por su personalidad, su belleza, su estado físico en general pues está dotado de gran contextura, solidez, agilidad y –aunque a veces es hosco– el tiempo y las oportunidades que le dé la vida lo mejorarán hasta que se convierta en una semideidad.

El dragón sabe como su hermana kármica, la serpiente, que no volverá a reencarnar.

Por eso apuesta todo en su vida y no deja materia por cursar: placeres terrenales y celestiales.

Desde niño es vivaz, curioso, inteligente, rebelde, extravertido, con tendencias al drama o a la comedia, con capacidad para adaptarse y cambiar de vida en un instante si siente que quemó las naves y no debe mirar hacia atrás.

Tendrá muchas vidas en esta vida; y se reinventará tantas veces como sea necesario.

Su ambición es tan grande en lo material como en lo espiritual.

Hay ejemplares notables del signo: Jesucristo, Che Guevara, John Lennon, Salvador Dalí, Al Pacino, Nacha Guevara, Manu Ginóbili, personas que se han destacado por sus ideales y convicciones, que han sostenido con entereza hasta el fin de esta vida.

Ayer al mediodía en Nono[7] me encontré con HORACIO, dragón metálico, excompañero de pilates.

Después de indexar este tiempo sin vernos, y compartir partidas agridulces del zoo, espontáneamente narró la persecución que sufrió en TERMAS DE RÍO HONDO cuando un chancho lo atacó.

Cariñosa, risueñamente, le daba sobras de la comida que compartía con sus amigos, hasta que el chancho lo arremetió y él, como buen dragón, elevó vuelo para que no lo matara *in situ*.

Yo le dije: "ACORDATE DE QUE ESTAMOS EN EL AÑO DEL CHANCHO, HORACIO".

L. S. D.

HISTORIA Y MITOLOGÍA

El dragón representa la combinación de lo fantástico con lo real, lo irreal, lo mágico y lo quimérico, el producto de nuestra imaginación.

Como animal mítico irradia misterio, atracción, magnetismo; atemoriza y hasta paraliza.

Especula con su poder divino ante el resto del zoo.

Apuesta un pleno en todo y gana con su vitalidad, fuerza, carisma.

Su presencia resulta siempre atrevida, provocativa, incendiaria, y por eso es amado u odiado sin matices.

---

[7] Nono es una localidad argentina ubicada al oeste de la provincia de Córdoba, a 150 km de la ciudad de Córdoba.

Para los chinos representa un emblema y simboliza diferentes manifestaciones de la vida. Emana energía protectora y encarna las cuatro virtudes principales: longevidad, salud, fortuna y armonía.

El dragón es la imagen del cambio y de cómo se mueven las energías cósmicas: es el supremo regulador de las montañas, el cielo y la tierra; un genio de las aguas y las lluvias.

Concebir hijos que nazcan en el año del dragón es una tradición china, su razón surge de considerarlo una imagen celestial, benéfica, protectora, afortunada y mágica, una manera de traer a la tierra a los representantes de la divinidad.

En la cultura occidental, el dragón es amado y también considerado un monstruo maléfico, una criatura del mal, que trae desgracias a la población. Aquí se ve la dualidad del dragón bien-mal, real-mítico, amado-odiado.

MUJER DRAGÓN

Para los varones mortales, toparse con una mujer dragón es un efecto tsunami que deben afrontar.

Las reglas las impone ella. En general hay que padecerla.

Hiperindependiente, transforma a sus víctimas en robots controlados desde sus antojos cibernéticos o eróticos, intelectuales o financieros; ella lleva a su harén donde quiere hasta que se retire a meditar a un templo tibetano.

La diosa Afrodita es equivalente a la mujer dragón, mezcla de niña audaz con *femme fatale*, capaz de hacer caer las pirámides de Egipto.

Cautivante, no pasa inadvertida; como el sol, irradia su propio brillo.

Llegar a su esencia requiere paciencia china, derretir su ego y acercarse siendo auténtico.

Por su autosuficiencia es amada u odiada.

Tendrá adicción por el matrimonio, los amantes y las herencias de los hombres que la endiosaron.

HOMBRE DRAGÓN

Necesita estar en movimiento intelectual y físico en lo cotidiano de su vida. Dará la nota, mostrando y demostrando su dominio, su fuerza y su sapiencia.

Su ego es tan infinito como la galaxia; rinde examen en cada situación de su vida, cree que tiene a los dioses se su lado y no soporta la derrota.

Cuando proyecta, lo hace a lo grande, enfrentando retos con su tenacidad, audacia y coraje.

Es el ave fénix que resurge de sus cenizas.

Considera muy importante el estatus, el poder económico y social, rodearse de lujos y llevar una buena vida.

Así como es capaz de ganar puede perder todo en un solo instante.

En su faz negativa, es arrogante, cruel, egoísta, frío, calculador, y tiene el estilo TERMINATOR cuando lo contradicen.

Enamorarse de un dragón es inmolarse por él. Requiere atención *full time*, y demostrar idolatría por sus habilidades y talentos.

Si el dragón logra estabilizarse formando una familia, es posible que sobreproteja a sus hijos imponiendo sus ideas y conducta.

A muchos dragones la familia les causa claustrofobia.

El dragón tiene más conocidos que amigos de verdad.

EL DRAGÓN EN EL AMOR

DRAGÓN Y RATA: El dragón logrará hacer fortuna y la rata ahorrará. Será una pareja dichosa. El dragón se conducirá con lealtad y optimismo y la rata seguirá a su pareja hasta el fin del mundo.

DRAGÓN Y BÚFALO: Tendrán un vínculo prohibido. Complicado. Perpetuo conflicto por autoridad. Cuando termine el sexo, no sabrán qué decirse. Y al búfalo le costará cicatrizar estas heridas…

Dragón y Tigre: Se admitirán y estarán activos, despiertos e interesados por las causas propias y también por las ajenas, pese a los encontronazos.

Dragón y Conejo: Las cualidades mundanas y la diplomacia del conejo sirven a la ambición del dragón. Muy buena unión.

Dragón y Dragón: Son muy individualistas, voluntariosos y agresivos. Compiten permanentemente entre sí. ¡Fuegos artificiales!

Dragón y Serpiente: Poder, sutileza y objetivos comunes. Excelente unión. El dragón se siente orgulloso del magnetismo de la serpiente, aun cuando esta coquetee con otra gente.

Dragón y Caballo: Si respetan las libertades individuales y logran consolidar la energía de ambos en metas comunes, todo andará bien.

Dragón y Cabra: El dragón protege a la cabra. La cabra puede ser feliz pero no ayuda al dragón, sino que más bien lo perjudica, aunque a ella esto no parece importarle mucho.

Dragón y Mono: El consejo del mono es siempre excelente para el confiado dragón, que le brinda a cambio cuidados y mimos al por mayor.

Dragón y Gallo: Pueden tener gran intimidad si se cuidan de las habladurías. Buena unión: el gallo aprovecha los logros del dragón, haciéndolos suyos.

Dragón y Perro: Ambos se sienten desgraciados. El perro ve al dragón tal cual es y eso lo desanima.

Dragón y Chancho: Románticos hasta la médula, conforman una unión feliz. ¡Sí! Los dos son ingenuos, trabajadores y sensuales.

EL DRAGÓN EN LA AMISTAD

Dragón y Rata: Estos amigos se estimularán en los logros que consigan y sin dudas serán grandes compinches a lo largo de toda la vida.

Dragón y Búfalo: Podrán compartir labores en común: cocina, deportes y jardinería, salidas al cine. También habrá grandes silencios.

Dragón y Tigre: Ambos tienen ideales elevados y se prodigan una grata compañía. Se electrizarán mutuamente.

Dragón y Conejo: Compartirán momentos inolvidables, y al día siguiente se ignorarán.

Dragón y Dragón: Se lanzarán llamaradas de fuego hasta incendiarse. Atención: siempre les conviene tener extiguidores a mano.

Dragón y Serpiente: Se llevarán tan bien que no podrán desprenderse ni un minuto; se divertirán porque tienen lenguas viperinas…

Dragón y Caballo: El dragón es muy generoso, pero espera ser retribuido de la misma manera. El caballo es más personal, reclama mucho y da poco a cambio. ¡No!

Dragón y Cabra: ¡Sí! La cabra se sentirá tan halagada que se volverá encantadora. Y cuando lo desea, sabe serlo en grado superlativo.

Dragón y Mono: Sí; el mono hace lo que quiere con el dragón… ¡Además le saca todo lo que puede!

Dragón y Gallo: Simpatizan y se apoyan con gusto. Buscarán aventuras y compartirán enredos.

Dragón y Perro: Al dragón lo desalienta el hecho de que el perro tenga las patas demasiado apoyadas en la tierra; y al perro, no poder contar con el dragón cuando lo necesita.

Dragón y Chancho: No tendrán ningún problema, pero tampoco ningún empuje. Buenas relaciones, pero sin fantasías: aburrido pero tranquilo.

EL DRAGÓN EN LOS NEGOCIOS

Dragón y Rata: Se unen dos potencias; juntos lograrán atravesar el supramundo en lo que se propongan. Dinamita para el resto del zoo chino.

Dragón y Búfalo: Habrá puja por el poder y, aunque quieran, no se detendrán a escucharse.

Dragón y Tigre: Unión muy positiva. Ambos confían en el poderío y la astucia del otro.

Dragón y Conejo: Todo empezará con un intento que irá creciendo de a poco. Muchas gratificaciones.

Dragón y Dragón: Desaconsejable. Habrá problemas de prestigio.

Dragón y Serpiente: Es posible, aunque si la serpiente deja trabajar al dragón y se queda sin hacer nada, todo puede terminar mal.

Dragón y Caballo: Sí, para un solo negocio, pero la cosa no dará para transacciones de mucho tiempo.

Dragón y Cabrá: La cabra puede ser irreemplazable en una tarea artística que esté asociada con un dragón empresario o director.

Dragón y Mono: Muy buena asociación. Astucia y potencia. ¡No se separen nunca!

Dragón y Gallo: Bajo la dirección del dragón, el gallo puede descollar en el dominio de las relaciones públicas.

Dragón y Perro: No. El perro pone al descubierto al dragón y a este eso lo exaspera.

Dragón y Chancho: Este dúo comercial sería un éxito seguro, sobre todo porque el chancho es relativamente modesto.

EL DRAGÓN Y SU ASCENDENTE

Dragón ascendente Rata: 23.00 a 1.00

Le costará ser objetivo y terminante en sus críticas. Tendrá equilibrio para manejar su economía y en ocasiones le costará demostrar el amor.

Dragón ascendente Búfalo: 1.00 a 3.00

Este será un dragón rumiante y muy firme en sus decisiones. Escupirá fuego y no dudará de enfrentar con valor a todos sus adversarios.

Dragón ascendente Tigre: 3.00 a 5.00

Se meterá de cabeza en el trabajo. Tendrá impulsos irrefrenables que lo llevarán a conseguir todo lo que se propone. Un ejemplar muy pasional.

Dragón ascendente Conejo: 5.00 a 7.00

Fuerte, sutil, reflexivo y de ideas claras. Es una combinación de diplomacia y de fuerza convenientemente sazonada con amores y aventuras.

Dragón ascendente Dragón: 7.00 a 9.00

Su sentido de la vida es la esencia de la armonía cósmica. Un ejemplar digno de respeto, que impone obediencia y devoción.

Dragón ascendente Serpiente: 9.00 a 11.00
Su ambición no tiene límites. Esconde sus jugadas, pero actúa con precisión pues es sumamente calculador. ¡Un dragón peligrosísimo!

Dragón ascendente Caballo: 11.00 a 13.00
Puede descolocarse si no tiene disciplina en la vida. Le gusta el riesgo. Es el rey de la diversión y puede olvidarse de todo por amor.

Dragón ascendente Cabra: 13.00 a 15.00
Este es un dragón moderado y comprensivo que logra superarse sin necesidad de recurrir a la fuerza. Será protector y amoroso.

Dragón ascendente Mono: 15.00 a 17.00
Íntegro y con gran sentido del humor, no te dejará pasar nada. Es una superestrella que combina fuerza y sentido de justicia.

Dragón ascendente Gallo: 17.00 a 19.00
Con él, jamás un momento de aburrimiento. Dragón intrépido y fantasioso, con un gran amor propio. ¡Estará siempre alerta!

Dragón ascendente Perro: 19.00 a 21.00
Luchará contra la injusticia y tendrá mucho humor y estabilidad. Es un dragón sumamente práctico y leal.

Dragón ascendente Chancho: 21.00 a 23.00
Siempre se podrá contar con él. Este ejemplar tendrá un corazón de oro y será tan humilde... que a veces no parecerá un dragón.

EL DRAGÓN Y SU ENERGÍA

Dragón de Madera (1904-1964)
Un dragón con un gran potencial para la creatividad. Tiene un alto sentido de lo justo y es muy amable con los demás. Una

persona muy dedicada a su trabajo, que quiere mucho lo que hace; abierto a aceptar críticas si está realizando algo mal. A pesar de eso, le gusta siempre tener la razón.

Es ciclotímico, generoso, y la vida lo tratará bien porque también es muy afortunado. Un futuro portentoso lo espera; no se privará de nada. Le gusta estar al mando de lo que hace y siempre apuesta fuerte para ganar.

Personajes famosos

Pablo Neruda, Osvaldo Pugliese, Ricardo Balbín, Kevin Johansen, Sandra Bullock, Matt Dillon, Sergio Lapegüe, Gustavo Bermúdez, Tita Merello, Eleonora Cassano, Palo Pandolfo, Jorge Drexler, Humberto Tortonese, Felicitas Córdoba, Raúl Urtizberea, Nietzsche, Salvador Dalí, Mario Pergolini.

Dragón de Fuego (1916-1976)

A este dragón le espera una vida provechosa. Digno, poderoso y valiente, es muy amable y respeta a todas las personas, pero no lo desafíen porque se las pueden ver de todos los colores. Disfrutará la vida al máximo, al igual que los que estén a su alrededor en esos momentos. Compartirá momentos de sensibilidad con su pareja y mantendrá una vida sexual activa. Intuitivo, puede averiguar lo que está pasando en su entorno y esa capacidad lo ayuda a no mezclarse con problemas financieros.

Personajes famosos

Glenn Ford, Sigmund Freud, María Paz Ferreyra (Miss Bolivia), Paloma Herrera, Dámaso Pérez Prado, Dante Spinetta, Shakira, Roberto Galán, Damián Szifron, Kira Douglas, Françoise Mitterrand, Paz Vega, Luciano Cáceres, Anita Álvarez Toledo, Florencia de la V, Carola del Bianco.

Dragón de Tierra (1928-1988)

Este dragón está ligado con la fuerza elemental de la tierra. Concretará sus sueños porque es realista y pacífico y le gusta sumergirse hasta el final cuando algo le interesa. Al hablar de la pareja, se muestra totalmente diferente.

No logra equilibrar las fuerzas de su interior, entonces puede que se lleve mal con su pareja y con su familia. Le espera una exitosa carrera, que le significará fama y fortuna. Un dragón que sabe aprovechar las maravillosas posibilidades que le brinda la vida.

Personajes famosos

Emma Stone, Julio Le Parc, Rihanna, Chino Darín, Martin Luther King, Roger Moore, Eddie Fisher, Shirley Temple, Adam West, Carlos Fuentes, Alan Pakula, Sarita Montiel.

Dragón de Metal (1940-2000)

Este dragón es temido por su carácter bravío y su valentía fuera de serie. Cuando tiene en mente algo que le interesa simplemente va y lo consigue. Atrae a las amistades como la miel a las moscas. Le encuentran un irresistible atractivo físico y mental porque es un dragón de raza.

Muy orgulloso y rígido, se quiere demasiado a sí mismo. Jamás se retracta de lo que dice y nunca abandona un proyecto. No escucha cuando le puntualizan los defectos de su forma de ser. Respecto de su pareja, le resulta difícil entablar una conversación por su temperamento y su *egotrip*[8].

Personajes famosos

Maite Lanata, Ringo Starr, Joan Báez, Tom Jones, Al Pacino, Jesucristo, John Lennon, Amelita Baltar, Andy Warhol, Raquel Welch, Brian De Palma, Pelé, Herbie Hancock, Frank Zappa, Antonio Skármeta, Oscar Araiz, Bruce Lee, Nacha Guevara, Carlos Bilardo, David Carradine, Bernardo Bertolucci.

Dragón de Agua (1952-2012)

Este dragón tiene una vida equilibrada. Es democrático y el más justo de todos los dragones. Le gusta escuchar las opiniones de los demás y las pone en práctica si son buenas. Tendrá que trabajar muy duro para lograr su gran aspiración en la vida: un futuro seguro. Defiende sus ideales con garras y fuego. A medida que crece incrementa sus conocimientos y se dará cuenta de que la vida se le hace un poco más fácil de llevar. Es lúcido y tiene olfato para ver las cosas realmente como son.

[8] Es un término que alude a alguien que ansía estar en el centro de todo, ser quien siempre marque el rumbo.

Personajes famosos

David Byrne, Jim Jarmusch, Guillermo Vilas, Hugo Soto, Robin Williams, Nito Mestre, Jean Paul Gaultier, Stewart Copeland, Raúl Perrone, Norberto Alonso, Jimmy Connors, Lalo Mir, Soledad Silveyra, Susú Pecoraro.

edificio de las NACIONES UNIDAS

CONTAME UN CUENTO CHINO

Guido Colzani
Dragón de Fuego • Músico • Argentina

Una camisa naranja, un pantalón azul, unas botas blancas, un saco rojo, un colgante dorado, billetera, llaves… y a volar.

Conectado directamente con la realidad, pero con pase libre para viajar a la fantasía en el bolsillo. Una oportunidad única, por momentos hermosa, y por otros, detestable.

Como músico baterista cuento uno, dos, tres, cuatro y el ritmo empieza a correr, disfruto mucho de ser el disparador, de tener la llave que arranca el motor, y de contar siempre con pasajeros a bordo para llevarlos a pasear.

No es de mi agrado ser solitario: familia, amores, amistades, reuniones, comidas, bebidas, discusiones, hedonismo rebalsando por doquier. Trabajar es algo que se disfruta y mucho. Explorar nuevos universos, cumplir la meta, lograr el objetivo, acciones que elevan mi mente, mi cuerpo y mi espíritu. No concibo el hecho de "no poder lograrlo", pierdo noción del tiempo y el espacio realizando las cosas hasta terminarlas. Necesito que mis gestos sean valorados y apreciados, el afecto es un componente muy importante que termina de completar el círculo de oro de lo que me nace entregar.

La billetera siempre abierta, para mí, para mis amores y amistades, en el momento del acto todo es maravilloso, y acabado este, la reflexión de la realidad, un desastre. Siempre ronda en el aire esa situación de "inversión positiva", el mismo acto de dar sin preocupación y/o planificación proveerá más de todo lo que hubo y hay en breve.

Amo fuertemente, y la relación amor-tiempo es una línea proporcionalmente diseñada, preferentemente con una extensa duración, en este ámbito no soy fugaz. *Full* fan de la satisfacción.

SERPIENTE

Culpar sin saber
es peor que saber
quién cometió el delito dentro de tu casa,
seguir conviviendo como si nada pasara.
Cada persona trae la CAJA DE PANDORA
dejándonos pensativos hacia la próxima vida.
L. S. D.

FICHA TÉCNICA

Nombre chino de la serpiente
SHE

Número de orden
SEXTO

Horas regidas por la serpiente
09.00 A 11.00

Dirección de su signo
SUD-SUDESTE

Estación y mes principal
PRIMAVERA-MAYO

Corresponde al signo occidental
TAURO

Energía fija
FUEGO

Tronco
NEGATIVO

ERES SERPIENTE SI NACISTE

23/01/1917 - 10/02/1918
SERPIENTE DE FUEGO

10/02/1929 - 29/01/1930
SERPIENTE DE TIERRA

27/01/1941 - 14/02/1942
SERPIENTE DE METAL

14/02/1953 - 02/02/1954
SERPIENTE DE AGUA

02/02/1965 - 20/01/1966
SERPIENTE DE MADERA

18/02/1977 - 06/02/1978
SERPIENTE DE FUEGO

06/02/1989 - 26/01/1990
SERPIENTE DE TIERRA

24/01/2001 - 11/02/2002
SERPIENTE DE METAL

10/02/2013 - 30/01/2014
SERPIENTE DE AGUA

Hace dos días leí *El Principito* de nuevo.

Estaba sobre la mesa ratona del living esperándome.

Necesitaba volver a "lo esencial". Y me seguí sorprendiendo.

Me detuve en la serpiente, que aparece dos veces en la breve estadía del Principito en la tierra.

Y supe que este animal, para todas las culturas, relatos míticos, religiones, es una médium que transforma la vida de cualquier ser humano.

Es la tentación y la invitación a la meditación. La oportunidad para pasar a "otro mundo" dejando la piel en la arena y elevando el espíritu como KUKULCAN, la serpiente emplumada para los mayas.

Es quien se quedó en silencio acompañando la impresión del Principito al verla. Y es quien le dio su veneno para que volviera a su asteroide.

En mi vida, cuando me encuentro con una sierpe, respiro profundamente, medito y me envuelvo con una gasa violeta para que no llegue su influencia a enroscarme más de lo que necesito y me gusta.

Tal vez mi límite de ascendente entre el ofidio y el equino mantiene una prevención necesaria para no caer en ese abismo insondable del cual es imposible salir, como el hoyo en el que cayó Alicia tentada por el conejo.

Su sutileza, percepción, su radar para tocar el punto G del alma son tan certeros como una flecha que va directo al blanco.

Se desliza silenciosamente en terrenos arenosos, está escondida detrás de las rocas, y en verano sale a buscar nuevas presas.

Tiene vocación por ser la mejor en la misión que emprenda; llevará tatuado en su piel "el fin justifica los medios".

Y en cada inhalación y exhalación logrará avanzar una jugada más en el tablero de ajedrez.

Su inteligencia es una pc 2070, pues tiene chips que nadie conoce y que logró obtener con sus excelentes relaciones con la galaxia.

Es seductora, sensual, *sexy*; un imán para el sexo opuesto o el mismo; emana fluidos de su piel suave y aterciopelada que crean adicción en quien pase una siesta, una temporada en Tulum, las islas Maldivas o un invierno en Alaska.

Como las sirenas de Ulises, sabe tentar a quien se cruza en su camino, y desea, imagina tenerlo enroscado en la pata de un sofá por el resto de su vida.

Conoce los laberintos del lóbulo derecho e izquierdo del cerebro y se inmiscuye en sus senderos, decodificando jeroglíficos egipcios, ideogramas chinos, alfabetos árabes, el nu-shu, la escritura china invisible, que utilizarón por más de cinco mil años las mujeres chinas.

Liba como un picaflor el néctar de nuestra vida; lo degusta, deglute, en medio de un cóctel en el Rockefeller Center de New York o en su madriguera en el Sahara, pues hay dos tipos de serpientes: las introvertidas y las extravertidas.

En los distintos sexos es competitiva y capaz de utilizar medios innobles para sacar del camino a su rival, su contrincante, y si se trata de un político, exiliarlo o hacer magia negra para que se esfume.

Su carismática personalidad la favorecerá a corto y mediano plazo.

Es una obsesiva de la belleza y la estética, y gastará fortunas en operaciones y tratamientos ortomoleculares, de avanzadas técnicas de rejuvenecimiento para sentirse Adonis o Afrodita.

Es muy vengativa: "Ojo por ojo, diente por diente".

Tendrá ayudantes a quienes sodomizará con tal de que sean sus súbditos y les ofrecerá migajas...

Necesitará tener organizado su plan de conquista, colonización e invasión a territorios físicos y espirituales para atacar y vencer.

Siempre encuentra nuevos aliados que le rindan obediencia de vida.

Tal vez, su carácter autoritario, maníaco depresivo después de un tiempo logra ahuyentarlos, pero el ofidio los exprimirá hasta chuparles todo el prana.

El desarrollo de su personalidad dependerá de cómo fueron las primeras etapas de su vida: será más idónea, leal y frontal si tuvo una infancia feliz, y muy desequilibrada y nefasta si tuvo un origen oscuro y sin amor de sus progenitores.

L. S. D.

HISTORIA Y MITOLOGÍA

La serpiente y el dragón son los dos signos que poseen la virtud de renacer de sus cenizas, cambiar la piel y tener varias vidas en una. Por eso en China se venera tanto a la serpiente, pues representa el cerebro y la columna vertebral, que rigen la mente y el cuerpo, ambos fundamentales para el equilibrio de una persona.

También simboliza el espacio infinito y el círculo, donde todo se contiene y libera; el *yin* y el *yang*, lo bueno y lo malo, lo oscuro y lo luminoso, el día y la noche, lo lleno y lo vacío. De ahí proviene la dualidad de este signo, que tiene doble vida y se mueve en zonas oscuras, misteriosas y peligrosas de la psique y el alma.

Para los que nacieron en Occidente, la serpiente no es un signo bien visto pues a ella se la asocia con la tentación de Eva en el paraíso terrenal, que costó la expulsión de Adán y Eva por probar el fruto prohibido.

En Oriente, en cambio, pertenecer al signo de la serpiente es considerado de buena suerte, pues representa la sabiduría, la belleza y la intuición.

Es un signo muy respetado porque la tradición afirma que si en una familia hay una serpiente, habrá buenos matrimonios y gran prosperidad.

En general la vida de la serpiente es fascinante. Como el dragón, su primo kármico, no se vuelve a reencarnar, por eso debe pagar todas las faltas en vida, y su existencia tiene una gran intensidad.

La mitología china está llena de historias asociadas con las deidades femeninas que seducen a los jóvenes escolares y procrean chinos superdotados que se convierten en líderes en la corte imperial. Estas serpientes semidiosas son heroínas aficionadas a la literatura y a las artes marciales, o sabias curadoras que brindan las medicinas al Emperador de Jade en el palacio imperial, y protegen a la gente de enfermedades, plagas y desastres.

MUJER SERPIENTE

Esta hechicera nata adora la vida mundana, donde despliega su seducción sin límites y con direccionalidad. Adicta a los halagos y piropos, ama las grandes reuniones, que le ofrecen la oportunidad de brillar.

Adora tener influencia sobre los demás y le gusta ejercer atracción física e intelectual.

Su carácter estable, femenino, discreto, envolvente, prudente y sabio noquea a quien se le acerque.

Compite con la sombra de un ombú y detesta no estar en el centro de atención.

Puede ser sutil o grosera para imponerse, según sea su historia afectiva.

La intransigencia de sus opiniones la convierte en testaruda y poco receptiva para los argumentos de los demás.

Le gustan los riesgos en todos los frentes; su sensualidad es infinita, imaginativa, original, audaz.

Se cotiza más alto que la bolsa de New York; en yuans, dólares, euros o lingotes de oro; así Jackie Kennedy aceptó el matrimonio con Onassis, tentada por lujos exorbitantes.

La serpiente tiene precio y lo sabe: crea disputas, duelos y peleas que cambian el destino de la humanidad. Quienes decidan experimentar con esta especie animal, lleven el suero antiofídico encima.

Tendrá muchos amoríos y un gran amor. Ocultará las infidelidades hasta la tumba, pues sabe que es causa de discordia entre terceros y muchas veces le juran sentencia de muerte.

Es celosa, posesiva, demandante... ¡¡Insoportable!!

Su belleza hipnotiza; gurú del sexo, exigente, tendrá performance en EL TAO DEL AMOR Y DEL SEXO, dejando siempre una legión de fanes que la solicitarán por redes, Instagram, o telepáticamente.

Insegura, tiene complejo de inferioridad que marcará su personalidad, e intentará ser reina sin reino aun en el exilio.

Su ego la llevará a experiencias límite que pagará en incómodas cuotas o cuando desencarne.

HOMBRE SERPIENTE

Un espécimen notable que se destacará por sus buenas o malas acciones.

Sociable, ama el poder, el éxito, la fama, y enroscar a su presa favorita.

Con su *charme* y su chamuyo conseguirá con facilidad buenas conexiones en el arte, la política, los negocios, las grandes ligas.

A veces su apariencia resulta fría, pero logrará sutilmente enroscarse y obtener, como el FBI, toda la información que necesite para armar el rompecabezas que le abrirá las puertas del paraíso.

Tiene humor negro y sarcástico, es un cómico genial como Antonio Gasalla y diseca al ser humano con maestría.

Cultiva la amistad, es líder donde vaya y se desnuda sin prejuicios: culto, brillante, sabio, protector, conversador y buen anfitrión. Le gustan las discusiones y sus conversaciones son de alto nivel intelectual.

Es muy posesivo y celoso con sus amigos. Exige que tengan una disponibilidad absoluta, que estén *full time* a su disposición, y que sean sus confidentes.

Su visión lo convierte en un buen consejero y oráculo.

Tiene su propia moral, es muy fiel a sus principios, y se siente muy ligado moralmente a su familia.

En el amor es un sultán de *Las mil y una noches.*

La mujer u hombre de sus sueños deberá dedicarle la vida entera, y colmarle sus apetitos físicos e intelectuales.

Exigirá fidelidad y obediencia de varias vidas. Los celos pueden convertirlo en Otelo, y es recomendable que haga terapia desde joven para graduar sus pasiones.

Cabeza de familia, no soporta que lo guíen, ayuden o estimulen.

Buen padre, será protector y proveedor de su cría. Les brindará una educación inteligente y enriquecedora, y los estimulará artísticamente.

Un gran ser humano, como Palito Ortega.

LA SERPIENTE EN EL AMOR

Serpiente y Rata: Se sentirán muy unidas y se admirarán de sus respectivos logros personales. Pero el hecho de ser posesivas, un poco morbosas y muy materialistas les puede hacer correr grandes riesgos.

Serpiente y Búfalo: Son selectivos, muy cautelosos y amantes del hogar. Su unión será muy feliz porque tendrán los mismos objetivos en la vida.

Serpiente y Tigre: Entre ellos solo habrá un chispazo fugaz y, aunque a veces se sientan atraídos por sus respectivas diferencias, no intenten una unión feliz, porque se diluirá con el correr del tiempo.

Serpiente y Conejo: Juntos se sentirán relajados y felices y buscarán todos los momentos para estar juntos, al calor del hogar. Gozarán de plena libertad pese a la infidelidad de ambos.

Serpiente y Dragón: Un cóctel intenso que puede resultar explosivo. Pasión segura.

Serpiente y Serpiente: Se puede afirmar que se enroscarán mutuamente. Relación tortuosa, absorbente, competitiva y complicada. Tal vez el sexo las ate por mucho tiempo.

Serpiente y Caballo: La serpiente, aunque sea infiel, permanece en el hogar; el caballo solo es fiel cuando está enamorado y no vacila en irse cuando termina el amor. Ambos sufren.

Serpiente y Cabra: Gozarán juntos reuniéndose con amigos, viajando, gastando plata y apelando al excelente sentido artístico de los dos. La cabra se porta mejor si la serpiente tiene dinero.

Serpiente y Mono: Solo la inteligencia podrá salvar esta unión. Ambos son impacientes y curiosos. La serpiente tratará de enroscar al mono, pero este saltará de rama en rama.

Serpiente y Gallo: Unión macromambo[9]. Se complementarán muy bien.

Serpiente y Perro: Distintos objetivos en la vida, y en esa lucha pueden perderse. El sentido del humor negro y ciertos vicios y placeres que comparten pueden hacerlos felices.

Serpiente y Chancho: Chanchito, ¡salí corriendo ya!

LA SERPIENTE EN LA AMISTAD

Serpiente y Rata: Podrán mantener un vínculo duradero porque ambos tienen los mismos propósitos y ambiciones.

Serpiente y Búfalo: Confianza y afinidad totales. Se complementarán maravillosamente.

Serpiente y Tigre: Desconfiarán, y el tigre herirá con sus garras a la serpiente. No les recomiendo esta alianza.

Serpiente y Conejo: Si el conejo no abusa, se llevarán muy bien y compartirán momentos inolvidables.

Serpiente y Dragón: Afinidad celestial y terrenal. Una verraquera.

Serpiente y Serpiente: Sí, podrán filosofar juntos; pero no caigan en la bajeza de arruinar todo por "negocios sucios".

Serpiente y Caballo: Las cóleras del caballo asustarán a la serpiente calma y pacífica. Solo para un safari en África o un verano en Punta del Este.

Serpiente y Cabra: La serpiente ayudará a la cabra y podrán ser felices compartiendo creatividad y fantasías.

---

[9] Macromambo es una expresión que une macro (gran) y mambo (música y baile populares); remite a algo muy alegre, divertido.

Serpiente y Mono: Relaciones sin calidez. Tirantez permanente y difícil entrega afectiva.

Serpiente y Gallo: Se ayudarán en los momentos de crisis. Siempre tendrán mucho que decirse.

Serpiente y Perro: Los unirán sentimientos superficiales, sin continuidad afectiva.

Serpiente y Chancho: Se atraerán irremediablemente. Relación llena de altibajos.

LA SERPIENTE EN LOS NEGOCIOS

Serpiente y Rata: Hay posibilidades siempre que controlen la gula por el dinero. Busquen un buen abogado.

Serpiente y Búfalo: Deberían abstenerse, aunque el búfalo ponga el esfuerzo y la serpiente la intuición.

Serpiente y Tigre: No, nunca se pondrán de acuerdo.

Serpiente y Conejo: Si se lo toman en serio y no mezclan distracciones que los perturben, tendrán éxito.

Serpiente y Dragón: Asociación exitosa, creativa, imaginativa y redituable. ¡A trabajar!

Serpiente y Serpiente: Tendrán ideas geniales. En la práctica fracasarán porque los dos querrán ser los dueños absolutos.

Serpiente y Caballo: Buena sociedad; la serpiente reflexiona y el caballo trabaja.

Serpiente y Cabra: Puede ser. La serpiente es sabia, ¡pero no sabe dirigir! La cabra hará tonterías.

Serpiente y Mono: Problemas para la serpiente. El mono es diabólico, no se aten.

Serpiente y Gallo: Charlan y charlan. Todo seguramente quedará en pura charlatanería.

Serpiente y Perro: Después de todo, puede ser posible, pero la perspectiva no es demasiado prometedora.

Serpiente y Chancho: El chancho no necesita sabiduría, la serpiente puede llegar a aburrirlo y hacerle perder un imperio.

LA SERPIENTE Y SU ASCENDENTE

Serpiente ascendente Rata: 23.00 a 1.00
Serpiente animosa y delicada, con un instinto especial para sobrevivir. Es sentimental y coqueta, y muy buena para los negocios. Tiene un gran sentido estético.

Serpiente ascendente Búfalo: 1.00 a 3.00
Posee empuje, fuerza y obstinación bajo un barniz de simpatía y seducción irresistibles. Protegerá a su familia.

Serpiente ascendente Tigre: 3.00 a 5.00
Una serpiente alerta y a la defensiva. Recelosa, audaz, conmovedora. No se puede confiar ciegamente en ella. Ávida de aventuras, estará siempre dispuesta a partir.

Serpiente ascendente Conejo: 5.00 a 7.00
Una serpiente que convertirá en magia lo cotidiano. Blanda, graciosa, refinada. Tendrá gustos carísimos y será exigente en el amor.

Serpiente ascendente Dragón: 7.00 a 9.00
Una serpiente comprometida con su tiempo. Tiene una onda especial y algo que transmitir. Sus intenciones reformistas son auténticas.

Serpiente ascendente Serpiente: 9.00 a 11.00
Solo para masoquistas. Esta serpiente sensual, enroscada y sin escrúpulos también puede entregarse apasionadamente al trabajo.

Serpiente ascendente Caballo: 11.00 a 13.00
Optimista, ocurrente y con espíritu positivo. ¿Resultado? Un Don Juan o una *playgirl* de primera categoría. Su camino quedará sembrado de corazones rotos.

Serpiente ascendente Cabra: 13.00 a 15.00
Será una artista de gran capacidad y gustos caros. Por suerte su enorme dulzura hará que encuentre siempre algún mecenas.

Serpiente ascendente Mono: 15.00 a 17.00
Estamos ante un genio irresistible. Sus pocos escrúpulos están bien rodeados de sabiduría, encanto y buen humor. Jamás perderá un partido.

Serpiente ascendente Gallo: 17.00 a 19.00
Tendrá siempre la batuta aunque lo disimule. Es perseverante y está bien informada, aunque a veces puede sentirse algo insegura.

Serpiente ascendente Perro: 19.00 a 21.00
Tiene aptitudes de líder. Es amiga muy leal y sincera. Fiel a sus creencias, luchará por ellas toda su vida.

Serpiente ascendente Chancho: 21.00 a 23.00
Desbordadamente sensual, no se privará de nada. Poseedora de mucha astucia, buscará protección y podrá así cumplir sus deseos.

LA SERPIENTE Y SU ENERGÍA

Serpiente de Madera (1905-1965)
Una serpiente muy popular porque es generosa y tiene caris-

ma, y un ánimo muy difícil de superar. Sincera y respetada por su integridad moral, se mete muy a fondo en los problemas –suele llegar a obstinarse–, y sus reflexiones son siempre interesantes. Le gusta vivir bien; ama el lujo, el dinero y demás placeres de la vida. Como su naturaleza le exige seguridad en todo sentido, se ocupará muy bien de tener una pareja y unos dinerillos en su vejez. Sus hijos serán maravillosos.

Personajes famosos

Ben Stiller, Fabián Casas, Antonio Berni, Greta Garbo, Christian Dior, Pilar Sordo, Catherine Fulop, Raúl Soldi, Courtney Love, Björk, Inés Estévez, Willy Crook, Gabriela Arias Uriburu, Daniel Barone, Gillespi, Sergio Pángaro, Javier Zuker, Mariana Arias, Fabián Mazzei, Henry Fonda, Moby, Charlie Sheen.

Serpiente de Fuego (1917-1977)

Esta serpiente es sin dudas la más audaz, dominante y poderosa de todas. Resplandece por su vigor y por ser una luchadora en todo sentido. El poder y el dinero no le faltarán, ya que es muy calculadora y piensa todas las posibilidades que la vida le ofrece. Tendrá una carrera asegurada y se le reconocerán sus esfuerzos. Para ella el término medio no existe: ama u odia. Inspirará pasiones desenfrenadas y le irá muy bien en su compromiso afectivo. Se tiene mucha fe y no confía demasiado en los demás, salvo en sus seres queridos.

Personajes famosos

Emanuel Ginóbili, Luciana Geuna, Carolina "Pampita" Ardohaín, Florencia Arietto, Anita Tijoux, Kanye West, John Fitzgerald Kennedy, Natalia Oreiro, Luciana Aymar, Esteban Lamothe, Iván de Pineda, Gonzalo Valenzuela, Julieta Cardinali, Dizzy Gillespie, Fiona Apple, Lucrecia Blanco, Julieta Díaz, Alika, Esther Cañadas, Dean Martin, Romina Gaetani.

Serpiente de Tierra (1929-1989)

Es una serpiente que está siempre en movimiento y con algo por hacer. Gracias a su encanto, su lealtad y su amistad, no pasa inadvertida. Acostumbra reflexionar antes de tomar una decisión; será por eso que las cosas le salen bien. Algo avara, cuida mucho sus intereses, sobre todo los monetarios. Es ambiciosa y sabe multiplicar sus ganancias por su habilidad financiera. Se codeará con la clase social más alta y de allí sacará sus amistades. La buena suerte la rodea. Su pareja estará contenta de haber encontrado una serpiente romántica.

Personajes famosos

Taylor Swift, Justina Bustos, Sofía Viola, Gandhi, Irene Papas, princesa Grace de Mónaco, Jacqueline Onassis, Emilio "Miliki" Aragón, Imre Kertész, Chet Baker, Milan Kundera, Alejandro Jodorowsky, Roberto Gómez Bolaños "Chespirito", Militta Bora, rey Hasán de Marruecos.

SERPIENTE DE METAL (1941-2001)

Esta serpiente está acostumbrada a triunfar. Pero no siempre se gana en esta vida, y debe estar preparada para sufrir pérdidas. Tiene una voluntad de hierro, es inteligente y muy ambiciosa, como todas las serpientes. Despertará amores profundos. Es misteriosa, intrigante y, sobre todo, muy seductora. Disfrutará de los beneficios que la vida le brinde. Ama el lujo, las cosas costosas, y se empecinará en vivir en un castillo con servidumbre. Buscará una pareja de mayor edad, si es posible con plata, con quien durará mucho aunque de vez en cuando se tirará una cana al aire.

Personajes famosos

Rodolfo Fogwill, Ricardo Piglia, Roberto Carlos, Julio Bárbaro, Martha Pelloni, Bob Dylan, Carole King, Antonio Gasalla, Plácido Domingo, Tina Serrano, Sonia Breccia, Dostoievski, Paul Anka, Tom Fogerty, Charlie Watts, Pablo Picasso, Franklin Roosevelt, Chick Corea, Carlos Perciavalle, papa Juan XXIII, Palito Ortega, Lito Cruz.

SERPIENTE DE AGUA (1953-2013)

Es la serpiente más reflexiva y filosófica. Muy inteligente, sin embargo le costará manejarse en la difícil vida que le espera. Quizá la fama tardará mucho tiempo en llegar, al igual que el dinero, pero cuando llegue se podrá quedar tranquila por el resto de su existencia. La energía agua esconde su poderío y su sensualidad. Tiene un gran sentido del humor que la ayudará a darse a conocer entre sus amigos. Pone entusiasmo en lo que hace; una serpiente genial para los negocios ya que es práctica, y especial para hacer de su trabajo una obra de arte.

Personajes famosos

Isabelle Huppert, Daniel Santoro, John Malkovich, Thomas Jefferson, Ana Botella, Raúl Taibo, Ricardo Bochini, Osvaldo Sánchez Salgado, Luca Prodan, Leonor Benedetto, Francisco de Narváez, Graciela Alfano, Mao Tse-Tung.

MARIO MARKIC

SERPIENTE DE AGUA

CONTAME UN CUENTO CHINO

María Celia Suárez
Serpiente de Fuego • Chef • Uruguay

Un año atrás un allegado a Ludovica se comunicó conmigo y me preguntó:

–¿Vos sos medio amiga de Ludovica?

–Medio no –respondí apresuradamente–, cien por ciento.

Esa misma impulsividad tuve cuando decidí emprender este viaje que me trajo al hemisferio Norte hace ya casi 18 años (en 2001, el año de la serpiente), con una maleta en mano y unos pocos dólares en los bolsillos, siguiendo un amor que tuvo un final al estilo *Atracción fatal* y me dejó convaleciente.

Pesaba 47 kilos, estaba sola y en un país ajeno. Pero, como rendirme no era una opción, hice lo que mejor sé hacer: trabajar de sol a sol. Así que después de un buen tiempo de reclusión en mi madriguera, cambié de piel y renací de las cenizas.

Me considero una luchadora incansable, capaz de hacer grandes sacrificios por la familia, por los amigos o por quien lo necesite, y, como las medias tintas no existen en mi vocabulario, de vez en cuando me doy esos porrazos que me dejan en coma.

Así como me entrego, espero recibir lo mismo a cambio, por lo que los reproches suelen ser moneda común. Demandante de afecto y tiempo, puedo llegar a ser un gran dolor de cabeza para quienes me rodean. En el ámbito laboral suelo lograr lo que me proponga aunque no sin meterme en problemas. Puedo ganarme apodos como "Robin Hood" o "defensora de causas perdidas", pero los jefes van a tolerar esas "irreverencias" porque saben que somos capaces de cargarnos el equipo al hombro o dar vuelta un partido difícil con la astucia, diplomacia y agilidad mental que nos caracteriza a las serpientes.

Me siento una persona afortunada a pesar de las difíciles "pruebas" que se me presentan en el camino. Ya sea por mérito, intuición o terquedad, luego de que se me mete algo en la cabeza, no me detengo hasta lograrlo. Y esto aplica a toda situación, ya sea laboral o emocional.

Estoy convencida de que esa perseverancia o intuición me llevó a conocer a mi esposo: un perrito de agua, naif y leal, que en mi mundo de blancos y negros llena mis días de colores. Los más de 7000 kilómetros de distancia que nos separaban no fueron obstáculo para que nuestras almas se cruzaran y contra todos los pronósticos dijimos "Sí" en una romántica ceremonia frente al mar el 13 de octubre de 2013 (año de la serpiente, por supuesto).

Ese poder mental de "atraer" lo que quiero me hizo conocer personalmente a mi querida Ludovica, quien me ha acompañado y guiado durante tantos años con sus libros.

Sensible "in extremis" puede afectarme profundamente cualquier acontecimiento mundial o particular. Una noticia sobre el cambio climático o el último tuit de Trump puede sumergirme en una espiral de pesimismo apocalíptica.

Así como también mi "tercer ojo" me hace despertar en la madrugada presintiendo que un ser querido me necesita (esto sucede sobre todo con mi hermana, con quien tenemos una conexión difícil de creer). Estas "premoniciones no son solo negativas, me ha pasado reiteradas veces, pensar en alguien a quien no veo desde hace mucho tiempo, y al otro día o en pocas horas recibir una visita inesperada o un llamado a las tres de la mañana.

Detesto madrugar, tener que hablar antes de tomar mi primera taza de café, hacer ejercicio, depender de otros, la falta de compromiso, que invadan mi espacio, esperar, las faltas de ortografía, la actitud soberbia o prejuiciosa, las injusticias, la mentira, el "*small talk*", el que me digan lo que tengo que hacer, escuchar conversaciones ajenas. Adoro viajar, experimentar aromas y sabores, pasar horas en un museo, leer, tomar fotos, el silencio, ahorrar, caminar por la playa, achicharrarme al sol, agasajar a mis seres queridos, pelear por una causa.

Luego de este *racconto* de defectos y virtudes, a todas mis queridas serpientes les aconsejo que sigan amando como solo ustedes saben hacer, que dosifiquen su veneno para con sus enemigos. Junten sus pedazos luego de este difícil año porcino, porque en definitiva lo que no nos mata ¡nos hace más fuertes!

¡Feliz renacer!

Y al resto del zoo chino, ¡feliz comienzo de ciclo!

CABALLO

Hermana
No pudimos compartir
un viaje, una picada en La Pasiva
un recuerdo de a dos.
Devino la vida como un volcán de lava
que nos enterró vivas.
L. S. D.

FICHA TÉCNICA

Nombre chino del caballo
MA

Número de orden
SÉPTIMO

Horas regidas por el caballo
11.00 A 13.00

Dirección de su signo
DIRECTAMENTE AL SUR

Estación y mes principal
VERANO-JUNIO

Corresponde al signo occidental
GÉMINIS

Energía fija
FUEGO

Tronco
POSITIVO

ERES CABALLO SI NACISTE

11/02/1918 - 31/01/1919
CABALLO DE TIERRA

30/01/1930 - 16/02/1931
CABALLO DE METAL

15/02/1942 - 04/02/1943
CABALLO DE AGUA

03/02/1954 - 23/01/1955
CABALLO DE MADERA

21/01/1966 - 08/02/1967
CABALLO DE FUEGO

07/02/1978 - 27/01/1979
CABALLO DE TIERRA

27/01/1990 - 14/02/1991
CABALLO DE METAL

12/02/2002 - 31/01/2003
CABALLO DE AGUA

31/01/2014 - 18/02/2015
CABALLO DE MADERA

Luna llena en Buenos Aires. Tauro-Escorpio.

La luna del nacimiento y la muerte de Budha.

Me costó dormir anoche, como siempre cuando hay luna llena.

Molina. Me inspiro en este hipocampo del año 1942 para iniciar al paso este capítulo.

Una vez más recurrí a él para pintar, arreglar, dejar prolijo el departamento que decidí vender enfrente al palacio de injusticia.

Fue mi morada, es oficina hace casi treinta años, y por allí practiqué la caridad con el prójimo. Pasaron amigos, sobrinos, hijos de amigos durante más de veinte años y, como estoy en etapa de cierre de grandes, medianos y chicos temas en mi vida, despedir a I-SHO-KU-JU[10] es la materia que estoy cursando.

Don Molina es un hombre guapo, simpático, pero sobre todas las cosas un gran profesional, al que puedo confiarle la llave de mi casa y olvidarme de que está en obra hasta que retorno.

Es un privilegio en estos tiempos, confiar.

Y por eso, Molina está entre los caballos que más aprecio, valoro y admiro por su disponibilidad y don de gentes.

Coqueto, como buen pingo, siempre tiene una frase halagadora para la mona LSD, y aunque ya es raro escuchar piropos, no dejo de ruborizarme.

Su vida, como hombre honesto y trabajador, está signada por una rutina laboral, que matiza con algún viaje por el interior y nos desorienta con su celular dejando boleros apasionados, o en la última etapa mensajes en inglés típicos de aplicaciones para paranoicos.

Mi ascendente caballo, rozando la serpiente, atrae como un imán a potros, yeguas, matungos, corceles y caballos de calesita.

Los conozco tanto que a veces me dan escalofríos las reacciones que tienen para determinadas situaciones, que las presiento con certeza intuitiva.

Es un animal que trae muchas promesas, como el de Troya, y son pocos los que logran plasmar sus sueños, vocación, ideales, en cada etapa de su vida. En los diferentes sexos, hay un ADN de desconfianza, miedo al compromiso, a la pérdida de la libertad, a sufrir, por eso se blindan desde jóvenes.

---

[10] Así llamó Ludovica al departamento al que se refiere.

Tienen encanto, *charme*, simpatía y carisma. Apuestan un pleno a "todo o nada" y se pierden mientras trotan o galopan las pequeñas cosas de la vida.

Su espíritu rebelde relincha en potreros, terrenos baldíos, caballerizas, campos, o en la plaza del pueblo cuando lo atan al carruaje para distraer a sus pobladores.

Su ego le impide apreciar a quien se le acerca con buenas intenciones; él o ella siempre juegan con fuego o con los sentimientos ajenos; y el resultado es la exclusión en el círculo rojo, barrio, comunidad o club deportivo.

Está muy solo, y se rodea de gente que lo halague, admire o lo invite a algún lugar donde pueda ser estrella o llamar la atención.

Son *sex symbols* y lo saben; no soportan el paso del tiempo, y la decadencia física los deprime hasta el punto de esconderse para que no los vean.

Son raros los casos de caballos que desarrollan su vida interior, se cultivan, viajan y establecen vínculos duraderos con el prójimo.

Adoran ser centro de atención en fiestas, escenarios, desfiles y actos políticos. Detestan la competencia y no son buenos perdedores. Creativos, originales, de vanguardia, dan la nota de color en todas partes.

Son buenos amigos; no tanto confidentes: les gusta relinchar secretos verdaderos a los cuatro vientos y dar la primicia.

Cuando se enamoran sienten que pierden el control remoto de su vida y se dejan llevar por la pasión, el sexo y el *rock & roll*.

Disfrutan de eventos sociales, conferencias, recitales, fiestas tecno, *streaming* y del *gym*, pues cultivan su cuerpo como Adonis y Afrodita.

La vejez los encontrará con estados ciclotímicos y cambios en la constelación familiar que no podrán aceptar, como peinar canas.

Mi querido Molina, usted no es un caballo típico, es una excepción a la regla.

Aleluya.

L. S. D.

HISTORIA Y MITOLOGÍA

El símbolo del caballo es cósmico, va de lo alto a lo bajo de la inmensidad. Las representaciones que se hacen de él lo relacionan con el agua, luego con la luna y después con el fuego.

A través del fuego se lo considera médium de las divinidades; por eso Buda lo eligió para esta misión.

Es emblema de la belleza, de la fuerza, la rapidez y la elegancia.

El caballo es un ser de fuego: el verano y la exuberante vegetación representan su esencia; por eso en China a los caballos de fuego se les teme y respeta.

El caballo está asociado a la luz del mediodía en verano, al Sur y al hexagrama 1 del I CHING, Lo Creativo, representado por seis trazos *yang* completos.

Un emperador de la dinastía Han atribuía sus éxitos militares a tener en su lujosa carroza ocho caballos de tiro. Podía recorrer 300 kilómetros en un día. Un corcel célebre por su rapidez fue Trueno Súbito, el caballo del dios del hogar, que al final de cada año iba al cielo para informar sobre cada familia.

En China se lo designa caballo-dragón (long-ma), y se lo representa con un río; también actúa interdimensionalmente y pasa de un lugar a otro entre las dimensiones materiales y espirituales.

Los manchúes tenían gran respeto por los caballos, porque los consideraban una de las causas de sus victorias sobre los chinos. Se dice que ellos impusieron a los chinos el uso de las trenzas, que recuerdan las colas trenzadas de sus caballos de batalla.

MUJER CABALLO

Una de las más atractivas del horóscopo chino, emite fluido que atrae hasta a los más híbridos. Rompecorazones, *sexy*, simpática, sentimental, suele ser víctima de su desbocada sexualidad, que muchas veces la arrastrará a situaciones límite.

Esta mujer es una amiga de lujo y disfruta de su familia; muy buena madre, se dedicará a la crianza y protección de sus hijos, a quienes defenderá como una leona.

Le encanta participar de reuniones familiares, festejos, ágapes, en los que casi siempre echa culpas a los demás y le cuesta mucho verse tal cual es. Para ella la familia es su continente, una célula dinámica, y necesita del zoo desesperadamente para nutrirse.

Su expresividad le permite brillar en público; es muy sociable o muy arisca, eso dependerá de sus traumas, sus bloqueos infantiles; pero necesita ser centro siempre.

Romántica, aspira a encontrar a su príncipe azul, aun en el momento en el que escuche el aleteo de los ángeles.

Se enamorará (o no) joven, y partirá del hogar natal para formar el propio. Dejará descendencia, pues posee un poderoso instinto maternal. El nido vacío le producirá una crisis existencial, que le conviene elaborar desde temprano.

Será la Mesalina seductora del zoo chino hasta el último instante de su vida.

HOMBRE CABALLO

El varón caballo es noble, elocuente, encantador, despierto, franco y adorable. Nació para la acción; tiene pasión para la vida y galopa por los senderos de su existencia con elegancia.

Su personalidad carismática –a veces racional y otras irracional– marcará su destino. Es más sociable en apariencia que en profundidad. Sabe seducir a las piedras y concretar objetivos a corto plazo.

Es expresivo, le gustan el diálogo, el debate y las discusiones acaloradas. Efusivo, muchas veces hiere con sus palabras, pero como es puro instinto se arrepiente y pide perdón.

"No sabe lo que quiere pero lo quiere ya". Inconstante, inmaduro, impaciente, perderá varios trenes en la vida esperando "la gran propuesta que le cambiará su destino".

Ama a su familia de origen, aunque de joven le dé algunos disgustos. El padre caballo será muy cariñoso y sobreprotector con su familia; a pesar de ser infiel y tener aventuras, no dejará a su familia por terceros.

A desconfiar de lo que dice un caballo, es exactamente lo opuesto a lo que piensa y luego hace.

EL CABALLO EN EL AMOR

Caballo y Rata: Pueden terminar mal por crimen pasional. Posiblemente en la cárcel. Pero… ¿cómo resistir esa atracción?

Caballo y Búfalo: Pelearán continuamente por el poder. Son dos fuerzas que resistirán por la insensibilidad de ambos.

Caballo y Tigre: Encontrarán una causa grande para defender y se dedicarán con apego a la familia.

Caballo y Conejo: Encontrarán la magia imprescindible para la buena convivencia y sabrán estimularse, si ambos no se invaden en territorios muy íntimos.

Caballo y Dragón: Uno desconfiará de la independencia del otro y no tendrán diálogo. Hablan idiomas diferentes.

Caballo y Serpiente: Siempre y cuando la serpiente esté contenta y deje al caballo esparcirse, es una unión posible.

Caballo y Caballo: Se atraen instintivamente. Solo el egoísmo salva a estos febriles apasionados.

Caballo y Cabra: El caballo tiene problemas con ella para seguir enamorado, y la cabra se siente segura. Van bien.

Caballo y Mono: Solo deben darse tiempo. Éxito, complicidad y gran afinidad extrasensorial.

Caballo y Gallo: El gallo sufre y el caballo necesita pasión eterna. Únanse, pero como última instancia.

Caballo y Perro: Sí. Absorbido por su ideal, el perro deja su independencia a merced del caballo y no lo abruma con celos.

Caballo y Chancho: Demasiado egoísta, el caballo abusa del chancho y lo hace desgraciado.

EL CABALLO EN LA AMISTAD

CABALLO Y RATA: Saldrán una noche y se arrepentirán toda la vida. ¡Cuidado con el intento!

CABALLO Y BÚFALO: Pueden entenderse, pero a menudo chocarán. Les cuesta hacer aflorar su sensibilidad.

CABALLO Y TIGRE: Serán leales entre sí, pero discutirán. ¡Harán volar platos por el aire!

CABALLO Y CONEJO: Pueden contar con recursos inimaginables. Se necesitan y apoyan.

CABALLO Y DRAGÓN: ¡Jamás quedarán conformes! Sufrirán por la diferente manera de entregarse.

CABALLO Y SERPIENTE: En sus partes positivas se entenderán, pero se rechazarán en las demás.

CABALLO Y CABALLO: Se respetan y se cuidan muy bien para no interferir en sus sagradas independencias. ¡Sí!

CABALLO Y CABRA: No temerán a nada ni a nadie y correrán juntos por las praderas.

CABALLO Y MONO: Aunque el caballo se sienta atacado, necesita la alegría del mono. Es una buena dupla.

CABALLO Y GALLO: Compartirán *hobbies*, tés, cartas... y hasta alguna persona. Tendrán relaciones mundanas.

CABALLO Y PERRO: No se fijarán en pequeñeces y tendrán los mismos ideales.

CABALLO Y CHANCHO: El chancho sentirá devoción por el caballo y este lo estimulará... ¡hasta el hartazgo!

EL CABALLO EN LOS NEGOCIOS

Caballo y Rata: Se provocarán hasta destruirse. Perderán todo el dinero y la alegría.

Caballo y Búfalo: Solo en caso de estado de sitio, y si no hay otra posibilidad.

Caballo y Tigre: Sí. Vivirán experiencias muy positivas.

Caballo y Conejo: Se complementarán usando la astucia del conejo y la fuerza del caballo.

Caballo y Dragón: Pueden intentarlo y conseguir un gran beneficio. Pero será una lotería, ¡se saca una sola vez en la vida!

Caballo y Serpiente: Si lo toman como un negocio para mantenerse y no se descontrolan… pueden andar.

Caballo y Caballo: Cada uno tirará la manta para sí, y una sola manta para dos caballos es mal negocio.

Caballo y Cabra: ¿Por qué no? La cabra inconsciente correrá muchos riesgos… ¡pero el caballo es hábil!

Caballo y Mono: El caballo es demasiado lúcido como para aceptar sociedades comerciales con el mono.

Caballo y Gallo: Sí, puede haber un gran acuerdo, a pesar de que el gallo no debe contar demasiado con el caballo, que se desespera por su pasividad.

Caballo y Perro: Bueno, hagan negocios, pero no firmen papeles que los aten en sociedad.

Caballo y Chancho: Pueden intentarlo temporalmente. No comparten los mismos conceptos y tendrán complicaciones.

EL CABALLO Y SU ASCENDENTE

CABALLO ASCENDENTE RATA: 23.00 A 1.00

Sabrá capitalizar el dinero que gana. Sociable, divertido, será muy difícil no sucumbir a sus encantos físicos y mentales.

CABALLO ASCENDENTE BÚFALO: 1.00 A 3.00

Es un amante excepcional, pero tendrá un solo amor verdadero. Vivirá la vida con alegría y defenderá sus principios.

CABALLO ASCENDENTE TIGRE: 3.00 A 5.00

Este caballo es una buena combinación de habilidad y osadía. Deberá hacer caso a su olfato y no desconfiar.

CABALLO ASCENDENTE CONEJO: 5.00 A 7.00

Un caballo apaciguado, esotérico e instintivo. La influencia del conejo le sumará refinamiento y sociabilidad.

CABALLO ASCENDENTE DRAGÓN: 7.00 A 9.00

Es un caballo difícil de correr, poderoso, ambicioso, pero debe cuidarse de no caer en malas compañías. Aventurero.

CABALLO ASCENDENTE SERPIENTE: 9.00 A 11.00

La serpiente le brindará sabiduría y lo encaminará hacia el éxito. Su poder de seducción causará suicidios en masa.

CABALLO ASCENDENTE CABALLO: 11.00 A 13.00

Un pura sangre que hace lo que quiere, atractivo, caprichoso y engreído. Este corcel será imbatible en el amor, e inolvidable.

CABALLO ASCENDENTE CABRA: 13.00 A 15.00

La armonía que le brinda la cabra lo lleva a ser un caballo menos loco. Es enamoradizo, adorable, y el rey de la *dolce vita*.

CABALLO ASCENDENTE MONO: 15.00 A 17.00

Este caballo será egoísta, seductor, y encontrará la forma de hacer siempre lo que se le antoje. Su personalidad muestra una intensa alianza de agilidad e ingenio.

Caballo ascendente Gallo: 17.00 a 19.00
No le faltará nada. Vivirá despreocupado, mitad en las nubes y mitad en el suelo. Tendrá amigos y nunca le faltará un amor.

Caballo ascendente Perro: 19.00 a 21.00
Es fiel, tranquilo, con la mente práctica. A veces ni él mismo querrá ser tan bueno. Sin dudas, el mejor amigo.

Caballo ascendente Chancho: 21.00 a 23.00
Tendrá intenciones claras y será complaciente. Es cooperativo, sensual, y todo lo que haga llevará el sello de la originalidad.

EL CABALLO Y SU ENERGÍA

Caballo de Madera (1954-2014)
Este caballo tiene muchos aspectos a favor, tales como el esmero natural, la autodeterminación y la lealtad. Administra y sabe manejar bien las cosas; tiene habilidad para madurar y superar alguno de los problemas típicos de la personalidad del caballo, como la impaciencia y el mal carácter. Fuerte, brioso y melodramático, afronta la vida con entereza. Es el más razonable de los equinos, progresista, moderno, siempre con ideas de vanguardia. Tiene espíritu cooperativo y generoso, pero aun así no se deja dominar. Es suertudo y posee una capacidad innata para resolver problemas de forma exitosa.

Personajes famosos

John Travolta, Kevin Costner, Luisa Kuliok, Kim Basinger, Annie Lennox, Pat Metheny, Michael Rourke, Bob Geldof, Mario Testino, Carlos Alberto Berlingeri, Georgina Barbarossa.

Caballo de Fuego (1906-1966)
Hay cierta ambigüedad en su interior, pero si equilibra y balancea sus poderosas fuerzas internas, puede lograr una vida cómoda y satisfactoria. Por el solo hecho de ser un caballo, trabaja muy duro cuando trata realmente de encontrar un camino en la vida, y es apreciado por otras personas por su fina atención a los detalles. Multifacético, lleva varias vidas en una. Necesita

estar ocupado pero no soporta tener jefes. Enfrenta situaciones peligrosas y las resuelve. Se altera con facilidad; es inconstante y le cuesta concentrarse porque su fecunda imaginación lo torna volátil. Poderoso, líder, su influencia es irresistible. Sensible en extremo… a veces puede resultar insoportable.

Personajes famosos

Julián Casablancas, Lucrecia Martel, Adam Sandler, Thomas Edison, Macarena Argüelles, Rembrandt, César Francis, Carla Bruni, Hoby De Fino, Salma Hayek, Fernando Trocca, Cindy Crawford, Marta Sánchez, Fabián Quintiero, Marina Borensztein, Gabriela Guimarey, Sinead O'Connor, Fernando Ranuschio, Julián Weich, Mónica Mosquera, Claudio Paul Caniggia.

Caballo de Tierra (1918-1978)

Muy sensible, a veces pierde oportunidades porque es indeciso. Necesita apoyo de los seres queridos para actuar. No se libra a la improvisación; antes de actuar piensa los pasos a seguir. Tiene olfato para las inversiones financieras y sabe aceptar la autoridad de los demás, pero debe cuidarse de que no lo dominen: debe superar esta debilidad con el tiempo. A menudo puede sentir la presencia de fuerzas opositoras en su trabajo; significa que deberá mantenerse equilibrado para lograr una vida confortable, pues si se desestabiliza podría enfrentarse con dificultades.

Personajes famosos

La Mala Rodríguez, Nelson Mandela, Rita Hayworth, Gael García Bernal, Mía Maestro, Mariano Martínez, Lisandro Aristimuño, Benjamín Vicuña, Catarina Spinetta, Liv Tyler, Santiago del Moro, Dolores Fonzi, Lionel Scaloni, Juan Román Riquelme.

Caballo de Metal (1930-1990)

Su espíritu de libertad no le permite crear vínculos con nadie. Necesita tener estímulos en el trabajo o en su casa para estar activo; de lo contrario se vuelve indeciso e irresponsable. Un caballo de acero que no le teme a nada ni a nadie y es capaz de decapitar para alcanzar sus fines. Popular, rebelde, impetuoso y osado, muy atractivo y seductor. Está siempre combatiendo y ocupado en escalar grandes cimas. Dotado física y mentalmente, es muy productivo y fecundo. Todos los caballos son en extremo egocéntricos y el de metal no es una excepción. A veces, sin embargo, puede hacer un esfuerzo para contenerse un poco.

Personajes famosos

Peter Lanzani, Sean Connery, Steve McQueen, Ray Charles, Alfredo Alcón, Frédéric Chopin, Neil Armstrong, Carmen Sevilla, Clint Eastwood, Borís Yeltsin, Robert Duvall, Franco Macri.

Caballo de Agua (1942-2002)

Puede considerarse muy afortunado porque tiene la habilidad de florecer en la mayoría de las circunstancias. Locuaz, divertido y muy buscado por su objetividad, tiene un gran sentido del humor. Suele hacer planes a largo plazo. Contagia su espíritu, su alegría de vivir y su inconstancia, pero se preocupa por su bienestar, estatus y comodidad. Cambia con frecuencia de opinión sin dar explicaciones; es nervioso y ansioso y a veces nómada. Viajará o hará alguna actividad física que le permita descargar su enorme energía. Es muy adaptable y sentimental, cariñoso y protector con todos los seres que ama.

Personajes famosos

Harrison Ford, Nick Nolte, Paul McCartney, Barbra Streisand, Caetano Veloso, Felipe González, Beatriz Sarlo, Jimi Hendrix, Janis Joplin, Martin Scorsese, Andy Summers, Linda Evans, Fermín Moreno, Haby Bonomo, Lou Reed, Carlos Reutemann, Hugo O. Gatti.

GRETA THUNBERG

CABALLO
DE AGUA

CONTAME UN CUENTO CHINO

Valentina Medrano

Caballo de Tierra • Artista plástica y Sanadora • Argentina

Soy Valentina, yegua de tierra, activista espiritual ecuménica, expandiendo toda herramienta que resuene y sienta efectiva para el despertar interno y para el despertar masivo de la familia humanidad. Ferviente creyente del amor y con la convicción de que solo el amor profundo transforma a los seres positivamente; buscadora incansable de las verdades y leyes inamovibles que nos rigen; transformadora del dolor en alegría; practicante de rituales ancestrales, chamánicos, mágicos, esotéricos, antroposóficos, de Oriente y Occidente, del Norte, del Sur, del Este y el Oeste, de cabalgatas a tierras remotas en busca de nuevas formas de ver el mundo, especialista en recrear lo ya creado y en celebrar la vida con alegría.

Soy mujer medicina, promotora de seres que considero me han ayudado a expandir mi visión, a sanarme y acceder a nuevos puntos de vista, nuevas percepciones, en mis tempranas cabalgatas de mi jardín de infantes espiritual la vida me citó con Ludovica, fue un gran despertar y aprendizaje leer mi horóscopo chino que Ludovica interpreta de forma amorosa y magistral hace tantos años. Cada año fue creciendo mi registro y la cantidad de información que ella suma y expone en cada edición.

Mis cabalgatas con sed de conocer, de sanar me llevaron a muchos lugares mágicos, a encuentros de altas vibraciones con seres despiertos de muchos caminos espirituales. En España me serví del sincronario maya y la ley del tiempo, ahí también empecé con prácticas chamánicas del camino rojo, danzas circulares, danzas mexicas, danzas concheras, danzas sufís, círculos de decretos, curso de milagros, participé del fórum de las culturas en el parlamento de las interreligiones donde estuve presente y pude hablar con maestros y maestras espirituales de muchísimos lugares del planeta. Volví a Argentina nutrida de experiencias intransferibles, mágicas, reveladoras. Nadie me entendía, me miraban como portadora de una locura mística, así que salí al galope hacia Brasil a participar activamente del Fórum Social

Mundial y de encuentros de reconstrucción planetaria. A mi vuelta a la Argentina, más mística aún, viví un día muy especial en los cien metros de La Rural de Buenos Aires estuve en presencia de su santidad Dalái Lama, Ludovica, Miguel Grinberg y Alejandro Jodorowsky, cuatro seres a quienes considero transformadores profundos en mi camino de despertar consciente, día que no olvidaré y guardo en mi corazón.

En Brasil había recibido *diksha*, una energía que venía de India y marcó un antes y un después en mi vida. Seguí movilizada por el amor de dicha energía, así que en cuanto pude crucé los mares y llegué a India hasta AmmaBhagavan, Oneness University, donde realicé un proceso que me transformó por completo. Me dieron ojos nuevos para ver el mundo. Volví a Argentina casi flotando, con una sensibilidad muy grande; comencé a pintar desde un impulso creativo constante que conservo hasta hoy, me dediqué a dar *diksha* todos estos años con mucho amor. Luego me fui a vivir unos años a México, aprender de los abuelos y abuelas chamanes y de su continuidad aborigen, me hice danzante de la luna, ritual femenino muy poderoso dirigido por la abuela Tonalmitl, otra gran transformación para mi ser. En tierras mexicanas aprendí mucho y me embaracé de mi primer hijo. Me volví al galope, con mi hijo gestándose, a parir al establo más seguro en Patagonia.

El día que nació mi tigrecito de metal fue el gran terremoto de Chile, que nos sacudió a todos en el Sur y al tiempo el gran volcán Puyehue de Chile hizo erupción y sus cenizas llegaron hasta donde vivíamos y nos obligó a buscar un mejor lugar para pastar tranquilos.

Así llegamos a descubrir Traslasierra, tierras mágicas comechingonas, útero de la Fundación Espiritual de la Argentina. Como madre soltera me instalé en San Javier. Al tiempo llegó el amor hasta mi casa, irrumpió alegremente en nuestras vidas un gallo de metal brillante. Creamos una hermosa familia, nació un caballito de madera.

Aquí me encuentro amando, pintando, aprendiendo, compartiendo, enseñando, cabalgando y relinchando en el cálido sol de Traslasierra, Córdoba.

CABRA

Nuevo mundo para tu sensibilidad soñadora.
Espíritu libre con gustos refinados.
Tu preciada alma vale más que tu cuerpo.
No te entregues a los mercenarios digitales.
Seguí a la cabra madrina antes del anochecer.
L. S. D.

FICHA TÉCNICA

Nombre chino de la cabra
XANG

Número de orden
OCTAVO

Horas regidas por la cabra
13.00 A 15.00

Dirección de su signo
SUD-SUDOESTE

Estación y mes principal
VERANO-JULIO

Corresponde al signo occidental
CÁNCER

Energía fija
FUEGO

Tronco
NEGATIVO

ERES CABRA SI NACISTE

01/02/1919 - 19/02/1920
CABRA DE TIERRA

17/02/1931 - 05/02/1932
CABRA DE METAL

05/02/1943 - 24/01/1944
CABRA DE AGUA

24/01/1955 - 11/02/1956
CABRA DE MADERA

09/02/1967 - 29/01/1968
CABRA DE FUEGO

28/01/1979 - 15/02/1980
CABRA DE TIERRA

15/02/1991 - 03/02/1992
CABRA DE METAL

01/02/2003 - 21/01/2004
CABRA DE AGUA

19/02/2015 - 07/02/2016
CABRA DE MADERA

En abril, un día nublado y casi otoñal, mientras tomaba un café con una amiga en Mona Lisa, apareció Juan Manuel Acosta a saludarme. Este hombre es parte de la familia que hace veinte años construyó Feng Shui, mi refugio serrano, y como he sido y soy muy feliz allí, siempre que los veo les digo "gracias" porque me ayudaron a tener mi casa soñada.

Juan es cabra de fuego, y un representante típico del signo.

Nació en las sierras, rebosa salud, buen humor, amabilidad, don de gentes, creatividad, y contagia una simpatía a flor de piel.

Vive en la casa donde nació y se crió, y donde pude disfrutar más de un almuerzo, matear en familia junto a su papá, don Enrique Acosta, el mejor albañil y constructor de chimeneas de piedra de Traslasierra.

Titina, su bella hermana, me recibió la primavera pasada, y mientras los pollitos y las gallinas cacareaban reviví, como un perfume que desprenden las madreselvas y glicinas, el afecto que quedó entre la cal y la arena de mi casa.

Nuevos planes y proyectos nos esperan con Juan Manuel.

Sobre todo, le pedí que saque el cementerio de árboles caídos que son parte del paisaje en Nomai, la casa de la familia, tristemente abandonada.

Mi vida enraizada en la naturaleza está rodeada de cabras reales que me despiertan cariño y curiosidad, y ya no disfruto tanto cuando algún amigo me invita a saborearlas en el horno de barro.

En mi personalidad *yang* de mona flamígera, la armonía, dulzura y equilibrio de la cabra me ayuda a aceptar lo que "no puedo cambiar" y seguir en el TAO (camino) más calma y receptiva a lo que me rodea.

La gracia, la intuición, el sentido común, el espíritu solidario constituyen lo que más me conmueve del signo más *yin* del horóscopo chino.

A través de la vida, he comprobado que el noventa por ciento de las cabras nacieron con el don artístico y la flexibilidad para crecer en su entorno, nutrirse con la naturaleza, reflejar el espíritu de la comunidad y, como nuestro premio Nobel Adolfo Pérez Esquivel, luchar por los derechos humanos.

Julio Bocca es un médium del arte de los dioses en el más acá, y su carrera brilló con entusiasmo, originalidad y talento en los teatros del mundo.

Julia Roberts me hipnotiza; se conjugaron los dones de belleza, *sex appeal*, *glamour* y simpatía en una actriz que creció con el tiempo y se asentó como un buen vino.

Y cuando evoco a Miguel Ángel, en el Renacimiento, y su fecunda obra, me inclino ante tamaña creatividad, refinamiento y buen gusto. Eso sí, él tenía mecenas que valoraban su vocación divina, algo que no ocurre en estos tiempos apocalípticos.

Su vida no es fácil; dependerá de la familia, el entorno, el apoyo que tenga en situaciones traumáticas, necesita estar en pareja o rodeada de afectos.

La cabra no nació para vivir sola. Es dependiente, cooperativa cuando la convocan, altruista, y se adapta a situaciones límite con coraje y valentía.

Necesita I-SHO-KU-JU (techo, vestimenta y comida) para sentirse segura para poder desplegar sus dotes histriónicas y su caudal imaginativo.

Es sensible, a veces demasiado; necesita aprobación del mundo entero cuando debuta en una obra de teatro, o como concejal, intendente o maestro rural.

No soporta críticas ni juicios; puede enfermarse y somatizar como ningún animal del zoo chino, pues se identifica y hace simbiosis con su elegido, sea una causa o un amor insalubre.

Mágica, intensa, alegre y fiel a su naturaleza, la cabra es necesaria para el equilibrio ecológico del planeta.

L. S. D.

HISTORIA Y MITOLOGÍA

La cabra, oveja, y en algunos libros también bautizada carnero, es el signo más femenino del zodíaco chino.

En ambos signos se destaca su esencia viril o de fémina, y logra atraer a semidioses ocultos en la naturaleza y en los Siete Cabritos.

La tradición china cuenta que un célebre adivino, Dong-

Tong Shu, haciendo el elogio de este animal, dijo que el macho tenía cuernos pero los usaba con discernimiento, nada más que para defenderse, lo que es indicio de un espíritu caballeresco. Cautivo, no balaba (bebebebe) y se dejaba degollar sin quejarse, prueba de heroísmo. Finalmente, el corderito se arrodillaba sin mamar, prueba de amor filial.

Cuenta la historia que casi 300 años antes de Cristo, cinco genios, vistiendo suntuosos trajes de cinco colores –amarillo para la tierra, verde para la madera, rojo para el fuego, blanco para el metal y negro para el agua– llevando cada uno una medida de granos y cabalgando en cinco cabras, aparecieron en el cielo de Cantón. Después, las monturas y los caballeros se convirtieron en cinco rocas. Desde entonces Cantón es nombrada como la ciudad de las cinco cabras.

En China la cabra es considerada un animal benéfico. Soñar con cabras es buen presagio; de allí la importancia de contar cabras cuando uno se va a dormir.

El arte popular representa a la cabra relacionada con la energía fuego, y es un animal simbólico que aparece plasmado en las carrozas procesionales, así como en los mosaicos antiguos.

La mitología griega contempla a la cabra desde una perspectiva sacra, y será quien amamante a Zeus; por esto se la asocia con el conjunto de animales matriarcales, totémicos y protectores.

MUJER CABRA

La mujer cabra sin duda es la más femenina del mundo.

Una experta en despertar culpa en la persona que ocupa su corazón. Sabe tocar el punto G del alma del elegido y saca ventaja de cada situación.

Es melodramática, mezcla las mejores novedades clásicas con las mejores series de Netflix y su frondosa imaginación para construir una vida de ciencia ficción.

La familia es un pilar fundamental en su existencia. Necesita que la adopten, la mimen, la consientan y le den todos los gustos, pues si no su berrido se oirá en otras galaxias ininterrumpidamente.

Su carácter a veces influenciable y permisivo, lleno de matices y claroscuros, detona en situaciones ciclotímicas que deberá atender a través de su vida.

En sus relaciones amorosas, para ella resultan muy importantes el compromiso y la contención, la confianza y la fidelidad.

A veces se deja llevar por galanes nómadas que tocan su corral y le endulzan el oído, y pierde un matrimonio y algo menos...

Es una madre liberal, permisiva y relajada con sus hijos. Sus enseñanzas estarán relacionadas con su amor al arte y con sus inquietudes en estas temáticas.

A nivel profesional, cuando se entrega a lo que hace, trabaja infatigablemente, sin respiro, ayudando a sus compañeros en forma incondicional.

Es muy competente y buena en su profesión. Odia marcar tarjeta y que le impongan un ritmo que no es el propio.

La cabra es muy estética, tiene buenos modales, se viste bien, conoce el arte de la seducción. Sabe cautivar a los moáis de la Isla de Pascua.

HOMBRE CABRA

Nació bajo el signo del arte. Su carácter dulce y dúctil le permite adaptarse a las circunstancias. Su culto por la belleza, su naturaleza seductora y su humor vagabundo lo alejan a veces de la realidad.

Según su estado de ánimo es simpático y agradable; detesta la polémica y le encanta filosofar. Abomina los escándalos y las discusiones, se siente mejor desde el rol de espectador, analizando y disecando al resto del zoo.

Buscará armonía con sus amigos. Será fiel, de carácter amplio y casi en ningún caso se enemistará para siempre.

Puede ser mitómano por su enorme fantasía; tiene mala fe y la sostiene; pero en general es un amigo incondicional, amado por las multitudes.

El amor es una de las artes que mejor despliega: amante excelente, apasionado, cariñoso y desenvuelto. Muy romántico, le gusta el contacto con la piel, es fogoso y admira a quien lo hipnotice y mime hasta el éxtasis. El macho cabrío reiniciará el acto sexual cada vez que lo estimulen.

La pareja es su meta más deseada; su sueño es viajar por el mundo y tener un hogar nómada.

Le gusta la buena vida y tiene gustos carísimos.

Un refinado espécimen… ¡Y muy guapo!

LA CABRA EN EL AMOR

Cabra y Rata: Solo siendo dueños de una gran fortuna podrían intentar la unión. De lo contrario, ¡ni pensar! No hagan la prueba, pagarían un precio muy alto.

Cabra y Búfalo: Aun sintiendo que lo divierte, el búfalo no soportará durante mucho tiempo el espíritu parasitario de la cabra.

Cabra y Tigre: Cuentan con nueve posibilidades sobre diez de que el tigre, abrumado por las circunstancias, devore a la cabra.

Cabra y Conejo: Juntos se divierten mucho. Es una buena unión. Son tranquilos, estéticos, refinados y muy sibaritas. Titilarán en el infinito.

Cabra y Dragón: Se protegen de la vida externa y saben formar su propia ciudadela. El dragón necesita mucha adulación, y la cabra también.

Cabra y Serpiente: Posiblemente la cabra desaparezca en arenas movedizas y la serpiente no podrá hacer nada por salvarla. Unión difícil.

Cabra y Caballo: Pueden ser felices y compartir riesgos juntos si saben respetar sus respectivas libertades.

Cabra y Cabra: A no ser que aparezca un mecenas salvador, ¿de qué van a vivir? ¡Qué bohemia…! Y finalmente, el hartazgo.

Cabra y Mono: La pasan bien pero no duran juntos. Si el mono tiene dinero, la unión es posible; la cabra lo divierte mucho.

Cabra y Gallo: Ambos serían desgraciados, aunque en un principio se ilusionarán. Desaconsejable.

Cabra y Perro: El pesimismo que los caracteriza los hundirá y se irritarán mutuamente.

Cabra y Chancho: Mientras la cabra no quiera trasponer los límites, el chancho puede soportarla. Si los pasa, él se volverá más irritable.

LA CABRA EN LA AMISTAD

Cabra y Rata: Podrán compartir noches de gran picardía y asociarse al mismo club, pero nada más.

Cabra y Búfalo: No se soportarán por mucho tiempo. Solo un resplandor. Se irritan y a la larga el búfalo se hartará.

Cabra y Tigre: Tratarán de hacer buenas migas, aunque no está muy en claro cuál es la unión.

Cabra y Conejo: Comparten los chismes, los viajes, ¡y los novios! Se adoran.

Cabra y Dragón: Esta será una amistad competitiva.

Cabra y Serpiente: Será una amistad temporaria. Después cada uno tomará por su lado.

Cabra y Caballo: Sentirán que son una sola persona, y en verdad lo son: lo harán a toda costa.

Cabra y Cabra: Pese a que las cabras se entienden entre sí, no deben contar demasiado una con la otra.

Cabra y Mono: Al mono le gusta la cabra porque no se aburre con ella. ¡Sí! Es una buena unión.

Cabra y Gallo: El gallo es demasiado convencional. Hay algo en la cabra que se le escapa. ¡Unión imposible!

Cabra y Perro: Esta es una unión negativa. Difícilmente se soporten.

Cabra y Chancho: El chancho sabe tratar a las cabras y las quiere. Unión positiva.

LA CABRA EN LOS NEGOCIOS

Cabra y Rata: Si ponen el talento y la astucia en las transacciones y no cometen excesos, esta unión será un éxito.

Cabra y Búfalo: No podrán hacer ni el bosquejo de un negocio. No lo intenten.

Cabra y Tigre: Comenzarán llenos de buenas intenciones. Pero cuando haya que profundizar en el tema, la cabra no podrá resistir tanta responsabilidad.

Cabra y Conejo: Buena yunta; pueden producir juntos. ¿Las actividades más recomendables para ellos? Casa de antigüedades o agencias de viajes.

Cabra y Dragón: Puede ser una unión positiva pues ambos apuntarán alto en la empresa y de ese modo podrán recoger buenos frutos.

Cabra y Serpiente: Puede ser. La serpiente es sabia y la cabra capaz. Eso sí, necesitan comportarse como seres adultos.

Cabra y Caballo: Sí, se integrarán y ganarán mucho dinero, lo perderán y lo recuperarán... Como "el cuento de la buena pipa".

Cabra y Cabra: Una sociedad incongruente. Pueden ser dos vagabundos viviendo debajo de un puente o un par de empresarios geniales dedicados a la explotación de los demás.

Cabra y Mono: La cabra no tiene nada que ver y el mono sabe reconocer su talento como para utilizarlo.

Cabra y Gallo: Seguramente se esforzarán, pero les costará mucho.

Cabra y Perro: Nada aconsejable porque al perro le preocupan cosas más graves o al menos así lo cree, y la cabra espera los dividendos.

Cabra y Chancho: Se brindarán ayuda mutuamente. Y la cabra, aun siendo cabra, puede aportar algo.

LA CABRA Y SU ASCENDENTE

Cabra ascendente Rata: 23.00 a 1.00

Estará alerta y no se perderá oportunidad para sacar ventaja de la gente. Será alegre, ágil, y se complicará la vida sentimental y sexualmente.

Cabra ascendente Búfalo: 1.00 a 3.00

Será puntual, organizada y responsable. Ascética y aristocrática, programará cada acto de su vida. Conocerá el camino para lograr sus objetivos lo antes posible. ¡Cuidado con perder el buen humor!

Cabra ascendente Tigre: 3.00 a 5.00

Imprevisible, buscará aventuras y renovación de todo tipo. Defenderá con los cuernos su territorio. Una verdadera fierecilla, pero amable y sensible.

Cabra ascendente Conejo: 5.00 a 7.00

Es refinadísima. Amará el confort y tendrá siempre un

mecenas a su disposición. Será una buena interlocutora, aunque un poco naif, muy sociable y casi frívola.

Cabra ascendente Dragón: 7.00 a 9.00
Será una cabra alada. Ambiciosa, creativa, audaz, realizará obras que trascenderán. Exigirá atención y será muy caprichosa, pero vale la pena.

Cabra ascendente Serpiente: 9.00 a 11.00
Tendrá suerte; sabrá utilizar los medios para llegar a los fines que se proponga. Será muy atractiva, sutil e inteligente. Nadie detendrá sus objetivos.

Cabra ascendente Caballo: 11.00 a 13.00
Una cabra vagabunda, imaginativa, independiente y noble. Vivirá ayudando a los demás. No podrá ahorrar ni un peso. Despertará pasiones en su agitada vida.

Cabra ascendente Cabra: 13.00 a 15.00
Una cabra pura sangre. Será hipersensible, estética, y buscará protección. Vivirá por amor y no soportará las críticas. Artistas con sus características solo nace una por siglo.

Cabra ascendente Mono: 15.00 a 17.00
Tiene una visión clara de lo que quiere. Artista, práctica, manipuladora e inescrupulosa, su lucidez jamás la abandonará. Esta combinación será irresistible.

Cabra ascendente Gallo: 17.00 a 19.00
Una cabra complicada. Sentirá deseos de rebelión y no soportará que le señalen errores que pudiera tener. Trabajará con tesón, pero tal vez no sepa disfrutar mientras lo hace.

Cabra ascendente Perro: 19.00 a 21.00
Es escéptica y pesimista, será ansiosa y tendrá una visión realista de la vida. Afrontará los problemas con estoicismo y no delegará responsabilidades.

Cabra ascendente Chancho: 21.00 a 23.00

Una cabra obstinada, lúcida, apasionada y muy sibarita, que tendrá alegría de vivir. Buscará protección y sabrá administrar su dinero. Un prodigio de afecto.

LA CABRA Y SU ENERGÍA

Cabra de Madera (1955-2015)

Una cabrita muy bondadosa, pero también ingenua. Está siempre atenta a los deseos de los demás; es muy tierna y piensa que todos los que la rodean son como ella. Totalmente caritativa y hospitalaria, se preocupa por las desgracias ajenas y ayuda en todo momento. Artista y emprendedora, encuentra todo lo que se propone buscar. Algunos defectos: delega responsabilidades, y se distrae justo en ciertos momentos importantes; por lo tanto, cabritas de madera, ¡*atenti*!

Personajes famosos

Isabelle Adjani, Nelson Castro, Marcela Sáenz, Elvis Costello, Guillermo Francella, Alfredo Leuco, Nina Hagen, Marcelo Bielsa, Johnny Rotten, Miguel Zavaleta, Boy Olmi, Bruce Willis, Miguel Botafogo, Zuchero, Steve Jobs, Mel Gibson, Jorge Valdano, Krishnamurti, Mercedes Morán, Aníbal Pachano.

Cabra de Fuego (1907-1967)

Dramatiza todo, piensa que su fantasía puede llenar su alcancía. Es muy sensible y emotiva, las emociones la inundan y le hacen perder la cabeza. Vuela alto; si tiene plata dilapida frenéticamente sus ahorros y adquiere chucherías que solo usa el mismo día que las compra, para después abandonarlas en un rincón de la casa.

Posee una maravillosa intuición, pero debe aprender a usarla. Esta cabra tiene un pensamiento muy independiente, y a veces esto hace que gane reputación. Muy vulnerable a los cambios de ánimo.

Personajes famosos

Frida Kahlo, Atahualpa Yupanqui, Katharine Hepburn, Julio Bocca, Boris Becker, Nicole Kidman, Maximiliano Guerra, Araceli

González, Julia Roberts, Andrés Giménez, Carlos Casella, Pepe Monje, Karina Rabolini, Milo Lockett.

Cabra de Tierra (1919-1979)

Sus mayores cualidades son, sin duda alguna, su gran honestidad y su confiabilidad. La gente sabe que en cualquier momento puede contar con ella. Hay momentos en que hace de psicóloga con las personas a las que realmente quiere ayudar y comprender. Una cabra muy elegante y deportista que no le teme al trabajo. Conservadora, mantiene una buena disciplina a pesar de ser independiente. Aunque es derrochadora, le encanta ahorrar. Eso sí, necesita estímulo para triunfar en su vocación.

Personajes famosos

Jack Palance, Zsa Zsa Gabor, Diego Luna, Nicolás Cabré, Dino De Laurentiis, David Bisbal, Adán Jodorowsky, Brenda Martin, Andrea Pirlo, Evangeline Lilly, Ian Smith, Malcolm Forbes, Diego Forlán, Eva Perón.

Cabra de Metal (1931-1991)

La cabra más optimista de todas, y la que más confianza se tiene. Parece muy fuerte pero es terriblemente sensible. Se angustia con facilidad y se trastorna con separaciones o rupturas. Necesita una vida familiar estable, en un hogar donde reinen la belleza y la armonía. Conocedora de sus dones, no duda en vender caras sus obras. Sus defectos son su posesividad con sus seres queridos y su exigencia constante consigo misma. Pero tiene una gran cualidad: una gran capacidad para perdonar.

Personajes famosos

Ettore Scola, James Dean, Annie Girardot, Mónica Vitti, Lali Espósito, Angie Dickinson, Candela Vetrano, Brenda Asnicar, Gastón Soffritti, Osho, Rita Moreno.

Cabra de Agua (1943-2003)

Como cabra, siempre corre riesgos, es muy bondadosa y nunca querría ofender a los demás. A veces se corre de su camino para ayudar a otros, porque se preocupa por los problemas ajenos. Le cuesta bastante enfrentar la realidad, odia las cosas difíciles y trata de encontrar soluciones rápidas a los problemas que se le presentan. Tiene un carisma enorme e irresistible. Diplomática, acepta las decisiones de los demás. Es muy miedosa ante lo desconocido, y prefiere su prado al ajeno.

Personajes famosos

José Luis Rodríguez, Charo López, Jimmy Page, Arnaldo André, Jim Morrison, Catherine Deneuve, Lech Walesa, Ernesto Pesce, Rubén Rada, Hermes Binner, Keith Richards, Marilina Ross, Adolfo Pérez Esquivel, Muhammad Alí, Mick Jagger, Joan Manuel Serrat, Víctor Sueiro.

CABRA DE AGUA

CONTAME UN CUENTO CHINO

Fernando Sánchez Sorondo
Cabra de Agua • Escritor y poeta • Argentina

Encarnación

No me quiero perder esta belleza
incondicional del mundo,
su alivio ardiente
el alcohol sobre la herida
de nacimiento, su alegría
hasta las últimas consecuencias,
la luz toda junta,
su voz suelta,
su paz abierta
como un puño,
el corazón en andas.

Y tantas vidas en una.

MONO

GRACIAS.
Se me ocurre decirte, vida,
en la veredita de la ciudad vieja;
me diste luz de farol antiguo
para transitar el misterio de lo desconocido.
Escuché cantar tímidos a los pájaros
esperando el verano.
Tiempo de resurrección o muerte
según sea la enseñanza.
Leí poco, aprendí mucho
los árboles testigos de mi desarraigo.
Piso la tierra, confío.
LA TEMPLAZA es un don preciado.
No hay pasado ni futuro.
Mis ángeles aletean humanos,
como PEDRO, el mozo que me atendió neto agravado.
L. S. D.

FICHA TÉCNICA

Nombre chino del mono
HOU

Número de orden
NOVENO

Horas regidas por el mono
15.00 A 17.00

Dirección de su signo
OESTE-SUDESTE

Estación y mes principal
VERANO-AGOSTO

Corresponde al signo occidental
LEO

Energía fija
METAL

Tronco
POSITIVO

ERES MONO SI NACISTE

02/02/1908 - 21/01/1909
MONO DE TIERRA

20/02/1920 - 07/02/1921
MONO DE METAL

06/02/1932 - 25/01/1933
MONO DE AGUA

25/01/1944 - 12/02/1945
MONO DE MADERA

12/02/1956 - 30/01/1957
MONO DE FUEGO

30/01/1968 - 16/02/1969
MONO DE TIERRA

16/02/1980 - 04/02/1981
MONO DE METAL

04/02/1992 - 22/01/1993
MONO DE AGUA

22/01/2004 - 08/02/2005
MONO DE MADERA

08/02/2016 - 27/01/2017
MONO DE FUEGO

Lilita.
Lilita.
Lilita[11].

Anoche, una vez más sintonicé la TV para escucharla, mirarla, y agradecerle su vocación y compromiso con la República Argentina.

Su tono, postura física, su estado poselecciones en Córdoba para elegir gobernador e intendentes, y el caso de la Corte Suprema interviniendo en el inicio del juicio a CFK colmaron a la mona de fuego, que se desnudó una vez más ante una sociedad civil (como dijo) ciega ante los atropellos cotidianos, la violencia física, verbal en el día a día, y la ciudad de los impedimentos.

El mono Nicolás Wiñazki[12] la escuchó con atención y le preguntó con cariño, pues ambos son simios castigados por medio mundo desde el amanecer hasta el ocaso del día.

Sentí tanta ternura, empatía, solidaridad con las verdades que aúlla en la selva donde nacimos... Ganas de prepararle un jacuzzi con sales y esencias aromáticas para que se sumerja y se olvide de las cargas que sostiene su espíritu indomable de samurái, y ponerle música zen de Japón, India o China para que sueñe con el plomero de la serie de Netflix, del que confesó estar enamorada.

Su personalidad es una armadura para esconder su inmensa timidez, su origen chaqueño; con orgullo cuenta de su familia, de su padre que a los dieciséis años le dijo que se fuera porque era "ingobernable y rebelde", y así lo hizo, con la certeza de que ya sabía cuál era su misión, a pesar de haber sido "Miss Chaco" y sumar dones de sabiduría precoz e inteligencia emocional, aunque después de los tres katunes (sesenta años) le salte la térmica en situaciones límite.

Sola; Lilita esta solísima.

A pesar de la legión de admiradores, mujeres que la aman y hombres que la miran con recelo y envidia.

Su fortaleza espiritual en los momentos críticos del país a mí

[11] Lilita es el sobrenombre de Elisa Carrió, diputada argentina de la alianza Juntos por el Cambio.
[12] Es un periodista argentino muy destacado.

me ha dado ánimo, confianza, fe y ganas de continuar con la misión que también descubrí muy joven.

Sé, en lo profundo de mi corazón, que ser mujer simia y argentina es una revolución en la condición humana.

No hay fronteras ni barreras, murallas para llegar adonde nos proponemos.

El minuto a minuto, hora a hora, día a día es la sal de nuestra vida.

Porque en ambos sexos y los transgéneros, el mono nació para ser líder, estadista, estrella de cine, TV, teatro, guía espiritual, inventor de nuevas técnicas de vida, punta de *iceberg* de cambios sistémicos en la humanidad.

Alma anciana que vio, olió, saboreó los frutos más diversos del edén; antena parabólica al cosmos traduciendo mensajes proféticos que compartió con su especie, aunque lo condenaran por visionario, loco o E.T.

Criatura impredecible e imprevisible que se mueve a la velocidad de la luz o como una tortuga. Rayo láser para decodificar a quien tiene a su lado.

Un ser humano que da su corazón a quien se abre a su ideograma chino.

Búsqueda constante, sin intervalos, de lo desconocido, de la condición humana, del aleteo de las mariposas, del milagro de existir.

El mono propone... y Buda dispone, a pesar de que era mono, signo dual, *yin, yang*.

El ego es su punto G; tendrá que disolverlo en cada situación, relación, provocación que el resto del zoo le haga por su personalidad extravertida, original, multifacética.

A veces el mono se dispersa: "no sabe lo que quiere, pero lo quiere ya".

Es un ser en ebullición constante; ciclotímico, hipomaníaco, desmesurado en expresar sus amores y odios provocando causa y efecto estereofónicos.

La estabilidad emocional no es su fuerte.

Arranca el día con ánimo, buen humor, agilidad física y mental, y de pronto algo que no le salió como imaginaba produce una crisis que arrastra a la tribu o a sus fanes al XIBALBAY (inframundo).

Original, rompió el molde al nacer.

Sibarita, adora los placeres terrenales: la buena comida, la conversación, EL TAO DEL AMOR Y DEL SEXO, las relaciones posibles e imposibles, ser anfitrión de sus amigos, compartir un safari a la selva Lacandona, estudiar nuevas culturas y civilizaciones por afinidad a vidas pasadas, y agradecer a la vida estar en el planeta de los simios.

L. S. D.

HISTORIA Y MITOLOGÍA

El mono es el animal que tiene los genes más parecidos a los del hombre, por eso en China se le teme y venera, y le atribuyen poderes de otras dimensiones.

Dice la tradición que Buda era mono y que por eso llegó a la reencarnación más perfecta, que es el Nirvana, y alcanzó el SATORI (la iluminación) pues experimentó cada etapa de su vida renunciando a los privilegios de ser un príncipe y huyendo del palacio para conocer a fondo la pobreza, la enfermedad y la muerte.

Como las creencias populares indican que las enfermedades son culpa de los genios malos, el mono está considerado un poderoso curandero.

A pesar de que el mono se robó el fruto de la inmortalidad, la tradición le atribuye tres vidas sucesivas: la primera de ellas abarca ochocientos años, luego se transforma en otro tipo de mono y, quinientos años más tarde se transforma en un gran mono orangután, estado que dura mil años.

En el primer estado, el mono es vicioso, peleador, desordenado y egoísta; en el segundo es simpático y cariñoso, y en el tercer estado es Buda.

El mono puede tomar todas las formas que desea, o convocar a su gusto a cualquier genio. Tiene la capacidad de metamorfosearse y esconderse en la máscara que él crea conveniente para alcanzar el arcoíris.

Los tibetanos lo reconocen desde hace muchos siglos como su antepasado, y lo llaman Bodhisattva.

Pero en el *SI-YEOU-KI* se lo denomina hijo del cielo y de la tierra, brotado del huevo primordial, y se lo señala como gracioso compañero de viaje de Hiuan-Tsang en la búsqueda de los libros sagrados del budismo.

Muchos reyes chinos importantes eran monos; en el templo de Nikko están los famosos monos del Jingoro, que se muestran tapándose las orejas el primero, los ojos el segundo y la boca el tercero.

MUJER MONO

La mujer simia es una de las más buscadas por su polifacética personalidad. En general tiene una vocación muy profunda, que le conviene desarrollar desde pequeña, pues si no podría frustrarse.

Excelente *show woman*, original, divertida, con una presencia notable, es buena consejera, amiga, ama de casa, siempre estará lista para salir de viaje, aunque sea para mirar la luna dando una vuelta a la manzana.

Niña eterna en su capacidad de asombro, predispuesta a mejorar, perfeccionarse, aprender y salir a combatir cuando lo crea necesario.

Autodidacta, intelectual y rebelde, tiene sed de conocimientos. Detesta depender de los otros.

Para la mujer mono, el amor es un motor fundamental de su vida, y necesita ser amada como en las historias de amor de la literatura clásica.

En general ambos sexos son sobreprotectores con sus parejas, y cuando se separan (salvo casos de crimen pasional) quedan amigos durante toda la vida. No pueden vivir sin tener alguien en quien pensar.

Hay dos tipos de monas, las que tienen instinto maternal y las que no lo tienen. Sería bueno que las últimas se abstuvieran de traer hijos al mundo, pues podrían engendrar un E.T. En cambio, las que aman a sus hijos serán unas madres originales, movedizas, divertidas, severas, abiertas a escuchar los problemas de los niños en cada etapa, y siempre listas para abrir la puerta para ir a jugar.

HOMBRE MONO

Este espécimen está indudablemente dotado para la vida, su personalidad se encuentra animada por fuerzas contrarias: la imperiosa necesidad de sentirse bien en todas partes y en todo lo que hace, y una fiebre de cambio después de haber conseguido seducir o conquistar a la gente que lo rodea.

Es contradictorio con sus sentimientos.

Su vida social se organiza con una idea esencial: quiere cautivar, encantar y convencer; por eso su contacto es agradable y da la impresión de que busca a los demás. Su sentido del humor le abre portales galácticos… ¡pero cuidado con este gorila! Se ríe a menudo a expensas de los otros, y puede crearse odios de por vida porque además lo envidian.

A veces resulta incisivo y cáustico con sus íntimos amigos, puede herirlos en su amor propio y desaparecer. Si lo traicionan es capaz de vengarse con saña.

Posee un sentido de la familia muy personal, aunque para él es una estructura fundamental en su vida. Pero a esa familia la quiere a su imagen: viva, informada y disciplinada.

Preferirá calidad a cantidad de tiempo a compartir. Es un riesgo de alto grado ser pareja de un mono. Ni paz, ni aburrimiento; algo así como estar en la montaña rusa todo el tiempo: la adrenalina y las hormonas se alborotan. Quien se arriesgue a hacer una escala en el registro civil con un mono, que se atenga a las consecuencias. La claustrofobia que le produce la idea de lo eterno es un mal incurable.

EL MONO EN EL AMOR

MONO Y RATA: Será un idilio para toda la vida. Estarán hechizados y ambos cooperarán en la realización del otro. *Double fantasy*.

Mono y Búfalo: Se protegerán y estimularán en sus diferencias. Hay profundas razones de unión entre estos seres realistas, lúcidos, materialistas y románticos.

Mono y Tigre: El mono cautivará al tigre. Hay cortocircuito, competencia, admiración y desesperación. Fatal atracción. Hay que pasar por la experiencia, aunque queden magullones.

Mono y Conejo: Una dupla que la pasará genial; pero los dos sufrirán por sus celos, seducción indiscriminada y licencias. Si hacen un pacto de amor, pueden construir un hogar feliz.

Mono y Dragón: Muy buena unión. Aquí están la ambición y la destreza combinadas. Seguirán juntos el camino, a pesar de las vicisitudes, porque se apoyarán en los momentos de flaqueza.

Mono y Serpiente: Tal vez, si Dios y el mono lo quieren. Todo depende del mono… y de Dios.

Mono y Caballo: Un amor para siempre; aunque el caballo no se banque ser feliz toda la vida y se invente historias para escaparse. El amor del Príncipe de Gales (caballo) y Wallis Simpson (mono).

Mono y Cabra: El mono puede hacer muy feliz a la cabra, pero esta al mono, por un breve rato…

Mono y Mono: Complicidad absoluta, pueden llegar lejos. Tal vez quieran estimularse sexualmente con terceros.

Mono y Gallo: El mono puede burlarse del gallo durante toda su vida sin que este se dé cuenta, y eso es lo principal.

Mono y Perro: Se ayudarán y divertirán a través de la convivencia y pasarán enormes contratiempos. Son un poco depresivos, cínicos y solitarios. Una relación para trabajar profundamente.

Mono y Chancho: Las cosas pueden salir bien. Al chancho le fascinan la magia y la vitalidad del mono, y a este la bondad y la protección del chancho.

EL MONO EN LA AMISTAD

Mono y Rata: Sí, siempre a costa de la rata. Sentirán estrellitas al estar juntos y muchas ganas de compartir viajes, salidas y espectáculos. Complicidad y admiración mutuas.

Mono y Búfalo: Al búfalo le gusta el mono porque lo divierte y le propone aventuras de ciencia ficción, pero al mono el búfalo le parece algo pesado.

Mono y Tigre: El encanto del mono provoca una relación interesante, pues es el consejero ideal del tigre. Juntos se reirán, llorarán y compartirán viajes astrales inolvidables.

Mono y Conejo: Dos buenos cómplices y excelentes amigos, pero no es conveniente provocarlos. Sabrán apreciar lo que la vida les brinda.

Mono y Dragón: Tendrán una amistad sólida, aunque con temporadas de gran ofuscación. Compartirán importantes secretos.

Mono y Serpiente: Se buscarán por sus abismales diferencias. Se ayudarán, pero con muchas reservas pues les cuesta vencer la desconfianza.

Mono y Caballo: La independencia de ambos no les permitirá compartir muchas cosas; pero los momentos vividos serán inolvidables.

Mono y Cabra: Disfrutarán juntos una vocación o trabajo que les permitirá madurar; crecerán ambos y admirarán el talento del otro.

Mono y Mono: No hay una amistad más sólida, divertida y macromambo[13].

Mono y Gallo: ¿La verdad? ¡No tienen nada en común! Tal vez la ilusión.

Mono y Perro: No es del todo imposible, aunque no se tomen muy en serio el uno al otro.

Mono y Chancho: Son dos buenos amigos. El mono respeta, ama y comprende al chancho, y este no puede creer la fantasía alucinógena del mono.

EL MONO EN LOS NEGOCIOS

Mono y Rata: Es una combinación acertada: esfuerzo, especulación, habilidad y muchísimo dinero.

Mono y Búfalo: Solo para salvar una situación temporaria y, aun así, con ciertos miramientos.

Mono y Tigre: Ambos desconfían de sus ventajas. Terminarán a los rasguños.

Mono y Conejo: Solo vanas esperanzas, pero en el momento de concretar, no harán ningún esfuerzo.

Mono y Dragón: Construirán un imperio sin darse cuenta de lo que les costó. Una asociación brillante y renovadora.

Mono y Serpiente: Se esconderán bajo su propio cinismo. Se destruirán hasta la aniquilación total.

Mono y Caballo: Podrían intentarlo, si se comprometen mediante la firma de un contrato. Se necesita claridad en los papeles.

[13] Véase página 121.

Mono y Cabra: Dúo productivo, explotarán lo mejor de cada uno y ganarán dinero.

Mono y Mono: Llegarían a tener serios problemas.

Mono y Gallo: ¡Pobre gallo!... ¡El mono lo va a desplumar!

Mono y Perro: Sociedad con tensiones. El mono teme al perro, que no se deja manejar.

Mono y Chancho: Al mono le interesa sobremanera asociarse con el chancho. Hasta se volverá generoso con él... ¡porque le conviene!

EL MONO Y SU ASCENDENTE

Mono ascendente Rata: 23.00 a 1.00

Esta combinación será explosiva; utilizará sin piedad la astucia y la malicia para alcanzar sus fines. Muy intelectual y sibarita. Brillante e ingenioso. Netamente materialista.

Mono ascendente Búfalo: 1.00 a 3.00

Esta sociedad será exitosa profesionalmente, pero difícil sentimentalmente. Un mono contradictorio, con grandes tentaciones y una dosis de "Dios, Patria, Hogar". Será serio y disciplinado, solo a veces...

Mono ascendente Tigre: 3.00 a 5.00

Este mono vivirá combatiendo consigo mismo. Tendrá audacia y valentía sumadas a una gran falta de escrúpulos. En el amor vivirá momentos tormentosos.

Mono ascendente Conejo: 5.00 a 7.00

Mixtura muy afortunada. El mono apuntará alto y no dejará nada por hacer. Intelectual, refinado, sabrá congeniar con el prójimo. Un verdadero estratega.

Mono ascendente Dragón: 7.00 a 9.00

Sabrá, cual mago, todo lo que vendrá. Talento, astucia, fuerza y poder se combinarán para que esté siempre en la cresta de la ola. Subestimará la opinión de los demás y no hará concesiones.

Mono ascendente Serpiente: 9.00 a 11.00

La inteligencia sabia y astuta para vivir y ganar dinero será su mejor patrimonio. Irresistiblemente seductor, conquistará y vencerá siempre. Un verdadero prodigio.

Mono ascendente Caballo: 11.00 a 13.00

Será lunático, independiente y muy original. Vivirá ganando dinero y gastándolo. Tendrá muchos amores, una vida sedentaria y un corazón de oro. No le gusta perder.

Mono ascendente Cabra: 13.00 a 15.00

El arte y la astucia harán un verdadero prodigio de este mono romántico, crédulo y pesimista. Un buen interlocutor y un irresistible seductor.

Mono ascendente Mono: 15.00 a 17.00

Conocerá todos los secretos y no los revelará. Brillante, inteligente, hiperactivo, fantasioso, tendrá un buen humor que lo salvará en toda ocasión. Puede ser malo y traicionero.

Mono ascendente Gallo: 17.00 a 19.00

Un mono mundano, con miedo al ridículo y muy soberbio. Llevará a cabo grandes proyectos, movilizará gente y buscará protagonizar algún acto que lo haga famoso.

Mono ascendente Perro: 19.00 a 21.00

Este mono será muy intuitivo, noble, reflexivo y elucubrador. Se sacrificará por los demás, amará la vida y tendrá un humor altamente refinado.

Mono ascendente Chancho: 21.00 a 23.00

Un erudito. Amará los placeres de la vida. Tendrá talento para descollar en su profesión y hará muchos amigos. El silencio es un bien sagrado para él.

EL MONO Y SU ENERGÍA

Mono de Madera (1944-2004)

Este mono es un amuleto de la suerte, pero hay aspectos difíciles de su personalidad. Felizmente, la buena fortuna del mono de madera puede solucionar las partes negativas. Muy intuitivo, tiene una visión futurista de las cosas, es extremadamente curioso y quiere saber cómo se conducen los demás. Vital, ambicioso y altamente sensible al contacto con los otros, este mono detesta perder. Si persevera en sus metas, llegará a la gloria, siempre y cuando use medios lícitos para lograrlo.

Personajes famosos

Roberto Jacoby, Gabriela Acher, Diana Ross, Danny DeVito, Selva Alemán, Arturo Puig, Bob Marley, Eliseo Subiela, Susana Giménez, Rod Stewart, Antonio Grimau, George Lucas, María Marta Serra Lima, David Gilmour, Michael Douglas, Gianni Morandi, Talina Fernández, Nora Cárpena, Roger Waters, Mario Mactas, Marta Oyhanarte.

Mono de Fuego (1956-2016)

Este mono juega con fuego, y así puede obtener beneficios, como también malos resultados. Sin embargo, tiene la gran chance de ser exitoso. Un ejemplar muy enérgico, original, intuitivo e inventivo. Su seguridad arrasa con todo y solo acepta ser el primero. Ama el poder, la competencia, los desafíos, que constituyen su mejor estimulante. Es lúcido, prudente, calcula los riesgos, triunfa bien y rápido gracias a su capacidad de decisión y su velocidad. Tiene un delicioso sentido del humor y seguramente le costará más de la mitad de su vida encontrar el verdadero amor.

Personajes famosos

Michel Houellebecq, Imanol Arias, Ricardo Darín, Carolina de Mónaco, Geena Davis, Björn Born, Alejandro Kuropatwa, Ludovica Squirru Dari, Andy García, Patricia Von Hermann,

Helmut Lang, Osvaldo Laport, Peteco Carabajal, Daniel Grinbank, Luz O'Farrell, Celeste Carballo, Julio Chávez, Luis Luque.

Mono de Tierra (1908-1968)

Muchos de los problemas de este mono se deben a la debilidad que tiene para afrontar las cosas que teme, pero a la vez es el más lúcido de los monos, el más estable y cerebral. Muy generoso, aun con gente desconocida. Ofrece mucho a los desamparados, pero necesita que lo adulen, lo mimen, le sigan la corriente. Es muy responsable, inteligente y práctico. Detesta hacer "malas pasadas". Tranquilo, sabio, y menos astuto que sus hermanos.

Personajes famosos

Facundo Manes, Adrián Suar, rey Felipe de Borbón y Grecia, Gabriel Batistuta, Henri Cartier-Bresson, Chayanne, Santiago Motorizado, Fabián Vena, Betty Davis, Alejandro Sanz, Martín Jacovella, Leonardo Abremón, Antonio Birabent, Libertad Lamarque, Guillermo Andino, Diego Olivera, Salvador Allende, Adrián Dárgelos, Fernando Ruiz Díaz, Nelson Rockefeller.

Mono de Metal (1920-1980)

Demuestra ser el mono más elegante de todos y también el más ambicioso, resistente y trabajador. Se expandirá en diversos canales para obtener éxito gracias a su talento y facilidad para elaborar buenas ideas.

Le cuesta demostrar sus afectos y reconocer errores; quizá sea este su peor defecto. Nunca va a retroceder después de tomar una decisión. A veces parece que este mono tiene problemas en el trato con los demás, pero dentro de todo es amable. Excelente en los negocios.

Personajes famosos

Alicia Keys, Federico Fellini, Soledad Pastorutti, Olga Orozco, Erika Halvorsen, Valentino Spinetta, Kim Kardashian, Charlie Parker, Justin Timberlake, Luis González, Nicole Neumann, Lorenzo Anzoátegui, Gabriel Milito, Luciana Salazar, Luis Ortega, Ronaldinho, Mario Benedetti, papa Juan Pablo II.

Mono de Agua (1932-1992)

Se hace el serio para poder preparar sus ardides a escondidas, usando una máscara de santo. Astuto, sabe tomar los atajos más cortos para lograr sus fines. Es intuitivo y perceptivo y esto le permite a veces conocer muy bien a otros seres para manipularlos y dominarlos a su antojo. Depende de su humor que la gente opine si es un ser adorable o detestable. Siempre resalta por su fantasía, ingenio y magnetismo.

Personajes famosos

Johnny Cash, Selena Gómez, Joaquín Lavado "Quino", Peter O'Toole, Elizabeth Taylor, Magdalena Ruiz Guiñazú, Jean Cacharel, Eugenia Suárez, Anthony Perkins, Felipe Sáenz, Neymar Da Silva Santos Júnior.

THE CAVERN CLUB

MONO DE FUEGO

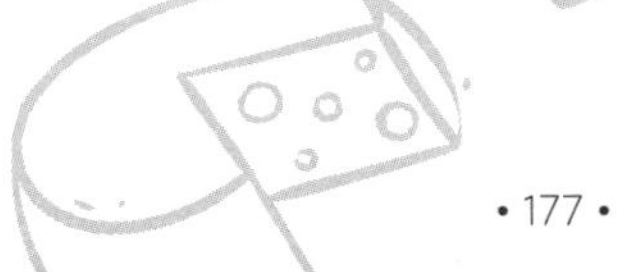

CONTAME UN CUENTO CHINO

Erika Halvorsen

Mona de Metal • Escritora, guionista y directora teatral • Argentina

Amor a primera risa

Ser mona representaba para mí la fantasía de llegar a ser muy parecida a la autora del libro: Ludovica. Ese nombre, esa gracia, esa alegría y sobre todo esa libertad. La mona artista. La mona poeta del horóscopo chino. Así la veía desde mi pueblo patagónico en cada una de sus apariciones televisivas. Y así, en su reflejo, me animaba a soñar mi propio futuro de mona.

Años después, una mañana, esa mona se materializó en la butaca de un ómnibus de larga distancia. Viajábamos al mismo destino: Tandil. Ambas participaríamos de la Feria del Libro local. Siempre habíamos sido monas pero ahora yo también era escritora. De pronto nos encontramos colgadas de una misma rama.

Su risa y su parloteo con una amiga entrañable me acompañaron todo el viaje, unas horas más tarde estábamos las tres juntas. Compartimos el almuerzo, reímos y encontramos una cantidad de amigos en común. Las lianas se cruzan, se tejen y arman redes infinitas en esta selva.

Esa misma tarde me tocaba presentar mis libros en la feria. Ludovica llegó a mi charla como una espectadora más, pero con curiosidad de simia y generosidad de maestra iniciadora.

Hablamos de deseo, de pudores, de goce, de sexualidad femenina. De pasión y libertad. De volar con el cuerpo y con la mente. De jugar. Ludovica tuvo intervenciones brillantes, contó anécdotas y salpicó de magia a los hombres y mujeres tandilenses. Nuestro público gozó. Los vimos sonrojarse. Se ponían colorados. Ardían de ganas de subirse con nosotras a la rama más alta. Esa tarde, juntas, aflojamos *corsets* mentales. *Hackeamos* las torres de control y volvimos a todos un poquito más monos y más monas. Ludovica me ayudó a que, al menos por un rato, nos olvidáramos de la culpa, la vergüenza y el pudor.

"Cómo le movimos la kundalini –me comentó bajito con un guiño cómplice luego de nuestro complot espontáneo y liberador–. Somos *sex symbols* espirituales".

"*Sex symbols* espirituales". La pitonisa me otorgó ese título de nobleza chimpancé, esa jerarquía fabulosa en este linaje de monas juguetonas. Y mi fantasía se cumplió. En este cuentito chino las dos monas somos autoras en el mismo libro.

GALLO

Salí tímidamente
a sentirte ciudad vieja
tarde de primavera sutil
nostalgia en cuarto creciente.
Imágenes, amigos, museos
kioscos chinos en la plaza
siguen vivos.
Brasileros rompen la monotonía
con su musicalidad en diagonal a la quietud de la ciudad
mustia , hibernada en tiempo 13.20.
Atravesaste mi vida como espinel,
deambulo en resonancia con las campanas de la iglesia
donde dudo haya fieles con fe.
L. S. D.

FICHA TÉCNICA

Nombre chino del gallo
JI

Número de orden
DÉCIMO

Horas regidas por el gallo
17.00 A 19.00

Dirección de su signo
DIRECTAMENTE AL OESTE

Estación y mes principal
OTOÑO-SEPTIEMBRE

Corresponde al signo occidental
VIRGO

Energía fija
METAL

Tronco
NEGATIVO

ERES GALLO SI NACISTE

08/02/1921 - 27/01/1922
GALLO DE METAL

26/01/1933 - 13/02/1934
GALLO DE AGUA

13/02/1945 - 01/02/1946
GALLO DE MADERA

31/01/1957 - 17/02/1958
GALLO DE FUEGO

17/02/1969 - 05/02/1970
GALLO DE TIERRA

05/02/1981 - 24/01/1982
GALLO DE METAL

23/01/1993 - 09/02/1994
GALLO DE AGUA

09/02/2005 - 28/01/2006
GALLO DE MADERA

28/01/2017 - 15/02/2018
GALLO DE FUEGO

Ayer domingo a la tarde pudimos disfrutar *Above Us Only Sky*. Es el último documental que nos regala Yoko Ono a los mortales.

Y gira sobre la que ha sido elegida mejor canción del siglo, "Imagine" de John Lennon y sin duda de su musa inspiradora, Yoko.

Cuando dejo mi alma fluir rumbo a esta pareja mítica, siento que soy parte de ellos.

Su intimidad, su vida en las afueras de Londres, en el campo, la creatividad perenne de ideas, la inspiración y concreción de dos espíritus que se encontraron en la cita que a veces regala la vida a algunas personas inunda mi cuerpo etérico y me envuelve como un capullo.

Sin duda, Yoko, gallo de agua, ya "imaginaba" desde la infancia un universo que sintonizó "*instant karma*" con el de John después de que renunció a ser un beatle y decidió explorar el amor en su totalidad.

Siempre amé a Yoko, desde su aparición, en el encuentro con John en el año del caballo de fuego 1966 hasta este amanecer en que le dedico el capítulo, una vez más, a una mujer que supo ser pareja y enseñarnos que la inspiración para otro ser humano es la fuente de eros, de la energía invisible que mueve océanos, produce amor de tsunami o maremoto y deja un nuevo horizonte.

Lo que devela el documental, con nuevos pantallazos de la vida de ambos, es cómo ella inspiró a John a comprometerse con los acontecimientos que pasaban en el mundo: la guerra de Vietnam, las de África, la nueva mirada de los derechos humanos, y a hacer canciones que siguen sonando en nuestros oídos como "Happy Xmas (War is Over)".

Ella, con su sabiduría zen, la experiencia del bombardeo de Japón cuando tenía doce años y la pérdida de su casa y parte de su gente, tomó el TAO (camino) de la resiliencia y dejó que esa nueva niña se transformara en poeta, artista, madre y viajera, explorando universos paralelos hasta encontrarlo a John en una muestra de arte en Londres, donde sugería subir por una escalera altísima al cielo, y en el techo decía "*yes*".

Cuando a los veinte años leí *Pomelo*, su libro, me voló la gallina.

Sentí una inspiración profunda por sus *koans*, ideas, dibujos, y porque en algún lugar siempre fui la Yoko Ono del subdesarrollo; y en vez de encontrarme con John me topé con Charly García en New York, a quien inspiré "Gato de metal", una canción que nos fusionará *for ever*.

El gallo tiene el don de ayudar a la comunidad a trabajar en equipo y desarrollar su potencial con medios visibles e invisibles.

Su radar, antena e intuición captan las virtudes de otro ser humano y lo incentivan a encontrar su camino.

Tiene un sentido de la responsabilidad superlativo y es madrugador, nos despierta en el campo y en la montaña con sus cacareos y nos obliga a iniciar el día con buen humor y ánimo.

Su estoicismo es notable: se sacrificará trabajando de sol a sol para traer el maíz a sus pollos, crecer laboralmente, ampliar el gallinero, mejorar la educación de sus hijos, hermanos, familiares y amigos.

Es muy prolijo, analítico, conservador, pragmático: no le gusta improvisar y ejerce con naturalidad el mando en su trabajo, empresa, grupo de estudio, club deportivo, y en el Banco Central cuando lo convocan.

A veces puede ser déspota, intolerante y sádico; eso dependerá de su infancia y traumas.

Necesita tener autocontrol y terapias alternativas para su equilibrio emocional.

Puede ser justo o muy injusto frente a terceros; y preservará su reputación sobre todas las cosas.

El gallo necesita estar rodeado de afecto, redes sociales, y comunicarse con su cocorocó por altoparlantes.

Le cuesta aceptar que no es el centro de atención en cada momento y delegar el control remoto en su pareja, en una sociedad, un grupo de *treking*, un campamento o en un áshram.

Es servicial, bien dispuesto a ayudar cuando lo llaman, atento a las necesidades y al diálogo.

Humanista, original, profundo en sus convicciones, romperá con tabúes, contratos y burocracia para llegar a destino.

Le gusta el arte, es coleccionista, culto y refinado.

Cultivará su cuerpo, alma y mente y se superará día a día hasta quedar conforme con sus utopías.

Vuelve Yoko esta mañana de otoño gris en Buenos Aires a darme fe en mi vocación y en este homenaje a "Imagine".

L. S. D.

HISTORIA Y MITOLOGÍA

En la tradición china se cuenta que el gallo está considerado como una protección contra el mal. Su cresta roja es un poderoso antídoto, porque hace huir a los espíritus malos.

En idioma chino se lo denomina ki, término que significa buen augurio o propicio, y se lo emplea para simbolizar virtudes de carácter civil a partir de su cresta que lo hace parecer mandarín, y de corte militar porque sus espolones de combate le permiten formarse en estas filas.

En Oriente, el día de año nuevo se coloca el emblema del gallo se coloca en la puerta principal para ahuyentar a los malos espíritus, y en Occidente se lo sitúa en lo alto de los tejados, con la misión de actuar como pararrayos, reconociéndole así la relación directa con el dios trueno.

Este signo representa la puntualidad, canta a la misma hora en invierno y en verano. Posee las cinco virtudes; lleva un tocado, símbolo de bienestar; ataca de frente, lo cual implica valentía; llama a los demás para compartir la comida, lo que indica generosidad y, finalmente, canta en momentos definidos, y eso indica que se puede contar con él.

En cambio, los tibetanos lo consideran como un símbolo adverso; comparte la naturaleza con el cerdo y la serpiente, en la calidad de uno de los tres venenos concentrados en la rueda de la existencia. Se lo representa con la codicia, el deseo, la sed, el apego material, por ello está negado a conocer la verdadera paz, y vive condenado a sentirse siempre nervioso, vehemente, colérico, y desconfiado.

Pitágoras decía –y los lamas coincidían–: "Alimentad al gallo y no lo sacrifiquéis, pues está consagrado al Sol y a la Luna".

En Francia el gallo, "gallus", representa a Galia.

Para los masones, el gallo encarna la luz. Su figura corresponde al mercurio alquímico, y en Vietnam la pata de gallo hervida simboliza el microcosmos y es instrumento de adivinación.

MUJER GALLO

Imposible no notar su presencia. COCOROCÓ-KIKIRIKIKÍ, HELLO, ACÁ ESTOY YO.

Tiene buen gusto, es sofisticada, se viste bien o muy mal, es creativa, original, mística e intelectual, y a veces muy cocorita[14].

Muy buscada y codiciada para el matrimonio, decora la casa con buen gusto, le gusta cocinar. Tiene amigos sumamente variados, organiza fiestas divertidas y es una excelente profesional.

A veces resulta un poco mandona y absorbente con su pareja y con sus amigos; hay que ponerle límites pues es muy chupa prana.

Como madre es una gallinita con sus pollitos. Orgullosa de ellos dondequiera que vaya, los sobreprotegerá con sus amplias alas. No soportará que se rebelen, mientan o disimulen. Les exigirá medalla de oro en todo.

En su profesión es meticulosa, escrupulosa y competitiva.

Su puntillismo y la búsqueda de la perfección le quitan naturalidad y *glamour*; ganaría mucho más si no se dejara dominar por los detalles de la vida práctica, que pueden complicar su mente, monopolizar sus fuerzas y cambiarle bruscamente el humor.

Tiene cualidades para ser una extraordinaria empresaria y ejecutiva.

Dará la vida por sus amigos: generosa, comprensiva, comunicativa y leal, los defenderá a los picotazos si los atacan.

HOMBRE GALLO

Este gallo galán, simpático y carismático ama brillar en sociedad.

---

[14] Este término se aplica a alguien impertinente y soberbio.

Es centro de atención por su inteligencia emocional, su *charme*, y porque le gusta cacarear en debates políticos, en la cancha y en el Congreso de la Nación.

Es muy hábil para relacionarse en las grandes ligas, en el club del barrio, o en un foro del G20.

El donjuán del gallinero: pisa a la gallina con un *touch and go* y detesta que lo persigan.

Su carácter franco y honesto buscará un alma gemela con quien compartir el día a día, sus ambiciones y alegrías. Será fiel, leal y lleno de atenciones para su amada, pero le exigirá que comparta sus gustos por una vida social y que mantenga discreción con sus travesuras.

Con sus hijos será un padre muy dinámico, siempre listo para llevarlos al colegio, al cine, al club o de vacaciones; sin embargo, no soportará mentiras ni engaños y exigirá obediencia de vida.

La familia es la raíz, el tronco y las ramas de su vida. Su dependencia es real, y siempre marcará tarjeta en el gallinero.

Hay gallos de perfil alto, como Sandro de América, o de perfil bajo, como el gallo pampa.

Su gran patrimonio es el cultivo de su vida interior.

Recorrerá el mundo en bici, moto, un Jaguar, una avioneta, o en alas delta.

La aventura es la sal de su vida.

EL GALLO EN EL AMOR

Gallo y Rata: Se encolerizarán mutuamente y la agresividad de ambos los hará acabar en la ruina. Unión no aconsejable por las diferencias emocionales de cada uno.

Gallo y Búfalo: Si no fuera porque el gallo vanidoso tiene ganas de mandar, o por lo menos aparentar que lo hace, todo sería perfecto. Pero… es mejor que se abstengan de unirse.

Gallo y Tigre: El tigre no soportará la fastuosidad del gallo, y será injusto con él. No es posible.

GALLO Y CONEJO: Aunque no sean grandes las fanfarronadas del gallo, exasperan al conejo. Bajo ningún aspecto deberán unirse.

GALLO Y DRAGÓN: Serán compinches, hermanos, amantes y se sentirán orgullosos el uno del otro. ¡Unión exitosa!

GALLO Y SERPIENTE: La serpiente tiene siempre buen tino de cuidar el prestigio de los demás. Se complementarán bastante bien.

GALLO Y CABALLO: Serán desdichados. No comparten la misma filosofía en el amor.

GALLO Y CABRA: La cabra no sabe vivir del amor y del aire, y el trabajo no es asunto suyo. ¡Hasta le cansa ver trabajar al gallo! No podrá ser.

GALLO Y MONO: El mono puede sacar provecho del gallo, pero este será desgraciado y el mono seguirá insatisfecho.

GALLO Y GALLO: Grescas matrimoniales aseguradas. Imposible la vida en común.

GALLO Y PERRO: Posible. Pero habrá problemas de orden económico porque tienen distintos intereses.

GALLO Y CHANCHO: No se llevan bien. El gallo cansa al chancho con su agresividad.

EL GALLO EN LA AMISTAD

GALLO Y RATA: Simpatizan y comparten la misma vocación de buscavidas. Irán juntos al club, los mitines y las barricadas.

GALLO Y BÚFALO: ¡Excelente! Serán generosos, felices y leales toda la vida.

Gallo y Tigre: Se admirarán mutuamente. Tal vez sea una relación basada en las necesidades esenciales de ambos.

Gallo y Conejo: El gallo es muy ruidoso para la sensibilidad del conejo. ¡No!

Gallo y Dragón: Viajarán y compartirán vicisitudes. Será una amistad sólida; sacarán chispas.

Gallo y Serpiente: Se pasarán la vida dialogando, haciendo compras y desconfiando uno del otro. Buena conjugación.

Gallo y Caballo: Tal vez puedan ser buenos vecinos y muy salidores… pero en un país lejano.

Gallo y Cabra: En los momentos de crisis se ayudarán mucho y se soportarán mutuamente los achaques.

Gallo y Mono: Intentarán todo tipo de actividades en común, pero se aburrirán mucho.

Gallo y Gallo: Es una amistad imposible. Trifulcas aseguradas.

Gallo y Perro: Vano intento. Un mundo, un muro, un foso, una muralla los separan.

Gallo y Chancho: Al chancho más le valdría mantener al gallo a distancia. Lo picoteará.

EL GALLO EN LOS NEGOCIOS

Gallo y Rata: Por favor, abstenerse. Será un suicidio. Irían a la quiebra.

Gallo y Búfalo: Mucho trabajo y poco beneficio. El búfalo no reconoce los esfuerzos del gallo. Lo cree un haragán.

Gallo y Tigre: Pueden compartir experiencias inolvidables, sobre todo para el tigre.

Gallo y Conejo: No creo que sea una alianza posible. No podrían cumplir las ocho horas reglamentarias.

Gallo y Dragón: Pueden salir beneficiados si se esfuerzan y no delegan en otros el trabajo.

Gallo y Serpiente: Pasarán días y noches fascinados... hablando de lo que no van a hacer.

Gallo y Caballo: Será una sociedad de papel. En la práctica, no prospera.

Gallo y Cabra: Tratarán de concentrar sus fuerzas y abrirán fuentes de trabajo, que no podrán controlar.

Gallo y Mono: El gallo perderá el tiempo y la energía en el intento.

Gallo y Gallo: Se desplumarán mutuamente. Habrá trifulcas y picoteos.

Gallo y Perro: Sería una dupla peligrosa. No se ponen de acuerdo en nada o en casi nada.

Gallo y Chancho: El chancho no confía en la capacidad comercial del gallo y se mostrará reticente.

EL GALLO Y SU ASCENDENTE

Gallo ascendente Rata: 23.00 a 1.00

Este será un gallo curioso, intrépido y jovial, tal vez algo cocorito[15] pero sentimental y condescendiente.

---

[15] Veáse página 186.

Gallo ascendente Búfalo: 1.00 a 3.00
Inflexible en su moral y capaz de encontrar oro en el patio de su casa. Es un gallo ávido de poder y sumamente trabajador.

Gallo ascendente Tigre: 3.00 a 5.00
Su fuerza radica en la fe que se tiene a sí mismo. Si se siente libre podrá avanzar. Gallo contradictorio y arremetedor.

Gallo ascendente Conejo: 5.00 a 7.00
Este es un gallo intrigante y eficiente, tranquilo. Se distinguirá por su elegancia y su carisma, pero con frecuencia será muy ciclotímico.

Gallo ascendente Dragón: 7.00 a 9.00
Hará su voluntad, y su ambición apuntará más allá de las nubes. Este gallo será un muro: sólido, y casi siempre impenetrable.

Gallo ascendente Serpiente: 9.00 a 11.00
Tendrá tendencia a cavilar y su persona estará rodeada de misterio. Un gallo reservado, temeroso e hipocondríaco.

Gallo ascendente Caballo: 11.00 a 13.00
Sus reflejos son rápidos; tiene gustos pintorescos y una audacia al por mayor. Es un gallo con gallardía.

Gallo ascendente Cabra: 13.00 a 15.00
Será sociable y un poco interesado. Resultará muy difícil anticiparse a sus movimientos. Es un gallo sensible y con fuertes inclinaciones artísticas.

Gallo ascendente Mono: 15.00 a 17.00
Afortunado y resuelto. Este gallo no sabrá lo que es perder el tiempo; será determinante, conciliador y bonachón. El sexo ocupará un lugar importante en su vida.

Gallo ascendente Gallo: 17.00 a 19.00
¡Insoportable! Dará órdenes todo el tiempo y creerá que es

el único capaz de hacer bien las cosas. Será el más excéntrico, criticón y quisquilloso.

Gallo ascendente Perro: 19.00 a 21.00

Siempre seguirá sus ideales, que serán justos, y buscará cumplirlos en este mundo. Este nativo es lúcido y llamativo.

Gallo ascendente Chancho: 21.00 a 23.00

Una estrella fugaz, incapaz de cualquier deshonestidad. Un gallo samaritano con el que podrás contar siempre.

EL GALLO Y SU ENERGÍA

Gallo de Madera (1945-2005)

Este gallo está relacionado con el éxito y la expansión. Tremendamente valiente, tiene inmenso poder para articular situaciones. Además, es muy sincero cuando habla de cosas serias. Un gallo muy enérgico; resulta complicado seguirle el ritmo. Sociable y tolerante, tiene un montón de amigos y admite que la gente no comparta sus ideas. Es humanista, emprende acciones sociales sin siquiera dudarlo. Progresista, responsable, puede hacerse notar en un campo donde su visión futurista obrará increíbles maravillas.

Personajes famosos

Diane Keaton, Alicia Moreau de Justo, Carmen Maura, Franz Beckenbauer, Sergio Renán, Sandro, Eric Clapton, Pete Townshend, Milo Manara, Debbie Harry, Bryan Ferry, Bette Midler, Gal Costa, Ritchie Blackmore, Tanguito, Piero, Juan Alberto Mateyko, Julio Iglesias, Luiz Inácio Lula Da Silva.

Gallo de Fuego (1957-2017)

Tiene personalidad tranquila y gentil, pero se altera con los malos comportamientos de los demás. Se divierte haciendo feliz a la gente. Es un gallo muy liberal, sobre todo en la parte económica. Su energía fuego marca sus acciones y convicciones de una manera firme y segura, pero a la vez entusiasta.

Es perfeccionista, solitario, individualista. Solo se fía en sus propios juicios, y nada le importa lo que piensen los demás. Un líder hábil y dinámico al que le vendría bien aprender a ser más flexible.

Personajes famosos

Daniel Melingo, Mirko, Andrea Tenuta, Daniel Day-Lewis, Alejandro Lerner, Sandra Mihanovich, Juan Luis Guerra, Melanie Griffith, Luis Salinas, Miguel Botafogo, Daniel Melero, Miguel Bosé, Siouxsie Sioux, Robert Smith, Katja Alemann, Ricardo Mollo, Jorge Valdivieso, Sid Vicious, Alfie Martins, Nicolás Repetto.

Gallo de Tierra (1909-1969)

Este gallo tiende a decir y hacer lo que piensa que está bien, sin preocuparse por las consecuencias futuras. Desafortunadamente, su comportamiento a veces disgusta y perturba a otras personas, pero aun así piensa que es su obligación comportarse de este modo. Sin embargo, es muy inteligente y rápido en sus decisiones. Podría pasar toda su vida analizando cosas de nuestro planeta. Posee una gran capacidad para organizar sus ideas. Es un trabajador ejemplar y sabe mostrarse implacable cuando hace falta.

Personajes famosos

Karina Mazzocco, Maxi Montenegro, Cate Blanchett, Wes Anderson, Javier Bardem, Giuseppe Verdi, Laura Novoa, José Ferrer, Gwen Stefani, Marguerite Yourcenar, Valeria Bertuccelli, Juan di Natale, Alex Ross, Horacio Cabak, Cecilia Milone, Pablo Echarri.

Gallo de Metal (1921-1981)

Un gallo misterioso, apasionado por ganar el pan con el sudor de su cresta. Es ambicioso porque siempre quiere los puestos importantes, y persevera hasta encontrarlos. No se adapta a conceptos que no sean los suyos.

Racional y muy lógico, siempre tiene respuestas para sus interlocutores. Desmenuza los sentimientos, y como la emoción o la sensualidad no se pueden definir, piensa que esas cosas son vagas, borrosas, difusas. Reformista a ultranza y extremista, su fuerte es la política.

Personajes famosos

Roger Federer, Simone Signoret, Rachel Meghan Markle, Natalia Volosin, Charles Bronson, Esther Williams, Deborah Kerr, Luciano Pereyra, Astor Piazzolla, Dionisio Aizcorbe, Tita Tamames, Natalie Portman, Jane Russell, Laura Azcurra, Javier Saviola, Fernando Alonso, Britney Spears, David Nalbandian, Andres D'Alessandro.

Gallo de Agua (1933-1993)

Tiene una personalidad vivaz. A veces piensa que está en el medio del problema, pero de alguna forma se maneja para aterrizar bien parado sobre sus pies. A veces parece un poquito salvaje para la gente, pero en el fondo ellos saben con quién están tratando. No se siente el dueño de la verdad; acepta otras opiniones y se une al debate. Le gusta leer, cultivarse, estar rodeado de artistas. Trabaja con precisión, y está tan obsesionado por la perfección que puede perderse en los detalles.

Personajes famosos

Sol Pérez, Toni Negri, Julián Serrano, Montserrat Caballé, Alberto Migré, Sacha Distel, Larry King, Joan Collins, Ariana Grande, María Rosa Gallo, Jean-Paul Belmondo, Alberto Olmedo, Quincy Jones, Costa-Gavras, Roman Polanski, Santo De Fino, Tato Pavlovsky, Juan Flesca, Benito Cerati Amenábar, Yoko Ono.

CONTAME UN CUENTO CHINO

Karina Mazzocco
Gallo de Tierra • Comunicadora • Argentina

Soy gallo de Tierra, ascendente conejo. Libra ascendente en libra y argentina hasta la médula.

¡¡Mi cuento chino empieza con una mañana fría y llena de sol!! Me abrigo hasta la cresta y salgo a caminar respirando el aire helado de este día perfecto...

Agradezco al cielo porque me siento presente en este instante... ¡y como la vida es hoy, te invito a mi gallinero que abro y perfumo especialmente para recibirte!

Cae la tarde y te doy la bienvenida abrazándote de frente, en señal de entrega y confianza.

Descorcho mi mejor malbec y te lo ofrezco junto a los más ricos manjares. Queso azul, dátiles, parmesano y membrillos. Pan, oliva y canciones en francés.

Qué felicidad disfrutar del rato sin temario ni reloj... más tarde nos envuelve el aroma del café y con chocolate amargo charlamos a corazón abierto ¡¡y reímos hasta llorar!!

Soy el gallo que quiero ser. No sé si el gallo que vos soñás, pero sé que puedo convencerte... ¡ja!

Este estado de confianza me hace profundamente feliz. Después de mucho andar, me siento un gallo próspero.

Gallo de tierra y NO de riña. Gallo solidario, pacífico ¡y *superstar*!

Que el último apague la luz... que yo la enciendo mañana, bien temprano, al despertarme... ¡¡KIKIRIKÍ!!

PERRO

Hay días inconclusos
cada minuto es un año
y el tiempo nos taladra el alma.
L. S. D.

FICHA TÉCNICA

Nombre chino del perro
GOU

Número de orden
UNDÉCIMO

Horas regidas por el perro
19.00 A 21.00

Dirección de su signo
OESTE-NORDESTE

Estación y mes principal
OTOÑO-OCTUBRE

Corresponde al signo occidental
LIBRA

Energía fija
METAL

Tronco
POSITIVO

ERES PERRO SI NACISTE

28/01/1922 - 15/02/1923
PERRO DE AGUA

14/02/1934 - 03/02/1935
PERRO DE MADERA

02/02/1946 - 21/01/1947
PERRO DE FUEGO

18/02/1958 - 07/02/1959
PERRO DE TIERRA

06/02/1970 - 26/01/1971
PERRO DE METAL

25/01/1982 - 12/02/1983
PERRO DE AGUA

10/02/1994 - 30/01/1995
PERRO DE MADERA

29/01/2006 - 17/02/2007
PERRO DE FUEGO

16/02/2018 - 04/02/2019
PERRO DE TIERRA

Cada libro espera su turno para ser leído o releído por mí.

Agradezco mi biblioteca serrana, propia y heredada del anteúltimo piquetero galáctico que pasó por mi vida.

El libro de la vida de Pelón, Solari Parravicini, me llamó para conversar estos días de abril en pleno otoño serrano.

Sin duda, su existencia en la última vida fue una revelación para él y quienes después, mucho después, se dieron cuenta de la misión que traía.

Su conexión con el mundo invisible, con los elementales, el mundo esotérico, y su atención a las señales que cada día recibía y que, en sintonía, dejaba que actuaran en su alma y psiquis demuestran que fue un visionario.

Perro de tierra en el zodíaco chino, su corazón latía arrítmico frente a las revelaciones que desde niño recibía y traducía en su lenguaje particular.

En este capítulo quiero exaltar al perro a través de Pelón, como le decían sus amigos.

Quizá porque además de ser el signo más fiel, atento a las necesidades de su ecosistema, familia, amigos, gente con la cual trabaja, convive, comparte su vida, es una antena parabólica de percepción cósmica y una usina eólica, solar de mensajes proféticos.

Una anécdota lo pinta de cuerpo y alma al Nostradamus argentino.

Un día un prestigioso escritor llamó a Pelón para pedirle que le contara anécdotas de Sarmiento, nuevas, originales y no publicadas aún.

Recordando a su maestra, que lo había conocido a Sarmiento, hizo memoria, y guiado por una fuerza interior tomó el lápiz y escribió: "Piquillín era el nombre de mi perro fiel, que en una tarde había encontrado malherido entre esas espinosas plantas; le curé y le llamé así en homenaje a esos arbustos. Piquillín era pequeño, de color tostado, de raza poco reconocible, pero astuto. Los ojos y las orejitas eran vivaces, la cola inquieta; un cuzco cualquiera.

"Todas las mañanas salía de recorrida por las calles angostas de mi amada San Juan y al rato caía de regreso con un socio.

Había aprendido a invitar a comer a congéneres hambrientos; mi madre, santa mujer, bondadosamente brindaba comilonas para sus amigos.

"Piquillín era inteligente y aprendía cuanta monería se le enseñaba en casa –y aquí viene lo extraordinario de Piquillín– poco a poco los invitados aumentaban en número, y esto, en vez de contrariar a mi madre, le causaba muchísima gracia, y a todos, más allá de sus posibilidades, los atendía solícitamente.

"Una siesta descubrimos la cualidad de mi bandido Piquillín. Cuando todo el mundo se echaba a dormir, él, con autoridad de perro sabio, enseñaba sus piruetas a sus amigos, y lo curioso era que más de uno aprendía sus cabriolas a la perfección. Piquillín fue mi maestro; él supo inculcarme el deseo de enseñar.

"Hoy, cuando tengo un niño en mis rodillas o frente a mi escritorio, tratando de infundirle el saber, casi siempre vuelve a mi memoria el recuerdo de mi inolvidable Piquillín.

"Como era aventurero; en un día de andanzas lo picó una víbora. Sus restos fueron sepultados por las tibias manos de mi madre en la huerta del fondo de casa, bajo un jazmín en flor.

"Día tras día sus discípulos desperdigados concurrían a ese lugar.

"Su ejemplo me hizo maestro, y en lo interno de mi ser, yo me suelo llamar Piquillín 2".

Pelón logró convencer al escritor de que realmente Sarmiento había escrito estos párrafos.

Sus premoniciones sobre fenómenos paranormales, y muertos que anunciaba días u horas antes de su exacta defunción demuestran su olfato esotérico.

El perro es un guía espiritual de gran valor en nuestra vida.

Si tuviste o tenés la suerte de contar con uno a tu lado, sabrás que la protección real o por ubicuidad que te brinda es una bendición.

Tal vez jamás duerma profundamente; su estado natural es la vigilia, para cuidar y defender a su dueño o a su jauría.

Su historia genética marcará sus hábitos y costumbres.

Si es de pedigrí resaltará su dominio en el territorio que quiera abarcar controlando cada rincón de la cucha y del jardín;

si es cuzco será más paseandero, sociable, adaptable a la cucha y al hueso que reciba por doquier.

Imaginativo, audaz, rebelde, lúcido, disecará situaciones y personas con sus mandíbulas afiladas y su *sex appeal*.

Puede herir tu sensibilidad en un instante con su lengua mordaz y afilada, su humor negro y sarcástico o con su falta de sagacidad.

Sabe apuntar al blanco cuando lo amenaza el peligro o se siente atacado.

No es indulgente ni diplomático; a pesar de su carisma queda muchas veces TAO *OFF* de la escena, pues muestra su posición combativa antes de saludar al adversario.

Mi amor hacia los perros nace en mi niñez clorofílica de Parque Leloir. Allí tuvimos a Lassie, nuestra perra ovejera sin raza que nos defendía y cuidaba día y noche, a quien descubrí abotonada, algo que nunca había visto y que me dejó sin palabras en la primera infancia.

El celo de los perros es una materia a cursar, amigos lectores.

Y haré una pausa, para agradecer en las sierras a White y a Madonna, nuestros perros *part time*, que nos aman y cuidan aun en nuestra estadía porteña.

L. S. D.

HISTORIA Y MITOLOGÍA

En China tiene un simbolismo ambiguo: oscila entre lo propicio y lo nefasto, pues por una parte se reconoce su proximidad al gran concepto de espiritualidad trascendente, pero por otra se recuerda su relación o parentesco con los chacales, hienas, lobos y coyotes, de lo cual deviene por lo menos un aura de impureza que solo desaparece al ennoblecerse su sangre y manifestarse como galgo, compañero de los inmortales.

En China se recuerda particularmente que en los días del emperador Wu de Han, en el monte Tai-Che el gran venerable llevaba un perro amarillo atado con una cuerda al cuello. Entonces los chinos creen que el mismo perro podría estar unido a su origen, por lo que es emblema de muchos pueblos.

En diversos lugares de China se entierra al muerto rodeado de cuatro perros de barro o cerámica que representan el viaje del alma hacia la otra vida.

Existe una leyenda que cuenta que un ministro que fue convocado a la corte se dio cuenta de que su perro, tirándole de su traje, le impedía irse. Hizo atar al perro, pero cuando pudo al fin partir, su carroza se dio vuelta y él se hirió gravemente.

Otra historia cuenta que un mercader vio a un carnicero atar a un perro con la intención de cortarlo en pedazos; entonces compró al animal y se lo llevó a su casa. Emprendió un viaje acompañado por el animal y, durante el trayecto los marineros robaron a este hombre, lo metieron en una tinaja y lo arrojaron al agua. Su perro se tiró tras él y consiguió empujar la tinaja hasta la orilla, donde algunos campesinos lo liberaron. Días más tarde el perro atacó al ladrón.

Se cree que cuando una familia adopta un perro se enriquecerá. Además, el perro es inteligente, sagaz, y se mantiene –según se dice– lejos de todos los que tienen segundas intenciones con su amo.

Es beneficioso para ambos sexos.

MUJER PERRO

La mujer perro es de las más bellas, atractivas y personales del zodíaco, con carácter de hierro; su humor oscila entre el más cariñoso y el más arisco, y a veces seduce por su sangre fría y su indiferencia.

Buena consejera, refinada, divertida y original, posee inquietudes intelectuales y artísticas, adora participar en política y en sectores de bienestar social.

Aunque no se destaca como ama de casa ejemplar, sabe administrar muy bien la economía.

Lleva con orgullo el eslogan: “Es una perra en la cama y una dama en la casa”.

Sabe que destila un olor especial que atrae como un imán a los candidatos del vecindario y a los del otro lado del mar.

Ciclotímica, a veces muy inestable e inquieta, resulta

difícil seguirle el rastro. Elegante, sabe comportarse social y profesionalmente; es exigente, escrupulosa y detallista.

Prefiere los trabajos independientes, artísticos y manuales, pero es buena socia cuando la convocan.

Tendrá una vida polémica, cuestionada por romper con reglas de mandatos familiares y sociales; y sentirá orgullo por rebelarse ante la injusticia y la falta de dignidad.

Una amiga leal, excepcional, atenta a las necesidades del prójimo.

HOMBRE PERRO

Desconfiado, le cuesta entregarse aun si está perdidamente enamorado.

Es sociable y le encantan las reuniones con amigos, jugar a las cartas, la seducción como deporte, estar en jauría y a veces criticar a sus íntimos amigos.

El perro es intelectual, adora debatir sobre filosofía, política, religión; está bien informado de lo que ocurre en el barrio, la ciudad, el país y el mundo.

A veces es fanático y se enceguece mordiendo y ladrando a cada persona que se le cruza en el TAO (camino).

Tiene hábitos y costumbres que no cambiará por nada: fútbol, tenis, golf, carreras de caballos. Le gusta apostar y en general posee buen olfato y gana.

Cuenta con una gran imaginación para crear situaciones de sobrevivencia, sabe enamorar con su chamuyo y tener siempre en lista de espera alguna presa con o sin "cucha adentro".

Familiero, adora las pequeñas cosas de la vida y disfruta viendo crecer a sus hijos, a quienes educa con severidad.

A veces está solo por su mal carácter o espíritu pendenciero. Para él, en la vida todo es blanco o negro.

Sabe que la diplomacia no es su fuerte y en ocasiones lastima por deporte a quien más ama.

Abierto a programas inesperados, tiene alma de *boy scout*.

Un hombre que debe constelar sus pecados mortales y capitales para reencarnar con paz.

EL PERRO EN EL AMOR

Perro y Rata: Si la rata tiene vida interior y propia, puede ser una unión positiva; si no, el perro se hartará de tanta desidia.

Perro y Búfalo: Tendrán dificultades. No comparten la misma moral. El perro es revolucionario, y el búfalo, conservador.

Perro y Tigre: Afinidad total. Harán todo lo humanamente posible para sacar la unión adelante, y además se amarán sinceramente.

Perro y Conejo: Todo marcha bien si no hay guerra. Aunque el conejo no soportará el alejamiento.

Perro y Dragón: El perro, demasiado realista, no se deja embaucar por el brillo del dragón, y este no se siente estimulado. Tal vez si aprenden a ceder un poco...

Perro y Serpiente: Como último recurso, pueden intentar enlazar sus vidas y tener éxito si la serpiente está ocupada en algo que la distraiga de la actividad del perro.

Perro y Caballo: Juntos pueden hacer una casa, tener hijos y dedicarse al bienestar de la sociedad conyugal. Además, sufrirán porque ambos son independientes.

Perro y Cabra: No tienen la misma frecuencia de onda. Sería un amor incómodo y destructivo.

Perro y Mono: A pesar de las diferencias éticas, se apoyan en sus logros personales y, sobre todo, ¡se divierten!

Perro y Gallo: El perro es demasiado cínico y rudo para el gallo. Mejor cada uno por su lado.

Perro y Perro: Si logran embellecer la realidad con un poco de fantasía, pueden ser dos amantes estupendos.

Perro y Chancho: Bien. La alegría de vivir del chancho aporta equilibrio a la vida del perro. Ambos son generosos y el chancho tendrá riquezas.

EL PERRO EN LA AMISTAD

Perro y Rata: Podrán divertirse, pero no será una amistad sólida. La rata no estará a la altura del perro.

Perro y Búfalo: Estos solitarios tienen mucho para dar de sí. Serán amantes de la buena comida, de los viajes placenteros y también del juego.

Perro y Tigre: No puede existir amistad más sólida.

Perro y Conejo: Se necesitan por sus diferencias. Podrán tener una amistad ligera y superficial, pero duradera.

Perro y Dragón: Se buscarán toda la vida y podrán confiar mutuamente en los buenos propósitos que se hagan.

Perro y Serpiente: El cinismo de ambos hará que pasen largas horas juntos, hablando mal de los demás.

Perro y Caballo: Amistad fuerte; llena de matices para ambos. La fantasía estará ausente, no la necesitan.

Perro y Cabra: Una amistad casi imposible. Irritación y competencia permanentes.

Perro y Mono: Se conocerán las flaquezas. Se amarán, se adorarán, pero será una llama demasiado ardiente.

Perro y Gallo: Nada para hacer ni deshacer.

Perro y Perro: Dos buenos amigos, aunque no dará una "relación del otro mundo".

Perro y Chancho: Se quieren profundamente y están dedicados el uno al otro. El chancho distraerá al perro de sus inquietudes.

EL PERRO EN LOS NEGOCIOS

Perro y Rata: Pueden intentarlo, sobre todo en el próximo año. La rata sacará partido de la buena racha del perro y de su sentido práctico.

Perro y Búfalo: No tienen ideas en común, y ninguno de los dos toma la iniciativa necesaria para avanzar.

Perro y Tigre: No deben embalarse por la afinidad existe entre ellos. No les conviene intentarlo.

Perro y Conejo: Se complementarán y la creatividad del conejo será concretada por el perro, que es un jefe ideal para la empresa.

Perro y Dragón: Traicionarán su esencia si tratan de ganar dinero juntos.

Perro y Serpiente: Sentirán deseos desmedidos de sacarse provecho. El perro no olvida los sucesos anteriores y el desprestigio que le fomentó su socia.

Perro y Caballo: Buena idea. Desbordan entusiasmo; hagan muchos negocios, pero no formen una sociedad demasiado seria.

Perro y Cabra: Cuando tengan el negocio comprado, busquen a quien vendérselo. Es mejor tomar precauciones a tiempo.

Perro y Mono: No es mala idea, siempre que el mono se dé cuenta de que ganará mucho en esta unión.

Perro y Gallo: Este acercamiento comercial no es productivo en ningún aspecto; prueben si quieren, pero solo para sacarse las ganas.

Perro y Perro: Son demasiado desinteresados. Eso los llevará a la ruina. Pero… ¿acaso les importa?

Perro y Chancho: Sí, aunque el chancho salga perdiendo.

EL PERRO Y SU ASCENDENTE

Perro ascendente Rata: 23.00 a 1.00

Será agresivo, intolerante y muy astuto. Un perro más gastador, sibarita, sexual y apasionado que otros de su especie.

Perro ascendente Búfalo: 1.00 a 3.00

Conservador, combativo y muy amante de la familia. Un amigo fiel, dedicado a su trabajo; con ese perro será posible sentarse a filosofar junto al mar.

Perro ascendente Tigre: 3.00 a 5.00

Fogoso, entusiasta y dinámico. De nobles ideales, defenderá sus creencias hasta el fin. Apasionado, romántico y soñador, será un amante excepcional.

Perro ascendente Conejo: 5.00 a 7.00

Será pesimista. Lúcido, confiable, luchará por conseguir una muy buena posición en la vida. Necesitará que lo estimulen siempre para avanzar.

Perro ascendente Dragón: 7.00 a 9.00

Tendrá muy desarrollado el amor por la justicia, la libertad y la solidaridad. Será noble, leal, servicial y abierto al diálogo. Defenderá su territorio con valentía.

Perro ascendente Serpiente: 9.00 a 11.00

Muy inteligente, sabio y equilibrado, sabrá disimular sus opiniones y seducirá a su alrededor. Será derrotista y detallista.

Perro ascendente Caballo: 11.00 a 13.00

Buscará franqueza, lealtad y sinceridad antes que nada.

Movedizo, independiente e impaciente, jugará con sus propias reglas. En el amor, le gustará el cambio.

Perro ascendente Cabra: 13.00 a 15.00

Descollará artísticamente y buscará rodearse de equilibrio y de belleza. Será contradictorio, inseguro y peleador. Lunático y solitario, exigirá más de lo que dará.

Perro ascendente Mono: 15.00 a 17.00

Un perro con imaginación, fantasía y mucho humor. Tendrá una visión hiperrealista, original, y dará lo mejor de sí a quienes ama. Su indiferencia puede matar.

Perro ascendente Gallo: 17.00 a 19.00

Un perro algo impertinente. Perseverante, tenaz, analítico y organizado, su vida no estará librada a la improvisación. Sumamente idealista y justiciero, defenderá la verdad a cualquier precio.

Perro ascendente Perro: 19.00 a 21.00

Este perro tendrá duplicadas sus virtudes. En el amor, exigirá fidelidad, respeto y compañerismo. Será un cónyuge fiel, amará a sus hijos y amigos.

Perro ascendente Chancho: 21.00 a 23.00

Amará los placeres de la vida, el lujo y el confort. Concretará sus sueños, será activo, creativo y muy trabajador. Tendrá su propia moral y respetará la vida ajena.

EL PERRO Y SU ENERGÍA

Perro de Madera (1934-1994)

Todos los perros creen con fuerza en lo que consideran que está bien, y el de madera es particularmente tenaz en las discusiones. Muy sociable, le gustan las actividades grupales, y respeta mucho el valor de los demás. Adora estar cómodo, y también la belleza y el arte. Es equilibrado, fiel a sus amores y a sus amigos. Aprovecha muy bien las ventajas materiales que le ofrece la vida y se adapta a los diferentes tipos de gente. Necesita asociarse y elige maravillosamente a sus socios, sigue adelante con ellos y los ayuda.

Personajes famosos

Franco Masini, Shirley MacLaine, Gato Barbieri, Charly Squirru, Brigitte Bardot, Chunchuna Villafañe, Horacio Accavallo, Mónica Cahen D'Anvers, Elvis Presley, Rocío Jurado, Justin Bieber, Enrique Macaya Márquez, Sophia Loren, Federico Luppi.

Perro de Fuego (1946-2006)

Un perro de certamen, que se ha hecho una personalidad en la sociedad. Muy seguro en sus decisiones, se lo distingue a distancia por su avasallante forma de ser. Es muy seductor, magnético, agresivo. No duda en morder cuando defiende a los suyos y se protege de los ataques. Muy competitivo, ambicioso y sumamente polémico. Le gusta el juego social para escalar posiciones y a veces se arriesga sin sentido. Encuentra los medios y los apoyos necesarios que lo ayudan a realizar todo lo que emprende.

Personajes famosos

Miguel Abuelo, Camilo Sesto, Pipo Lernoud, Gianni Versace, Freddie Mercury, Martin Seppi, Javier Martínez, Susana Torres Molina, Oliver Stone, Cher, Bon Scott, Susan Sarandon, Tomás Abraham, Pablo Nazar, Jorge Asís, Sylvester Stallone, Eduardo Costantini, Gerardo Romano, Rolando Hanglin, Moria Casán, Donald Trump.

Perro de Tierra (1958-2018)

Defiende todo aquello que cree verdadero y justo. Su tipo de naturaleza es extremadamente atractiva y le encanta brindarse a sus amigos y a quien ama. Al ser tan independiente, en ocasiones la vida le trae algunos problemas.

Tiene las patas bien puestas sobre la tierra y se adapta maravillosamente a la realidad. Es excelente consejero, muy positivo y prudente. Reflexiona antes de hacer. Franco, leal y muy seguro de lo que dice y hace.

Personajes famosos

Prince, Gipsy Bonafina, Kate Bush, Michael Jackson, José Luis Clerc, Michelle Pfeiffer, Gary Numan, Tim Burton, Madonna, Reina Reech, Rigoberta Menchú, Eduardo Blanco, Petru Valensky, Silvana Suárez, Ana Obregón, Gustavo Belatti, Pipo Cipolatti, Marcelo Zlotogwiazda.

Perro de Metal (1910-1970)

Un perro de acero, con mucho temple, que no se entrega así nomás. Defiende ferozmente su territorio y es un terrible crítico. Les ladra tanto a sus enemigos que estos se asustan. Le gustan los desafíos, se fija objetivos difíciles y se hace respetar mostrando los colmillos. Se toma la vida muy seriamente; si no comparten sus ideas, no dudará en usar la fuerza para obtener aprobación. Aunque su vida es relativamente feliz, debe estar preparado para luchar ante los contratiempos que se presenten.

Personajes famosos

Javier Milei, Paul Thomas Anderson, Muriel Santa Ana, David Niven, Martín Lousteau, Luis Miguel, Ernesto Alterio, Maribel Verdú, Madre Teresa de Calcuta, Jacques Cousteau, Andre Agassi, Martín Churba, Matías Martin, Gabriela Sabatini, Juan Castro, Matt Damon, Juan Cruz Bordeu, Paola Krum, Sócrates, Andy Chango, Uma Thurman, Marley, Lola Flores, Andy Kusnetzoff, Chiang Ching-Kuo, Gerardo Rozín, Verónica Lozano, Juan Pablo Varsky, Leonardo Sbaraglia.

Perro de Agua (1922-1982)

Muy seductor e intuitivo, siente y presiente las necesidades de los otros, y sabe escucharlos y comprenderlos, inclusive algunos molestos pedidos que le hace su pareja, que está acostumbrada a sus cuidados. Hace de psicólogo y acepta las debilidades ajenas, y eso le permite cometer locuras sin sentirse culpable. Es muy popular gracias a su gran humanidad, su sentido del humor y talento.

Personajes famosos

Jack Kerouac, Luciana Rubinska, Paloma Del Cerro, China Zorrilla, Vittorio Gassman, Ava Gardner, Marilú Dari, Marcela

Kloosterboer, Victor Hugo, Alejandro Dumas, José Saramago, Malena Pichot, Pierre Cardin, Sol Mihanovich, Juana Viale, Julieta Pink, Paula Morales.

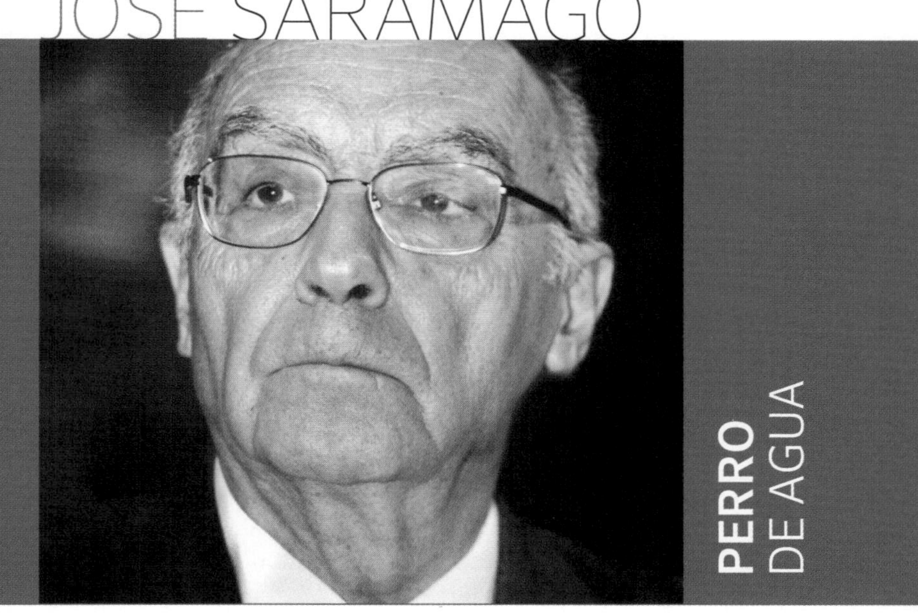

CONTAME UN CUENTO CHINO

Miguel Abuelo
Perro de Fuego • Músico • Argentina

La punta de mi pie,
sobre mi yo,
ligeros y de adornos, encuentros
en la casa
en la guerra
en la cama o en el suelo yo te quiero
brilla todo lo que quieras, no
no maltrates las reliquias
de este pueblo que amo yo...

CHANCHO

Tu ahogo no es el mío
tu vida desembocó en la nuestra.
Dice Goethe: "Para encontrarte en el infinito, primero hay que discriminar para luego unir".
En silencio sigo y detecto dónde nos encandilamos
en la torpeza de no enfocarnos a tiempo
y diluirnos entre paisajes que enamoran al viajero.
L. S. D.

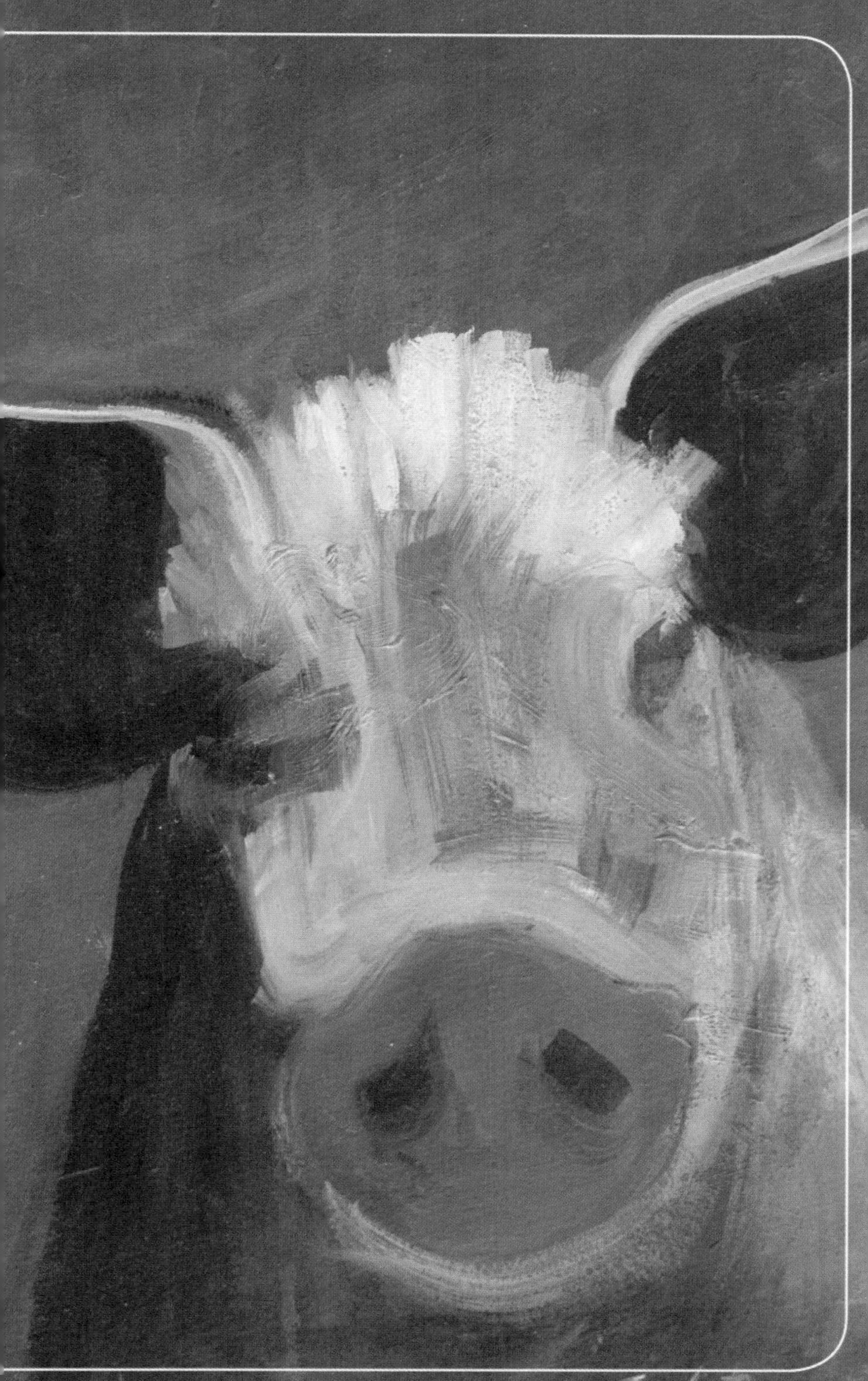

FICHA TÉCNICA

Nombre chino del chancho
ZHU

Número de orden
DUODÉCIMO

Horas regidas por el chancho
21.00 A 23.00

Dirección de su signo
NOR-NORDESTE

Estación y mes principal
OTOÑO-NOVIEMBRE

Corresponde al signo occidental
ESCORPIO

Energía fija
AGUA

Tronco
POSITIVO

ERES CHANCHO SI NACISTE

16/02/1923 - 04/02/1924
CHANCHO DE AGUA

04/02/1935 - 23/01/1936
CHANCHO DE MADERA

22/01/1947 - 09/02/1948
CHANCHO DE FUEGO

08/02/1959 - 27/01/1960
CHANCHO DE TIERRA

27/01/1971 - 14/02/1972
CHANCHO DE METAL

13/02/1983 - 01/02/1984
CHANCHO DE AGUA

31/01/1995 - 18/02/1996
CHANCHO DE MADERA

18/02/2007 - 06/02/2008
CHANCHO DE FUEGO

05/02/2019 - 24/01/2020
CHANCHO DE TIERRA

Es domingo en Buenos Aires, me desvelé como ocurre desde hace un tiempo y cuando esto pasa me dejo guiar por las musas que me visitan al cambiar la luz de la noche hacia el azul marino del silencioso amanecer.

Vivo hace doce años con un chancho; mi papá fue jabalí y tengo un currículum porcino más extenso que la Vía Láctea.

Recuerdo a Pepita Celada. Era una mujer notable que conocí en Parque Leloir después de mi orfandad paterna, a los quince años. Era la madre de unos amigos, tres varones y una mujer que nos encantaban a Margarita *sister*, yegüita, y a mí.

Estaba casada con Manolo, gran pintor y arquitecto, que creó un estilo colonial en el parque cuando aún eran quintas de una hectárea o dos y nos visitábamos a caballo.

Pepita era una mujer digna de la conquista española.

Su figura estoica, guapa, su mirada directa, los ojos de color negro carbonilla como esas brasas que después de arder toda la noche quedan esperando ser devueltas a la tierra para fertilizarla.

Tez cetrina, boca con algún tic que quedó de las curdas de Manolo y también alguna golpiza que supimos al final casi de nuestra relación tan intensa como artística en largas estadías de fines de semana solas en su cálida casa; sin testigos, ella y yo, "la elegida para ser mimada".

Cuando papá murió, mamá tuvo que recolocarse y atender mil temas de sobrevivencia que no sabía. Su tiempo estaba limitado entre su flamante viudez y asomar de nuevo a Capital Federal, para trabajar donde pudiera para alimentar a sus cachorras.

Y yo me sentía más sola que el Principito cuando aterrizó en el Sahara; sabía que debía volver a mi planeta, pero no sabía cómo y cuándo.

Pepita, chancho de agua en el zodíaco chino, fue una gran madraza para esta etapa de exilio existencial.

Me cobijó con su cuerpo y alma; recuerdo que tomaba el tren los sábados temprano desde Once hacia Castelar y luego el colectivo que nos dejaba en Villa Udaondo, de allí, cruzaba mi escuela "Nuestra Señora de Lourdes" a pie y llegaba a la casita blanca de tejas coloniales donde humeaba la chimenea siempre esperándome en los crudos inviernos pampeanos.

¡¡CUÁNTO AMOR!!

A pesar de que Pepita era una madre sui géneris, sus hijos solían ir los fines de semana o a veces como yo, se instalaban en temporadas *for ever*.

Cocinaba manjares: empanadas de carne y humita, tartas de cebolla y queso, zapallitos, atún; salsas bien condimentadas para tallarines amasados por ella, guisos de lentejas y de los que les dan a los soldados que van a la guerra, con osobuco, chorizo colorado, garbanzos, y cuanto "animalito va a parar al asador".

Teníamos empatía, afinidad; ella se reía a las carcajadas conmigo, con mis historias familiares, mis inventos literarios y poéticos que compartíamos. Recuerdo sus confesiones inconfesables de su matrimonio con Manolo, su verborragia cuando abría un vino y entre ambas lo terminábamos a medianoche, embriagadas de soledades llenas de experiencias nutritivas, tristes, de gran coraje, aunque fuéramos de distintas generaciones. Ella por supuesto podría haber sido mi madre, a quien yo sentía que debía dejar en su mambo, a pesar de los celos que mamá tenía de Pepita cuando regresaba a Capital y le contaba sobre el hada madrina que había encontrado.

A través de esta pura sangre chancha descubrí el placer y goce que tiene el signo para dar de comer, cuidar a su cría y a quien adopta, cuidar su jardín con devoción y disfrutar la primera rosa que sale después del invierno; cómo le gusta sembrar una huerta y cosechar las verduras que luego comerán con su prole; tomar mate durante horas filosofando sobre la vida y sus claroscuros, acostarse en el pasto y leer a Walt Whitman mirando el cielo sin temor, presintiendo a los elementales en el jardín, cómplices de la conexión con la madre tierra.

El chancho es tal cual se lo ve a primera vista.

Directo, frontal, torpe, ingenuo, naif. Abierto a placeres terrenales y muy pocos espirituales.

Su vida oscilará entre la extrema pobreza y la riqueza; entre la amistad o la falta de moral que tiene para llevar adelante sus relaciones "extrachiquero".

Socialmente, su carácter tosco, a la defensiva, en general cae como una molotov.

Son pocos los chanchos educados, refinados, cultos o que combinen genialidad con originalidad, como Woody Allen.

La necesidad de un hogar, una familia o amigos que la reemplacen es parte de su ADN; le gusta controlar y es dominante, autoritario, y a veces debe pasar largas temporadas aislado por su doble faceta; por un lado amable y por el otro un ogro.

Este espécimen tiene virtudes como nobleza, lealtad y ser el mejor amigo de quien se le cruza en el TAO.

Si logra tener autoestima llegará lejos en sus ambiciones, si no quedará en el lodo, en el bajo astral, en los viajes de fuga a paraísos fiscales, como Samid, que por no pagar impuestos y estafar al fisco volvió a la querencia rumbo al matadero.

Amarlos o alejarse de ellos, querido zoo, es un buen consejo.

L. S. D.

HISTORIA Y MITOLOGÍA

El cerdo es el último animal del zodíaco chino; marca el tiempo entre el viejo y el nuevo año lunar. Representa a un hombre y a una mujer haciendo el amor en el cielo, el fin y el inicio de un nuevo ciclo.

Los mitólogos y algunos semiólogos contemporáneos en sus investigaciones consideran al jabalí como un animal "representativo de la dualidad"; por un lado sería el emblema del arrojo y del valor, mientras que por otro encarnaría la intemperancia y la desmesura.

En la India el jabalí aparece como una de las encarnaciones de Vishnu, establecida en los llamados "planos de la significación" y en la noética del mundo de los fenómenos. Era uno de los animales considerados totémicos para las ancestrales sociedades babilónicas.

Según otras leyendas de origen galo o celta, el jabalí era considerado por estos pueblos como un animal sagrado porque representaba el poder que ejercían los sacerdotes sobre su grey: por lo tanto era sinónimo de poder religioso.

En China se lo considera portador de los cambios, metamorfosis y transmutaciones polifásicas de la naturaleza. El cerdo es especialmente un ser espiritual y con principios, pero también para los chinos simboliza la prosperidad familiar, la holgura material, la fortuna, la honestidad y la sensualidad.

Tener un animal de este signo en la casa es sinónimo de buena suerte; los que nacen cerca de Navidad y año nuevo corren riesgo de ser devorados para las fiestas.

En China la carne de cerdo es la más codiciada.

MUJER CHANCHO

Esta especie está muy cotizada en los mercados de valores, en la bolsa de Hong-Kong por su frontalidad, aunque se desvíe mucho para llegar a sus objetivos.

Es recelosa, escrupulosa y ansiosa en exceso. Esto demuestra su inseguridad, por eso puede causar revuelos y atacar sorpresivamente a los demás sin saber antes de qué se trata la cuestión.

En el amor es apasionada y se juega totalmente por el ser amado. Defenderá a su pareja "a puro ovario y candela" con pezuña, embistes y sin freno ni reserva.

Pero si alguien la deja, es capaz de caer en adicciones y excesos, hasta convertirse en una pesadilla para el otro.

Una mujer sumamente completa, excelente ama de casa, práctica, inteligente y muy trabajadora; estará al tanto de lo que ocurre en el mundo.

Es una madre sui géneris de la cual se puede esperar cualquier reacción. Sobreprotectora, le encanta que sus hijos compartan todo lo referente a su vida.

Rotundamente profesional y exigente, ama su trabajo. El éxito que obtenga es solo el trofeo merecido por el sacrificio y el esfuerzo invertido en su trabajo.

Sibarita, adora el sexo, la buena mesa, el arte de entretener y ser una geisha para su familia.

Se puede contar con ella; es una excelente amiga. Muy buena madre; cuidará, protegerá y educará maravillosamente a sus hijos, y se podrá contar con ella aunque tenga que cruzar el océano nadando.

HOMBRE CHANCHO

Los varones son ejemplares para saborear. No importa dónde, en una playa nudista, en una carpa, en una cúpula en New York o en un sillón cerca de una chimenea.

Es un signo de real inteligencia que tiene como virtudes la honestidad, el sentido del deber y la confianza.

Detesta las convenciones y la hipocresía.

Le gusta estar con su gente, en su ambiente, con un número reducido de amigos que conservará a través de la vida.

Es desconfiado, por eso sufre engaños, pues nació pensando que lo traicionarán tarde o temprano.

En el amor, como en la vida, se comporta de forma directa y franca.

Cuando enfoca a la elegida no se desviará hasta obtenerla.

Las rupturas lo hieren y desconciertan.

Con sus amigos, la lealtad va primero, aunque en ocaciones su franqueza pueda herirlos. También es capaz de armar algún escándalo, pero sabe pedir disculpas y de ese modo logra reconquistarlos. Atención: un espécimen muy codiciado en épocas de desgano afectivo.

EL CHANCHO EN EL AMOR

Chancho y Rata: Tendrán muchos hijos y construirán una fortaleza en su intimidad. Comparten muchas cosas, por ejemplo la desbordante sensualidad y el amor por el dinero.

Chancho y Búfalo: El búfalo es austero, metódico y conservador, y al chancho le gustan las licencias. A la larga se sentirán insatisfechos.

Chancho y Tigre: Siempre que el tigre no abuse de la generosidad del chancho, puede ser una unión duradera.

Chancho y Conejo: Se entenderán profundamente y ambos apreciarán las virtudes del otro. Completa armonía.

Chancho y Dragón: El chancho en realidad lo admira, pero necesitará de otros estímulos, porque si no, hará abandono del hogar. Será una unión polémica.

Chancho y Serpiente: Se atraen y repelen mutuamente. El chancho bonachón terminará asfixiado.

Chancho y Caballo: El caballo dejará al chancho para el matadero luego de saciar sus instintos.

Chancho y Cabra: Se divierten y construyen un hogar sólido donde reinará el buen gusto. Habrá siempre mucha cantidad de alimentos y un cálido confort.

Chancho y Mono: Son dos intelectuales y tienen mucha vida interior. Sí. Se respetarán y comprenderán en silencio.

Chancho y Gallo: Son muy distintos. No congenian.

Chancho y Perro: Serán compañeros, amantes, y crecerán interiormente el uno con las experiencias del otro. Unión para toda la vida.

Chancho y Chancho: Tendrán una docena de hijos. Buena unión. Concesiones recíprocas porque se entienden muy bien.

EL CHANCHO EN LA AMISTAD

Chancho y Rata: Los desastres que haga uno no podrán ser salvados por el otro. Muy viciosos. Estos dos golosos juntos ¡serán temibles!

Chancho y Búfalo: Puede ser una relación muy productiva si dosifican los encuentros.

Chancho y Tigre: Siempre que el chancho se proteja de las garras del tigre, pueden llegar a quererse toda la vida.

Chancho y Conejo: Les conviene relacionarse entre cuatro paredes. Nadie puede interferir en esta unión.

Chancho y Dragón: Gran confianza mutua, armonía, suma cordialidad. Sin dudas una amistad que resultará firme y duradera.

Chancho y Serpiente: Sus diferencias son el vínculo. Deberán evitar las discusiones.

Chancho y Caballo: Excelentes amigos. ¡Se divertirán hasta el hartazgo!

Chancho y Cabra: Viajarán y compartirán una amistad a prueba de todo. Se adoran.

Chancho y Mono: Se respetan y admiran. ¡Sí!

Chancho y Gallo: Sin razón el pobre chancho puede resultar muy picoteado.

Chancho y Perro: Harán una amistad sólida como una roca. Se quieren y comprenden.

Chancho y Chancho: Son como viejos camaradas de armas inseparables que salen a divertirse juntos. Tienen los mismos gustos.

EL CHANCHO EN LOS NEGOCIOS

Chancho y Rata: El chancho intentará ayudar a la rata dándole su confianza y esfuerzo, pero la rata arruinará todo con su agresividad.

Chancho y Búfalo: Es muy posible una buena sociedad comercial entre ellos, si no surgen problemas de autoridad… ¡y surgirán!

Chancho y Tigre: El tigre dejará todo librado al destino, ¡y al pobre chancho!, y este terminará sintiéndose solo.

Chancho y Conejo: Pueden hacer fortuna porque se da en ellos un complemento de fuerza y habilidad.

Chancho y Dragón: Éxito total. ¡Se harán inmensamente ricos!

Chancho y Serpiente: Uno es práctico y el otro teórico; les costará concretar el proyecto.

Chancho y Caballo: Pueden intentarlo, pero con muchas reservas. Mejor que haya un tercero que administre el dinero.

Chancho y Cabra: Se prestarán ayuda y sin darse cuenta harán florecer un imperio.

Chancho y Mono: Los dos son materialistas y no les gusta perder el tiempo. ¡A trabajar entonces!

Chancho y Gallo: No hay confianza, ni ganas de encontrarla. Mejor cada uno por su lado.

Chancho y Perro: Sí, pasarán vicisitudes, las asimilarán y aprenderán a ganar dinero.

Chancho y Chancho: ¡Pueden hacer una fortuna! Les aseguro que vale el intento pues la suerte está con ustedes.

EL CHANCHO Y SU ASCENDENTE

Chancho ascendente Rata: 23.00 a 1.00

Un chancho más astuto que otros; sabrá procurarse el sustento. No será tan ingenuo y tendrá una mente ágil y cierta propensión a los vicios.

Chancho ascendente Búfalo: 1.00 a 3.00

Un chancho con honor, lealtad y palabra. Se moverá con lentitud, reflexionará antes de actuar y vivirá relaciones tumultuosas.

Chancho ascendente Tigre: 3.00 a 5.00

En este chancho habita un tigre apasionado. Sus creencias serán elevadas, y buscará arriesgarse en cada acto de su vida. Se defenderá y atacará cuando quieran invadir su corral. Será entusiasta y comunicativo.

Chancho ascendente Conejo: 5.00 a 7.00

Este porcino voluptuoso amará el lujo. Será sociable, diplomático y muy taimado. Buscará relacionarse con personas de influencia. Débil y fácil de tentar

Chancho ascendente Dragón: 7.00 a 9.00

Un chancho con valor, coraje y poder de decisión. Ambicioso, apostará a lo grande y será capaz de controlar los sentimientos y sobrevolar las situaciones.

Chancho ascendente Serpiente: 9.00 a 11.00

Será un chancho astuto, intuitivo y muy permisivo. Entablará relaciones en forma simultánea y no dará explicaciones de sus actos.

Chancho ascendente Caballo: 11.00 a 13.00

Este chancho tendrá vitalidad, alegría y un espíritu innovador que lo llevará a la conquista. Muy independiente, no renunciará a la libertad ni a la los derechos. Dará su vida por amor. Desbordará sensualidad y egocentrismo

Chancho ascendente Cabra: 13.00 a 15.00

Un nativo muy pintoresco. Su ingenuidad será muy seductora y tendrá cierta tendencia a vivir en un mundo imaginativo. ¡Que no le falte dinero!

Chancho ascendente Mono: 15.00 a 17.00

No se dejará embaucar. Será un as para los negocios y tendrá un humor negro muy especial. Sus virtudes y defectos estarán muy exaltados. En el amor será desbordante.

Chancho ascendente Gallo: 17.00 a 19.00

Será un guerrero y defenderá a quien lo merezca. Vivirá en un mundo utópico. Su tenacidad y sentido práctico le aportarán solidez y prestigio.

Chancho ascendente Perro: 19.00 a 21.00

Un pesimista. Vivirá en un mundo real y buscará amigos fieles y leales. Programará su vida y no dejará nada librado al azar. Su encanto será notable.

Chancho ascendente Chancho: 21.00 a 23.00

Es un ser elevado. Buscará armonía y equilibrio, a pesar de dar rienda suelta a sus pasiones. Brillará y logrará reunir una fortuna con aquello que decida hacer. Un misterio a develar.

EL CHANCHO Y SU ENERGÍA

Chancho de Madera (1935-1995)

Un perro muy persuasivo con los demás; superexitoso dentro de empresas ambiciosas, conocedor de temas financieros, y muy hábil en los negocios.

Ama triunfar, pero a veces se descontrola y todo se le vuelve en contra. Amante de la vida social, le gusta estar bien relacionado y disfruta de las reuniones con amigos. Una gran cualidad que no todos conocen: sus dotes amatorias y la energía que despliega en este campo.

Personajes famosos

Dua Lipa, Luciano Pavarotti, Isabel Sarli, Julie Andrews, Pinky, Woody Allen, Eduardo Gudiño Kieffer, Mercedes Sosa, Dalái Lama, Elvira Domínguez, Alain Delon, Bibi Andersson, Maurice Ravel, Jerry Lee Lewis, José Mujica, Antonio Ravazzani, Julio Mahárbiz.

Chancho de Fuego (1947-2007)

Es muy inteligente y talentoso. A veces se siente muy vulnerable; por eso debe hacer lo posible por aprender a revertir esta debilidad. Tiene que darse tiempo para concretar decisiones. Este chancho se entusiasma con los proyectos grandiosos, y puede emprenderlos si fortalece la confianza en sí mismo. Ama la aventura y cree en el amor del prójimo, es muy generoso y capaz de ayudar a quien se le cruce en el camino. Un chancho encantador y muy cambiante.

Personajes famosos

Georgia O'Keeffe, Mijaíl Baryshnikov, José Carreras, Hillary Clinton, Carlos Santana, Steven Spielberg, Giorgio Armani, Iggy Pop, Deepak Chopra, Brian May, Paul Auster, Glenn Close, Ronnie Wood, Steve Howe, Keith Moon, Mick Taylor, Le Corbusier, Jorge Marrale, Oscar Moro.

Chancho de Tierra (1959-2019)

Un chancho muy brillante, que está alerta todo el día. La suerte le sonríe y casi siempre parece estar en el lugar correcto a la hora indicada. Estable y paciente, suele ser bastante tranquilo. Es esencial que trabaje, puesto que tiene objetivos ambiciosos que necesitan ser concretados. Toma responsabilidades para lograr el triunfo, soporta las dificultades, y los riesgos de la existencia no le dan miedo.

Personajes famosos

Gustavo Cerati, Jorge Luis Borges, Juan José Campanella, Alfred Hitchcock, Fred Astaire, Humprey Bogart, Pedro Aznar, Indra Devi, Victoria Abril, Semilla Bucciarelli, Michelle Acosta, Angus Young, Fabiana Cantilo, Nito Artaza, Ramón Díaz, Darío Grandinetti.

Chancho de Metal (1911-1971)

Un chancho agresivo: cuando lo molestan patea. Más incisivo que los demás, le gusta dominar. Es trabajador, también perfeccionista. Confiado y honesto, valora mucho a la gente que quiere. En cambio, puede considerar débiles e incapaces a aquellos que no le gustan pues es arbitrario en sus juicios. Un triunfador cuando se lo propone. Si piensa que puede hacer algo y se pone las pilas, avanzará hasta alcanzar el éxito.

Personajes famosos

Diego Sehinkman, reina Máxima de Holanda, Ernesto Sabato, Florencia Bonelli, Mario Moreno "Cantinflas", Carolina Peleritti, Ricky Martin, Winona Ryder, Wally Diamante, Robert Taylor, Claudia Schiffer, Martín Ciccioli, Dolores Cahen D'Anvers, Pablo Trapero, Juan Manuel Fangio, Julieta Ortega, Gastón Pauls, Diego Torres.

Chancho de Agua (1923-1983)

Siempre prefiere vivir su propia vida deseando ser libre en todo lo que elige. Su sentido de propósito y determinación raramente es cuestionado. Un chancho espiritual y desinteresado, que sabe lo que necesita la gente y se entrega incondicionalmente cuando quiere o cree en alguien. Diplomático e intuitivo en los negocios. Es poco mundano, se entrega al juego social pero nunca especula con sus contactos. Sumamente lujurioso y sensual.

Personajes famosos

Julieta Zylberberg, Maria Callas, René Favaloro, Eduardo Falú, Marina Fages, príncipe Rainiero de Mónaco, Carlos Páez Vilaró, Alberto Ajaka, Natalia Lafourcade, Celeste Cid, Gustavo López, Richard Avedon, Piru Sáez, Darío Barassi, Sabrina Garciarena, Agustina Cherri, Henry Kissinger.

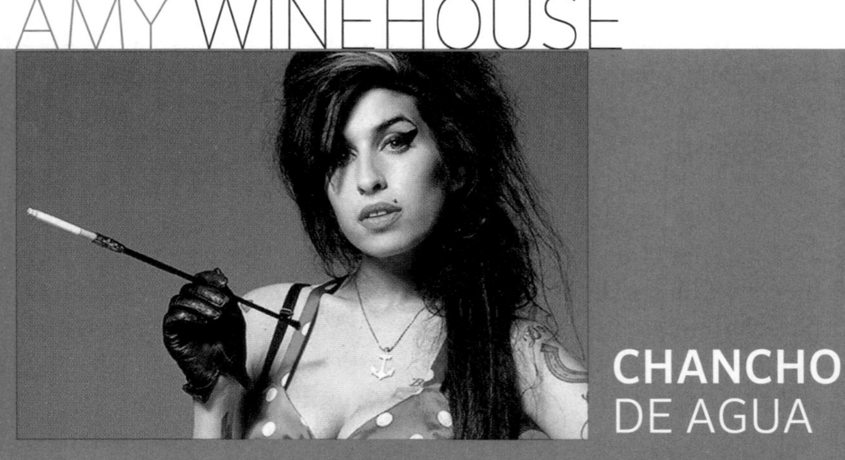

CONTAME UN CUENTO CHINO

Florencia Bonelli
Chancho de Metal • Escritora • Argentina

Me habría gustado conocer el Zodíaco chino cuando era una adolescente, pues me habría ayudado a comprender por qué era como era, o mejor dicho, por qué soy como soy. Porque aunque pasen los años, no se pierden las mañas.

Soy Chancho de Metal, el más Chancho de los Chanchos, dado el elemento que me asiste. Todas las características de mi animal se exacerban bajo la influencia del metal.

Considero que lo más marcado de mi naturaleza porcina es que detesto profundamente el conflicto. No soporto las peleas ni las discusiones ni los desacuerdos violentos, sea que me tengan como protagonista o simplemente como espectadora. Si se desata un altercado entre dos personas, yo me alejo subrepticiamente. Y si el altercado es conmigo, se terminará rápidamente pues me retiraré de la pelea sin pelearla. Juzgo este aspecto una desventaja porque existen ocasiones en las cuales el enfrentamiento es necesario. Y yo, como Chancho, carezco de las armas para llevarlo adelante.

Otro rasgo distintivo es que disfrutamos como pocos de las delicias de la vida, comer sobre todo. Comer para nosotros no solo refiere a ingerir alimentos para mantenernos en salud y activos, sino que es un rito de placer que nos gusta compartir con los que amamos y para el cual nos preparamos con especial cuidado. A veces caemos en el exceso, lo cual lleva a la culpa.

Por ser Chancho, más que amar la Naturaleza, la necesito. Es el sitio, alejado del mundanal ruido, donde recargo las energías, donde me limpio de las cargas negativas, donde encuentro sentido a muchas cosas. Las ciudades me abruman y llega un punto en el que tengo que retornar a la fuente.

Amo ser Chancho aunque me digan que somos inseguros, con baja autoestima, un poco resentidos y también bruscos y sin modales. Sí, todo es cierto. Pero también es cierto que perdonamos fácilmente y que nuestra índole no tan refinada se compensa con un amor muy grande por nuestros amigos y seres queridos.

LUGARES DONDE EL ZOOLÓGICO HUMANO PUEDE IR A VACACIONAR

por Esteban Villareal

Todos los animalitos humanos del horóscopo chino pueden tener afinidad y hasta a veces ciertos rasgos comunes entre ellos. Pero lo que sí los diferencia es el lugar del planeta donde podrán vacacionar y cumplir todos sus sueños. No el de ganarse la lotería, pero sí el de poner su pulsión hormonal a *full* porque el sitio les es propicio.

Todos coinciden en desear mover su cuerpo humano y astral a otro lugar que no sea su casa. Los que viven el ritmo veloz de la ciudad quieren la tranquilidad y dormir la siesta bajo una higuera en el campo. Y los que viven en la quietud y armonía del campo desean el vertiginoso ritmo de la ciudad con sus ruidos y su esmog.

Y todos, terminadas las vacaciones, volverán raudos y felices a su lugar de residencia.

LA RATA: ÁFRICA

Nada detiene a una rata aventurera, y menos cuando de peligro se trata. Ella podrá salvar todos los obstáculos, si está en la selva sabrá qué hacer para que una serpiente no le inyecte su veneno y un mono no le tire un coco por la cabeza desde un árbol.

Todo lo nuevo la excita y cuanto más riesgoso y desconocido es el camino, más adrenalina recorrerá su cuerpo, que con inteligencia y sin gastar demasiado dinero la hará salir airosa.

Con mucha anticipación recorrerá las miles de páginas de internet buscando ofertas de algún *tour* a África. Como le gusta amarrocar,[16] irá ahorrando peso tras peso y dejará de darse algunos de sus gustos favoritos –como ir al cine todos los fines

[16] Tendencia a acumular. Se utiliza en referencia al dinero.

de semana– para tener dinero suficiente en sus tan añoradas vacaciones.

Las ratas hablan más de un idioma, así que no tendrán problemas para comunicarse en el continente negro en árabe, francés, inglés o portugués.

Aunque los hoteles más lujosos con cascadas de miles de metros hipnotizan a los turistas, con tiempo la rata reservará en el más económico, que los hay y son paradisíacos también.

En el hotel se hará amiga de algunos veraneantes que la invitarán a algún safari a Kenia, por supuesto libre de gastos. La rata disfrutará en un sinfín de viajes que van desde Marruecos, Etiopía, Somalia y República de Madagascar hasta los distintos pueblos de la cordillera del Atlas.

Surf, deportes extremos y las comidas más exóticas del continente harán que la ratita gaste placenteramente sus ahorros y disfrute de sus vacaciones en África, el tercer continente más extenso luego de Asia y América.

Irá controlando todo el tiempo el dinero que está gastando, y sacará cuentas para que le rinda lo más posible y para no excederse de lo que tenía pensado.

Regresa de sus vacaciones con algunos regalitos para los más íntimos comprados en alguna feria callejera, pero los envolverá en un lujoso papel para que luzcan más caros.

Y su frase preferida será: "No me olvidé de vos, por eso te compré un regalito en la tienda más cara de África, pero la amistad es la amistad y para los amigos siempre lo mejor, no importa lo que cueste el regalo".

EL BÚFALO: ESPAÑA

El búfalo sabe lo que quiere y embestirá con su cuerpo a todo lo que se oponga a sus deseos. Por eso, para vacacionar solo tiene en cuenta una cosa ¿ADÓNDE QUIERO IR? Y allí irá, cueste lo que cueste.

Intelectual y amante del arte, elegirá un lugar que le erice la piel. Pondrá en orden todas las cuentas en su país y dejará todo arreglado en manos de algún amigo por si no regresa, siempre pensando que el país adonde va a vacacionar podría ser un hermoso lugar para vivir en un futuro no muy lejano. España es el adecuado para estos seguros y perseverantes búfalos.

En su equipaje no faltarán sus herramientas de trabajo por si en el período vacacional se presentara alguna oportunidad para poder ganar algunos euros, que nunca están de más.

La mágica España lo tiene todo: arte, paisajes, cultura y una gastronomía única. No solo el mejor aceite de oliva sino vinos y comidas consideradas "*top*" mundialmente.

El búfalo recorrerá España en buses y trenes ya que no es amante de conducir. Madrid, Barcelona, Valencia y Zaragoza serán sus destinos preferidos. Y se llenará de arte recorriendo los Museos Guggenheim en Bilbao, Reina Sofía en Madrid, donde disfrutará las obras de Picasso, Dalí y Miró, por ejemplo. Entre sus objetivos figura ver en vivo *Las Meninas* de Velázquez y obras de Goya en el Museo del Prado.

Luego de transitar librerías y lugares históricos, el búfalo disfrutará del atardecer y la noche de Madrid con sus variadas tapas y vinos... y siempre saldrá acompañado, no sea cosa que pase frío en la cama.

Al búfalo le gusta madrugar y aprovechar el día en su totalidad. Luego de desayunar opíparamente churros con chocolate, paseará por la Plaza Mayor o por el hermoso parque Del Retiro, y sin parar llegará a la noche a La Puerta del Sol.

Abrirá sus candados para dejar fluir esos prejuicios heredados de su familia y será libre mental y físicamente. No necesitará yoga ni ejercicios de meditación pues en España el búfalo estará armonizado por el entorno. Le sonreirá a la gente en la calle y no tendrá en cuenta el reloj; dejará que el tiempo transcurra libremente y que sus vacaciones sean lo que tengan que ser.

Y si regresa a su hogar, seguro será para preparar nuevamente las valijas y partir a ese lugar donde fue realmente feliz... Por siempre y para siempre.

EL TIGRE: HAWÁI

Para este hermoso felino las vacaciones significan AVENTURA. Y cuanto más peligroso y desconocido sea el destino, más probabilidades tendrá de ser elegido por el susodicho.

Siempre al tanto de las últimas noticias, el tigre –apenas abra sus ojos– se informará de todo lo que ocurre en el mundo por medio de los distintos medios de comunicación.

Obviará las noticias del espectáculo, deportes y sociales; su mirada estará siempre pendiente de los desastres que ocurren en el mundo y cómo afectarán a la humanidad.

Con alma de superhéroe podría estar en los distintos países luchando en contra de las dictaduras, o empuñando un arma en alguna guerra... pero esas ya no serían vacaciones. Por eso el tigre se sentirá muy a gusto en Hawái, donde la naturaleza y el mar son un todo armónico.

Y aunque los felinos no son amantes del agua, surfear en gigantes olas y remar en barcazas con el peligro que la marea significa son hitos fundamentales para que el tigre desparrame adrenalina por todo su cuerpo.

Podrá recorrer sus islas y se deleitará con sus paisajes escabrosos de riscos, cascadas, follaje tropical y playas con arenas doradas, rojas y verdes. Vibrará en Honolulú, donde se encuentra la playa de media luna Waikiki y los memoriales de la Segunda Guerra Mundial en Pearl Harbor.

Y a la hora de alimentarse, el tigre podrá gozar de la gastronomía basada en la tradición indígena, y con ingredientes polinesios. Se destacan los pescados y la carne de cerdo, siempre envueltos en diferentes y sabrosas hojas –principalmente de taro– que se cocinan al vapor hasta que alcanzan una textura blanda.

Cualquier época del año es propicia, ya que en Hawái la temperatura siempre es cálida, como sus turquesas y transparentes aguas. El tigre surfeará y luego paseará su cuerpo fibroso y bronceado por la playa y tomara algún jugo de frutas, hipnotizando a hombres y mujeres.

Al regresar a su hogar, el tigre volverá con el mismo peso en su equipaje, detesta los encargos y además no es su costumbre traer algún recuerdo del lugar que visitó. Austero y aventurero, deja las valijas sobre su cama y antes de desempacar leerá el periódico para enterarse de las últimas noticias, y si alguna le llama poderosamente la atención, es casi seguro que el lugar donde ocurrió será su próximo destino para vacacionar.

EL CONEJO: MIAMI

A este especial animal del horóscopo chino no le gusta para nada el frío. Por eso en invierno prefiere la paz del hogar, una buena calefacción, e instalarse en la cama con una bandeja de comida para ver todas las series de Netflix; los *thrillers* son sus favoritos aunque fallece también con el *glamour* y los enredos amorosos de Velvet.

No acostumbra cambiar su lugar de veraneo, prefiere lo conocido, así no pierde tiempo en caminatas de investigación. Su lugar de vacaciones debe tener mar, vida nocturna, tiendas con lo último de la moda y, por supuesto, buenos gimnasios. Un conejo que se precie jamás dejará de hacer por lo menos 45 minutos de "cardio" diariamente. Y el lugar del planeta que reúne todo eso y más es Miami. Ya el conejo sabrá de antemano cuáles tiendas son las que ofrecen buenos descuentos y dónde está la movida de día y de noche.

Uno de los principales objetivos del conejo es seducir a todo ser humano que camine por las calles bordadas de palmeras de Miami. Aprovechando el clima caluroso tratará de cubrirse lo menos posible para dejar al descubierto todo lo que sea admisible, para lucir *sexy* y *hot*.

Se irá de su casa con dos valijas llenas de ropa, ya que no repite un *look*, y regresará pagando sobrepeso con dos valijas más, obvio, llenas de ropa, perfumes y maquillajes y *souvenirs* para sus amigos.

En Miami casi no dormirá porque de día irá a la playa, por la tarde saldrá de *shopping* y de noche lucirá todo su cuerpo bailando en alguna disco. Paseará por los lugares de moda, el distrito Wynwood, que es un museo al aire libre donde se exhiben obras de los artistas callejeros más famosos del mundo. Tomará algún trago en Lincoln Rd, y de paso comprará algo en las tiendas más modernas.

No faltará su visita al sofisticado Bal Harbour, donde seguro se cruzará con algún famoso. El conejo se sentirá una estrella porque no pasará inadvertido: todos y todas posarán sus ojos en él.

Fort Lauderdale y Key West también serán de su agrado, ya que en esos lugares la noche no tiene fin y todo es música y diversión.

De regreso a su hogar, dormirá en su amada cama por lo menos tres días seguidos para sobreponerse de sus intrépidas vacaciones. Y retomará las series de Netflix que dejó pendientes.

EL DRAGÓN: CHINA

Para el dragón, decidir adónde ir de vacaciones no es un problema. No tiene que consultar con otras personas cuáles son los mejores lugares para vacacionar, no se deja influenciar por las experiencias de los demás y, por sobre todas las cosas, no tiene que ponerse de acuerdo con nadie. El dragón se va solo de vacaciones y es el ser más feliz del mundo.

Como *Games of Thrones* es la serie más vista en el mundo, y Daenerys Targaryen –la madre de los dragones– uno de los personajes más queridos de la serie, el dragón, ahora más que nunca, aunque no se lo pregunten dirá "Soy dragón en el horóscopo chino" antes de decir buen día.

Entonces, qué mejor que ir a China, en el Asia Oriental, donde están todos los paisajes posibles: praderas, desiertos, montañas, lagos y ríos y la gran Muralla China que recorre el norte del país de Este a Oeste, donde el dragón podrá volar y lanzar llamaradas de felicidad.

Para el filósofo dragón, será un placer visitar la Ciudad Prohibida en Pekín, que fue residencia de emperadores y su corte, ya que toma todo viaje como un aprendizaje de valores y creencias que luego pondrá en práctica en el mundo occidental.

Como es muy orgánico, amará las comidas hechas a base de arroz, gambas, berenjenas, tofu fermentado y brotes de bambú. Y por supuesto no dejará de bailar las Danzas del Dragón, que son muy populares en las calles de China durante el Año Nuevo Chino, que es la tradición más famosa del país.

El dragón, mitológico y espiritual, ama y respeta la vida de humanos y animales. Odia todos los ritos de China en los que se masacran miles de delfines y perros, y tratará, con delicadeza e inteligencia, de hablar con todos los que pueda para hacerles tomar conciencia del daño que hacen al ecosistema, a la naturaleza, a los seres humanos y animales, y al universo. Su espíritu pacifista y su gran corazón hacen que a pesar de este aspecto sus vacaciones estén llenas de amor puro y conocimiento ancestral.

Impregnado de esa maravillosa cultura regresará a su hogar, y traerá muchos *souvenirs* para colocar en distintos lugares de su hogar con el fin de recordar lo feliz que fue durante las vacaciones en China.

LA SERPIENTE: LAS VEGAS

La serpiente no necesita demasiado tiempo para organizar sus vacaciones. Sabe que todo lo que desea lo conseguirá. No hay nada ni nadie que se le resista. Por eso, y cuando a ella le venga bien, llamará a alguna agencia de turismo para pedir que le reserven una *suite* en el hotel más bello y caro.

Por lo general, a último momento los hoteles están completos, pero ella no se dará por vencida; se pondrá su atuendo más *sexy*, su perfume más envolvente y se apersonará en la agencia. Allí desplegará todas sus armas de seducción sobre la mesa, su inteligencia y su belleza, para cumplir su deseo. Y no solo conseguirá la *suite* deseada, sino también un importante descuento y una invitación del vendedor para tomar una copa...

Y ella, enroscándose en su cuello le dirá, enigmática, "tal vez algún día".

Conociendo su suerte en el juego, por supuesto su lugar de vacaciones será LAS VEGAS. No terminará de bajar de una limusina con un sinfín de maletas, cuando un sinfín de empleados caerán rendidos a sus pies, solo faltará que le pongan una alfombra roja.

Sabia e inteligente, hará un recorrido investigativo por los casinos para tener en cuenta en cuál de ellos tiene la posibilidad de ganar más dinero. Y ya que la Biblia dice que la serpiente tentó a Adán con la manzana y se cometió el primer pecado, qué mejor que estar en Las Vegas, conocida como LA CAPITAL DEL PECADO. Esta bella ciudad ubicada en el desierto de Mojave en Nevada se caracteriza por su activa vida nocturna y los casinos, que están abiertos las 24 horas.

Bella y seductora, recorrerá la calle principal The Strip y se sacará fotos en las réplicas de las pirámides egipcias, el gran canal de Venecia y la torre Eiffel.

No solo verá todos los *shows* sino que además no dejará de enroscar con su belleza a todos los concurrentes de los clubs nocturnos, a los cuales jamás faltará.

Hará *tours* en helicóptero para visitar desde las alturas todos los lugares más exóticos de la ciudad. Y muy indicado para la serpiente es EL VALLE DE LA MUERTE, paisaje desértico donde se sentirá como en casa.

Finalizadas las vacaciones, regresará al hogar no solo con las tarjetas más llenas sino con una lista de teléfonos de pretendientes que quedaron obnubilados por su enigmática belleza. La serpiente sabe cómo enroscarte, y lo hará.

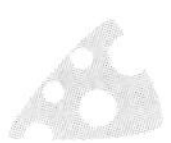

EL CABALLO: LONDRES

A pesar de que es tan independiente y libre, y de que con sus galopes y relinchos puede llegar a cualquier lado, resulta muy tradicional a la hora de vacacionar. No porque elija el campo o los lugares tranquilos para meditar; todo lo contrario, odia los mosquitos, el canto de los gallos y la paz campestre. Cuanto más cemento lo rodee, más feliz será.

Ya sabe por experiencia en qué lugar del planeta estará libre y feliz. Londres le ofrece todo lo que necesita. Lo visitó una vez y desde ese día supo que para quitarse el estrés no hay mejor lugar que esta ciudad del siglo XXI que se remonta a la época romana.

Líder y *sexy*, el caballo convencerá con perseverancia a un grupo de amigos para que lo acompañen en esta aventura vacacional. No porque no pueda estar solo, sino porque es más feliz y libre cuando está con su manada.

Siempre en la vanguardia y en lo último de la moda y la música, Londres le ofrece al caballo esto y mucho más: el Palacio del Parlamento, la famosa torre con el icónico reloj Big Ben y la Abadía de Westminster, lugar de las coronaciones británicas. Él es fanático de todo lo que ocurre en las coronaciones y en los reinados de la actualidad. En su vida anterior seguro que fue rey o príncipe. El equino ama la revista *Hola*.

Amante de la buena música, no dudará un segundo en sacarse cien fotos en los lugares asociados con los Beatles. Aunque John, Paul George y Ringo provienen de Liverpool, recorrerá tiendas y azoteas donde los Beatles hicieron sus actuaciones. Y de regreso a su país, hará un cuadro gigante con la foto que se sacó con sus tres compañeros en Abbey Road, el cruce peatonal más famoso del mundo.

El Teatro Dominion, con la estatua de Freddie Mercury en su fachada, y la estación estilo victoriano King's Cross, donde se filmaron escenas de *Harry Potter y la piedra filosofal*, serán también dos de sus paseos preferidos.

Por las noches soltará las riendas e irá a conocer las discotecas en las que –como averiguó de antemano– tocan los DJ más famosos del mundo. No habrá tienda de ropa que no visite y regresará con una maleta nueva de más, pues es obvio que el coqueto caballo no volvería jamás con la valija vieja con la que viajó.

Ya en su hogar y luego de caminar sin cansarse en Londres, se tomará una semana de relax escuchando toda la música que trajo y mirando las fotografías mientras recuerda lo bien que la pasaron en sus vacaciones en Londres.

LA CABRA: DUBÁI

El dicho popular anuncia "la cabra siempre tira para el monte"; pero en cuestión de vacaciones, nada más lejano.

Aunque no son agraciadas por la suerte y por lo general no tienen una gran fortuna, uno de los anhelos de la cabra es poseerla, y no dudará un segundo en hacer todo lo necesario para cambiar su destino.

Quizá le lleve más de un año ahorrar dinero para sus vacaciones, pero su meta es llegar como magnate a Dubái, aunque eso le cueste después un alto interés en sus tarjetas de crédito.

En la ciudad de los Emiratos Árabes Unidos está el edificio Burj Khalifa, una torre de 828 m de alto desde donde se pueden ver todos los rascacielos; a sus pies se encuentra la famosa Fuente de Dubái con luces y música.

Ese será el objetivo de la cabra. Y aunque al principio habite un hotel no tan lujoso, no duden que en menos de una semana ella estará tomando una copa de champán desde uno de sus balcones.

La cabra, cualquiera sea su género, es graciosa, elegante, y sobre todo muy inteligente para simpatizar casualmente con los millonarios de Dubái. Tirará todas sus redes encantadas para seducirlos y lograr que caigan rendidos a sus pies.

Hará safaris en camello por las Dunas Rojas, el desierto de Dubái, y visitará la Gran Mezquita y el Museo del Louvre Abu Dhabi.

Por lo general la cabra no va sola de vacaciones; siempre lo hará con un compañero del mismo sexo para así poner la banderita de "Soy Libre" y permitir que se acerquen a seducirla.

Ella nunca dará el primer paso, por lo menos en forma práctica, pero estará rodeada de un aroma tan sexual que hechizará a quien se le cruce… Resultará irresistible.

La cabra elegirá los cruceros más caros, con shows, en los que pueda –a la luz de la luna– deleitarse con las comidas típicas árabes, especialmente *hummus*, crema de garbanzos, sésamo y aceite de oliva, siempre con especias exóticas y aromáticas. En la cubierta, con los párpados entrecerrados y sin olvidar su objetivo, visualizará a sus víctimas, que en menos de dos minutos estarán sentadas en su mesa.

Y uno se pregunta "¿Cómo hace para pagar todas las cuentas que quedaron pendientes en su país? Enviará un cheque vía aérea para que alguno de sus amigos se encargue de solucionarlo todo.

Viviendo en un palacio, rodeada de sirvientes y entre almohadones bordados en oro y tomando una copa de champán, la cabra dirá: "misión cumplida".

EL MONO: MÉXICO

¡Qué equivocados están los que piensan que como el mono salta de rama en rama sería feliz en la selva o en Disney! Todo lo contrario: al mono no le gustan las multitudes y menos las picaduras de los mosquitos.

El mono no vacaciona en pleno verano porque detesta el calor; primavera u otoño son las estaciones adecuadas para que el mono disfrute de unas buenas vacaciones. Nunca irá solo; viajará con algún amigo o amiga para que le solucione todos sus problemas.

No dejará de dormir una siesta, o por lo menos quedarse en el hotel unas horas por la tarde, leyendo algún libro en compañía de *soft jazz* y sahumerios de jazmín; el mono necesita para su armonía corporal y mental un par de horas de soledad y descanso mientras sus acompañantes van de *shopping* y le compran al mono todo lo que necesite.

En México disfruta a *full* sus vacaciones. No solo por el tono de voz de los mexicanos, que es dulce y siempre educado, y hará que el mono ame la tierra azteca, sino porque en las calles podrá tomar jugos de frutas naturales y saborear verduras con gusto a verduras.

La visita al museo de Frida Kahlo será su paseo favorito, y meditará en la pirámide de la Luna, la pirámide de la Serpiente y las pirámides de Teotihuacán, transportándose a la época prehispánica.

Visitará Tulum y no dejará un solo día de tomarse un tequilita antes de ir a dormir. Regresará con algunos kilos de más ya que casi todos los platos de México son de altas calorías por sus ingredientes de base, como el maíz, los frijoles adobados y acompañados con chile, cilandro, nopal y jitomate... Y esos tacos que son la debilidad del mono.

Si querés quedar bien con un mono y hacer una cita con él, en especial en período de vacaciones, no lo invites a una cena; el mono prefiere un desayuno bien temprano o un almuerzo tardío. Adora la sobremesa y filosofar sobre la vida y las experiencias que está viviendo en sus vacaciones.

Si va de compras, lo hará en algún mercado al aire libre y comprará regalos aztecas para amigos y alguna *bijouterie* con plata, semillas y piedras. ¡Órale, mono!

EL GALLO: ITALIA

El gallo, que tan temprano te despierta con un kikiriquí, es también así con el tema vacaciones. Organizado ya a mitad de año, sabe adónde irá de viaje. Es muy familiero y para él el objetivo de las vacaciones es descansar y pasarla bien. A diferencia de otros animalitos del horóscopo chino, lejos está en su mente conocer a alguien o trasnochar tomando tragos.

Planificará sus vacaciones con su familia o su pareja si no está casado. Con un cronograma muy organizado sabrá dónde y a qué hora disfrutará de los distintos lugares de su destino, que será la bella Italia.

Intelectual y con espíritu de maestro, estudiará en profundidad los lugares que visitará; un gallo no necesita guía turístico. En realidad, él podría serlo, ya que lo sabe todo.

Su sede central será Roma, la capital de Italia. Allí visitará las ruinas más antiguas y las obras de arte más emblemáticas: el Coliseo Romano, la Basílica de San Pedro, la Fontana di Trevi, el

Foro Romano y el Panteón serán los favoritos del gallo, que muy orgulloso explicará a sus acompañantes la historia de cada uno.

Obviamente visitará Florencia y se llenará de arte con obras maestras del Renacimiento, como el *David* de Miguel Ángel y el domo de Brunelleschi.

En Venecia navegará en sus canales escuchando alguna ópera, y en Milán, la capital de la moda, recorrerá todas sus tiendas... pero solo mirará los escaparates, pues sabemos que el gallo prefiere gastar su dinero en comidas.

Como jefe del gallinero irá con sus pollitos y gallinas a los mejores restaurantes de Italia a deleitarse con pizzas y pastas con esas salsas rojas que solo en Italia tienen el verdadero gusto a la salsa de la nona.

No le quedará espacio en su celular para guardar más fotos, ya que querrá un recuerdo de todo, y fotografió tooooodo.

Ilusionado con la moneda que tiró, de espaldas, en la Fontana di Trevi con el deseo de "volver a disfrutar de este bello país", regresa a su hogar lleno de vivencias que enriquecieron su alma y repetirá hasta el cansancio todo lo vivido a cualquiera que le pregunte "¿A dónde fuiste de vacaciones?".

EL PERRO: ARGENTINA

Los hermosos pichichos del horóscopo chino son muy conscientes del valor del dinero y dónde y cómo gastarlo; por eso, cuando de vacaciones se trata, elegirán un lugar que no les deje la tarjeta de crédito en rojo.

Para el perrito argentino, nada mejor que su país, y para el can foráneo, Argentina tiene una flora y una fauna humana *hot* que despierta la libido de todos los sexos.

No necesita mucho equipaje. Previsor, llevará lo necesario para cada ocasión y además se asegurará de que no le falte algo que luego tenga que comprar y le genere un gasto extra. Se incluye además la pasta dental blanqueadora.

No dudará un segundo en hacer diariamente desayuno,

almuerzo, merienda y cena; luego, de regreso al hogar, es muy posible que se ponga a dieta a base de agua y limón por tres días.

Buenos Aires le ofrece un sinfín de posibilidades al perrito que no es muy aventurero. Allí, en Córdoba y Mar del Plata (concurridos lugares turísticos) tendrá una vasta cartelera teatral en la que podrá ver desde un ballet ruso hasta una comedia liviana pasatista.

Al perro le gusta mucho caminar sin prisa para disfrutar de los distintos paisajes, Caminito en La Boca, Puerto Madero, el Tigre y las Cataratas del Iguazú, patrimonio de la humanidad, serán sus favoritos. Y aunque no se destaca por su habilidad en la danza –quizá por tener cuatro patas y una cola es un poco arrítmico–, no se perderá ningún espectáculo de tango en la calle Corrientes. Luego, feliz, devorará un bife de chorizo con papas fritas o una pizza de cebolla y queso (obvio se llevará al hotel lo que sobre). Previsor, siempre tendrá un antiácido en su cartera.

Argentina ofrece al perro todos los paisajes y los climas: playas, bosques, lagos, ríos, nieve, montañas. El perro es muy sociable y al segundo día de estar en un hotel será amigo de todos los huéspedes; por supuesto que como buen investigador sabrá vida y obra de cada uno.

Cuando termina las vacaciones, el perrito regresa a su cucha con un sinfín de recuerdos que le harán pasar un año feliz.

Desentierra el huesito que escondió en su jardín mientras hace cuentas de lo que gastó en sus vacaciones.

EL CHANCHO: ISRAEL

El chanchito bonachón y perezoso prefiere quedarse en el chiquero; el tema vacaciones lo pone un poco nervioso. Quisiera estar en su destino de vacaciones viajando solo un segundo en alguna onda electromagnética que lo teletransporte. Odia los viajes y puede sufrir ataques de pánico en cruceros, por miedo a que se hundan en el medio del océano, y en aviones, por temor a que caigan y se desintegren en el aire. Fantasías que el chancho evalúa muy detalladamente antes de elegir su destino vacacional. Pero solo algo muy fuerte que los llene espiritualmente hará que el chancho emprenda un viaje, y elegirá un lugar: Israel.

Muy liviano de equipaje, prefiere *tours* que lo guíen y organicen sus vacaciones.

Israel, país de Medio Oriente considerado Tierra Santa según los judíos, cristianos y musulmanes, es el lugar ideal para que el chancho culposo y supersticioso sienta que su alma será bendecida y todos sus pecados (que fueron muchos) serán perdonados.

Comienzan sus vacaciones en Jerusalén donde, dentro de su ciudad vieja, están el santuario de la Cúpula de la Roca y el histórico Muro de los Lamentos; allí el chancho podrá despotricar y lamentarse por todo lo que hizo y por lo que dejó de hacer; como es experto en lamentarse por todo, se encontrará en uno de sus lugares preferidos.

Le gusta pasar inadvertido y en un *tour* turístico lo logra, porque los demás preguntan y él lo asimila todo sin que los otros reparen en su presencia. No es su objetivo hacerse de amigos, por eso cuando el *tour* hace un alto para comer, él prefiere hacerlo solo en la barra y disfrutar *de fatafel, hummus, shakshuka, shawarma mujaddara, labneh* y *jraime*, las típicas y exquisitas comidas de Israel.

En Tel Aviv –el centro financiero de Israel– se distanciará del *tour* para disfrutar en soledad su famosa arquitectura de Bauhaus y sus playas.

Sus vacaciones comienzan a hacerlo infeliz no porque se están acabando, sino porque se acerca el momento en que tendrá que emprender el viaje de regreso en alguna línea aérea. Tomará varias pastillas para dormir y se lo repetirá varias veces a la azafata para que no lo olvide: “Por favor, no me despierte”. Abrirá los ojos cuando el olor a café indique que el desayuno está listo y que en breve aterrizarán en destino.

El jaspe –una variedad opaca de cuarzo rojo o marrón– es la piedra que el chancho apretó en sus manos durante todo el viaje para que lo mantuviera en paz. Será engarzada en algún collar que hará que Israel viva siempre en él.

TRANS(*)FORMACIÓN ANIMAL

Un paseo por el sendero de la identidad

por Leandro Andrés Vega
Psicólogo, Investigador en perspectivas de género

Estamos habituados a usar masculino y femenino como cualidades anímicas y de igual modo hemos transferido el punto de vista de la bisexualidad a la vida anímica. Decimos entonces que un ser humano, sea macho o hembra, se comporta en este punto masculino y en esto otro femeninamente… cuando ustedes dicen masculino, por regla general piensan en activo, y en pasivo cuando dicen femenino. Es cierto que existe una relación así.

Sigmund Freud
Nuevas conferencias de introducción al Psicoanálisis y otras obras (1932-1936)

Los hombres son animales, algunos de los cuales crían a sus propios semejantes.

Giorgio Agamben
Lo abierto, el hombre y el animal

Me pareció interesante aceptar la invitación que Ludovica y su equipo me hicieron personalmente para intentar mostrar cómo los animales referidos al horóscopo chino pueden estar relacionados y transitar asimismo el camino de una identidad llamada "trans".

Es un gran desafío, ¿no?

Los chinos crearon este maravilloso zoo dentro de una cosmología en la cual los indicios señalan que fue el Emperador Amarillo –también conocido como Huang Di– una de las personas más importantes de la mitología china, quien en el año 2637 a.C. seleccionó a los doce animales que respondieron a la cita: Rata, Búfalo, Tigre, Conejo, Dragón, Serpiente, Caballo, Cabra, Mono, Gallo, Perro y Cerdo.

El pueblo chino cree que los animales influyen en cada uno de nosotros y que configuran nuestro temperamento y carácter, teniendo en cuenta los componentes Energía y Temporalidad.

Pensando la manera de relacionar los animales de este particular zoo y considerando que se los representa como arquetipos que nos ayudan a elegir distintas coordenadas, recordé que los filósofos clásicos pensaron la cuestión "animal" de diversos modos, pero una de ellas es a partir de la "anormalidad". Ya lo decía Michel Foucault: "Cuando algo no puede enunciarse en términos de bien y de mal se lo expresa en términos de normal y anormal".

En la cultura occidental se construyó la idea del hombre "normal", quien al fin y al cabo no es más que una ideación cultural que concluye que quien no esté dentro de la norma está fuera de ella: es decir, exclusión asegurada.

El colectivo trans y la diversidad sexual en líneas generales siempre fueron considerados anormales desde sus orígenes, y si bien pareciera que existen avances en la cultura, la lucha por los derechos continúa y hay todavía mucho terreno por andar y descubrir. Nos encontramos en un "devenir", es un momento de "trans(*)formación" en el que las minorías se unen reclamando una identidad elegida con el objetivo de una transformación personal y social.

Nuestra especie toma partido y explora los caminos de lo diverso de acuerdo con el epígrafe de Freud que abre este breve artículo. En la escritura de su obra, Freud no desarrolló un término que sea específico para diferenciar la sexualidad de la determinación anatómica y su representación social, cultural o psíquica. Sin embargo, el concepto de identidad de género parece innovar en aquello que no es otorgado biológica y culturalmente, constituyéndose en el paradigma de la época que nos toca vivir.

Aproximarnos al análisis de lo que en la actualidad se denomina "trans" desde la psicología implica necesariamente tomar distancia de la clínica y la sexología, y de todo aquello que tradicionalmente ha contribuido de manera importante a su patologización, e involucrarse con una mirada que revise los aspectos socioculturales y biológicos que acontecen en la población, y de algún modo deshacernos de la idea género constituido únicamente de forma binaria (hombre-mujer) y dar paso a las nuevas Identidades.

Lo expresó la investigadora Judith Butler en 1990: "Comprender el género como una categoría histórica es aceptar que el género, entendido como una forma cultural de configurar el cuerpo, está abierto a su continua reforma, y que la anatomía y el sexo no existen sin un marco cultural". En esta frase se expresa el modo actual en el que se configura la cultura. Asimismo, Carlos Gustavo Motta expresó en relación con el tema trans lo siguiente: "El 'no nos sentimos cómodos en la civilización del presente', frase predilecta de Freud, anticipó diferentes grados de tensiones que provocaron crisis en los conceptos psicoanalíticos tal como los conocemos. Uno de ellos ha sido sobre la identificación que puede definirse como la manifestación más temprana de un enlace afectivo a otra persona y que tiene por resultado las elecciones que una realiza a lo largo de su vida. Podemos afirmar que 'lo trans' como hoy lo conocemos en su manifestación social, el psicoanálisis, lo está investigando y lo hace de un modo conjetural: le brinda la palabra a quienes por decisión propia deciden manifestar el deseo de construir su Yo a pesar del qué dirán. Es una decisión y como tal la responsabilidad es la que debe orientar un camino posible".

Volvamos a la invitación de Ludovica: expresar lo trans en cada uno de los animales del horóscopo chino, comenzando por la Rata, quien será la vedete de 2020 y provocará sus influencias en el resto de los animales. Ellos se atreverán más que nunca a salir de su guarida, a reinventarse, a considerar que su género difiere de su sexo y así luchar por sus convicciones para dar lugar a la voz que conllevan en su instinto, que en nosotros y por el psicoanálisis es denominada pulsión, que no es nada menos que la búsqueda constante por satisfacer nuestro deseo, acción que nos llevará a transitar por un rodeo interminable hasta el fin de nuestra existencia.

A continuación describiré cada uno de estos doce animales desde lo trans, determinándolos por sus rasgos de carácter, y luego deseo presentar dos testimonios que completan estas ideas.

LA RATA TRANS

Es solitaria y sabe cómo atravesar cualquier obstáculo que se le presente y reinventarse; sabe cómo solucionar inconvenientes. Es posesiva.

Generalmente se esconde de los otros y no le gusta exponerse, pero cuando lo hace es veloz ante la mirada del otro, que para seducirla debe ser tan misterioso como ella. No se conforma con cualquier queso. En su año estará más selectiva que nunca. Sabe lo que quiere y regalará su presencia a aquel que ella crea que lo merece.

Trans de Rata: **Laverne Cox, Elliot Fletcher, Valentina Sampaio, Jessica Millaman, Danica Roem.**

EL BÚFALO TRANS

El búfalo trans necesita conocer al gran OTRO para poder establecer vínculos verdaderos. Es selectivo y sumamente desconfiado. Le gusta estar con los suyos.

Es valorado en su círculo por su honestidad y lealtad; le agradan los vínculos largos bien establecidos y premeditados de antemano. Es un gran confidente. Se toma su tiempo para poner en acción algún proyecto, y ante cualquier inconveniente su feroz intuición le indica cómo eliminar sus huellas sin dejar rastros.

Trans de Búfalo: **Caitlyn Marie Jenner**

EL TIGRE TRANS

El tigre trans se caracteriza por ser intrépido, se aburre con rapidez, necesita colmarse de nuevos proyectos. Le gusta imponerse y si es necesario muestra sus garras; sabe que las tiene pero muchas veces prefiere guardarlas; en momentos su impulsividad causará molestias en su entorno. Acomoda su postura y le dice al mundo: “Este soy yo”. Se sacrifica por quien ama, cuenta con una generosidad sin límites, vive con pasión y no permanece donde no hay interés mutuo.

Trans de Tigre: **Sofía Dieguez, Coral Bonelli. Thomas Beatie, Adela Hernández.**

EL CONEJO TRANS

El conejo trans se caracteriza por ser seductor, imparable. Es muy difícil que atienda solo un llamado. Su WhatsApp está colmado de galanes. Sexualmente activo, no acepta un "no" como respuesta. Intenso por naturaleza, su dualidad entre lo vulnerable y lo frenético hace que sea exitoso en la conquista. Suele perderse en el otro, y a veces pierde su dirección en cuanto a metas. Utiliza su guarida como sitio de confort, y cuando sale, lo hace solo si se cumplen sus expectativas.

Trans de Conejo: **Diana Sacayan, Benjamín Melzer, Petra de Sutter.**

EL DRAGÓN TRANS

El dragón trans es imponente. Rara vez muestra inseguridades, sabe que es exótico. Ya en la mitología china se los asociaba con el poder y la riqueza. El dragón es difícil de capturar, y se recomienda darle su espacio y apoyarlo en sus proyectos. No es claro con el otro, quien lo acompañe debe contar con la confianza suficiente. Sabe cómo hacerse respetar; es impetuoso con un fervor exagerado. Cuando abre la boca muchas veces provoca desestabilización emocional en su entorno, aunque algunas veces es solo una bocanada de humo.

Trans de Dragón: **Cristina Ortiz Rodríguez, Juliana Martínez, Laith de la Cruz, Thomas Neuwirth.**

LA SERPIENTE TRANS

La serpiente trans se caracteriza por rumiar en su mismo eje. Es enroscada en cuanto al pensamiento; le gusta reflexionar. Sus cambios de piel denotan crecimiento y extrema ambigüedad, que goza sin inconvenientes. Se desprende de su piel y la deja atrás para continuar su trayecto. Es hipnótica, carismática, logra dominar a su entorno captando sus deseos, pero a veces hay quienes la hacen danzar a ella, y allí es donde se encuentra en problemas. Aquel que logre conquistar a este animal debe ser tan extravagante como ella.

Trans de Serpiente: **Cris Miró, Daniela Vega, Lohana Berkins.**

EL CABALLO TRANS

El caballo trans se caracteriza por ser uno de los más demandantes de este zoo, le gusta el amor, es buen amante aunque un tanto irracional a la hora de establecer vínculos, se identifica como un ser protector. Gradúa la intensidad de su transitar: a veces galopa con fuerza y otras va a paso lento, pero siempre está en movimiento. Explorar es lo que más le gusta, aunque en ambientes desconocidos muchas veces suele mostrarse desconfiado e inseguro, y reacciona de manera imprevisible y difícil de controlar. Es un manojo emocional. Para ganar su confianza hay que emplear estrategias de persuasión y no de imposición.

Trans de Caballo: **Bibi Andersen, Alex Blue Davis, Laurel Hubbard.**

LA CABRA TRANS

La cabra trans se caracteriza por ser idealista y nostálgica; le gusta estar siempre acompañada por un amor que la adule, la cele, que le demuestre que es amada. Si su acompañante no es como ella quiere no tiene problema en ir por otros senderos; no siente culpa si comete infidelidades. Su presencia en la historia –mitológica y espiritual– es tan amplia que ella pasa de ser una simple cabra a transformarse en el mismísimo diablo. Si le gusta alguien, planeará cómo seducirlo, pero le sienta bien esperar a que la seduzcan. Suele ser austera con el manejo del dinero; es obsesiva y desde la pasividad maneja situaciones.

Trans de Cabra: **Mariela Muñoz, Lilly Wachowsky, Jamie Clayton.**

EL MONO TRANS

El mono trans se caracteriza por el misterio: nunca se sabe cuándo se accede a él totalmente. Es talentoso, inteligente y racional. Su parte racional lo puede meter en problemas ya que su dispersión por momentos es tan grande que se aburre con facilidad. Le ocurre en sus proyectos y en el amor. Sabe que con sus monerías accederá a cualquier meta que se proponga, y le resulta tan fácil que deserta. Va hacia donde encuentra su felicidad. Competitivo, suele aprovechar muy bien las oportunidades que se le presentan.

Trans de Mono: **Susy Shock, Gonzalo Costa, Morganna Love.**

EL GALLO TRANS

El gallo trans se caracteriza por mostrarse, y le gusta imponerse. Experto en detalles, puede ser un buen asesor de negocios y hasta creador de actividades en el mundo de la comunicación; es allí donde encuentra el área donde plantarse. No soporta que se lo contradiga; si esto ocurre puede reaccionar bruscamente. No le gusta que sus debilidades sean descubiertas. Dispuesto a la confrontación, cataliza sentidos, se hace escuchar. Lucha por sus derechos y en ocasiones puede ser influenciado por su entorno.

Trans de Gallo: **Chaz Salvatore Bono, Lea T, Alexis Arquette, Georgina Beyer.**

EL PERRO TRANS

El perro trans suele ser riguroso consigo mismo. Le gusta andar de un lado a otro; le resulta difícil permanecer en el mismo empleo o llevar a cabo proyectos. A la hora del amor resulta ser fiel, pero es muy difícil llevar la vida a su lado. Intuitivo, cuenta con la agudeza de su olfato, que le otorga la toma de buenas decisiones. Cuando está soltero el olfato puede llevarlo al desborde emocional; se siente bien cuando el otro es quien domina la situación.

Trans de Perro: **Lizy Tagliani. Beatriz Preciado, Renée Richard, Zulma Lobato, Claudia Pía Baudracco.**

EL CHANCHO TRANS

El chancho trans se caracteriza por mostrarse tal cual es; no anda con rodeos a la hora de presentarse. Ya de entrada comunica lo que quiere y se pude vislumbrar cómo será el sendero junto a él. Es protagonista de su vida, por lo tanto le cuesta invitar a otros a jugar en su chiquero, pero aquel que sea invitado a pasar tiempo junto a él puede recibir amor sin límites. Cuesta sacarlo de su zona de confort. Prefiere el ocio, y disfrutar de cosas simples sin mucho alboroto.

Trans de Chancho: **Carla Antonelli, Loiza Lamers, Janet Mock, Michelle Suárez Bertora.**

TESTIMONIOS

Me dijeron que nací como un perrito pero desde chiquita me sentí ¡¡una perra!!

Y hoy muevo la cola de alegría al no sentirme discriminada en esta fauna china. Aunque muchas veces he sido conejita… yegua… gata… ¡y en este año muy rata!

Soy una perra fiel, obediente, alzada, rabiosa, compañera… ¡Pero cuidado porque esta perra trans ladra y muerde!

Verónica Bonter, Actriz Humorista Trans, Buenos Aires, Argentina.

Para mí ser "trans" en Buenos Aires, Argentina de 2019, representa un lugar de empoderamiento social. En mi caso en particular no vivo mi transexualidad desde el lugar de alguien que quiere ser lo que no es. El momento en el que entendí que no era un hombre que quería ser mujer, entendí que como soy, soy perfecta. Soy una mujer trans que ama serlo. Las personas transgénero existen desde siempre (eso leí alguna vez). Solo algunas culturas y religiones se encargaron de hacerlo ver como una enfermedad. Hoy en día esos falsos conceptos se están derribando. Miro la transexualidad no como seres que nacieron

en el cuerpo equivocado. Por el contrario, creo que nacimos con un gran privilegio. De alguna manera somos almas afortunadas ya que tenemos una sensibilidad que transita fuertemente lo Femenino y lo Masculino. Y no pasa por ponerse o sacarse tetas. Es algo espiritual. Tengo amigas mujeres que gozan de ser mujeres, pero tienen un espíritu trans.

En cuanto a la propuesta del licenciado Leandro Vega, que me invitó a participar en este proyecto, me parecióuna idea fantástica, sobre todo inclusiva, y considero que es un desafío hermoso para quienes investigan todo lo relacionado con la perspectiva de género. Me intrigan mucho los descubrimientos que se pueden hacer en cuanto a las variaciones según el animal y la identidad de género de la persona.

Mi animal es el mono, y me siento reflejada en él. En apariencia soy una persona calma, relajada, metódica. Pero soy todo lo contrario. No puedo permanecer quieta en un solo lugar. Necesito ir cambiando de grupos de amigos, de lugares, de actividades. No soporto la rutina, me aburro fácilmente. Pero le encuentro rápidamente la solución al aburrimiento. Me encanta estar activa pero haciendo solo lo que me divierte. Me encanta la buena vida y doy todo en mi trabajo para que el proyecto en el que estoy tenga éxito.

Me encanta llamar la atención desde chiquita. Hago monerías a mi estilo. No soy payasa, pero sé hacerle pasar un buen momento al que tengo enfrente, o al lado, o detrás. Si las personas que están bajo el mismo techo en el que estoy no se sienten seducidas por mí, me voy a otro lugar.

Mariana Genesio Peña, Actriz, Buenos Aires, Argentina.

Predicciones

Al mundo lo intuí desde la placenta;
nací ahogada en el cordón umbilical directo a la incubadora.
Después sin escalas al bosque de eucaliptus
donde me dejaban siglos llorando
hasta secar todas las lágrimas.
Vi el sol entre frondosas ramas, a la Luna y las Tres Marías
acompañar mi sino.
Los planetas me susurraban predicciones al oído;
supe que tenía que ser aliada del cielo y sus designios.
Nadie me entendía cuando era niña: solo los pájaros carpinteros
que serruchaban mis ideas, las golondrinas que hacían nido
en mi alero y los consejos que supe escuchar a tiempo.
Buda, Confucio, Lao Tse me recordaron el TAO.
Después los mayas con sus profecías y los maestros que me guiaron.
Constelaciones familiares dieron con la punta del ovillo descarrilada
y ser parte de la nueva cosmovisión del alma humana.
Nadie te enseña cómo vivir si no tenés ganas.
Todos te inducen a morir en una zanja.
El destino está en ti; solo soy una vela que siempre está encendida
por gratitud a quienes esculpieron la conciencia
del constante cambio que nos abraza, humanos.
L. S. D.

PREDICCIONES PLANETARIAS 2020 PARA EL AÑO DE LA RATA DE METAL

En el gélido amanecer serrano, con la salamandra ardiendo con leña, a la que le agradezco su tiempo previo de ser árbol, para dar sus frutos y servir hasta su último aliento. Puedo vivir templada en el Tíbet serrano, mientras otros argentinos mueren de frío en la calle. Siento gratitud; así comienzo el día.

Hace dos días se produjo el eclipse de sol total, y tuve el privilegio de verlo desde mi jardín en todo su esplendor.

El efecto fue casi un mes antes, en cada cuerpo físico, mental, emocional, astral, etérico, espiritual.

Todo se va transformando a la velocidad de la luz; así lo predicen las grandes profecías chinas, hindúes, mayas, celtas, de los pueblos originarios de América, Australia, Nueva Zelanda y el Pacífico.

Los chinos, al comenzar el año de la rata de metal, el 25 de enero de 2020, anuncian un cambio dentro de los próximos ciento veinte años en el planeta.

Comienza la rueda del zodíaco chino; y esta vez la rata marcará la ruta a seguir para aceptar que lo que fue ya no es ni será, y que dependerá de nuestra adaptación al vertiginoso cambio cósmico, climático, geopolítico y humano la forma en que nos insertemos en este ciclo.

Tiempos de renovación celular, mental, espiritual en cada ser humano consciente o inconsciente que habita nuestro planeta Tierra.

El año del chancho nos transmutó en cada situación personal, familiar, afectiva, en la relación con la pareja o con quienes comparten el día a día con nosotros.

Los presidentes del G20 cocinan los negocios con nuestros recursos renovables y Trump no firma el acuerdo del cambio climático, cuando EE.UU. es justamente uno de los diez países más contaminantes del planeta.

Boomerang: la rata metálica cobrará intereses kármicos

inolvidables, y los pagarán los ciudadanos de cada país con la salud, el gran tema a tratar durante el año de la rata.

No será una despedida cordial entre el cerdo y la nueva anfitriona del año: será abrupta, inesperada, violenta, caótica e irracional.

NADA SE PIERDE, TODO SE TRANSFORMA.

Los acontecimientos cósmicos tendrán una influencia directa en la tierra.

Después del eclipse colapsaron mundialmente redes, celulares, sistemas de informática, y eso produjo durante horas el mismo efecto en quienes toman como un dios a la tecnología en la era cibernética.

Nuestra capacidad de asimilar estos cambios será limitada.

Por eso el consejo es meditar, hacer yoga, taichí, arte núbico, medicina china, alimentarnos más con prana que con alimentos envasados, contaminados, vencidos, que serán la gran estafa del año de la rata de metal.

Tiempo para ser nuevos lazos de transmisión emocional, espiritual, entre nosotros: la raza humana.

Los chinos saben que dentro de los próximos sesenta años, el ciclo *yin*, se producirán cambios en la constelación celeste en el hemisferio Norte, y la estrella Polaris estará alineada en forma directa con el polo Norte.

Esto cambia el eje de la tierra, y por consiguiente el rumbo de la humanidad.

La rata es el signo con más capacidad de sobrevivencia del zodíaco chino.

Lleva en su ADN la forma de defenderse de los embates humanos, las persecuciones de organismos mundiales para exterminarlas en las grandes ciudades del mundo como New York, Chicago, Washington, Shanghái, Beijing, Hong Kong, que no han prosperado.

Su inteligencia intuitiva sabe cómo esconderse, auscultarnos desde los rincones más recónditos de nuestra cocina, baño, cañerías, techos, travesaños y sobre todo dentro de la basura, esa cuna donde la rata busca día y noche su alimento, o las sobras de lo que le dejamos a la intemperie o en grandes espacios donde se reproducen haciendo el amor bajo la Vía Láctea.

Tiempo de grandes saltos cuánticos en la historia de la humanidad: a prepararse con equipo de astronautas.

Tal vez el vértigo del día a día, la sobrevivencia, el cambio abrupto de mensajes políticos y económicos encuentren a la gente alienada y muy cansada "en el arte de vivir".

Hay planes gubernamentales para que sigamos siendo zombis; y manipularnos para el plan de "exterminio", como a las ratas en su año.

Es clave, fundamental, que despertemos para enfrentar este cambio devastador que sacudirá a medio planeta.

Las herramientas son estar conscientes y ayudar a despertar a los que tengamos al lado, cerca, o en otro país, continente, planeta.

Y también a los espíritus de los muertos, que mal o bien nos guiaron hasta aquí.

La imaginación es nuestra aliada; el año de la rata nos producirá nuevas fuentes de inspiración y removerá la modorra, la incertidumbre del año del chancho hacia decisiones inteligentes y eficaces para adaptarnos a los cambios.

Cada día será estar embarcados en un tren bala de Tokio a Kioto sin escalas, en un jumbo último modelo o un cohete espacial que atravesará la noosfera.

Atentos al cambio en nuestro organismo: el cuerpo recibirá descargas eléctricas a través de tormentas, cortocircuitos, radares que no funcionan, y temas que no se resolverán ni con la tecnología más refinada.

Debemos resetearnos al unísono de la alta vibración magnética de la tierra.

Comprender que estamos en tiempo de descuento, si no se actúa de forma contundente desde cada uno, con la comunidad, con los gobiernos por el drástico cambio climático, el *boomerang* nos sorprenderá.

Habrá movilizaciones masivas por la defensa del medio ambiente; nuevas ONG se sumarán para planes solidarios con los migrantes climáticos, los excluidos del sistema nacional y mundial.

La alianza entre lo humano y lo legal brillará durante el año de la rata metálica.

Los niños abiertos, amados e instruidos liderarán nuevas formas, estrategias amorosas y directas para apalear la crisis.

Recuerdo con gran cariño en estos días a José Argüelles, el profeta maya que dio a conocer el calendario del tiempo.

Compartimos trabajo y convivimos en Buenos Aires, con seminarios, y un movimiento galáctico que sigo desde entonces.

"EL TIEMPO ES ARTE Y EL ARTE ES TIEMPO".

Volver al verdadero ritmo de la galaxia, siendo exploradores del tiempo en la tierra.

Y, por suerte, su intensa investigación y visión se desarrolló en todo el mundo para guiarnos en este nuevo umbral.

Nada mejorará en el mundo si no hacemos las paces con nosotros mismos.

La radiación solar será muy peligrosa; afectará nuestra piel y órganos expuestos, que tendrán trastornos y metamorfosis que la medicina tradicional no podrá resolver.

Una nueva forma de vivir buscando los consejos de los abuelos, de la madre naturaleza, de los guías que llegan como mensajeros en sueños y en profecías para poblar nuestra conciencia.

Tiempo de revelaciones profundas en el sistema cerebral.

Si los cobayos, las ratas son parte del experimento humano; esta vez ellas experimentarán con nosotros su plan para extinguirnos o para que las dejemos ser las únicas sobrevivientes al apocalipsis.

La humanidad está en crisis; el sistema de separación producido por fanatismo y religión tocará fondo; atención en el Vaticano y con la Iglesia católica, que atravesará pruebas contundentes.

El ser humano está en un proceso de desarmar 2020 años de civilización rumbo a un nuevo paradigma.

El cambio climático condicionará los lugares habitables, posibles, en los que se pueden desarrollar niños, jóvenes desterrados por razones religiosas; o las víctimas de la tribu rohingya, que subsisten en condiciones inhumanas en Myanmar (Birmania) y tratan de huir hacia Bangladesh; los palestinos en la Franja de Gaza; los pueblos de países africanos que sufren la explotación sexual, de sus recursos, turismo; o los de

Medio Oriente, donde cada día continúan los bombardeos en poblaciones desérticas, aisladas de posibilidad de ayuda médica o humanitaria.

En América se producirán hecatombes humanas por el desplazamiento de gente hacia el norte y el sur del continente.

En el medio quedarán vidas sin florecer.

El año de la rata será de purificación kármica y posible estallido de guerra nuclear.

Organizarnos amorosamente, con los recursos básicos, siendo solidarios y comprensivos con el prójimo nos dará el pasaporte y la vida para habitar a Gaia, nuestro planeta, en los próximos sesenta años.

El amor se manifestará como hermandad más que con atávicos lazos de dominación y mercantilismo.

Bienvenidos al cambio de conciencia para equilibrar el *yin* y el *yang* y ser responsables de la misión que traemos al planeta de los simios.

L. S. D.

El i ching les aconseja:
13. T'ung Jen / Comunidad con los Hombres

EL DICTAMEN
Comunidad con los hombres en lo libre: éxito.
Es propicio atravesar las grandes aguas.
Propicia es la perseverancia del noble.

La real comunidad entre los hombres ha de llevarse a cabo sobre la base de una participación cósmica. No son los fines particulares del yo, sino las metas de la humanidad lo que produce una duradera comunidad entre los hombres; por eso está dicho: comunidad con hombres en lo libre tiene éxito. Cuando predomina la unión de este tipo, pueden llevarse a cabo aun las tareas difíciles y peligrosas, como el cruce de las grandes aguas. Mas para poder encaminar la existencia de tal comunidad, hace falta un conductor perseverante y esclarecido, cuyas metas sean claras, evidentes y entusiasmadoras y a las que sepa convertir en realidad, con toda energía.

LA IMAGEN
Cielo junto con fuego:
la imagen de la Comunidad con los Hombres.
Así estructura el noble las tribus y discrimina las cosas.

El cielo posee la misma dirección de movimiento que el fuego, y, sin embargo, se distingue de este. Así como los cuerpos luminosos del cielo sirven para la partición y estructuración del tiempo, también la sociedad humana y todas las cosas que realmente forman conjuntos han de estar orgánicamente estructuradas. La comunidad no ha de ser una mezcla de individuos ni una mezcla de cosas –esto sería un caos y no comunidad–, sino que requiere una estructurada diversificación si es que ha de conducir al orden.

PREDICCIÓN GENERAL PARA EL AÑO DE LA RATA DE METAL YANG 2020/4718

Lo Shu para el año 2020 del calendario gregoriano, 4718 en el calendario lunar chino

Cuando la energía circula hay salud. No importa qué tipo de energía sea, evidente o sutil. Por ejemplo, cuando suficiente lava fluye por debajo de la corteza terrestre, eventualmente encontrará volcanes activos. Si todo sale bien, la lava saldrá en forma de emisión y no habrá mayores problemas, mientras más abierto sea este volcán, más actividad tendrá y la gente que viva a sus faldas podrá notar los ciclos, huir o tomar otras precauciones. Cuando la energía se acumula en los cuerpos hay enfermedad y los síntomas se manifiestan por medio de eventos catastróficos, algo que posiblemente veamos este año.

Hace sesenta años, el año de la rata de metal más reciente, se conoció como el año de África, pues en 1960, dieciséis países africanos lograron su independencia. También fue un buen año para la música y la cultura popular: surgieron Los Beatles y revolucionaron por completo el *rock and roll* y lo que significa ser joven y adolescente en todo el mundo, no solo en Occidente.

Este año el sur del planeta será notable, sobre todo en cuestiones de política económica porque la combinación agua de la rata y metal del año es propicia para arriesgarse en los comercios privados, federales y estatales. Se ven cambios en el modo de representar la riqueza ¿podría ser por fin el año de las monedas virtuales? Eso está por verse, pero todo apunta hacia una revolución económica o al menos un movimiento que sacuda estructuras comunes, aunque desgraciadamente no se ve que estos cambios sean para ayudar a la naturaleza.

Este año de la rata también se ve una acumulación de energía de fuego y tierra decadente destructiva en un solo punto del planeta. Al movimiento de la energía se le conoce como estrella voladora xuán kōng fēi xīng 玄空飞星. Las estrellas voladoras marcan los puntos del planeta por donde circula la energía, comenzando por las construcciones hechas por el hombre hasta los espacios delimitados creados por la naturaleza (cuevas, montañas, cañadas, etcétera). Toda esta energía peligrosa se acumula en un solo punto justo en el Sur donde se encuentra la selva amazónica, de cuyo equilibrio social y económico depende el bienestar del planeta.

Lo Shu para el año 2020 del calendario gregoriano o el año 4718 del calendario chino.

El fēng shuǐ 风水 tradicional tiene una herramienta para detectar las energías creativas y destructivas; se llama **Lo Shu** o luò shū 洛書. Esta es una gráfica que sirve para distinguir los espacios más peligrosos y los más armoniosos adentro de nuestras viviendas. A los occidentales nos parecerá que la gráfica está de cabeza, pero esto se debe a que contempla la energía del planeta desde afuera de este, donde no hay ni arriba ni abajo y donde la energía se mide desde afuera hacia adentro. Los nueve números en la gráfica cambian de lugar año a año siguiendo una danza que nos recuerda el modo en que se mueven los isótopos.

Sureste: 乾 Gān ☰ 6 Blanco	Sur: 坤 Kūn ☷ 2 Negro Hēi Sè Èr jìn 黑色二劲 Suì Pò Rompe Año歲破 3 Asesinos Sān Shā三殺	Suroeste: 巽 Xùn ☴ 4 Verde
Este: 五黄 Wǔ Huáng 5 Amarillo	Centro: 兌 Duì ☱ 7 Rojo	Oeste: 離 Lí ☲ 9 Morado
Noreste: 坎 Kǎn ☵ 1 Blanco	Norte: 震 Zhèn ☳ 3 Jade Gran Duque 太歲Tài Suì	Noroeste: 艮 Gèn ☶ 8 Blanco

De estas combinaciones, las más llamativas son las del siguiente cuadro debido a su peligrosidad, pero para nuestra fortuna, los sabios maestros taoístas nos dejaron una lista de recomendaciones que sirven para prevenir y curar las zonas peligrosas.

Nombre en chino	Nombre en español	Descripción	Contramedida para 2019
Tài Suì 太歳	Gran Duque Júpiter	Tránsito de la energía proveniente de Júpiter sobre el signo que rige el año. Afecta la integridad de los que agreden el domicilio fijo del signo del año en curso. No hay que plantarse de frente a esta energía.	Colocar una lámpara color rojo en esta zona. Quemar incienso todos los días con mucho cuidado. No cavar, romper, agredir, cortar, gritar, poner campanas ni hacer ruido en esa zona.
Suì Pò 歳破	Rompe Año	Es el lugar opuesto a la localización del Gran Duque. Afectar esta área produce pequeños problemas de salud y de dinero.	No cavar, romper, agredir, cortar, gritar, hacer ruido en esa zona. Evitar estar ahí por mucho tiempo.
Sān Shā 三殺	Tres Asesinos Tres Muertes	Indica la energía opuesta a la posición del signo del año y sus signos compatibles. No hay que dar la espalda a esta energía.	Colocar una lámpara, luminaria o farol brillante en esa zona. No hacer ruido, desorden o actos agresivos aquí. Llegar a acuerdos pacíficos en esa zona será difícil o imposible.
Wǔ Huáng 五黄	Cinco Amarillo	Se refiere al tránsito de la energía tierra acumulada. Trae enfermedades y bancarrota.	Evitar trastos donde se acumule agua ya que estos atraen insectos dañinos; mantener limpios los contenedores de agua que estén en esa zona. Colocar una campana de viento con cinco tubos.

Hēi Sè Èr jìn 黑色二劲	Dos Negro	Se refiere al tránsito de la energía tierra decadente. Trae enfermedades agudas, contagiosas y congénitas.	No comer en esta zona de la casa. No dejar que gente enferma convalezca aquí. Tampoco se recomienda concebir en esta zona. Se recomienda limpiar perfectamente antes del año nuevo y de nuevo hasta después del 5 de febrero para curar la zona y mantener impecable el resto del año.

Zonas auspiciosas y conflictivas para el año 2020/4718 Rata de Metal *yang* y sugerencias para seguir en la casa

Imaginen que nuestra Pachamama es una naranja gigante, la separamos en ocho pedazos y dejamos el centro intacto. Cada de uno de esos pedazos es una de las direcciones que marca la brújula: Sur, Norte, Este, Oeste, Sureste, Suroeste, Nordeste, Noroeste, y al final tenemos el centro de la tierra, todo ello suma nueve, de ahí que sean nueve las casillas del Lo Shu. Cada zona del planeta, casa, negocio, escuela, etcétera tendrá una o varias energías en las cuales ocurrirá lo que sigue:

Norte: 震Zhèn ☳ 3 Jade Gran Duque - 太歲Tài Suì

El signo de la rata llega a la zona natural de su reinado de agua que es el Norte. En esta combinación de 3 Jade (madera) en la casa del agua (1 Norte) y el Tài Suì, la rata atrae a un Gran Duque benévolo que, mientras no sea afectado violentamente, propiciará fertilidad, buenas cosechas, hijos que buscan independencia económica y migraciones de animales que buscarán evadir los problemas climáticos. Veremos cómo especies que se creían extintas van recuperando espacios que perdieron en los últimos sesenta años.

En los países con monarquías y oligarquías se verán reveses económicos y escándalos porque esta combinación ataca a las estructuras patriarcales. Será difícil, pero este año podría ser bueno para equilibrar el chi femenino en esta zona del planeta.

Consejo en casa

Cuidado con pleitos entre padres e hijos varones, en especial el hijo mayor, y más si manejan negocios familiares. Este año incrementa la necesidad de independencia y se puede abrir aún más la brecha generacional que de por sí ya es muy ancha. No hay que cavar, agredir o perturbar esta zona de la casa. Hay que seguir los consejos que dimos en la tabla de las páginas 264 y 265 porque los peligros que podría sufrir el norte de la casa serían difíciles de resolver ya que podrían ocurrir muchos al mismo tiempo.

Nordeste: 坎Kǎn ☵ 1 blanco

En el este de Europa y hasta llegar a las zonas centrales de China veremos grandes sorpresas en la literatura, el guionismo y el periodismo. Será una zona difícil para la relación entre adolescentes, jóvenes y hombres maduros. La brecha generacional será tal que habrá algunos enfrentamientos parecidos a los que vimos en la década de los 60.

También es probable que se den enfrentamientos entre pandillas, afectando estructuras familiares secundarias en forma de pleitos entre primos, hermanos, sobrinos, etcétera. El Qi *yin* ayudará a exigir y tomar espacios negados a las niñas, mujeres, indígenas, afrodescendientes, por ejemplo. Será una zona intensa.

Consejo en casa

Es conveniente facilitar la comunicación entre los miembros de la familia para evitar malos entendidos. La energía *yang* estará muy fuerte en esa zona, por lo que las mujeres embarazadas necesitan tener cuidado, en especial si su recámara o el frente de la casa está viendo hacia esa dirección; los cálculos de fēng shuǐ advierten que hay peligro de aborto en esa zona. También será difícil concebir ahí.

Noroeste: 艮Gèn ☶ 8 Blanco

Esta combinación de energías favorece a la organización, la guerra y la disciplina. Atrae riqueza por medios tanto legales como ilícitos, así que podemos ver resoluciones de conflictos por medios armamentistas por parte de Europa occidental y en la costa americana del Atlántico, no solo por parte de los gobiernos sino de organizaciones privadas y las redes del crimen organizado.

El Qi masculino estará muy elevado en esa zona, agudizando la violencia. Sin embargo la estrella ocho es benéfica y atrae buenas cosechas y fertilidad. El precio parece alto y presenta contradicciones entre lo que es bueno para muchos y lo que es bueno para pocos.

Consejo en casa

Hay que evitar discusiones en esta zona de la casa porque eso provocaría separaciones dolorosas entre padres e hijos. Por otro lado, hay posibilidades de recibir herencias si esta zona es respetada y, más aún, si allí conviven abuelos y nietos. Llegar a acuerdos será más sencillo si las tres generaciones se comunican mejor.

Sur: 坤Kūn ☷ 2 Negro, Hēi Sè Èr jìn 黑色二劲, Suì Pò Rompe Año歲破, 3 Asesinos Sān Shā 三殺.

Esta será la zona más conflictiva del planeta porque se juntan demasiadas combinaciones destructivas. Los 3 Asesinos provocan traiciones, accidentes, escándalos. El Suì Pò atrae incendios ocasionados por accidentes eléctricos o negligencia en construcciones y en bosques visitados por campistas, turistas y especuladores que buscan apropiarse de territorios.

Hay conflicto entre el fuego y el agua, y eso podría ocasionar socavones y hundimientos tanto subterráneos como de barcos, y problemas en islas en el sur del continente y los archipiélagos del Pacífico Sur. También provocar deshielo originado por negligencia, algo que coincide con las evidencias científicas en cuanto al cambio climático. En la política, las decisiones que tomen los países del sur del planeta afectarán la ecología del resto del mundo.

Consejo en casa

Hay peligro de infertilidad, abortos espontáneos, pleitos familiares, incendios y accidentes con aparatos eléctricos y estufas. La energía *yin* será decadente, lo cual provoca peligro para las mujeres en esa zona de la casa, por lo tanto hay que cambiarlas de recámara si es que duermen ahí. Existe peligro de depresión también ahí, sobre todo entre mujeres neurodivergentes o vulneradas por experiencias traumáticas. Hay que ser comprensivos y buscar ayuda profesional.

Sureste: 乾Gān ☰ 6 Blanco

La combinación trae armonía en zonas habitadas porque atrae salud, dinero y felicidad en general, pero hay peligro de escándalos sexuales que provocarán inestabilidad en círculos de poder como los gobiernos o las grandes empresas. También existe peligro de violencia hacia sectores vulnerables de la población, en especial hacia mujeres, sobre todo si están solas. Hay posibilidades de separaciones de grandes bloques de hielo en las zonas con glaciares.

Consejo en casa

Si la recámara de los padres de familia está en esta zona, se corre el peligro de infidelidad. Hay que mover la recámara a una zona más auspiciosa.

Si la familia se reúne en el sureste de la casa, podrán llegar a acuerdos favorables en cuanto a la administración de esta, lo cual traerá estabilidad económica y una mejoría en la salud general de los habitantes.

Suroeste: 巽Xùn ☴ 4 Verde

En esta zona se presentarán escándalos relacionados con el tráfico y la esclavitud sexual. En zonas menos vulnerables económicamente, las noticias hablarán sobre rivalidades profesionales, deportivas y sociales entre mujeres y grupos de mujeres, sobre todo a nivel generacional. En cuanto al planeta, esta zona tendrá malas cosechas, problemas con plagas, podredumbre y malos manejos de químicos tóxicos. También pueden ocurrir escándalos sexuales tanto en la farándula como en la política.

Consejo en casa

En la antigüedad se creía que poner a la nuera y a la suegra en esa zona de la casa atraería problemas de toda índole. Se sugería tenerlas separadas o vigiladas, sobre todo para mantener la seguridad de la matriarca, pero actualmente lo que ocurren son problemas de comunicación que podrían llegar a ser graves; la solución es mantenerlas en recámaras separadas o que la pareja viva aparte.

Hay peligro de infidelidades, más si la puerta trasera de la casa está en esa zona.

Este: 五黃 Wǔ Huáng 5 Amarillo (sin trigrama)

Después del Sur, esta zona le sigue en conflictos. El 5 Amarillo se mezcla con el 3 Jade y eso provoca accidentes con medios de transporte. También hay peligro de corrupción en todos los sectores. El este de Europa, buena parte de Asia, el Golfo de México desde Texas hasta Yucatán y el Caribe principalmente serán los más afectados.

Veremos casos de xenofobia, rebeldía, encarcelamientos injustos y castigos demasiado severos. Hay peligro de pandemias relacionadas con el sistema digestivo, enfermedades agudas o que no tienen un tratamiento sencillo.

Consejo en casa

Hay que cambiar de lugar el comedor en caso de que se encuentre en esta zona. No hay que permanecer en esa área mucho tiempo.

Es posible que las familias encuentren intentos de magia negra en casa o que los miembros más jóvenes se involucren en "retos" de internet basados en mitos urbanos peligrosos, así que hay que poner atención a los chicos y sus juegos, en especial si estos se realizan a escondidas. Los problemas se extenderán si la recámara de los adolescentes está en esa zona.

Oeste: 離Lí ☲ 9 Morado

Esta será una zona menos conflictiva que el resto del planeta. El continente americano verá historias de amor cada día más equilibradas.

Habrá oportunidades en el mundo occidental para llegar a acuerdos en cuanto a las relaciones entre los géneros, aunque no se podrán evadir los debates en los medios. Es posible que surjan mecanismos legales de protección para personas vulnerables en toda la costa oeste del continente y hasta llegar al archipiélago hawaiano.

Consejo en casa

Las mujeres en casa sentirán la necesidad de hablar, por lo que se les recomienda ser muy claras y comunicar exactamente lo que ocurre, que mujeres más sabias apoyen a las más jóvenes y las informen, porque las pasiones podrían desbordarse. Es posible que lleguen bebés inesperados y que eso cambie positivamente la dinámica en casa, sobre todo si hay mujeres en edad reproductiva durmiendo en la zona oeste de la casa.

Centro: 兑Duì ☱ 7 Rojo

El tema en la zona centro del planeta tiene que ver con el daño ecológico, pero conforme la influencia destructiva de la mano humana se va acercando a zonas próximas al centro del planeta, el riesgo será mayor.

Hay peligro de envenenamiento de pozos, estallidos en yacimientos de gas shale, derrames tóxicos en los mantos freáticos, además de accidentes en minas, excavaciones profundas y cimientos. La estrella 7 Rojo es peligrosa, reacciona ante cualquier tipo de violencia incluyendo rumores malintencionados y maldiciones dichas o pensadas.

Consejo en casa

El sótano de la casa es siempre el peor lugar para vivir, así como los departamentos y cuartos bajo tierra o metidos en cañadas, pero este año en particular el peligro incluye incendios, envenenamiento por gases, cáncer, problemas con la voz y la respiración. No se recomienda permanecer mucho tiempo en el sótano, y mucho menos dormir o trabajar ahí.

Instrucciones para utilizar la tabla del Ki de las nueve estrellas.

Esta variable del Qí Mén Dùn Jiǎ 奇門遁甲, llamado Ki de las nueve estrellas es una guía rápida para saber cómo evadir energía destructiva. Era usado en el campo de batalla para saber hacia dónde se tendría que dirigir un general o un ejército. Fue creado por el Emperador Amarillo Huáng Dì 黄帝 entre 2697 a. C. y 2597 a.C.

En 1924 el maestro japonés Shinjiro Sonoda simplificó esta disciplina y la combinó con otras herramientas de fēng shuǐ como el Lo Shu que vimos anteriormente y el Mìng Guà propio del xuán kōng fēi xīng y lo llamó Ki de las nueve estrellas, que en japonés se dice Kuseikigaku 九星気学.

En esta técnica, hay que localizar entre qué fechas se encuentra el cumpleaños del consultante. Esta diferencia entre hombres y mujeres se debe a la energía de la persona. Para las personas con una identidad de género distinta, se recomienda usar el género con el que se identifican, no con el género que les fue dado al nacer.

Las personas nacidas con el Ki 5 no pueden usar la posición del número cinco porque esa energía se encuentra bajo tierra. Por lo tanto tienen que usar las otras dos energías tierra que son las estrellas 8 y 2. Entonces, el Ki 5 es sustituido por el Ki 8 en el caso de identificarse como mujer y el Ki 2 para los que se identifican como hombres y seguir las direcciones que aparecen en la tabla del Ki de las 9 estrellas.

Por ejemplo, una mujer que haya nacido entre el 2 de febrero de 1927 y el 22 de enero de 1928, tendrá la estrella Ki 8 (5) y un hombre que haya nacido entre el 9 de febrero de 1986 y el 28 de enero de 1987 tendrá la estrella Ki 2 (5).

Tabla del Ki de las nueve estrellas

AÑO	INICIO	FINAL	Ki/F	Ki/M	SIGNO	AÑO	INICIO	FINAL	Ki/F	Ki/M	SIGNO
1912	18-02-12	05-02-13	8	7	Rata	1967	09-02-67	29-01-68	9	6	Cabra
1913	06-02-13	25-01-14	9	6	Búfalo	1968	30-01-68	16-02-69	1	2 (5)	Mono
1914	26-01-14	13-02-15	1	2 (5)	Tigre	1969	17-02-69	05-02-70	2	4	Gallo
1915	14-02-15	03-02-16	2	4	Conejo	1970	06-02-70	26-01-71	3	3	Perro
1916	04-02-16	22-01-17	3	3	Dragón	1971	27-01-71	14-02-72	4	2	Chancho
1917	23-01-17	10-02-18	4	2	Serpiente	1972	15-02-72	02-02-73	8 (5)	1	Rata
1918	11-02-18	31-01-19	8 (5)	1	Caballo	1973	03-02-73	22-01-74	6	9	Búfalo
1919	01-02-19	19-02-20	6	9	Cabra	1974	23-01-74	10-02-75	7	8	Tigre
1920	20-02-20	07-02-21	7	8	Mono	1975	11-02-75	30-01-76	8	7	Conejo
1921	08-02-21	27-01-22	8	7	Gallo	1976	31-01-76	17-02-77	9	6	Dragón
1922	28-01-22	15-02-23	9	6	Perro	1977	18-02-77	06-02-78	1	2 (5)	Serpiente
1923	16-02-23	04-02-24	1	2 (5)	Chancho	1978	07-02-78	27-01-79	2	4	Caballo
1924	05-02-24	23-01-25	2	4	Rata	1979	28-01-79	15-02-80	3	3	Cabra
1925	24-01-25	12-02-26	3	3	Búfalo	1980	16-02-80	04-02-81	4	2	Mono
1926	13-02-27	01-02-27	4	2	Tigre	1981	05-02-81	24-01-82	8 (5)	1	Gallo
1927	02-02-27	22-01-28	8 (5)	1	Conejo	1982	25-01-82	12-02-83	6	9	Perro
1928	23-01-28	09-02-29	6	9	Dragón	1983	13-02-83	01-02-84	7	8	Chancho
1929	10-02-29	29-01-30	7	8	Serpiente	1984	02-02-84	19-02-85	8	7	Rata
1930	30-01-30	16-02-31	8	7	Caballo	1985	20-02-85	08-02-86	9	6	Búfalo
1931	17-02-31	05-02-32	9	6	Cabra	1986	09-02-86	28-01-87	1	2 (5)	Tigre
1932	06-02-32	25-01-33	1	2 (5)	Mono	1987	29-01-87	16-02-88	2	4	Conejo
1933	26-01-33	13-02-34	2	4	Gallo	1988	17-02-88	05-02-89	3	3	Dragón
1934	14-02-34	03-02-35	3	3	Perro	1989	06-02-89	26-01-90	4	2	Serpiente
1935	04-02-35	23-01-36	4	2	Chancho	1990	27-01-90	14-02-91	8 (5)	1	Caballo
1936	24-01-36	10-02-37	8 (5)	1	Rata	1991	15-02-91	03-02-92	6	9	Cabra
1937	11-02-37	30-01-38	6	9	Búfalo	1992	04-02-92	22-01-93	7	8	Mono
1938	31-01-38	18-02-39	7	8	Tigre	1993	23-01-93	09-02-94	8	7	Gallo
1939	19-02-39	07-02-40	8	7	Conejo	1994	10-02-94	30-01-95	9	6	Perro

AÑO	INICIO	FINAL	Ki/F	Ki/M	SIGNO	AÑO	INICIO	FINAL	Ki/F	Ki/M	SIGNO
1940	08-02-40	26-01-41	9	6	Dragón	1995	31-01-95	18-02-96	1	2 (5)	Chancho
1941	27-01-41	14-02-42	1	2 (5)	Serpiente	1996	19-02-96	06-02-97	2	4	Rata
1942	15-02-42	04-02-43	2	4	Caballo	1997	07-02-97	27-01-98	3	3	Búfalo
1943	05-02-43	24-01-44	3	3	Cabra	1998	28-01-98	15-02-99	4	2	Tigre
1944	25-01-44	12-02-45	4	2	Mono	1999	16-02-99	04-02-00	8 (5)	1	Conejo
1945	13-02-45	01-02-46	8 (5)	1	Gallo	2000	05-02-00	23-01-01	6	9	Dragón
1946	02-02-46	21-01-47	6	9	Perro	2001	24-01-01	11-02-02	7	8	Serpiente
1947	22-01-47	09-02-48	7	8	Chancho	2002	12-02-02	31-01-03	8	7	Caballo
1948	10-02-48	28-01-49	8	7	Rata	2003	01-02-03	21-01-04	9	6	Cabra
1949	29-01-49	16-02-50	9	6	Búfalo	2004	22-01-04	08-02-05	1	2 (5)	Mono
1950	17-02-50	05-02-51	1	2 (5)	Tigre	2005	09-02-05	28-01-06	2	4	Gallo
1951	06-02-51	26-01-52	2	4	Conejo	2006	29-01-06	17-02-07	3	3	Perro
1952	27-01-52	13-02-53	3	3	Dragón	2007	18-02-07	06-02-08	4	2	Chancho
1953	14-02-53	02-02-54	4	2	Serpiente	2008	07-02-08	25-01-09	8 (5)	1	Rata
1954	03-02-54	23-01-55	8 (5)	1	Caballo	2009	26-01-09	13-02-10	6	9	Búfalo
1955	24-01-55	11-02-56	6	9	Cabra	2010	14-02-10	02-02-11	7	8	Tigre
1956	12-02-56	30-01-57	7	8	Mono	2011	03-02-11	22-01-12	8	7	Conejo
1957	31-01-57	17-02-58	8	7	Gallo	2012	23-01-12	09-02-13	9	6	Dragón
1958	18-02-58	07-02-59	9	6	Perro	2013	10-02-13	30-01-14	1	2 (5)	Serpiente
1959	08-02-59	27-01-60	1	2 (5)	Chancho	2014	31-01-14	18-02-15	2	4	Caballo
1960	28-01-60	14-02-61	2	4	Rata	2015	19-02-15	07-02-16	3	3	Cabra
1961	15-02-61	04-02-62	3	3	Búfalo	2016	08-02-16	27-01-17	2	4	Mono
1962	05-02-62	24-01-63	4	2	Tigre	2017	28-01-17	12-02-18	1	5	Gallo
1963	25-01-63	12-02-64	8 (5)	1	Conejo	2018	16-02-18	04-02-19	9	6	Perro
1964	13-02-64	01-02-65	6	9	Dragón	2019	05-02-19	24-01-20	8	7	Chancho
1965	02-02-65	20-01-66	7	8	Serpiente	2020	25-01-20	11-02-21	7	8	Rata
1966	21-01-66	08-02-67	8	7	Caballo	2021	12-02-21	31-01-22	6	9	Búfalo

Ki de las nueve estrellas para 2020/4718

Una vez que sepan cuál es su número Ki, busquen en la siguiente tabla dónde están.

Sudeste Mansión de madera 6 BUENA SUERTE Y VIAJES DE PLACER	Sur Mansión de fuego 2 ALEGRÍA Y FORTUNA FELICIDAD	Sudoeste Mansión de tierra 4 PROBLEMAS MALA SUERTE AMOR CON DISGUSTOS
Este Mansión de madera 5 SALUD ALEGRÍA HONORES	Centro Mansión de tierra 7 CAMBIO DE EMPLEO O DOMICILIO, FALTA DE DINERO ACCIDENTES, ROBOS	Oeste Mansión de metal 9 DINERO BUENA SUERTE EN TODO AMOR
Nordeste Mansión de tierra 1 DESGRACIAS ENFERMEDADES MUERTE	Norte Mansión de agua 3 MELANCOLÍA TRANQUILIDAD SERENIDAD	Noroeste Mansión de metal 8 FORTUNA BUENOS NEGOCIOS MEJORA LA SITUACIÓN

Las direcciones indican hacia dónde hay que dirigirse en caso de querer mejorar si se encuentra uno en una situación favorecedora. Por ejemplo, una persona nacida con la estrella 2, si viaja al Sur, tendrá alegría, fortuna y felicidad. También tendrá un buen año en general sin necesidad de moverse al Sur, y si lo hace, las probabilidades de obtener alegría, fortuna y felicidad serán mayores. En cambio, una persona nacida con el Ki 4, si viaja al Suroeste, tendrá problemas, mala suerte y amor con disgustos. Si evita moverse al Sureste, su suerte mejorará, incluso más si coloca su cama y su mesa de trabajo lejos del Suroeste de su casa u oficina.

Las personas nacidas en 5 (2) y 5 (8) estarán mejor si se mueven al Este, al Noroeste y al Sur, y tendrán más posibilidades de lograr un excelente año. Los nacidos con los Ki 4, 7 y 1 son los que deben evitar las direcciones mencionadas en sus casillas.

PREDICCIONES GENERALES MES POR MES

ENERO. **Mes del Búfalo. Tronco celeste 4 de fuego *yin*, inicia el 6 enero. Estrella voladora mensual: 9**

El mes de enero sigue aún bajo la guía del chancho, lo cual provoca que la relación entre el búfalo y el chancho pase a segundo plano porque la que existe con el tronco celeste del mes es francamente mala. Esa combinación atrae problemas económicos graves, robos tanto violentos como a hurtadillas y bancarrotas.

Los países norteños serán los más afectados, así como los signos del gallo, el mono y las personas con los troncos 8 y 7 en el día de nacimiento. Sin embargo sentirá un poco de optimismo a pesar de todo, ya que la energía fuego del tronco celeste 4 atrae felicidad; esto se expresará mejor entre los amigos y familiares que procuren mantenerse unidos a pesar de todo.

FEBRERO. **Mes del Tigre. Tronco celeste 5 de tierra *yang*. Inicia el 4 de febrero. Estrella voladora mensual: 8**

El suroeste y el centro del planeta estarán en problemas, los cuales se expresarán por medio de temblores y envenenamiento de mantos freáticos, litorales expuestos y tierras cultivables. El norte del planeta tendrá una buena temporada de siembra y el Sur podría verse en problemas con el agua.

Surgirán sistemas de reforestación por medios tecnológicos novedosos, además de motivación para cooperar y trabajar entre universidades e institutos dedicados al desarrollo de la ciencia, la ecología y la justicia social. La gente estará más energética, casi furibunda, particularmente los adolescentes, que buscarán oportunidades para expresarse con tanta fuerza como sus abuelos de sesenta y setenta.

MARZO. **Mes del Conejo. Tronco celeste 6 de tierra *yin*. Inicia el 5 de marzo. Estrella voladora mensual: 7.**

La relación entre el conejo y la rata es buena en todo lo referente a la salud mental, el amor y la amistad, aunque eso pondrá hipersensibles a algunos. Es un buen mes para contraer matrimonio e iniciar negocios. El conejo facilitará espacios adecuados para compartir con los amigos, para mejorar las relaciones laborales y para conseguir ayuda económica o moral. En lo geopolítico los congresos reflexionarán más que de costumbre con temas concernientes a la equidad. Se darán pasos hacia adelante en cuanto a derechos humanos y animales, pero es posible que los noticieros hablen más sobre sucesos violentos en Medio Oriente y la costa este de África.

ABRIL. **Mes del Dragón. Tronco celeste 7 de metal *yang*. Inicia el 5 de abril. Estrella voladora mensual: 6**

Mes propenso a incendios, problemas vasculares y accidentes con maquinarias pesadas. Es también un mes en el que la rata y el dragón nos pondrán a trabajar a todos, aun estando de vacaciones, por lo tanto las personas se sentirán cansadas y de mal humor. Las emociones de jóvenes y adolescentes serán muy intensas, posiblemente haya enfrentamientos o debates acalorados. El clima seguirá aún más desordenado y en general todos tendremos la tendencia a sufrir accidentes por agotamiento o distracción. ¡Cuidado! En la política se ven cambios debido al descontento de los votantes, principalmente en el sur directo del planeta. En el Norte se ven conflictos con noticias falsas y rumores infundados que podrían volverse virales en el resto del planeta.

MAYO. **Mes de la Serpiente. Tronco celeste 8 de metal *yin*. Inicia el 5 de mayo. Estrella voladora mensual: 5**

La serpiente no va a ser fácil de manejar durante este año roedor. Hay peligro de accidentes en justas deportivas, escuelas y medios de transporte, y también de robos. Seguirá el peligro de incendio, aunque habrá muchas probabilidades de que en los trópicos se adelante la temporada de tormentas. En el lado positivo, este mes será excelente para iniciar cualquier cosa que tenga que ver con estudios, investigaciones documentales o científicas. Es un buen mes para comunicar lo que sentimos o pensamos y dar rienda suelta al casi muerto recurso de la retórica. Los chicos estarán más interesados en contribuir con el planeta y la política, aun los que apenas alcanzan la pubertad.

JUNIO. **Mes del Caballo. Tronco celeste 9 de agua *yang*. Inicia el 5 de junio. Estrella voladora mensual: 4**

Este mes es uno de los más difíciles del año, no solo porque el caballo es el signo opuesto a la rata, sino por la combinación de energías del mes. Tendremos problemas con medios de transporte, el clima y cualquier cosa que involucre electricidad, combustibles y agua. La comunicación entre las personas e inclusive entre animales será muy difícil, por lo que se sugiere no tomar decisiones importantes, sobre todo si estas tienen que ver con cambiar sistemas de seguridad, cirugías innecesarias y remodelaciones en casa; estas tendrán que esperar hasta que termine el mes, y sin afectar la zona norte. Deberemos aprender a abrazar antes que criticar o sugerir, porque estaremos muy sensibles.

JULIO. **Mes de la Cabra. Tronco celeste 10 de agua *yin*. Inicia el 7 de julio. Estrella voladora mensual: 3**

La economía individual mejorará un poco este mes, pero eso atraerá robos y pérdidas. En lo macro, el mundo tendrá una especie de mes de vacaciones en el que las noticias girarán en torno de algún rumor sin fundamento en internet, solo hay que tener cuidado con los chicos y adolescentes. Seguirán los problemas de comunicación, aunque esta vez se puede tratar de aprender a debatir y a hacer mayéutica en las escuelas.

En el amor, la cosa no será sencilla. Hay que aprender a respetar espacios individuales, sobre todo en el aspecto *yin* de la energía porque mientras más *yang* concentren las personas, menos se podrán comunicar con los corazones, y esto atrae rupturas en todo el globo.

AGOSTO. **Mes del Mono. Tronco celeste 1 de madera *yang*. Inicia el 7 de agosto. Estrella voladora mensual: 2**

El mes del mono activa una combinación que podría bajar bastante la temperatura al sur de nuestra Pachamama; el Norte, en cambio, podría tener algunos huracanes y lluvias torrenciales. Los días más difíciles serán el 17 y el 29. Por otro lado, la combinación deshace los problemas de comunicación que habíamos tenido antes y es posible que en este mes haya algún descubrimiento importante en el campo de la ciencia, además de alguna canción pop pegajosa que se nos meta a todos en los oídos. Necesitamos relajarnos un poco, así que no está mal perder el tiempo en alguna tontería ya que si bien el espíritu de la rata nos obliga a trabajar sin descanso, la energía del roedor también sabe quedarse quieta y zen.

SEPTIEMBRE. **Mes del Gallo. Tronco celeste 2 de madera *yin*. Inicia el 8 de septiembre. Estrella voladora mensual: 1**

Por fin un mes en que podemos dedicar el corazón y el espíritu a quienes amamos. Este mes le traerá al zoo momentos de amor, intercambio y paz, al menos en lo que concierne a las relaciones personales. También es un buen mes para jugar a la lotería, invertir en negocios locales, hacer buenos amigos, reparar relaciones rotas, contraer matrimonio y hasta tener separaciones en las que los involucrados queden en los mejores términos. Las relaciones de pareja o poliamorosas que inicien este mes serán duraderas, pero poco aceptadas por generaciones que ya peinan canas, sobre todo para los que nacieron antes de la década de los 60. Ni hablar, ya se irán acostumbrando porque este es un mes de innovación.

OCTUBRE. **Mes del Perro. Tronco celeste 3 de fuego *yang*. Inicia el 8 de octubre. Estrella voladora mensual: 9**

El perro le trae mal de amores al zoo. Por todos lados oiremos noticias de rupturas o desencuentros, Esto afectará a las mujeres más que a nadie, inclusive veremos algunos casos de despecho en los medios masivos, y estos mantendrán entretenida a la gente al grado de ignorar asuntos más importantes en política, medio ambiente y relaciones internacionales. Será un mes belicoso también, que atraerá conflictos e incendios en el Oeste. Con la estrella voladora mensual en el centro del Lo Shu, la tierra se reacomodará varias veces, provocando temblores tanto al norte como al sur del cinturón de fuego. También hay peligro de derrames de petróleo y otros químicos inflamables en estratos profundos de la tierra.

NOVIEMBRE. **Mes del Chancho. Tronco celeste 4 de fuego *yin*. Inicia el 8 de noviembre. Estrella voladora mensual: 8**

Uno o varios rumores, ciertos o infundados, provocarán problemas en las bolsas de valores del mundo. No será un buen mes para invertir en nada que no sea tangible. En el aspecto positivo, el mes es excelente porque atrae la buena suerte en forma de encuentros fortuitos y amistades que se reencuentran y juntas curan las heridas del alma. Las familias podrán también restablecer canales de comunicación. En cuanto a nuestra Tierra, el Suroeste se encontrará afectado por alguna epidemia. El Norte estará también asolado por alguna plaga fuera de temporada, lo cual –sumado a la catástrofe económica– provocará inestabilidad en la banca y eso afectará a países tradicionalmente considerados poderosos.

DICIEMBRE. **Mes de la Rata. Tronco celeste 3 de fuego *yang*. Inicia el 7 de diciembre. Estrella voladora mensual: 7**

Este mes será consecuencia del anterior, pero estando en pleno Běn Mìng Nián 本命年 el zoo entero será invadido por el espíritu acelerado del roedor. No importa que estemos en fiestas decembrinas, siempre habrá una excusa para regresar a la oficina, y con eso estropear mucho de lo que se consiguió en materia de comunicación durante los meses anteriores. Hay que dar tiempo al descanso y su debido lugar al trabajo. En esta ocasión, países del este africano y de Europa del Este se encontrarán con problemas de salud. El resto del planeta tratará de ayudar, y es posible que se creen nuevas herramientas que faciliten o mejoren la ayuda a poblaciones en problemas por parte de individuos y organizaciones no gubernamentales.

PREDICCIONES PARA LA ARGENTINA BASADAS EN LA INTUICIÓN Y EL I CHING

Un país.
Mi país.
¿Qué país?
Soy tu cambio entre monedas de I CHING y mate amargo.
Semilla para refundarte con conciencia desde el interior.
Elegí vivir en Traslasierra para alejarme de la ilusión.
Día a día, cara a cara, con las sierras precámbricas que me toman examen en el predicar y practicar sin tregua; ser espejo del corazón entreverado de pasión y compasión.
Enhebro a los planetas, los satélites, los visitantes del cielo que me saludan en el crepúsculo fugazmente.
En gélidas noches dejo que la Vía Láctea me guíe en un cambio de ciclo transmutador.
Soy argentina, cósmica y elijo reencarnar nuevamente entre los pliegues misteriosos de ken, en chino, montaña.

L. S. D.

ARGENTINA CON HANTAVIRUS. SANACIÓN. RENDICIÓN. REFUNDACIÓN.

Queridos argentinos de ambos sexos y transgéneros:

Promediando el año del chancho, me alejo mentalmente del chiquero en el que –como predije en el anuario anterior– Argentina se convirtió en un lodazal rumbo a las elecciones presidenciales de octubre-noviembre.

Por suerte, vivo dentro de mí, dejando fluir la imaginación y la inspiración para un momento en el que las señales cósmicas nos están anunciando que debemos escucharlas.

Tuve el privilegio de estar en la 3D en mi casa en Las Rabonas y seguir minuto a minuto el eclipse solar total, que fue contundente hacia nuestras células cerebrales, sistema nervioso y sobre todo perforó el contaminado sistema emocional.

Las fórmulas que se armaron entre el zoológico humano constituyen el reflejo de lo que somos como sociedad.

Patética. Improvisada. Funcional a quien alimentó la vagancia y la corrupción de un puñado de vampiros chupaprana más que a los valores éticos de Confucio. OMOMOM.

Bienvenidos el apagón del 17 de junio día del padre en todo el país, y el eclipse solar porque vendrá "un gran apagón en nuestro país en el año de la rata".

Nadie podrá zafar de lo que no se hizo bien, a tiempo e institucionalmente, pues las embestidas del año que aún transcurre son letales, mortales e irracionales.

Volver atrás significa volver al arco y a la flecha, al paleolítico inferior y a la devastación psíquica de un pueblo, que básicamente está enfermo de dobles mensajes, traiciones, cambios sobre la marcha, saqueo económico, hiperinflación, maniobras oscuras con el FMI, y sobre todo una gran desestabilización emocional.

Argentina desbocada y con una gran intención de encauzarla con algunos resultados visibles en obras públicas, que buena falta nos hacían a los argentinos; desde la Ciudad de Buenos Aires hasta Jujuy; en Córdoba con maravillosas autopistas, caminos que acortan distancias y mejoran el traslado y transporte de mercaderías.

Bienvenidos los aeropuertos que unen al país y al mundo; los trenes que llegarán con sus cargas a los puertos, los túneles y acueductos.

Lo principal, que es la locomotora para que el país tenga entusiasmo está en terapia intensiva: las ganas de confiar en quien nos conducirá con idoneidad y cumplirá sus promesas en el día a día, quien apaciguará la estafa sin escapatoria en las que nos metieron crédulos o incrédulos, informados o desinformados está en juego en el año de la *heavy metal* rata.

Ayer fue 9 de julio. Y sentí una mezcla emocional al comprobar que el Acta de Independencia, firmada solo por once provincias, en Tucumán, en 1816, a velocidad carreta, fue robada por cuatreros al retornar a Buenos Aires.

¡¡Qué símbolo!!

La ilegalidad nos acompaña desde entonces; y en medio de una campaña "de vida o muerte", las maniobras de alterar la verdad continúan.

Cambios en mensajes de políticos, *fake news*, manipulación en las redes y lo peor: hacer campaña por WhatsApp, lavando cerebros.

La Argentina está asediada por gente que quiere quedarse con la horma de queso gruyere a cualquier precio.

Faltan 80 días para las elecciones y sé que apagaré la TV, me alejaré de las peleas por ser ganador a cualquier precio, y me enfocaré en lo que pasa realmente en nuestro país:

En la pacífica y humanista forma de hacer política de Juan Carr, Manuel Lozano, Margarita Barrientos.

En los cientos de médicos, maestras, enfermeros anónimos que cada día dan su vida por el prójimo, sin un sueldo digno ni honores.

Intentaré unir a quienes nos refundamos cada 4 de diciembre en Nono, Ojo de Agua, para mejorar nuestra condición humana, replanteándonos la vida.

Se agitarán marchas por el "Ni una menos"[17] y la legalización del aborto. Las mujeres serán protagonistas en los proximos ciento veinte años.

Grandes decisiones sobre cambios sistémicos en la sociedad serán comandadas por mujeres civiles, que pondrán un límite al machismo.

Argentina tendrá un tiempo de caos, malestar, inestabilidad social y económica difícil de encauzar.

Crecerán los movimientos solidarios civiles; integrando a los excluidos y enfermos.

Las potencias mundiales se establecerán en Argentina "de prepo"[18], sin acuerdos, leyes y expropiarán los recursos naturales.

Las provincias serán protagonistas más que Buenos Aires y su centralización.

[17] Es un colectivo de protesta que se opone a la violencia contra la mujer y a su consecuencia extrema, el femicidio.

[18] Significa por la fuerza, a como dé lugar, con prepotencia.

Se incrementarán medios de transporte y habrá más viajes por el país.

Habrá más fallas eléctricas en lo cotidiano y los suministros habrá que graduarlos.

La rata producirá una gran crisis de valores.

Y seguiremos adaptándonos a las situaciones inesperadas.

Quien gane o quien pierda, seremos todos responsables del deterioro espiritual, social y económico del país.

Las provincias se emanciparán regionalmente.

Será un nuevo mapa…

Ocurrirá como dijo Solari Parravicini:

Argentina será granero del mundo.

Argentina recibirá a multitudes que vendrán en quemazón, del otro lado del mar.

Argentina samaritana.

L. S. D.

El I CHING aconseja:
51. Chen / Lo Suscitativo
(La Conmoción, el Trueno)

EL DICTAMEN
La Conmoción trae éxito.
Llega la conmoción: ¡Ju, ju!
Palabras rientes: ¡Ja, ja!
La conmoción aterra a cien millas,
y él no deja caer el cucharón sacrificial, ni el cáliz.

La conmoción que se levanta desde el interior de la tierra a causa de la manifestación de Dios hace que el hombre sienta temor, pero este temor ante Dios es algo bueno, pues su efecto es que luego puedan surgir el regocijo y la alegría. Si uno ha aprendido interiormente qué es el temor y el temblor, se siente seguro frente al espanto causado por influjos externos. Aun cuando el trueno se enfurece al punto de aterrar a través de cien millas a la redonda, permanece uno interiormente tan sereno y devoto que no incurre en una interrupción el acto del sacrificio. Tan honda seriedad interior, que hace que todos los terrores externos reboten impotentes sobre ella, es la disposición espiritual que deben tener los conductores de los hombres y los gobernantes.

LA IMAGEN
Trueno continuado: la imagen de la conmoción.
Así el noble, bajo temor y temblor,
rectifica su vida
y se explora a sí mismo.

Con sus sacudidas el trueno continuo ocasiona temor y temblor. Así el noble permanece siempre en actitud de veneración ante la aparición de Dios, pone orden en su vida y escruta su corazón indagando si acaso, secretamente, hay algo en él que esté en contradicción con la voluntad de Dios. De tal modo, el temor devoto es el fundamento de la verdadera cultura de la vida.

Predicciones para Argentina 2020 desde la Astrología Hindú

¡Hari Om! Analizar el año 2020 de mi amada República Argentina desde la Astrología Hindú… ¡vaya trabajito que me ha conferido mi querida y admirada Ludovica! Pero ¿qué más puede pretender un astrólogo que poder, a través de su disciplina, aportar un granito de arena para que su país funcione un poco mejor? Y se podrán preguntar si esto es posible. ¡Claro que sí! Si no miren el ejemplo de mi segundo hogar en el mundo, India.

En 1947, durante el proceso de la declaración de India como Estado independiente de la Corona Británica, quien fuera el primer presidente de India, Babu Rajendra Prasad, mandó a llamar al astrólogo de Ujjain, Pandit Suryanarain Vyas, quien indicó qué día y en qué horario debía llevarse a cabo la declaración para el mayor éxito del país. Desde entonces, India no ha parado de crecer y ya ha sabido superar económicamente a China en ciertos períodos. ¿Casualidad? No creo en ella…

Pero volvamos a Argentina y a este próximo 2020.

Nuestro querido país está atravesando lo que se conoce, en Jyotish (Astrología de India), como "Sadhe Sati", o sea, el incómodo período de siete años y medio del semidiós Shani (Saturno).

Shani es como esos maestros que durante nuestra educación eran los menos queridos, pero de los que luego de años seguimos recordando al pie de la letra todas sus enseñanzas. Nadie ni nada pasa por este período "llevándosela de arriba", ya que el aprendizaje en este caso es netamente kármico. Seguramente se preguntarán hasta cuándo... Tomen aire... hasta 2022/2023 seguiremos con este docente un tanto exigente. Pero ¡ánimo! Si no hay resistencia en el aprendizaje, lejos de ser negativo puede resultar sumamente positivo.

Incluso es mucho lo que cada uno de nosotros puede hacer para alcanzar las paces con este semidiós védico y convertir sus influencias en hermosas lecciones de vida. Para esto en Jyotish contamos con los "Upayas" o "remedios astrológicos", algunos de los cuales les enseñaré sobre el final de este artículo para que todos podamos ayudar a elevar el nivel de conciencia de nuestro país y así mejorar su presente.

Por otro lado, además de Shani, desde 2017 hasta 2020 un demonio zodiacal llamado "Rahu" estuvo generando miedos, ansiedades, reacciones violentas, problemas de insomnio, discusiones por pequeñeces y malestar general en el inconsciente colectivo del país. ¿Percibieron algún cambio en la sociedad desde ese año? ¡Clarísimo, entonces! Por suerte, a partir de febrero de 2020 será Brihaspati (Júpiter) quien ocupará su lugar. Júpiter es un semidiós que nos pedirá que realicemos prácticas espirituales, que nos reencontremos con nuestro dios personal y fundamentalmente con nuestro propio espacio terapéutico a través del silencio.

Vivimos en una sociedad con tanto ruido y apuro que muchas veces aun sabiendo qué es lo que nos hace felices, no lo hacemos por "seguir" un ritmo que no nos pertenece. Paremos la pelota, barajemos de nuevo nuestro presente y acomodemos nuestras acciones de acuerdo con aquello que nos hace felices... en definitiva para eso estamos en este plano, ¡para ser felices!

A partir del mes de abril existirá una doble influencia de este semidiós (Júpiter) que, si bien no es positiva para cuestiones mundanas, lo será para nuestro crecimiento espiritual, que de saber aprovechar esta influencia nos dejará a punto caramelo para el año 2021, período/año en el que notaremos un crecimiento económico general.

Breves Predicciones para el año de Chandra (la Luna)

Este año resultará un ciclo muy poderoso en el cual el pueblo tendrá el poder, ya que Chandra (la Luna) será el regente del año. De cada uno de nosotros dependerá el nivel de paz y tolerancia que reinará en nuestro país. Una luna cambiante, con agua, de poder popular, una luna que insta a estudiar nuestros instintos y a trabajarlos positivamente, a cuidar la tierra y a recurrir a sus hierbas y plantas cuando busquemos verdaderos y efectivos remedios. Una luna que nos indica que el rol de la mujer será de suma importancia durante el año.

Este semidiós nos invita a controlar la mente, a dejar de ser seres reaccionarios para pasar a ser seres de "acción". La "revolución" pasó de moda, ya que por lo general está acompañada de violencia y enojo, ahora es momento para la "re-evolución". Dar una vuelta de tuerca en el camino en el cual vamos evolutivamente. Chandra (la Luna) nos pide revisar el "cómo" y el "hacia dónde" estamos yendo como país. En este año surgirán organizaciones, propuestas y movimientos desde el llano que generarán cambios incluso en la esfera política. La creatividad y la inventiva serán herramientas de uso corriente en las que muchas personas encontrarán alternativas para incrementar sus ingresos.

Financieramente, el país tenderá a crecer (aunque no se note), pero serán los bancos los que deberán hacer cambios profundos si no quieren ver colapsar su sistema, y en esto principalmente incluyo al Banco Central.

En cuanto al campo –alma y sostén de nuestro país–, deberá tener cuidado por posibles inundaciones y pérdidas, ya que habrá grandes lluvias y tormentas. Será un buen año para el comercio de frutas y verduras.

La industria nacional de la música y el cine verá que son premiados reconocidos y también nuevos artistas, que incluso experimentarán una excelente proyección mundial y llevarán nuestro arte y nuestra cultura a distintos rincones del planeta.

Con respecto al gobierno, este debe esperar un año de tendencias bien opuestas, entre las cuales tendrá que aprender a surfear si quiere salir victorioso. Será un período muy cíclico y quien no pueda adaptarse se quedará a medio camino. En este 2020 se debe también trabajar para asegurar la protección y la seguridad de los altos mandatarios, tanto del poder ejecutivo como de ambas cámaras legislativas. La presencia de uno de los demonios en la mansión de quienes gobiernan puede traer nubes de dolor. Esto incluso se vislumbra a nivel mundial.

Será un año en el cual se invertirá de forma positiva para mejorar los medios de transporte, tanto terrestres como aéreos, y mejorará, además, la ayuda a las organizaciones educativas y de caridad.

Y como lo prometido es deuda, aquí les comparto algo simple pero efectivo que todos podemos hacer para ayudar nuestro país. ¡Que Dios y Ganesh los llene de luz, paz y prosperidad!

Upaya o Remedio Astrológico para el País

Para hacer las paces con Shani (Saturno) y mejorar la energía general.

Fechas para realizarlo: 20-06-2020 y 14-11-2020

- Encender una vela y dos sahumerios;
- pedir por el bienestar del país;
- repetir 11 veces el mantra: "Om ShaniyaNamaha" (se pronuncia "Om Yani-ianamajá);
- agradecer y quedarse unos instantes en silencio.

Om Shanti… Shanti… Shanti (Om Paz… Paz… Paz).

Deepak Ananda
JyotishAcharya (Astrólogo Hindú)
Profesor de Yoga y Yogaterapia

ILLAMPUNSIN EL NUEVO VUELO DEL SOL

El gran Dragón en el cielo

Desde los tiempos antiguos, en América los hombres han mirado las estrellas y han escuchado los mensajes y las señales de la Madre Tierra a través de todas sus manifestaciones. En el Año Nuevo del hemisferio Sur, cada solsticio de invierno, nuestros ancestros velaban el fuego y sostenían su rezo hasta la salida del sol.

En el Tucmanao (Tucmanae), territorio unido por la lengua kakan que abarcaba las provincias de Tucumán, Catamarca, La Rioja, Santiago del Estero y parte de San Juan, San Luis, Córdoba, Salta, Jujuy, una pequeña porción del sur de Bolivia y norte de Chile, esa ancestral ceremonia se denomina Illampunsin, el nuevo vuelo del Sol.

En la noche más larga del año, se observa el movimiento del Uturunco, el jaguar, que sale del Este; su movimiento hasta el amanecer y cómo se ubica sobre la Vía Láctea. El Uturunco está formado por la cola de la Constelación del Escorpión y las estrellas Alfa y Beta de la Constelación del Centauro, como se las conoce en la astronomía occidental. De esa forma, cada año, en los cielos se forma un animal, cuya energía tutelará el año entrante. ***Este año nos regirá Illam Ananay, el dragón, la serpiente que vuela.***

Durante la noche, observamos que los ojos del Uturunco saltaron la Vía Láctea y se quedaron ahí, en el medio del cielo, mirando hacia el Norte, hacia el Padre, hacia el Gran Espíritu ético. Por esto, este año se abrió el puente hacia la elevación, hacia lo bueno, hacia la luz, hacia el Gran Espíritu, el cual debe ser orado y sostenido para que esa Luz de Vida invada la Tierra, invada con la Luz del Amor hasta el último Sol de cada persona.

Los ojos del animal en medio del río de leche (la Vía Láctea) nos dicen que todavía nuestra Tierra va a tener abundancia, vamos a comer de ella, vamos a estar sobre ella y vamos a prevalecer con alegría. La Madre dará en total abundancia pero lo que llegue a cada uno de sus hijos dependerá de cómo el ser humano la distribuya.

El año del Dragón se mostró muy disputado en el cielo, que fue surcado por diversos animales de agua. Primero, la gran serpiente cruzó el cielo, luego saltó y posteriormente se hizo un paréntesis, un *impasse*, en el que una libélula voló a su alrededor y se distrajo con ella; por atrás se pudo ver a una tortuga que las observaba y, de pronto, cuando saltó la serpiente y pasó la libélula, la tortuga estiró su cuello, lo giró y se quedó mirándonos; de su caparazón se desplegaron dos enormes alas, se estiró una cola y se formó el Dragón, que nos miró con una fuerza increíble que nos hace reflexionar sobre todo lo que tenemos que trabajar este año (Solsticio de junio 2019 - junio 2020).

Para nuestra cultura, Illam Ananay (que hubo varias) son aquellas que, a través de los tiempos, enseñaron con gran amor a nuestros ancestros los cuidados que hasta el día de hoy sostienen la vida en el silencio y en la fuerza; son aquellas que abrieron los ojos de agua en la tierra durante las grandes sequías; son las que enfriaron la tierra cuando el sol quemaba, y cuando diluvió, el Dragón fue el ser que se elevó, con nosotros sobre su lomo, para no dejarnos morir. Ellas siempre estuvieron y están aún junto al humano para cuidar a la Gran Madre.

Los atributos de este ser son muchos: inteligencia, fuerza, voluntad, amor, generosidad, hermandad, cooperación. El Dragón nos vuelve al inicio, nos lleva de regreso a los principios de la vida, por eso será un año de desafíos.

En los primeros meses del año crecerá, mirará y escuchará, estará entre nosotros pero con su perfil elevado, distinguido y fuerte. Debemos ser cuidadosos con nuestra energía vital y con las palabras que pronunciemos, ya que estas se convertirán inmediatamente en decretos, y tal cual lo digas será devuelto al instante a ti. Se te va a guiar al bien; entonces, sostiene el bien.

El Dragón interno de cada uno debe crecer, porque cuanto más viejo, más sabio. ¿Cómo será este Dragón? ¿Bondadoso o terrible? Dependerá de con qué energía lo alimentemos. Estamos ante un tiempo de gran transformación, la oportunidad de dejar atrás nuestras emociones oscuras o tóxicas, los desencuentros, los sentimientos de carencia, los egos y mezquindades, para crear y sostener entre todos este nuevo Sol, un tiempo nuevo de abundancia, de vida, de armonía, equilibrio y paz.

Si el Dragón ha venido a nosotros por medio de los ancestros, los Padres Fundadores de la Tierra, es porque podemos con el desafío y debemos mantenernos tranquilos, sonreír ante las situaciones que no nos parezcan tan buenas, y multiplicar la Esencia de Vida.

Sellos de Protección para la Tierra

Activamos la protección de la Madre Tierra

Vamos a dibujar los sellos sobre un planisferio o papel tal como se aprecian en las figuras de abajo, y en el orden descripto. Al finalizar el trazado de los tres sellos, se encierran los tres con un círculo antihorario de color dorado.

Los activamos con las oraciones correspondientes a cada uno y con su nombre.

1. Sello Tae Nae: se dibujan al centro dos símbolos de infinito en color verde, con un cuadrado negro en el medio, dentro de un triángulo equilátero amarillo y rodeados por ocho círculos trazados en forma antihoraria de adentro hacia afuera: el primero en color plateado; el segundo en color dorado; el tercero en color plateado; el cuarto en color dorado, y así sucesivamente hasta el octavo (dorado).

Arriba de los ocho círculos, se dibujan dos manos orando en color rosa; abajo, una equis de trazos iguales de color rosa; a la derecha, dos rayas paralelas verticales rosas; a la izquierda, dos rayas paralelas verticales rosas.

Luego se dibujan ocho runas EOL (como un tridente) en azul: arriba, abajo, izquierda, derecha y NO, SE, NE y SO, en ese orden.

Se encierra todo en un círculo antihorario rojo.

Oración: "Oh Señores de los Escudos que cuidan los ocho extremos de la Tierra, eleven su vista al frente, al Sol, extiendan sus manos para que los ocho rayos sagrados circunden a la Tierra y activen al rayo Melvar, al rayo Melcinar, al rayo Meltamar, al rayo Melnamar, al rayo Melamuel, al rayo Melsitael, al rayo Melzoloael, al rayo Meldinael, para que el escudo Tae Nae se implante sobre la Madre impidiendo la entrada de energías contradictorias a la Vida y expulse con fuerza a todo cuerpo celeste que pueda dañar los pilares antiguos. Que el Gran Espíritu Etie Ej implante abajo, encima y arriba en el cielo su fuerza de Vida. Sina Sina".

Con nuestras manos sobre el dibujo de este sello decimos ocho veces "Tae Nae".

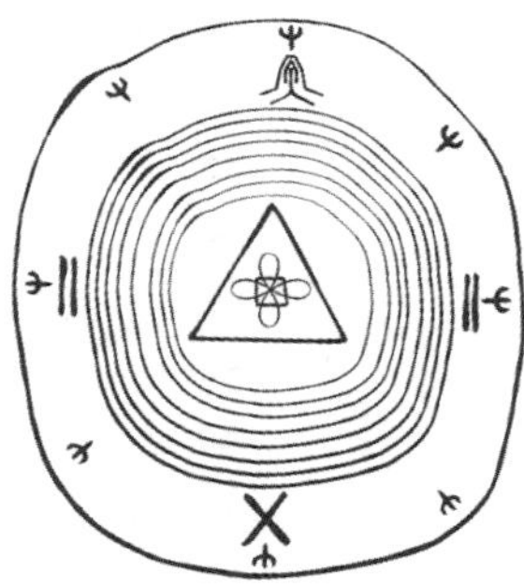

2. *Sello Hatuum Mileas:* de adentro hacia afuera, se trazan las dos medias lunas que forman el ojo del centro en color azul, los tres puntos del ojo son de color verde, las cuatro medias lunas que lo rodean deben ser blancas o de un rosado muy claro, las cuatro runas EOL (tridente) son de color azul, las tres líneas onduladas verticales de arriba son de color verde, y las tres horizontales de abajo se hacen en color dorado, las líneas onduladas horizontales que se encuentran a la izquierda son de color rojo, la runa Jera a la derecha se traza en color naranja, las escaleras de abajo deben ser de color marrón. Este escudo se cierra con un círculo antihorario de color naranja.

Oración: "Desde el Norte, que la Conciencia vuelva a la humanidad para que la Esencia espiritual de los soles internos retornen a reflejar la luz de la sabiduría primigenia hecha en perfección y traída a la madre SOAR en esencia, para que los soles internos vuelvan a rezar en la vida de los hombres, la naturaleza y la Tierra, para que caiga toda agresión, maldad y guerra. En el

Oeste, para que haya un cambio de conciencia y recuerden los antiguos errores para que no se vuelvan a hacer en la Tierra, en la naturaleza de todo ser, no se dé el hambre en toda la humanidad y la destrucción sistemática de los pilares de la Tierra. Que en el tiempo de cosecha asentado en el Sur se coseche esencia de vida para alimentar todo lo que está vivo, así se cosecha esperanza, unidad y paz. En el Este, que el Espíritu de la energía vital sea establecido en los ejes antiguos, donde el Árbol de la Vida continúe manteniendo a todos los seres vivos que pertenecen a la Esencia primigenia. Así la Madre Tierra en equilibrio perfecto se sostenga por los siglos de los siglos. Sina Sina".

Anclamos el sello con las manos diciendo ocho veces "Hatuum Mileas".

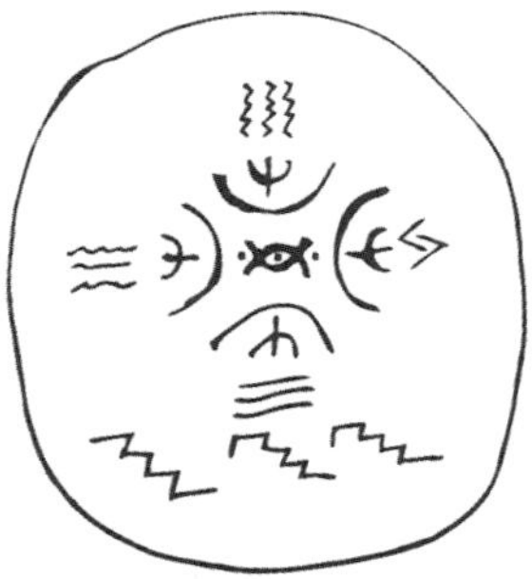

3. Sello Inas: se dibuja en color naranja y se encierra en un círculo antihorario azul.

Oración: "Todos los seres de la Madre Tierra rezaremos para sostener el alimento vital en armonía, para que todo lo que ha sido dado antiguamente en armonía a los Padres fundadores de la Esencia sea sostenido por los siglos de los siglos sin nuevas modificaciones, porque estas son venenos. Que todo lo malo sea alzado de nuestra Madre. Que todo lo malo no sea escuchado por el Padre. Que todo lo sin razón se diluya en la nada para que todo lo bueno se establezca para siempre. Así ha sido y así será hasta el final. Sina Sina. Las Lac Mac Lexna".

Anclamos el sello con las manos diciendo ocho veces su nombre "Inas".

Cerramos el rezo con esta oración: "Nal Sippel (perdón). Nosotros, los seres humanos, desde los abuelos a los hijos, pedimos perdón a la Vida, fuente inagotable del ser, para que no se corte la semilla de la Presencia y de la Conciencia de la Madre Tierra, del Espíritu de la Vida y la sanación del Padre Etie Ej, perdurando así la energía de la Vida en la Tierra (Soar - Telkara). Sina Sina".

Finalmente, se quema el papel o mapa y las cenizas se esparcen al aire o se entierran. Se utiliza ante guerras, eventos celestes como meteoritos que puedan chocar o afectar al planeta u otros similares. Pasado el evento, el escudo se diluye por sí solo.

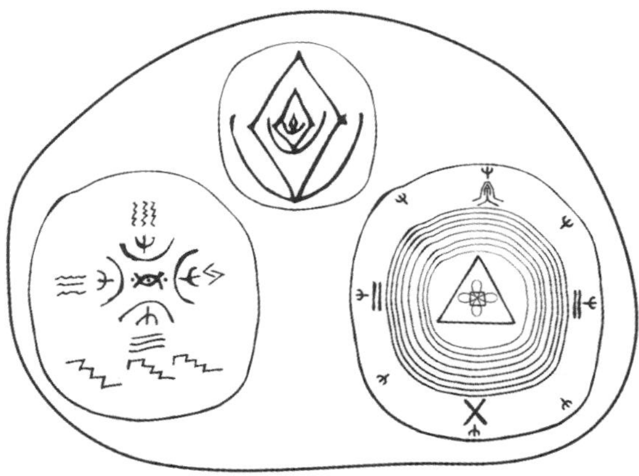

Rita del Valle Cejas Vimma y Felipe Antonio Caro Oshiuko
Círculo de Oraus Talapazo, Dpto. Colalao del Valle, Tucmanao

LOS ASTROS Y SUS INFLUENCIAS EN 2020 PARA LATINOAMÉRICA, ESTADOS UNIDOS DE AMÉRICA Y ESPAÑA

por Ana Isabel Veny Llabres

Observemos nuestras realidades con una visión más espiritual

Los seres humanos somos semillas de luz y amor, contamos con recursos maravillosos en nuestro interior que debemos expansionar y elevar así nuestras frecuencias y las de nuestro planeta Tierra. En tiempos algo inciertos o conflictivos como los que vivimos, cambiarían muchísimo nuestros actuales panoramas de vida si nos apoyáramos en un espacio libre de condicionamientos en el que los seres vuelvan a conectarse desde su pureza interior y recuerden que no hay separatividad sino que todos somos uno. Sembremos a nuestro alrededor concordia, respeto, esperanza, y sentiremos orgullo de nuestras cosechas. Realmente hay magia en nuestro interior, somos almas que procedemos de una fuente luminosa donde convergen distintas realidades del espacio-tiempo. Llegó el momento de reconectar con dicha fuente, es una tarea personal e intransferible, se trata de desviar la mirada de lo externo y comenzar a descubrir esos espacios en el mundo interior de cada ser donde todo es posible, para así hacernos conscientes de cuán poderosos somos. ¿Es acaso que hemos estado adormecidos a lo largo del tiempo, ignorando nuestros dones y con la sensación de que solo lo que vemos a nuestro alrededor es lo verdadero o lo único existente?

Somos eternos y un amanecer más luminoso nos espera

¿Qué sentido tendría la vida si no hubiese una continuidad? Nosotros en esencia siempre hemos existido y luego de esta experiencia material seguiremos nuestro viaje a otras dimensiones de vibración más elevada. A medida que comencemos a percibir que somos capaces de transformarnos a nosotros mismos haciendo uso de nuestras facultades mentales y espirituales en un nivel superior, se activará nuestra creatividad, dando nacimiento a un nuevo ser. Las actuales influencias planetarias sobre la humanidad inducirán a reconocer ese poder latente que todos poseemos y así comenzaremos a depender menos de las circunstancias externas. Es una forma de empoderamiento espiritual que pondrá distancia con lo que pueda generar en nosotros una desestabilización en distintos niveles. Esta toma de conciencia de que funcionamos no solo en esta dimensión sino en otras nos conectará con nuestro Yo Superior, que es la parte más elevada de nosotros mismos. La lucha entre la luz y la sombra aún continúa, por lo tanto –desde el lugar donde cada ser humano esté hoy– será muy valioso todo aporte tendiente a armonizar las relaciones entre las distintas colectividades e incentivar toda forma de conocimiento superior para poder movilizarnos dentro de otras realidades que también nos pertenecen. Utilicemos nuestro tiempo en este nuevo ciclo de manera constructiva, fijemos metas que podamos alcanzar y nos hagan más felices. Que la comprensión, los valores espirituales y el afecto prevalezcan en el ámbito de familia.

Reservemos un espacio para ese encuentro con los cuatro elementos de la naturaleza: con el fuego por medio de la energía solar que fortalece nuestros vehículos sutiles; con el aire que le da fluidez a nuestras ideas y revitaliza nuestro plano mental; con el agua, representativa de nuestras emociones para mejorar nuestra sensibilidad, y por último con la tierra, para estar más vitales en este plano físico. Gaia cada vez está más sensible a nuestra influencia; cuidemos las zonas naturales, los minerales y el reino animal. Compartimos con ellos este plano y por derecho también les corresponde; ayudemos a conservar su equilibrio. Programándonos en positivo desde varios niveles y todos al unísono podremos cambiar nuestras actuales realidades hacia otras que prometan una nueva armonía para los seres que habitamos el planeta Tierra.

Nota: Las predicciones realizadas se basan en la fecha de independencia de los países que involucran por lo general el año en cuestión a partir de su nueva revolución solar y un tramo del año siguiente, completando así doce meses.

Resumen de las influencias astrales en 2020: Para las distintas sociedades será una etapa de vida sujeta a muchas variantes de índole geológica, en cuanto al clima, y de transformaciones profundas respecto de esquemas socioeconómicos y culturales. Sin embargo, dichos cambios a lo largo del ciclo pueden abrir nuevos horizontes y ofrecer una perspectiva más positiva hacia el futuro.

ARGENTINA

NACE EL 09/07/1816-SIGNO SOLAR: CÁNCER-Introvertido y respetuoso de lo ancestral. ELEMENTO AGUA: Otorga modalidades sensibles y artísticas.

Visiones panorámicas para el nuevo ciclo

El cuidado estriba, en los primeros meses, en adoptar conductas preventivas en cuanto a los asuntos más significativos para el país (respecto de fuentes de empleo, comercio exterior, seguridades sociales, sector agrícola, entre otros) y que de esa forma no se produzcan demasiadas oscilaciones. Urano, imprevisible y arrollador desde su nueva ubicación en el signo de Tauro (de naturaleza terráquea y muy realista) se encuentra en un aspecto disonante con Marte y Mercurio (el deseo de impulsar planes), ubicados ambos en el signo de Leo (entusiasta y de tomar iniciativas). Dichos contactos entre planetas pueden generar un gran interés por cambiar estructuras diversas, pero al mismo tiempo de forma demasiado apresurada y tal vez con resultados que no complazcan totalmente. Surgirá un fuerte deseo de expansión, lo cual si bien por un lado no dejará de ser positivo, por otro puede ocasionar altibajos. Esta vez, las buenas ideas estarán presentes (Júpiter-expansivo, en buena relación con Mercurio-planificador) pero exigirán cierto recato.

Actuando con moderación, siempre se contará con la opción de funcionar bajo un equilibrio que asegure las bases desde donde la colectividad argentina proyecte su futuro inmediato y con garantías. Además, Neptuno desde Piscis en buena relación con el Sol en Cáncer y a pesar de la oposición de Saturno desde Capricornio –que a veces produce retrasos– no deja de ser una excelente protección en caso de tener que enfrentar diversas vicisitudes. Igualmente, los controles en el primer tramo del año no estarán de más para así mantener posiciones. Promediando esta etapa y sin reducir esfuerzos, se irán concretando metas con algo más de fluidez y darán una nueva estabilidad a aquellos sectores que producen buenos dividendos. Hacia finales del año, los proyectos e inversiones que se impulsen ofrecerán resultados más aceptables. En áreas educativas y tecnológicas, no faltarán la creatividad y la inspiración para mejorar contextos.

Productividad, sectores turísticos, medio ambiente y deportes

Gracias a las innovaciones que se produzcan en áreas agrícolas se podrán obtener cosechas más satisfactorias respecto de sus granos principales (maíz, trigo, girasol, etcétera) y acceder a mejores gráficas. Continuarán luciéndose sus buenos aceites y su producción de vinos tradicionales. Sus maravillosos parajes naturales, buena gastronomía y atractivas infraestructuras seguirán sosteniendo bien sus diferentes rubros turísticos. Su clima continuará diversificado según las distintas zonas y con mayor tendencia a las lluvias y a los vientos. El cuidado hacia el medio ambiente esta vez exigirá mayores esfuerzos por conservar el equilibrio en sitios agrestes para que tanto su flora como su fauna permanezcan protegidas de diferentes imponderables. En este período es recomendable poner la mirada sobre regiones volcánicas y estar atentos. En cuanto a sus variados deportes, será un tiempo de mayor hiperactividad y de aproximarse más a los niveles que se desee alcanzar a medida que transcurran los meses.

Resumen de las influencias astrales en 2020: Aunque al inicio se deban tomar algunas prevenciones, a medida que transcurra el tiempo se encontrarán las soluciones para atenuar desfasajes en las áreas de mayor interés público.

Las transformaciones serán graduales pero efectivas.

BOLIVIA

NACE EL 06/08/1825-SIGNO SOLAR: LEO-Emprendedor y muy voluntarioso. ELEMENTO FUEGO: Produce una dinámica y una creatividad constantes.

Decodificando los mensajes que envían sus astros

Según las influencias anuales, en este primer tramo del año puede ser muy conveniente dar impulso a nuevos modelos económicos, culturales y de prioridades sociales, y así resolver quizá muchos de los desafíos acumulados desde el año anterior. La proximidad de Venus y Marte al Sol en Leo de Bolivia, sumada a la buena aspectación de Júpiter (expansivo), a pesar de vaivenes de distinta naturaleza, sin duda ofrece mejores opciones para mantener equilibradas las gráficas que sostienen al país. Pueden existir ciertos tiempos de desorientación o para tener que volver a planificar el futuro a mediano plazo (Mercurio-inventivo, en aspecto de fricción con Plutón-objetivos a lograr) de acuerdo con los sucesos que se presenten, pero siempre con la opción de regular panoramas. La posibilidad de lograr mayores avances en ciencia, si bien puede estar latente, es muy probable que esta vez se active con más rapidez y brinde los beneficios deseados para toda su comunidad. Las aspiraciones de regular las canastas básicas o acceder a fuentes de trabajo más redituables avanzarán, y con el correr de los meses podrán encontrar rutas más adecuadas.

Las conductas mesuradas en el segundo semestre de este año vendrán muy bien para mantener el orden general y evitar futuros desfasajes en cuanto a las áreas de mayor relevancia, sobre todo en finanzas (Mercurio-el gran planificador en disonancia con Urano-demasiado excéntrico). El interés por avanzar en cuanto a energías renovables no decaerá e irá fortaleciendo toda proyección al respecto. Lo relacionado con la formación académica y el arte en distintos sectores tomará un nuevo impulso y se podrán sentar bases que logren actualizar contextos y mejorar resultados.

Informaciones diversas

Respecto del área agrícola, resultará muy eficaz actualizar métodos relativos a siembras, riegos y sobre todo el control de plagas. Las variantes en cuanto al clima pueden aumentar, por lo que efectuar prevenciones al respecto vendrá muy bien en este año. Quizá se alternen épocas de intensas lluvias con otras de notorias sequías, dependiendo siempre de sus diferentes regiones. Será beneficioso funcionar con nuevas garantías relativas a sus suelos, lo que mantendrá estables sus cosechas tradicionales (chía, quinua, maíz, girasol, café, entre otros). El cuidado de sus recursos naturales seguirá estando presente en las agendas con el fin de preservar cada vez más aquellas zonas expuestas a excesivos desgastes ya sea desde su flora o su fauna.

Las diferentes actividades relacionadas con las tradiciones ancestrales continuarán muy vigentes y aportarán ese toque místico que siempre las caracteriza. Sobre todo al inicio del ciclo, el turismo puede activarse de forma intensa gracias a sus espléndidos espacios geográficos y su cultura tan diversificada, atrayendo así a los visitantes más aventureros.

Los resultados en deporte, serán más satisfactorios a medida que avance el año y las estrategias a aplicar en el campo de juego pueden resultar muy efectivas.

Resumen de las influencias astrales en 2020: Se irán logrando avances de manera gradual, pero a lo largo del tiempo pueden dar a su sociedad un panorama más alentador para mejorar su calidad de vida y proyectarse de forma más floreciente.

BRASIL

NACE EL 07/09/1822-SIGNO SOLAR: VIRGO-Gran capacidad de análisis y muy organizado. ELEMENTO TIERRA: Confiere talentos ejecutivos.

Panorama general de su revolución solar

Brasil está en presencia de un ciclo que de manera progresiva irá reafirmando aquellas estructuras en donde se apoyan sus fuentes de ingreso más importantes. Analizando en primera instancia la fricción que se origina entre el planeta Júpiter, que tiende a la exageración, con Marte, el Sol y Mercurio, se contará con la opción de atenuar sus efectos algo desestabilizadores si se aplican conductas sobrias y preventivas. Los sectores sociales más expuestos a vaivenes de toda naturaleza con el paso del tiempo lograrán mejorar condiciones y podrán mirar el futuro con una nueva confianza (Saturno-en buen aspecto con el Sol y con Marte). Lo antedicho se vislumbrará mejor promediando el año y gracias también a la aspectación de Urano desde Tauro, que despertará la buena imaginación para sortear toda clase de dificultades. Los espacios educativos y de encuentros culturales obtendrán avances reales y notorios.

En cuanto a exportaciones respecto del mercado de granos (trigo, arroz, maíz, café, por ejemplo), puede ser un tiempo de beneficios en donde se materialicen acuerdos que sean más redituables para el país. Las áreas de sanidad podrán mejorar equipamientos con resultados satisfactorios. Lo relativo a infraestructuras viales continuará en buen avance y modernizándose cada vez más, así como todo lo conectado con las áreas satelitales a los efectos de brindar informaciones que sean de utilidad en diversos sectores. En instancias finales del año podrán constatarse adelantos gracias al tesón y a los esfuerzos de meses anteriores (Júpiter-expansionista, en excelente aspecto con el Sol-ambiciones) pero será muy importante apoyarse en visiones claras y mantener la tenacidad a los efectos de conservar las buenas posiciones ya logradas. Enfocándonos en las relaciones internacionales, se podrán mejorar muchos aspectos y disfrutar de gráficas más alentadoras en todos los rubros.

Comentarios de interés

Las prevenciones relativas a lo climático son recomendables ya que pueden darse situaciones algo alteradas originadas por períodos de copiosas lluvias o de vientos importantes. En cuanto a los recursos hídricos, cada vez serán más contemplados a efectos de conservar su equilibrio y moderar situaciones de riesgo como por ejemplo la desforestación. Brasil seguirá seduciendo con sus hermosas regiones para vacacionar y disfrutar de manera intensa de su gastronomía tan especial.

Los esfuerzos e innovaciones que se efectúen en lo deportivo con intención de mejorar puntajes –siempre que se mantengan constantes– sin duda ofrecerán resultados aceptables, sobre todo hacia el segundo semestre del año. Las disciplinas artísticas recibirán un nuevo impulso, renovándose de forma original y sofisticada.

Resumen de las influencias astrales en 2020: Los mecanismos necesarios para reconfigurar en muchos aspectos a la sociedad brasileña y sus prioridades estarán más accesibles y se activarán progresivamente. Brisas refrescantes y renovadoras lograrán instalarse para generar escenarios más atractivos y de mayor productividad.

CENTROAMÉRICA: La región centroamericana está compuesta por: Belice, Costa Rica, El Salvador, Guatemala, Honduras, Nicaragua y Panamá. Los mencionados países continuarán haciendo gala de sus recursos naturales y de sus agradables temperaturas, por lo tanto su fama al respecto continuará vigente.

BELICE: La enorme riqueza de su fauna y su flora seguirá dando al país una merecida relevancia gracias a las más variadas especies y sus escenarios selváticos. Sus productos del mar y su agricultura (diversos granos, cítricos, plátanos, entre otros) así como los sectores de servicios producirán gráficas estables durante el año. Sus zonas arqueológicas, la diversidad cultural y una gastronomía original incidirán muy bien en lo turístico. A lo largo del ciclo, siempre se tendrá la posibilidad de regular altibajos para conservar la estabilidad en muchas direcciones.

COSTA RICA: Etapa en la cual no estarán distantes las obras enfocadas a mejorar las infraestructuras en diversos aspectos y aquellas que representen para su sociedad un beneficio real. El monitoreo de sus zonas volcánicas con el fin de realizar controles siempre será útil. En agricultura orgánica podrá mejorar sus niveles. El turismo así como sus costumbres tradicionales mantendrán su prestigio. En el terreno artístico habrá lucimientos. Sus astros solicitarán más prudencia a la hora de realizar cambios pero siempre darán opciones para enfrentar los desafíos anuales.

EL SALVADOR: Es probable que durante este ciclo y en especial en los primeros meses se deban sostener esfuerzos, lo cual siempre le dará al país beneficios a mediano y largo plazo en relación con las áreas que generan la mayor productividad. Con el correr del tiempo, las proyecciones que se impulsen desde lo educativo resultarán eficaces, así como las tendientes a mejorar servicios sociales diversos.

Promediando el año, se obtendrán nuevos avances en áreas de exportación, en tecnología y en sistemas de cultivo. Sus tradiciones y festejos influirán bien sobre los rubros turísticos.

GUATEMALA: Continuará el interés por reformular las políticas tendientes a mejorar la competitividad en muchos de sus rubros. De esa forma se podrá impulsar mejor la economía del país, lo cual reportaría beneficios en un futuro no tan lejano. La agricultura mostrará períodos de mayor actividad en sus cultivos tradicionales, logrando avances; lo turístico permanecerá activo. Observar a sus volcanes siempre será muy efectivo. Los programas sociales (en salud, educación, vivienda, entre otros) gradualmente accederán a formatos que resulten más viables y beneficiosos para sus habitantes.

HONDURAS: Si bien las aspiraciones de un crecimiento a nivel general se podrán lograr con el paso de los meses, no por ello dejarán de ser efectivas, e irán generando expectativas de cambio favorables para diversos sectores sociales. Su producción agrícola (hortalizas, frutas, café, por ejemplo) se mantendrá estable. Lo relacionado con nuevas fuentes de empleo y programas de capacitación profesional avanzarán bien.

Generar una nueva cultura de cuidado hacia sus recursos naturales tomará más impulso. Los proyectos de modernización y su turismo conservarán un buen ritmo. Será un período de mejores intercambios en distintas áreas y con otras sociedades.

NICARAGUA: Durante el año se alternarán tiempos que ofrecerán por un lado soluciones prácticas para llevar adelante las agendas de mayor prioridad en lo social (vivienda, canastas básicas, sanidad, etcétera) con otros que solicitarán más concentración a tales efectos. Los esfuerzos conectados a enfrentar cambios climáticos, mejorar los suelos de cultivo y dar protección a sus recursos hídricos pueden resultar efectivos. Al igual que en otros países centroamericanos, vigilar áreas volcánicas siempre es aconsejable. Sus bellos paisajes naturales continuarán deslumbrando a sus visitantes.

PANAMÁ: A medida que transcurra este ciclo, una nueva dinámica quedará integrada a los sectores que le generan al país importantes dividendos (turismo, exportaciones, construcción, entre otros). Se irá logrando un mejor nivel de competitividad en diversos mercados, lo que conducirá a fortalecer de forma segura sus finanzas y economía. Los proyectos tendientes a moderar desigualdades y mejorar los paisajes sociales en cuanto a educación y áreas de sanidad recibirán buenas influencias planetarias durante el período. Continuará modernizándose en cuanto a comunicaciones y transporte, por ejemplo, y eso le reportará nuevos beneficios.

Generalidades: En deporte, los avances estarán acordes con los esfuerzos realizados y existirá la oportunidad de lucirse más en las competencias del ciclo. Observar siempre los cambios respecto del clima en las distintas regiones que componen el bloque resultará efectivo para adelantarse a toda posible alteración.

Resumen de las influencias astrales en 2020: Los países de Centroamérica no quedarán exentos de soluciones para los asuntos de mayor relevancia, las cuales irán surgiendo a medida que se avance. Se contará con opciones para ir transformando escenarios y obtener un mayor equilibrio.

COLOMBIA

NACE EL 20/07/1810-SIGNO SOLAR: CÁNCER-Imaginativo, sensible y solidario. ELEMENTO AGUA: Despierta el sexto sentido y el interés por el prójimo.

Análisis de las influencias planetarias sobre su sociedad

En el primer semestre del año, se renovará la confianza en cuanto a poder alcanzar los objetivos trazados con anterioridad que logren mejorar los aspectos más controvertidos de la sociedad colombiana. La buena relación entre Júpiter, que otorga entusiasmo, y Marte, que impulsa hacia la acción, nos anuncia que a pesar de situaciones inestables (Urano con Marte, disonantes), no se reducirán esfuerzos para encontrar las rutas que ofrezcan una nueva estabilidad. Esta vez, los recursos necesarios para realizar mejores acuerdos en lo internacional pueden estar más accesibles. Las circunstancias conducirán de a poco a reformular estructuras que garanticen un buen funcionamiento a nivel industrial, tecnológico e inversionista, lo cual dará sus resultados con el paso del tiempo. Los paisajes emergentes, si bien pueden solicitar de continuo una mayor disciplina y acciones muy precisas respecto de panoramas sociales o a la hora de impulsar las áreas de mayor riqueza, no excluyen futuros avances al respecto. Los sistemas educativos en toda su extensión pueden conectarse a resultados más alentadores. En el segundo tramo, los aspectos discordantes entre el Sol-ubicado en Cáncer con Saturno y Plutón en Capricornio advierten que lo ideal es adoptar conductas de buen criterio y realistas respecto de toda iniciativa en áreas de relevancia para funcionar con menos oscilaciones. Ya en el final, quedarán reducidas muchas limitaciones para así poder avanzar como se desea y consolidar objetivos de manera más rápida. Urano-de influencia creativa en buena relación con Mercurio-impulsor de nuevos planes producirá cambios beneficiosos conectados a metodologías en múltiples áreas que traerán avances.

Generalidades

En cuanto a su cultura ancestral y su magia, puede existir un resurgimiento de sus valores y costumbres que actualicen identidades. Sus principales cultivos (café, plátano, diferentes granos y frutas exóticas, etcétera) mantendrán su buen prestigio. Año expuesto por determinados períodos a variaciones térmicas de importancia en los que no estará de más dar protección a las áreas agrícolas, entre otras. El medio ambiente y sus zonas de mayor vulnerabilidad siempre requerirán cuidados para conservar su equilibrio. El acceso a una mayor modernización en cuanto a las telecomunicaciones y áreas satelitales no estará tan distante. No faltará la dinámica en los distintos rubros del deporte para buenas exhibiciones, aunque apelar a nuevos métodos de entrenamiento siempre será favorable.

Resumen de las influencias astrales en 2020: Los avances pueden ser graduales, y si bien por momentos las gráficas que más interesan pueden mostrarse oscilantes, siempre contarán con la posibilidad de ubicarse dentro de rangos más aceptables.

CHILE

NACE EL 18/09/1810-SIGNO SOLAR: VIRGO-Muy detallista y servicial. ELEMENTO TIERRA: Conduce al pragmatismo y a la prudencia.

Sus diversos escenarios anuales

Chile está en un ciclo que le otorga beneficios adicionales en cuanto a sus nuevas proyecciones. Existirán mejores opciones respecto de la colocación de sus productos tradicionales en nuevos mercados, reciclar con éxito áreas industriales, de servicios, entre otras, y a la vez reconfigurar con acierto diversos esquemas sociales. Lo anterior se apoya en una influencia positiva que surge del relacionamiento entre el Sol en Virgo (metódico y detallista) con Plutón en Capricornio (muy intenso en su accionar). Sus modelos de funcionamiento siempre han sido muy eficaces a la hora de generar dividendos y en este sentido tendrá buenas oportunidades para continuar perfeccionándolos. Se enfrentará con habilidad a lo que por momentos pueda quedar sometido a demoras y sea de interés público. El desacuerdo existente entre Mercurio (muy creativo) y Saturno (practicidad) puede conducir a ciertos retrocesos transitorios, pero gracias a la buena influencia de Marte (accionar dinámico) se accederá a soluciones para cada desafío que se presente durante el correr del año. Respecto de sus canastas básicas pueden implementarse mejoras y no faltarán las ideas innovadoras en diferentes rubros para promover nuevas fuentes de empleo. Resultarán efectivos los proyectos inclinados a una modernización integral respecto de sectores vinculados a la sanidad. Todo intento de mejorar sus esquemas académicos con la finalidad de lograr buenas capacitaciones irá encontrando un sendero adecuado. Al finalizar el ciclo, y según sus astros, las conductas conservadoras serán las ideales para mantener el equilibrio en diferentes ámbitos de la vida del país y no retroceder en cuanto a logros anteriores.

Consideraciones generales

Sus impactantes sitios turísticos seguirán vigentes para lograr una buena afluencia de visitantes, lo que puede potenciarse en el segundo semestre. Promediando el ciclo y en adelante, toda observación respecto de sus regiones volcánicas (en la superficie o submarinas) resultará valiosa. Los sectores informáticos continuarán renovándose y aportarán beneficios. Lo relativo a energías renovables y protecciones medio ambientales encontrará nuevos recursos. La variabilidad climática en zonas de cultivo –si bien merece atención– no interferirá mayormente en los principales trabajos de siembra y cosecha de legumbres, frutas, verduras, etcétera. Lo relativo a la música, pintura, cine, artes tendrá opción de expansionarse. En deportes, siempre resultará beneficioso ir renovando técnicas, pues permitirá obtener buenas recompensas.

Resumen de las influencias astrales en 2020: Si bien es conveniente no desviar la atención de los sectores más relevantes a fin de preservar el equilibrio general, las perspectivas que brinda la nueva etapa para la sociedad chilena se conectan con un crecimiento progresivo.

ECUADOR

NACE EL 10/08/1830-SIGNO SOLAR: LEO-De sentimientos nobles y carismático. ELEMENTO FUEGO: Genera un optimismo contagioso y vitalidad.

Los paisajes que se originan en su nuevo ciclo astrológico

Toda intención de mejorar los modelos económicos existentes así como acceder a procesos más efectivos dentro de los sectores inversionistas contará con influencias benéficas. En cuanto a sus diferentes mercados laborales, las estadísticas esta vez pueden mostrar una mayor expansión y generar gráficas más optimistas. Lo anteriormente expuesto surge del intercambio positivo que se manifiesta entre Marte, que despliega mucha energía, y el entusiasta Júpiter, que siempre buscará nuevos rumbos para obtener progreso. De todos modos, es aconsejable conservar la coherencia respecto de las proyecciones anuales con el fin de no extralimitarse en cuanto a las posibilidades que se presenten. En la mitad del período, es muy probable que sus canastas básicas logren moderarse, y se activen con más fuerza los sectores de exportación. Las infraestructuras de mayor importancia que colaboran con la productividad del país y las conectadas en muchas direcciones con las áreas sociales podrán acceder a plataformas de funcionamiento eficaces. Pueden llegar a sus territorios rurales nuevas tecnologías que intervengan de forma positiva en lo agrícola, en asuntos hídricos y en mejorar lo relativo al cuidado del medio ambiente. Su producción clásica de banano, cacao, café, mango, por ejemplo, continuará generando buenos niveles de intercambio hacia el exterior. En los últimos meses de esta trayectoria anual, las iniciativas a impulsar exigirán reflexión para proteger recursos y conservar la firmeza en los ámbitos de interés. Marte en buen aspecto al Sol leonino de Ecuador dará el impulso necesario para mirar adelante, pero es bueno tener en cuenta que al estar antagónicos Urano y Mercurio, que aluden a nuevas planificaciones, siempre vendrán bien las posturas analíticas anticipadas.

Informaciones variadas

Ecuador gracias a su ubicación, su biodiversidad espectacular, su clima tropical y sus diversas zonas culturales, reúne una serie de características que le favorecen enormemente para promocionarse en lo turístico y conservar un sitio de preferencia. Su importante cadena de volcanes siempre invita a estar atento frente a todo indicio de actividad. Existirá un nuevo impulso que se manifestará de forma original en el rubro teatral, cinematográfico, arquitectónico, etcétera. Los sectores del deporte se mantendrán muy activos y luciéndose más gracias a sus ingeniosas tácticas a la hora de toda competencia.

Resumen de las influencias astrales en 2020: Se conservará el interés por abrir senderos que garanticen una mayor estabilidad, lo que se podrá constatar con el paso del tiempo y a un buen ritmo.

ESPAÑA

NACE EL 11/12/1474-SIGNO SOLAR: SAGITARIO-Innovador, adaptable y risueño. ELEMENTO FUEGO: Despierta el amor por los ideales y otorga voluntad.

Interpretando las señales de su cielo anual

Es muy posible que ahora los escenarios emergentes soliciten una atención constante para mantener su equilibrio e ir generando así los recursos que cada sector de la sociedad en particular requiera. La falta de armonía existente entre el Sol, deseoso de tomar iniciativas, y Neptuno, de características demasiado idealistas, invita a reflexionar respecto de lo importante –ya sea de carácter nacional o internacional– a efectos de extraer siempre los mayores beneficios posibles. Por otra parte y a modo de balancear lo anterior, es muy válido exponer que se cuenta con la presencia de Júpiter, regente de Sagitario, signo solar del país en Capricornio; esto nos anuncia que a pesar de demoras o distintos imponderables no se reducirán las expectativas para proyectarse a escala mayor en diferentes planos. Con el paso de los meses, irán cediendo las preocupaciones que puedan surgir respecto de enfrentar los compromisos de orden financiero asumidos. Generar nuevos puestos de trabajo y lograr un mayor profesionalismo son objetivos que permanecerán vigentes. Lo industrial en sus variados rubros puede quedar sujeto esta vez a innovaciones que le permitan avanzar de un modo eficiente y más rentable (Saturno-talento ejecutivo, en buen aspecto con Marte-férrea voluntad). Se podrá mejorar la competitividad en cuanto a exportaciones, logrando niveles que aseguren la permanencia en diferentes mercados y obteniendo un nuevo prestigio en esa dirección. La calidad de vida de sus habitantes en aspectos de sanidad, vivienda, productos básicos en alimentación, áreas educativas, del transporte etcétera, si bien puede solicitar más atención, con el paso del tiempo se podrán verificar adelantos.

Sobre diversos ámbitos

El clima varía de acuerdo con sus distintas regiones y esta vez puede ocurrir que en zonas de excesivo calor, este se intensifique durante el año, y en donde mayormente predomina el frío, las temperaturas sean aún más bajas. Las precipitaciones en algunos lugares pueden ser más copiosas. Las iniciativas para mejorar lo agrícola que apunten a un mayor crecimiento contarán con lo necesario para concretarse. Su producción dentro de rubros clásicos o atípicos seguirá luciéndose con sus viñedos, olivares, granos, por ejemplo. La ciencia y sus investigaciones quedarán integradas a un ciclo dinámico. Lo literario, las artes musicales y plásticas lograrán nuevos estilos. El deporte se apoyará en bases más sólidas para lograr cometidos aunque la constancia siempre será clave a la hora de competir.

Resumen de las influencias astrales en 2020: A medida que se recorra el año, se irán encontrando caminos más apropiados para cristalizar objetivos en beneficio de la colectividad española. Los procesos que se originen resultarán moderadores.

ESTADOS UNIDOS DE AMÉRICA

NACE EL: 04/07/1776-SIGNO SOLAR: CÁNCER-Receptivo y respetuoso de las tradiciones. ELEMENTO AGUA: Conduce a la introspección y aumenta la sensibilidad.

Lo que revelan sus astros acerca de los próximos tiempos

En el primer semestre, los proyectos de importancia solicitarán ritmos moderados pero recibirán influencias que gradualmente ayudarán a su concreción. La conjunción de Mercurio (muy planificador) con Marte (fuerte dinámica) en Leo es una buena combinación para conservar el entusiasmo e ir perfeccionando toda aspiración desde lo social, financiero, en sectores de producción, en lo educativo, etcétera. Aquí cabe mencionar que Urano en fricción a dicha conjunción desde Tauro, e imprevisible, advierte que lo mejor es avanzar en toda circunstancia con prudencia y observación, así se alcanzarán los fines deseados con mayor fluidez. Saturno (de naturaleza práctica) en oposición al Sol canceriano del país (las ambiciones) continuará exigiendo disciplina, determinación y constancia para favorecer así las gestiones administrativas que se impulsen en diversas áreas.

La colocación de sus principales productos en lo industrial, en sectores de energía, cultivos, respecto de sus áreas intelectuales así como en otros servicios seguirán generando buenas expectativas. En el segundo semestre, se observa la buena relación que logran por un lado Saturno (de acciones basadas en la lógica) ubicado en Acuario con Marte (muy emprendedor) posicionado en Aries, que es su propio domicilio; esto permitirá desplegar con intensidad las ansias de progreso. Lo expuesto se traducirá en un buen talento ejecutivo a la hora de reconfigurar esquemas relacionados con las prioridades sociales entre otras, a pesar de que demanden esfuerzos. Los buenos desempeños estarán presentes a la hora de abrir nuevos mercados e ir sorteando así diferentes desafíos. En estudios relativos a la arqueología, vulcanología y ecología, entre otros rubros, se obtendrán novedosas informaciones.

Generalidades

Sus astros permitirán buenos avances en cuanto a lo tecnológico y científico de forma muy satisfactoria. Será un año de sucesivos cambios climáticos y con un mayor contraste según sus diferentes regiones en cuanto a elevadas temperaturas por un lado y otras de frío extremo. En sectores de capacitación profesional se podrán lograr excelentes adelantos. El arte en sus diversos aspectos mantendrá su prestigio y tradicional encanto. La agricultura y su dinámica continuará generando buenos niveles en sus principales cultivos (granos, sector frutícola, algodón, entre otros). Lo turístico accederá a mejorar infraestructuras y convocar visitantes de continuo. Etapa más creativa, estratégica y vital en rubros deportivos, en los que se podrá acceder a resultados que ofrezcan conformidad.

Resumen de las influencias astrales en 2020: A lo largo de esta etapa, y a pesar de imponderables, se podrán reorganizar aquellas áreas que necesiten atención inmediata y a la vez realizar innovaciones en diversos sentidos para realzar las gráficas generales.

MÉXICO

NACE EL 16/09/1810-SIGNO SOLAR: VIRGO-Organizado y muy reservado. ELEMENTO TIERRA: Inclina a la constancia y al realismo.

Indagando acerca de sus nuevas aspectaciones anuales

Continuarán firmes los deseos de transformar los paisajes que se manifiestan en la colectividad mexicana, a efectos de mejorar las condiciones existentes (en recursos sociales, exportaciones, canastas básicas, renovaciones ambientales, por ejemplo). Así lo respalda la conjunción en Virgo entre Marte, de naturaleza audaz y enérgica, con el Sol, representativo de los objetivos a lograr en el presente año. Saturno desde Capricornio y en buen aspecto a dicha conjunción aportaría practicidad a la hora de definir rumbos importantes y actuaría como moderador del aspecto en fricción que se origina con Júpiter (que incita a las extravagancias) ubicado en Sagitario.

Extrayendo conclusiones de lo expuesto, pueden darse tiempos en los que sea necesaria la reflexión para transitar por las rutas correctas en temas de prioridad, y regular un poco toda forma de apresuramiento. Lentamente, las gráficas de productividad podrán mejorar sus niveles y lo relacionado con el desempleo se irá equilibrando. Refiriéndonos a tendencias inversionistas y de desarrollo, se pueden conectar con avances en el mediano y largo plazo con resultados que realmente conformen.

Lo industrial puede quedar sujeto a una nueva modernización que resulte beneficiosa en cuanto a un mayor lucimiento de sus productos finales. Los sectores agrícolas y su producción (en cereales, verduras, frutas, etcétera) continuarán conservando sus posiciones ya logradas en mercados tradicionales, y con un nuevo impulso. Persistirá el interés por mejorar lo relativo a la enseñanza en muchos ámbitos, lo que solicitará creatividad. Hacia los últimos meses de este nuevo período se contará con más estabilidad y adelantos en los sectores de mayor relevancia.

Apreciaciones diversas

Se podrá acceder a estudios más especializados en cuanto al comportamiento de sus zonas volcánicas y recabar informaciones que serán de enorme utilidad al respecto. Estar alerta y anticiparse al despertar de sus volcanes resultará beneficioso. En rubros de ingeniería médica y tecnología satelital aplicada a diferentes sectores, pueden producirse innovaciones de gran interés. Las gestiones encauzadas a proteger las áreas silvestres en toda su gran diversidad (de plantas, zonas acuáticas, especies animales, por ejemplo) ofrecerán resultados más alentadores. Las construcciones místicas y antiguas que posee continuarán muy vigentes en cuanto al turismo. El deporte puede solicitar más dedicación y tener que renovarse en cuanto a sus modalidades, pero a la hora de competir aflorarán talentos.

Resumen de las influencias astrales en 2020: Es un ciclo conectado a cambios que mostrarán su efectividad con el paso del tiempo. Los esfuerzos que se inviertan atenuarán lo desafiante en beneficio de sus habitantes.

PARAGUAY

NACE EL 14/05/1811-SIGNO SOLAR: TAURO-Conservador, discreto y artístico. ELEMENTO TIERRA: Otorga fortaleza y perseverancia.

Explorando el porvenir

Ahora se contará con la posibilidad de concretar proyectos que sean convenientes a su economía y crecimiento general. Es aconsejable perfeccionar diferentes logísticas para dar continuidad a lo que se vaya logrando con el paso del tiempo, en beneficio de su conjunto social. Es muy posible que esta vez las franjas más vulnerables de su población, asociadas a la necesidad de lograr mejoras en vivienda y rubros sociales, cuenten con nuevas opciones.

En lo referente a su urbanidad, puede ser una etapa de logros para alcanzar convivencias que reflejen más orden y efectividad. En mercados laborales no se descartan avances; pueden presentarse de forma progresiva pero igualmente resultarán beneficiosos. Siempre será bueno tomar en cuenta el aspecto formado por el planeta Marte (apresurado) con el Sol (que define rutas), que advierte sobre mantener actitudes analíticas en cuanto a las definiciones de importancia para funcionar con los ritmos apropiados. Lo mismo rige para la fricción entre Neptuno y Venus, que puede distorsionar la realidad e inclinar a sobrevalorar oportunidades.

Sin embargo, con el paso de los meses, se podrá cumplir con muchos objetivos de primer orden y dar solución a las agendas que tengan algún retraso porque se cuenta con aspectos tan benéficos como los que envían Júpiter y Plutón desde Capricornio junto a Saturno, ubicado al inicio de Acuario hacia el Sol, de efecto moderador. Se proyectarán bien los sectores de exportación en su amplio espectro, logrando sostener sus niveles. Se contará con recursos para fortalecer lo cultural y realzar la idoneidad profesional desde diferentes sectores.

Informaciones generales

Los controles meteorológicos respecto de sus variados cultivos (frutas, granos y hortalizas, por ejemplo) y con el fin de preservarlos tanto de lluvias como de intensas sequías serán beneficiosos. Se podrá avanzar en cuanto a tecnologías satelitales y sus diversas investigaciones, y en proyectos de vialidad y de protección ambiental.

Sus rubros turísticos continuarán dinámicos y creativos gracias a que el país posee una gran diversidad de zonas históricas, su cultura nativa y parajes naturales que generan siempre gran atracción. En relación con su matriz energética, seguirá demostrando su eficacia y continuará cubriendo las demandas desde múltiples sectores. Toda nueva metodología aplicada a lo deportivo será útil, y si bien es un ciclo que solicitará empeño, se podrán asumir las competencias del año con más seguridad.

Resumen de las influencias astrales en 2020: Dentro de sectores claves para el país se producirán transformaciones que renovarán las esperanzas de crecimiento. Abrir nuevos senderos requerirá esfuerzo pero resultará satisfactorio.

PERÚ

NACE EL 28/07/1821-SIGNO SOLAR: LEO-Muy optimista y líder por naturaleza. ELEMENTO FUEGO: Confiere independencia y autoconfianza.

Analizando sus nuevos horizontes

En el primer semestre continuarán firmes las intenciones de llevar adelante los proyectos aún pendientes de realización que apunten a mejorar los contextos de mayor relevancia en el país. Será notorio el esfuerzo invertido en reacomodar asuntos conectados con lo cultural y lo financiero y poder posicionarse bien en mercados internacionales. El espíritu de iniciativa está garantizado a través del aspecto positivo entre el entusiasta Júpiter, ubicado en su propio domicilio (Sagitario), y el intrépido Marte, ocupando el signo del país (Leo). Pero de igual modo es válido comentar que el desafío consistirá en moderar conductas algo erráticas señaladas por la tensión entre el utópico Urano, posicionado en Tauro, hacia el Sol leonino de Perú (metas a alcanzar).

A lo anterior se suma la fricción entre Mercurio (gran generador de ideas) y Plutón (de naturaleza transformadora) que sugiere someter las planificaciones a un doble análisis, lo que será muy oportuno a efectos de tomar distancia de posibles retrocesos en el primer tramo de esta etapa.

En lo relativo a las fuentes de empleo, con el correr de los meses se irán comprobando avances, con los consiguientes beneficios. Se trasladarán hacia el segundo semestre los deseos de superación general (Marte siempre audaz en sintonía con el Sol) para poder lograr formatos para toda la sociedad que generen una nueva conformidad.

Lo expuesto se relacionaría tanto con los rubros de primera necesidad (salud, educación, canastas básicas) como con diferentes acuerdos que aseguren la vigencia de sus exportaciones y produzcan mejores dividendos, aunque se deban atravesar procesos (Saturno-amante de la disciplina, en oposición al Sol).

Rubros de interés

Es una buena época para lo que se conecta con la pintura y la cinematografía, donde surgirán atractivas modalidades que pueden generar reconocimientos.

En cuanto a productos agrícolas, los esfuerzos por localizar nuevos destinos de colocación pueden resultar positivos y aumentar la rentabilidad. Sus cultivos tradicionales de quinua, café, espárragos, entre otros conservarán su sello de originalidad. El cuidado del medio ambiente puede solicitar más atención, así como lo referido a sus volcanes y al clima, que puede sujetarse a variantes sorpresivas. Continuarán siendo atractivas sus danzas y la mística que despliegan en honor a las buenas cosechas, y también lo relativo a sus diferentes culturas indígenas. Sus asombrosas regiones de gran riqueza arqueológica seguirán promoviendo de forma intensa lo turístico. Las actuaciones en deporte tendrán ciclos de mayor lucimiento y otros en los que será necesario redoblar esfuerzos que siempre darán resultado.

Resumen de las influencias astrales en 2020: Al inicio, surgirán las buenas ideas y se accederá conservando la tenacidad a mejorar las estructuras donde se apoya lo productivo. Las gráficas principales gradualmente mostrarán niveles más aceptables.

URUGUAY

NACE EL 25/08/1825-SIGNO SOLAR: VIRGO-De naturaleza práctica e intelectual. ELEMENTO TIERRA: Inclina a obrar con sentido común.

Los mensajes que envían sus astros

En el primer tramo de esta etapa, las proyecciones que se desee impulsar ya sea en la órbita industrial, inversionista, de finalidades sociales, etcétera pueden quedar sujetas a avances paulatinos pero no se descarta que las que más interesan o urgen logren concretarse. Existe armonía entre Saturno-muy práctico, con Venus-de tendencias diplomáticas y con Marte-que otorga valor para no desistir de objetivos trazados. Si bien es cierto que demandará concentración y constancia encontrar soluciones respecto de diferentes desigualdades dentro de la sociedad con el fin de generar contextos más equitativos en muchas direcciones, no se descartan los adelantos al respecto. En cuanto al comercio internacional, pueden lograrse intercambios más alentadores que permitan mantener estables sus gráficas y conservar las expectativas de crecimiento. Las influencias al inicio del segundo semestre advierten de no desviarse demasiado de los planes ya establecidos, pues cambiar de rumbo repentinamente puede conducir a tiempos de estancamiento o retroceso (Saturno-restrictivo, discordante con Marte-impaciente). Período más demandante en general en el cual incrementar esfuerzos siempre resultará muy beneficioso. Ya hacia los últimos meses se verán mejores resultados en cuanto a modelos educativos, formatos financieros de mayor efectividad y avances en el campo de las investigaciones (relativas a la salud, en ciencias sociales, en lo industrial, por ejemplo). Los sectores agrícolas podrán ingresar en una fase de renovación en cuanto a sus métodos de producción; eso les dará una mayor relevancia en distintos mercados y permitirá que sus cosechas habituales se luzcan más.

Generalidades

En lo referente al clima, pueden darse períodos pronunciados de humedad y fríos intensos, así como vientos que excedan las gráficas habituales; tomar prevenciones siempre resultará adecuado. Las lluvias se mostrarán persistentes y abundantes en determinadas regiones y alternarán con tiempos de más calma. Dar protección a distintas especies de su flora y fauna así como mejorar el cuidado del medio ambiente tomará importancia. Los métodos que se apliquen con el fin de preservar las riquezas naturales tan preciadas pueden resultar eficaces. Los estudios en geología y astronómicos así como las áreas digitales continuarán aportando informaciones de interés y mejorando infraestructuras. Existirá una nueva motivación por recuperar las tradiciones ancestrales y darles vigencia de una forma poética. No faltarán incentivos para el arte que podrá acceder a innovaciones. La actividad deportiva se manifestará intensa y con técnicas de juego que pueden renovar su imagen y generar beneficios.

Resumen de las influencias astrales en 2020: Si bien puede ser un año de contraste, y en cierta medida exigente, se tendrá la oportunidad de ir encontrando las rutas adecuadas que conduzcan a un mayor equilibrio con el transcurrir del tiempo.

VENEZUELA

NACE 19/04/1810-SIGNO SOLAR: ARIES-De esencia creativa e independiente. ELEMENTO FUEGO: Genera franqueza y una buena dinámica.

Pronósticos para su nueva etapa anual

Desde el análisis astrológico, en principio observamos aspectos planetarios algo discordantes en esta fase, como por ejemplo la fricción existente entre el Sol desde su ubicación al final del signo de Aries con la fuerte conjunción conformada por los planetas Júpiter, Plutón y Saturno (la mayoría en Capricornio). Por consiguiente extraemos que para mejorar durante el período las estructuras financieras, reciclar lo relativo a fuentes de trabajo, canastas básicas, acuerdos en áreas de exportación, rubros educativos, etcétera, dichas temáticas quedarán conectadas a procesos que pueden mostrarse por momentos algo lentos y en ocasiones sujetos a nuevas revisiones, dependiendo siempre de los recursos a los que se vaya accediendo a medida que pasen los meses. No faltarán las iniciativas, pero según sus astros lo ideal será funcionar con adaptación y flexibilidad, observando toda posibilidad de crecimiento en diferentes rubros con una óptica realista, e ir solucionando así las prioridades que surjan de sus diversos esquemas sociales y de otras índoles. Las influencias nos dicen que siempre será favorable someter las decisiones de importancia a análisis previos, sobre todo en áreas de rentabilidad. El aspecto armonioso conformado por Marte ubicado en Acuario (signo que influye intensamente sobre lo colectivo) con Mercurio posicionado en Aries (que da lugar a proyectos originales) influirá favorablemente para continuar en la búsqueda de las rutas que permitan a su sociedad contar con más oportunidades de avance e incentivos que generen un mayor desarrollo en el mediano y largo plazo.

Comentarios generales

Respecto de áreas literarias, artísticas y sus distintas corrientes puede ser un tiempo de innovaciones interesantes. Continuará el interés por mejorar la producción agrícola y su logística, además del cuidado de los suelos, sobre todo para los cultivos de mayor relevancia (maíz, trigo, caña de azúcar, café, yuca, entre otros). Su clima se presenta siempre muy variable en las diferentes regiones, pero mayormente mantendrá sus altas temperaturas y en general irá acompañado de la presencia de lluvias. Serán de utilidad las investigaciones conectadas con movimientos telúricos con el fin de obtener nuevas informaciones. En las actividades deportivas, todo entrenamiento conducirá a escalar posiciones en distintas ramas, y los trabajos en equipo serán satisfactorios.

Resumen de las influencias astrales en 2020: Este ciclo solicitará incrementar los esfuerzos y la inspiración a efectos de generar paisajes que resulten productivos para atenuar altibajos en sectores considerados de importancia vital para el país.

PREDICCIONES PREVENTIVAS PARA LA RATA BASADAS EN EL I CHING, LA INTUICIÓN Y EL BAZI

El 25 de enero de 2020 las ratitas saldrán de sus madrigueras a celebrar la llegada no solo de su año sino de los próximos 120 años, que para los chinos marcan un cambio sistémico planetario.

Hay que salir con entusiasmo y escuchar la música celestial para acompañar este acontecimiento.

Ustedes, que fueron las primeras en llegar a la convocatoria de Buda para formar el zodíaco en la tierra, se vestirán de gala.

¡¡Y además son plateadas, porque la energía es metal!!

Tiempo de cambios desde el ADN hasta las nuevas formas de sobrevivencia, que nadie mejor que ustedes conocen.

La vida les dará un lindo reencuentro con ustedes mismas.

Estarán inmersas en sacar a la luz sus zonas erróneas, sus partes oscuras y secarlas al sol, o en una lluvia de estrellas.

Los cambios acelerados, inconclusos, los tropezones del año del cerdo las mantuvieron con la adrenalina muy alta.

Pudieron ganar dinero en poco tiempo y hacer muy buenas inversiones.

Los duelos familiares fueron honrados y compartidos, a pesar de la tristeza, la desazón, los días en los que no había consuelo más que soñar con ellos y sentirse en el mismo viaje.

Las escapadas cortas o a nuevos lugares las dejaron hechizadas y con pocas ganas de volver a la querencia.

Las ratas más previsoras se prepararon para su año; tal vez con inocencia frente a lo inesperado, pero con muchas ganas de llegar ilesas y con su hiperenergía solar y eólica.

Los chinos en el propio año cobran peaje.

Estarán desorientadas; son las que inician el ciclo que conducirá a la humanidad a un cambio sin precedentes en la historia.

La imaginación de la rata deberá estar al servicio en la comunidad de los hombres.

Utilizará la fuerza de voluntad, su capacidad intelectual y práctica para llevar adelante grandes cambios que ayuden a mejorar la vida en el planeta, país, barrio, y en la utilización de la permacultura.

Serán voceras de la gente: cada una de ustedes sabrá qué le pesa en su conciencia; si sacará tajada del queso gruyere o lo compartirá con los más necesitados.

El tiempo del entusiasmo traerá conflictos, pero si los enfrenta día a día, con paciencia china, podrían transformar su vida positivamente.

El amor florecerá y se secará rápidamente si no es consciente de las causas y efectos de su onda expansiva.

Quien la ama necesita gestos mínimos cotidianos de pasión y atención que lo incluyan en sus arbitrarias decisiones.

El tiempo será de progreso si acepta que tendrá que adaptarse a situaciones límite; inesperadas, dolorosas y traumáticas.

Nada es gratis en el propio año.

Hay que atravesarlo con buen humor y sabiduría.

L. S. D.

El I CHING les aconseja:
16. Yü / El Entusiasmo

EL DICTAMEN
El Entusiasmo. Es propicio.
designar ayudantes y hacer marchar ejércitos.

El tiempo del Entusiasmo se funda en la presencia de un hombre importante que se halla en empatía con el alma del pueblo y actúa en concordancia con ella. Por tal motivo se le brinda una obediencia voluntaria y general. Con el fin de despertar el entusiasmo es necesario, por lo tanto, que en sus disposiciones se atenga a la índole de los conducidos. En esta regla del movimiento que sigue la línea de menor resistencia se funda la inviolabilidad de las leyes naturales. Estas no constituyen algo externo a las cosas, sino la armonía del movimiento inmanente en las cosas.

Por esta causa los cuerpos celestes no se desvían de sus órbitas y todo el acontecer natural tiene lugar con firme regularidad. De un modo parecido se presentan las cosas en la sociedad humana. También en su seno podrán imponerse únicamente aquellas leyes que se hallan arraigadas en el sentir del pueblo, pues las leyes que contradicen ese sentir solo suscitan el resentimiento.

El Entusiasmo hace asimismo posible que se designen ayudantes para la ejecución de las tareas, sin que sea necesario prevenir reacciones secretas. Por otra parte, el Entusiasmo es capaz de unificar los movimientos de masas, como en caso de guerra, al punto que obtengan la victoria.

LA IMAGEN
El trueno surge estruendoso de la tierra:
la imagen del Entusiasmo.
Así los antiguos reyes hacían música
para honrar los méritos,
y la ofrendaban con magnificencia al Dios supremo,
invitando a sus antepasados a presenciarlo.

Cuando, al comenzar el verano, el trueno, la fuerza eléctrica, vuelve a surgir rugiendo de la tierra y la primera tormenta refresca la naturaleza, se disuelve una prolongada tensión. Se instalan el alivio y la alegría. De un modo parecido, la música posee el poder de disolver las tensiones del corazón surgidas de la vehemencia de oscuros sentimientos. El entusiasmo del corazón se manifiesta espontáneamente en la voz del canto, en la danza y el movimiento rítmico del cuerpo. Desde antiguo el efecto entusiasmador del sonido invisible, que conmueve y une los corazones de los hombres, se percibía como un enigma. Los soberanos aprovechaban esta propensión natural a la música. La elevaban y ponían orden en ella. La música se tenía por algo serio, sagrado, que debía purificar los sentimientos de los hombres. Debía cantar loas a las virtudes de los héroes y tender así el puente hacia el mundo invisible. [...] Al enlazarse así, en solemnes momentos de entusiasmo religioso, el pasado propio con la divinidad, se celebraba la alianza entre la divinidad y la humanidad. El soberano, que en sus antepasados veneraba a la divinidad, se constituía con ello en Hijo del Cielo, en el cual se tocaban místicamente el mundo celestial y el mundo terrenal. Tales pensamientos constituyen la última y más alta síntesis de la cultura china. El propio maestro Confucio decía, refiriéndose al gran sacrificio durante el cual se cumplían estos ritos: "Quien comprendiera por completo este sacrificio, podría gobernar el mundo como si girara en su propia mano".

Las diferentes líneas:
Al tope un seis.
Muta al hexagrama 35. Chin / El Progreso

EL TRÁNSITO DE LA RATA DURANTE SU PROPIO AÑO

PREDICCIÓN GENERAL

El 25 de enero comenzará el Běn Mìng Nián 本命年 de todas las ratas. La vida dará unos tremendos saltos de malabarista; poco importa si las que transitarán el año 2020 son las ratitas prepúberes de 2008 o las ratas de 1948, que recuerdan las madrugadas en los boliches de moda. Todas las ratas tendrán, al final del 11 de febrero de 2021, algo que contar, alguna sacudida, una recompensa, una pérdida.

La rata es la líder de la tríada que forma con el dragón y el mono; como es tan exigente, no dejará de trabajar un solo día. Los únicos momentos de descanso que encontrará los pasará en compañía del puñado de amigos que hallará a su paso, ya sean viejos o nuevos. Cultivar esas amistades deberá ser prioritario. ¡Fuerza, ratitas!

Enero

Este es el mes del búfalo. La rata cabalgaba sobre la cabeza de un búfalo cuando llegó en primer lugar al final de la carrera del zodíaco. Este mes es para aprovechar todo el tiempo y recursos posibles ya que al comenzar el año propio –el día 25– no tendrá más tiempo para nada. El búfalo mimará a la rata con los recursos suficientes, y ella, organizada como es, tendrá todo preparado para afrontar las dificultades que se presenten, pero como el año chancho reinará aún durante tres semanas, es posible que se tope con malentendidos, frivolidades y chismes, a los cuales será mejor ignorar.

Febrero

El mes del tigre le trae a la rata cambios que la van a sacudir desde la base misma de su ser. Ya sea que cambie de casa o empleo, que sufra una pérdida importante o que entre algo o alguien nuevo a su vida, todos estos cambios abruptos harán que la rata se reconstruya por completo desde sus cimientos. Además de los cambios individuales, todos en la madriguera, en especial los nativos hombres de este signo se sentirán solitarios. Es posible que entre los cambios se encuentren rupturas amorosas importantes, por lo que se recomienda que manejen las emociones de manera responsable y con ayuda profesional para no deprimirse.

Marzo

Las ratas nacidas estos días serán muy bellas físicamente. En cuanto a las demás ratitas, podrán recoger los pedacitos de las relaciones amorosas que no funcionaron tiempo atrás. El mes del conejo les trae la posibilidad de establecer o retomar relaciones sexuales y emocionales. Para las ratas de 1996, este será el año del primer amor, lo cual suena excitante, aunque también abrumador. Las demás ratas podrán dejarse llevar por lo que les ofrezca el mes, pero se les recomienda usar protecciones tanto físicas, como espirituales, porque estarán vulnerables; lo que ocurra en este mes será fugaz.

Abril

El mes presenta una combinación de agua que atraerá mucha fuerza espiritual y física a las ratas, sobre todo durante los días 11 y 23, en los que su capacidad de comunicación y proyección de ideas complejas estará mucho más afinada. El mes será complicado para el resto de las personas, por lo tanto, la rata deberá tener mucha paciencia y hacer las cosas a un ritmo al que no está acostumbrada, pero si pone atención aprenderá más de la paciencia que de su habilidad para resolver problemas. Estará genial a pesar de todo, lo cual podría atraer opiniones malintencionadas y envidias infundadas.

Mayo

El mes de la serpiente será implacable. Deberá tener cuidado con toda clase de accidentes y prevenir –en la medida de lo posible– pérdidas de dinero importantes. Su reputación estará en juego por actos realizados incluso en vidas pasadas, y a los que no dio mayor importancia. Este mes es para quemar karma. Para sobrevivirlo necesita poner atención en el centro de su cuerpo: deberá respirar con atención, manejar el estrés con ayuda profesional y, por supuesto, no puede arriesgarse a lo tonto en acrobacias, comiendo en la calle y soltando su opinión sin que se la pidan. Ante todo, deberá ser escrupulosa.

Junio

Este mes podría resolverse en una sola frase: WÚ WÈI 无为 (dejar fluir), pero hay que ser más detallistas. El mes del caballo siempre resulta complicado para las ratas porque ese es su signo opuesto, pero cuando toca el año propio el equino arrastra a la rata a galope tendido provocando disgustos. A estas alturas del año ya estará agotada, por lo que se le recomienda mantener una buena dieta, meditar unos minutos al día y dormir bien. Si no atiende eso, lo más probable es que reciba alguna coz; para las ratas de 1948, las jóvenes de 1996 e incluso las de 1972, esto podría significar una visita al hospital.

Julio

Este podría ser un período de descanso porque la cabra es benévola con la rata, pero como el mes viene con energía agua debilitada por acción de la energía tierra, la rata estará melancólica. Es posible que ocurran algunos eventos que la pongan a pensar más allá de la simple reflexión, lo cual la tornará vulnerable, en algunos casos a un paso de la depresión. Necesitará rodearse de gente amable e inteligente, gente que tenga sus mismos ideales y que pueda ayudarle a llevar a cabo algún proyecto que la mantenga entretenida y sin andar pensando en problemas que no podrá resolver de todos modos.

Agosto

El día 29 de agosto será un día agitado porque es el único del mes en el que se concreta la tríada mono-rata-dragón que produce su energía primordial, el agua. La rata podrá reponer mucho de lo perdido emocional y energéticamente en lo que va del año. En general, el mes será un poco más tranquilo, aunque la rata por primera vez no podrá resolver los problemas cotidianos con la velocidad a la que está acostumbrada. Para mejorar, antes de la llegada del día 29 se le recomienda tomar una vacación o comenzar una terapia de relajación y meditación; de esa manera su calidad de vida se balanceará un poco.

Septiembre

El mes del gallo estará cuajado de espejismos; si no se pone obsesiva y sujeta a un romanticismo barato, este mes será muy divertido. Las ratas que mejor sacarán partido de este mes serán las de los años 1972, 1984 y 1996, pues serán brillantes en su esfera social. Las de 1948 y 2008 podrían resentir este mes en todo lo concerniente al aparato reproductivo y su sexualidad, por lo cual hay que tener mucho cuidado. Las ratas de 1960 podrían enamorarse como adolescentes, entonces solo les recomendamos sacarse la idea de temporalidad de la cabeza y dejarse llevar por sus impulsos, pero siempre cuidándose.

Octubre

Si bien el mes anterior llevó a la rata a los terrenos del romance y su sexualidad, este mes podría traer rupturas amorosas ocasionadas por rivalidades. Caerá en malos entendidos molestos y en escenas de celos. Para sobrellevar las mordidas del mes del perro, la rata tendrá que ser mucho más astuta que de costumbre, y adelantarse a cualquier problema que se le presente por medio de la ayuda que le puedan brindar sus amigos dragón y mono, que tendrán la cabeza un poco más fría. Las jóvenes ratas de 2008 podrían tener problemas de integración social y *bullying* en la escuela, especialmente las niñas.

Noviembre
En el mes del chancho la energía se irá emparejando. Poco a poco la rata sentirá como si se abriese la cortina que le impedía ver con claridad el panorama completo. Podrá distinguir amigos de rivales entre los que la acompañan en la escuela o el trabajo, es posible que incluso cosas que no le eran importantes como la popularidad y el compañerismo ahora le parecerán asuntos vitales. Las ratas norteñas lo pasarán mejor que las ratas sureñas que resentirán mucho el calor; el secreto para balancear la temperatura corporal consiste en mantenerse hidratadas: el agua es la llave que lo arreglará todo.

Diciembre
El mes propio atraerá mucho trabajo, tal vez hasta el colapso. ¡Cuidado! Las ratas de 1972 y las de1984 son las que más sufrirán el exceso, y las de 1948 necesitan aprender a delegar. La rata tiene que aprender a manejar el estrés y a decirle NO, con fuerza y determinación a su impulso perfeccionista. Debería aprovechar las fiestas decembrinas para tomarse un descanso real, dejar las penurias y responsabilidades guardadas en su oficina o escuela. La salud es más importante que su reputación, ya que sin ella no podrá llegar al final del año propio sin cicatrices, y con amigos y familiares contentos con ella.

PREDICCIONES PARA LA RATA Y SU ENERGÍA

Rata de Madera (1924-1984)
Queridas ratitas: bienvenidas a su año, que será una montaña rusa, un viaje a las Pléyades, un tren bala sin paradas para escaparse.

Es recomendable que busquen amigos, consejeros, algún pariente que las contenga para la crisis que tendrán al promediar el año.

Un aluvión de propuestas y ninguna concreta por el vértigo que tiene su año; demoledor, intenso, "pan de hoy, hambre de mañana".

Tiempos de recuperar la autoestima y ser solidarios.

Nuevas alianzas prosperarán en la medida que sea leal, honesta, y tenga disciplina.

Su aporte cultural, ético y estético es muy valorado en estos tiempos.

Cuide a su zoo, no apueste lo que no podrá pagar si pierde.

Año de gran aprendizaje.

Cambios que hay que elegir con la razón más que con el corazón.

Rata de Fuego (1936-1996)

Tiempo de replanteos existenciales. Llegará con energía positiva y nuevas ideas para mejorar su salud holística.

Es recomendable la medicina preventiva: alimentación ayurveda, arte núbico, taichí, yoga y sobre todo EL TAO DEL AMOR Y DEL SEXO.

Tiempo de aceptar sus límites y construir una nueva madriguera. Conocerá gente nacional e internacional que le abrirá nuevas puertas y podrá establecerse en una ciudad donde triunfará con su talento.

En la constelación familiar habrá cambios fuertes:

La llegada de ratas, adopciones, o la convivencia en la comunidad de los hombres abrirá su corazón blindado.

Año en el que tendrá tentaciones que podrían meterla en trampas si no mide las consecuencias.

Su ego se evaporará en flores de Bach en la galaxia.

Rata de Tierra (1948-2008)

Llegará recolectando los frutos del Nirvana.

Su etapa laboral y profesional tendrá un cierre y finalmente decidirá su destino.

Su familia la apoyará; estará abierta a compartir nueva madriguera, ADN, amigos, y salir de la reclusión monacal.

Deslumbrará en asambleas, ONG, foros, seminarios, por su inteligencia emocional y *charme*.

El corazón latirá fuerte y tendrá que ir al cardiólogo, pues puede sentir un flechazo inesperado que cambie su navegación en alta mar.

Pondrá en orden herencias, juicios, papeles, y se liberará. Su entusiasmo crecerá con ideas renovadoras y sustentables. Durante su año tendrá propuestas para organizar diversos temas relacionados con la salud, el arte, la ciencia y la medicina.

Podrá reencontrarse con su zoo; hacer un viaje al exterior, renovar *look*, ideas, y compartir su experiencia profesional con gente joven.

Año de aceleración de resoluciones que serán su GPS en los próximos doce años.

Rata de Metal (1960-2020)

Bienvenidas a su tai sui: año celestial.

La inocencia con la que viven será óptima para encauzar la crisis de los sesenta y sus consecuencias.

Priorizará el trabajo en lo echado a perder, conflictos entre socios, familiares, y decidirá tomarse un año sabático.

Su sistema nervioso estará alterado por el vértigo que tiene el año. O se sube al tren bala o decide una peregrinación a Santiago de Compostela.

Necesitará conocer gente de diferentes culturas. Viajar y olvidarse de tiempos de duelo y vacas flacas.

En la pareja habrá crisis, ruptura, cambio de roles o despedidas.

El control remoto lo tirará al Lago Argentino, y aceptará vivir sin condicionamientos en el aquí y ahora.

Recuperará la capacidad de asombro y el eros.

Rata de Agua (1912-1972)

Tiempo de alineación y balanceo.

Comenzará el año con *bonus track*, pero deberá estar atenta a las trampas que le pondrán en el tao (camino).

El entusiasmo de ideas originales, movilizadoras y creativas deberá pasar pruebas entre el inframundo y el supramundo.

Sentirá que pierde energía cuando la arrinconen en busca de resultados mágicos que no podrá resolver como el Mago de Oz.

El consejo es seguir en el TAO (camino), concentrada en sus objetivos del día a día, amorosamente; sin tratar de sacar tajada de cualquier situación.

El progreso será la recompensa a mediano y largo plazo.

Y cosechará un millón de amigos, fanes y discípulos que seguirán sus consejos con devoción.

Tendrá propuestas para cambiar de oficio, profesión, o para sumar su trayectoria al servicio de la comunidad de los hombres.

L. S. D.

Algo que es familiar
no provoca la atención.
Proverbio chino

ESTRATEGIA

Cruzar el mar confundiendo al cielo.

PREDICCIONES PREVENTIVAS PARA EL BÚFALO BASADAS EN EL I CHING, LA INTUICIÓN Y EL BAZI

Ambos saben la verdad de cómo se dieron las circunstancias para ocupar el primero y el segundo puesto en el zodíaco chino.

Llegó el año de su patrocinadora eterna, la rata.

Y el buey sentirá una protección especial, y confiará en su fe para atravesar el año del roedor.

Grandes oportunidades de apertura profesional en su oficio, en su liderazgo, en la capacidad para resolver los grandes y pequeños problemas que dejó el año del chancho y que hay que cerrar durante el nuevo ciclo.

Otra vez sentirá que el mundo lo llama, lo necesita, y saldrá a predicar el TAO como Lao Tse.

El consejo del I CHING es que se dedique a los asuntos cotidianos, mundanos, domésticos, y no intente volar hacia las alturas.

Cuidar el nido sin rebelarse es el mensaje.

Asumir una etapa de transición hasta su reinado; acomodando cada área inconclusa, abierta, dañada por su tozudez, desconfianza, falta de diálogo con la pareja y la familia.

La rata lo ayudará a estar mas dócil, flexible, abierto a nuevas experiencias; un cambio de lugar, una nueva vida en la comunidad de los hombres, un cambio dentro de la profesión o empresa lo revitalizarán con creces.

Estará dispuesto a compartir su casa, arroz e ideas con amigos y discípulos que lo buscarán para que transmita su experiencia en foros mundiales y urbanos y pueda guiar a quienes se identifican con su cosmovisión.

El exceso de trabajo es lo que el búfalo debe atender durante este año, pues somatizará alguna despedida, duelo, separación, o simplemente se contagiará de las epidemias que ya están en el mundo; y si no tiene defensas altas podría quedar debilitado en su ki, chi, prana.

Su mayor virtud es la modestia.

El mundo lo quiere pues sabe adaptarse a situaciones inesperadas y "ponerse en el lugar del otro".

Ayudar con perfil bajo. Estar abierto a dar y recibir, alivianando karma.

Mejorar cada día con meditación dinámica, arte núbico, reiki, masajes chinos y medicina ayurveda.

Sentir que el corazón late fuerte por un amor, por la tribu cósmica y por la Fundación Espiritual de la Argentina.

L. S. D.

El I CHING les aconseja:

62. Hsiao Kuo / La Preponderancia de lo Pequeño

EL DICTAMEN

Preponderancia de lo Pequeño. Éxito.

Es propicia la perseverancia.

Pueden hacerse cosas pequeñas, no deben hacerse cosas grandes.

El pájaro volador trae el mensaje:
no es bueno aspirar hacia lo alto,
es bueno permanecer abajo. ¡Gran ventura!

Una extraordinaria modestia y escrupulosidad se verá sin duda recompensada por el éxito; solo es importante que tales virtudes no se conviertan en huera fórmula y en un modo de ser rastrero; que antes bien se observen acompañadas por la debida dignidad en el comportamiento personal, de modo que uno no se envilezca. Es preciso comprender cuáles son las exigencias del tiempo a fin de poder encontrar la debida compensación para las carencias y los daños que afligen este tiempo. De todas maneras, no deben esperarse grandes éxitos, puesto que para obtenerlos falta la fuerza necesaria. Por eso es tan importante el mensaje que aconseja no aspirar a cosas elevadas, sino atenerse más bien a las de abajo. El hecho de que este mensaje sea traído por un pájaro se desprende de la figura del signo. Los cuatro trazos fuertes y pesados en el interior, solo apoyados afuera por dos trazos débiles, en el caso del signo 28 dan la imagen de la pesada viga maestra del techo. En el caso presente se encuentran afuera, y en número mayor, los trazos livianos portadores: esto da la imagen del pájaro que planea. Pero el pájaro no debe soberbiamente pretender volar hacia el sol, antes bien ha de descender hacia la tierra donde se halla su nido. Con ello da el mensaje que enuncia el signo.

LA IMAGEN
Sobre la montaña está el trueno:
La imagen de La Preponderancia de lo Pequeño.
Así el noble, en su conducta
da preponderancia a la veneración.
En casos de duelo da preponderancia al duelo.
En sus gastos da preponderancia
a la economía.

El trueno sobre la montaña es distinto del de la planicie. En las montañas el trueno es mucho más cercano, mientras que fuera de las regiones montañosas es menos audible que el trueno de una tormenta común. Por eso el noble extrae de esta imagen la exhortación de examinar cuál es el deber en todas las ocasiones, más de cerca y en forma más directa que la gente sumida en la vida cotidiana, a pesar de que, por esa razón, vista de afuera su conducta pueda parecer mezquina. Él es particularmente escrupuloso en sus actos. En casos de duelo lo afecta mucho más el sobrecogimiento interior que todo formalismo pequeño y externo, y en las expensas destinadas a su propia persona se muestra sencillo y sin pretensiones, de manera extraordinaria. A causa de todo esto, a los ojos de la mayoría de la gente aparece como un fenómeno de excepción. Pero lo esencial de esta excepción radica en el hecho de que en su manifestación exterior se ubica del lado del hombre común.

Las diferentes líneas:
Nueve en el cuarto puesto.
Muta al hexagrama 15. Ch'ien / La Modestia

EL TRÁNSITO DEL BÚFALO DURANTE EL AÑO DE LA RATA

PREDICCIÓN GENERAL

La imagen del búfalo llegando en segundo lugar en una cultura que idolatra a los vencedores puede molestar mucho a algunos, pero no al búfalo. Este año de la rata el búfalo irá acompañado por una rata que lo mantendrá entretenido en el camino y que funcionará a la vez como el proverbial angelito de la guarda. Tendrá el tercer ojo despierto y la conciencia emparejada con la intuición de un Buda. Pero cuidado, la salud será débil, tiene que aprender a cuidar su cuerpo tanto como cuida de otros.

El trabajo será lo más importante en este año. Para mantener una salud física y mental resultará esencial que procure trabajar únicamente en lo que le interesa, ya que los búfalos estarán muy solicitados por todo el mundo y eso le dejará poco tiempo para resolver sus propios problemas... como siempre.

Enero

Para poder aprovechar al máximo todo el año de la rata, el búfalo va a necesitar toda su concentración; sin embargo este mes es posible que ocurran cambios importantes, ya que aún es año del chancho y todavía sigue bajo esa temática. Se pueden presentar oportunidades en el campo amoroso, pero estará tan concentrado en el trabajo o algún pasatiempo nuevo que podría perderse buenas posibilidades. Es importante que se concentre en la salud del cuerpo físico, ya que eso le ayudará a entonar el cuerpo espiritual también. Su medicina será el descanso... y al menos un fin de semana en la playa.

Febrero

La energía del año de la rata combinada con la energía del tigre pondrá al búfalo en aprietos porque no sabrá cómo decir que no. Necesitará hacer feliz a su hígado con alimentos ricos en fibra y vitaminas. El corazón buscará como alimento a las personas que le han dado amistad, pero esto último será difícil de conseguir. Si se aísla por cuestiones de trabajo se sentirá solo y confundido, lo cual podría afectarle de tal manera que hasta podría visitar brevemente el hospital por problemas estomacales o renales. Tiene que aprender a meditar para evitar que el trabajo se convierta en su única vida.

Marzo

Es muy probable que las circunstancias hayan tratado mal al búfalo; este mes el conejo se asociará con la rata: ambos roedores mantendrán al búfalo maniatado sin poder terminar los proyectos que tenía, ya sea por problemas de salud o por simple aislamiento. Ese tiempo será propicio si lo aprovecha para hacer arreglos en la casa, siempre y cuando no afecte a la zona norte con reparaciones demasiado aparatosas.

Los asuntos amorosos serán confusos, un tanto dolorosos a veces, por lo que necesita ser paciente y darse cuenta de que no siempre puede manejar las relaciones de pareja como si fuera el jefe.

Abril

La energía del dragón le trae fuerza extra, la cual deberá invertir en su salud. Nada será más importante que eso en estos momentos. Es un excelente momento para comenzar la dieta, para hacer las paces con gente de la que se había distanciado anteriormente y para conectar con los recuerdos de la infancia de manera espiritual. Para ayudarse a pasar por ese momento que podría conmoverlo mucho, puede practicar HO'OPONOPONO, ir a terapia, hacer constelaciones familiares o al menos visitar los lugares en los que vivió la infancia. Los jóvenes búfalos de 1997 querrán alargar la adolescencia, pero no es recomendable.

Mayo

Este mes la serpiente lo tendrá inquieto. Estará muy solicitado como siempre, aunque eso no le haga ninguna gracia. Si opone resistencia será peor, pero tampoco es recomendable dejarse llevar como un corcho en un río. Necesitará cultivar el difícil arte del WÚ WÈI 无为 de tal manera que las exigencias del momento no lo conviertan de nuevo en un esclavo de las circunstancias. Los momentos más peliagudos ocurrirán desde las 17 hasta las 19 horas, tiempo en el cual deberá dedicarse a sí mismo. Es mejor que evite estar tras del volante a esas horas. Los más afectados serán los búfalos de 1961 y 1973.

Junio

El pleito energético entre el año de la rata y el mes del caballo pondrán al búfalo en situaciones molestas, algunas veces hasta peligrosas. Este mes deberá tener cuidado con lo que pisa. Para evitar problemas, se le recomienda asegurarse de que su casa sea a prueba de accidentes. Habrá que revisar la instalación eléctrica, qué tan resbalosos son las escaleras o el piso, etcétera. También hay posibilidad de tener problemas con colegas en el trabajo o con empleados subordinados. Necesita poner atención a los valores dejados por ahí para evitar robos. Tampoco será recomendable que preste dinero.

Julio

Los búfalos que sean concebidos durante este mes serán hermosos físicamente, pero tan intelectuales que no se darán cuenta de eso. Aunque la cabra es su contrario energético, este mes que ella rige lo ayudará a resolver problemas encontrados en los dos meses anteriores ya que podría obtener algún pago o habrá quien le regrese dinero o favores que había prestado en otros tiempos. Tendrá tiempo para resolver el día a día, por lo que deberá aprovechar para tomar una vacación corta, o por lo menos distraerse en línea viendo series, leyendo la pila de libros que dejó pendientes, o haciendo ejercicio.

Agosto

Este será un mes perfecto para divertirse con asuntos superficiales, aun cuando se vea envuelto en habladurías. Se sentirá ligero de cascos y un tanto aturdido. Si se mantiene sobrio estará en mejores condiciones porque este mes las tentaciones vendrán disfrazadas de romance e integración con alguno de sus grupos de amigos. Se le recomienda mesura en todo y al menos veinte minutos de ejercicio al día, porque los kilos que gane este mes no se los podrá quitar de encima. Es posible que e lleguen buenas noticias por parte de parientes lejanos, o que reciba premios, o se gane la lotería.

Septiembre

Para matar el tiempo, los búfalos podrían caer en la tentación de creer que pasar horas jugando frente a la computadora o el teléfono celular es equivalente a descansar. Eso los aislará de las personas que los quieren: cuidado. Los más vulnerables ante los vicios electrónicos serán los búfalos de 1997 y aunque ya peinan canas, los búfalos de 1973 también podrían perder horas valiosas de su vida pegados a las redes sociales. Los otros búfalos estarán muy ocupados tratando de resolver el día a día, también pegados a la computadora. Cuidado con la salud de los riñones.

Octubre

Este mes del perro será otro mes de aislamiento. El perro combinado con la rata trae a todos los búfalos una serie de situaciones molestas ocasionadas por problemas de comunicación. Para contrarrestar estos problemas es conveniente que realice alianzas con sus amigos rata y chancho, ya que esos signos tienen un mejor manejo de la empatía y le pueden ayudar en todo. Los amigos tigre podrían hacer de Cyrano de Bergerac en caso de tener que ponerle palabras a sus sentimientos.

Noviembre

En cuanto comience el mes del chancho, el búfalo podría cambiar de carrera, de casa o de vida. No tendrá tiempo ni dinero para negociar con nadie su libertad. El trabajo y algunos contratiempos amorosos provocarán conatos de depresión que deberá manejar cuanto antes ya que el siguiente año será el propio, y ese año será aún más complicado si llega a él con problemas anticipados. Necesita abrazar a su niño interno, practicar HO'OPONOPONO o cualquier tipo de terapia o práctica lo más cercana posible a las tradiciones ancestrales que más le atraigan, ya que su intuición lo guiará hacia la paz.

Diciembre

Durante todo este mes de fiestas de fin de año, los búfalos seguirán por el camino de la intuición, aunque la combinación energética provocará un espacio fértil para la reflexión. Este sería un buen momento para comenzar a escribir un diario, un libro de recetas o de consejos, y para los búfalos a los que se les dé mejor la enseñanza, este fin de año podría traer oportunidades para comenzar algún trabajo nuevo que los ayudaría a nivelar sus finanzas. Este período de reflexión hará que su sabiduría se afile un poco más, así que sus consejos serán requeridos y crecerá su fama de chamán-médico del alma.

PREDICCIONES PARA EL BÚFALO Y SU ENERGÍA

Búfalo de Madera (1925-1985)

Llegará al año de la rata con los deberes familiares inconclusos.

Es la oportunidad para cerrar grandes ciclos: duelos, separaciones, divorcios, con inteligencia emocional.

Un cambio inesperado y una oportunidad profesional lo llevará hacia otros lugares.

Podrá instalarse en una nueva madriguera con buen feng shui, criar a sus hijos y recuperar a la familia.

El año se presentará acelerado para su biorritmo y es necesario que haga meditación, yoga, reiki, deportes y tenga mucha imaginación para lo imprevisto.

La modestia para ayudar a sus hermanos, en la sociedad, y si se involucra políticamente será la clave para su evolución paulatina en los sueños y utopías que se presenten.

Tendrá buen humor, ganas de viajar con amigos y refundarse por dentro.

Búfalo de Fuego (1937-1997)

Tiempo de planificación a corto y mediano plazo.

Tendrá energía, buen humor, imaginación e ideas que serán bien encauzadas en el país, en la comunidad, empresas, y especialmente en quienes valoran su trayectoria profesional y humanista.

Cambio de roles familiares, asuntos legales que hay que definir en lo cercano serán necesarios para ordenar asignaturas pendientes.

La salud deberá ser atendida holísticamente.

Lloverán regalos cósmicos y honores para compartir con el zoo.

Búfalo de Tierra (1949-2009)

Llegará al año de la rata con estabilidad emocional y preparado para aceptar despedidas, duelos, cambios de roles en la familia y sueños que lentamente se realizarán.

Deberá ocuparse de las pequeñas cosas de la vida: lo doméstico, mantener en buen estado sus inmuebles y vehículos, acompañar a sus padres, hijos y hermanos en las dificultades que tienen.

Si intenta rebelarse podría sufrir grandes pérdidas afectivas y económicas.

Es tiempo de sanar vínculos afectivos y asumir sus límites.

Búfalo de Metal (1901-1961)

Año de reconstruir desde el ADN hasta su proyección en los próximos doce años.

El éxito del año dependerá de que no pretenda volar muy alto, ni rebelarse, pues podría perder el rumbo, los objetivos y quedar aislado.

Su visión del mundo será escéptica; cambios en la familia, viajes a otros países por estudios, trabajo, o búsqueda espiritual marcarán un antes y después en su vida.

La modestia será la clave para crecer profesionalmente y demostrar que su tarea en la vida es firme y segura, paso a paso y con ideas que concretará en su año.

La salud deberá ser prioridad; disminuir vicios, estrés, y practicar el tantra.

Conocerá gente fascinante en comunidades que le abrirán nuevas puertas a su destino.

Búfalo de Agua (1913-1973)

Su amiga y cómplice, la rata, será benéfica y le facilitará concretar cambios profundos en su vida desde su casa, ciudad, país, hasta comenzar un nuevo oficio con gente afín en ideas y creencias que lo estimulará y le dará el comando para organizar nuevos proyectos y empresas.

Buscará unir lazos con diversos pensamientos, culturas, y ponerlas al servicio de ONG; militará por el cambio climático, la sustentabilidad, la permacultura y el "Ni una menos".

En la familia habrá chop suey emocional; cambio de roles y nuevos amores que lo desconcentrarán de la rutina.

Año de recolección de frutos maduros y exóticos.

Su salud deberá ser atendida con soporte de terapias alternativas.

L. S. D.

El que conoce el arte
de la aproximación directa
y de la indirecta
resultará victorioso.
Ese es el arte de la maniobra.
Sun Zi, *El arte de la guerra*

ESTRATEGIA

Sitiar el reino de Wei
para salvar el reino de Zhao.

PREDICCIONES PREVENTIVAS PARA EL TIGRE BASADAS EN EL I CHING, LA INTUICIÓN Y EL BAZI

Queridos felinos: el año de la rata los sorprenderá con todas las materias previas a marzo.

El tigre decidió tomar un año sabático, liviano de equipaje, sin muchas responsabilidades durante el reinado del cerdo, y de golpe tendrá que asumir sus deberes familiares, filiales, laborales con la Afip, el monotributo, los impuestos y sobre todo con las deudas kármicas.

El I CHING le advierte que el trabajo en lo echado a perder es una posibilidad para encauzar, sanar, y activarse energéticamente frente al raterío, que será un ejército esperándolo.

El tigre sabe que a través de su dinámica existencia a veces puede ser jefe y en otras oportunidades soldado al servicio de una causa humanista.

¡Llegó la hora! Hay que activar, participar, demostrar su liderazgo y convocar al zoo para un cambio de paradigma.

La convocatoria dependerá de su estrategia para no cometer errores irreversibles.

El buen humor, la capacidad organizativa, el sentido común y el termómetro para medir el ecosistema, el clima social y las urgencias en la sobrevivencia del zoo en la selva traerán recompensas al finalizar el año.

Es necesario que tenga un *personal trainer*, guía espiritual que lo entrene antes de rugir, de dar el zarpazo o desgarrar a su adversario en la plaza del pueblo.

El año de la rata será una montaña rusa, un tren fantasma, carnaval carioca, viaje a Plutón, y estará presente en cada oportunidad.

La rata puede hechizarlo y hacerlo soñar con una vida apacible en la selva disfrutando de la inmortalidad.

A mar revuelto, ganancia del tigre que con su olfato, intuición y pasión, pondrá el corazón para solucionar a corto plazo los problemas del meteórico año de la rata.

Su salud deberá ser atendida holísticamente.

Fuertes somatizaciones aparecerán en extremidades: rodillas, zona lumbar, páncreas y pulmones.

Buena dieta, deporte, taichí, yoga, reiki, y precaución para accidentes en moto, auto y barco son recomendables durante este año.

El I CHING le aconseja EL TRABAJO EN LO ECHADO A PERDER, que mutará a EL AQUIETAMIENTO.

L. S. D.

El I CHING les aconseja:
18. Ku / El Trabajo en lo Echado a Perder

EL DICTAMEN
El Trabajo en lo Echado a Perder tiene elevado éxito.
Es propicio atravesar las grandes aguas.
Antes del punto inicial tres días,
después del punto inicial tres días.

Lo que se ha echado a perder por culpa humana, puede también subsanarse mediante el trabajo humano. No se trata de un sino inexorable, como el que aparece en el tiempo del Estancamiento, sino de una consecuencia del abuso de la libertad humana, lo cual ha conducido al estado de putrefacción. Por lo tanto, el trabajo destinado al mejoramiento tiene buenas perspectivas, puesto que se realiza en concordancia con las posibilidades del tiempo. Pero es necesario que uno no se arredre ante el trabajo y el peligro -simbolizado por el cruce de las grandes aguas-; es necesario tomar cartas enérgicamente. No obstante, es condición previa del éxito una adecuada reflexión. Esto se expresa en la sentencia añadida: “Antes del punto inicial tres días, después del punto inicial tres días”. En primer término deben conocerse las causas que han conducido a la corrupción, antes de que esta pueda subsanarse: de ahí la necesaria atención durante el período anterior al tiempo inicial. Luego hay que preocuparse de que todo se encarrile bien por la nueva vía, para evitar una recaída: de ahí la necesaria atención en el período que sigue al punto inicial. La indiferencia y la inercia que han conducido al estado de corrupción deben ser reemplazadas por la decisión y la energía, a fin de que un nuevo comienzo pueda suceder a la terminación de tal estado.

LA IMAGEN

Abajo, al borde la montaña, sopla viento: la imagen del echarse a perder.

Así el noble sacude a las gentes y fortalece su espíritu.

Al soplar el viento en lo bajo, al borde de la montaña, se ve rechazado y echa a perder las plantas. Esto contiene una exhortación al enmendamiento. Lo mismo ocurre también con las disposiciones de ánimo inferiores, y con las modas: introducen corrupción en la sociedad humana. Para eliminarla, el noble ha de renovar la sociedad. Los métodos para ello se extraen igualmente de ambos signos primarios, solo que sus efectos se despliegan entonces en ordenada secuencia. El noble ha de eliminar el estancamiento sacudiendo a la opinión pública (tal como el viento sacude con su acción) y fortalecer luego el carácter de la gente, tranquilizándolo (como es el caso de la montaña que brinda tranquilidad y alimento a todo lo que crece a su alrededor).

Las diferentes líneas:

Nueve en el segundo puesto:

Muta al hexagrama 52. Ken / El Aquietamiento (La Montaña)

EL TRÁNSITO DEL TIGRE DURANTE EL AÑO DE LA RATA

PREDICCIÓN GENERAL

El año del chancho anterior fue tremendo. Llegará al año de la rata con agotamiento previo debido a cambios de vida, las pérdidas irreparables y el modo de vida moderno cada vez más enajenante... el tigre, sin importar qué edad tenga, se verá en el espejo algo ajado, agotado emocional y físicamente. La rata con su energía agua y metal le ofrecerá tres opciones: encierro, retiro forzado o cuarto de hospital, son tres por el precio de uno o ninguno. Para llegar a acuerdos energéticos con el universo, el felino necesitará usar toda su capacidad para disciplinarse por medio del trabajo en equipo. Puede rodearse del puñado de amigos que aún conserva; ahorrar, no procrastinar y llevar las cuentas claras.

Enero

Este mes es complicado porque el mes del búfalo combinado con el año chancho, que sigue reinando en la galaxia, provoca en el tigre fantasías románticas que a la larga le producirán dolor en el caso de que no sean cumplidas. La combinación agua, tierra y madera parece propicia, pero esta provoca en el felino un ímpetu apasionado dispuesto a hacer locuras con tal de satisfacer sus deseos. Esta combinación es fatal, provocaría un matrimonio sofocante y una relación amorosa obsesiva. Es importante que se espere a que termine el año de la rata para dar ese paso o comprometerse en cualquier relación amorosa.

Febrero

El mes propio siempre es complejo. Todo ocurrirá de modo vertiginoso. Una vez que la rata comience a gobernar, el tigre se sentirá atrapado. Es posible que a lo largo del mes mejore su carácter, pero a su alrededor, las responsabilidades en el trabajo y con la familia se irán incrementando. Los grandes damnificados en esta faena serán los amigos y amantes. Poco a poco verá desaparecer sus horas de ocio, por lo que tendrá que organizarse muy bien, de tal manera que pueda continuar con la vida a la que está acostumbrado, o por lo menos con ocho horas de sueño por las noches. Tendrá que aprender a respirar y meditar.

Marzo

El tigre estará tan profundamente enamorado que olvidará todo lo que lo rodea. Cuidado. En particular los tigres de 1998 podrían comenzar una relación apasionada muy interesante, pero que provocaría problemas con sus amigos y familia, pues ellos llevan ya mucho esperando un poco de su tiempo y atenciones. Además de eso tiene que proteger su salud física y mental porque andará tan distraído que cualquier paso en falso podría convertirse en un accidente. También es importante que mantenga una relación saludable con sus finanzas, en particular con impuestos, negocios y leyes federales o locales.

Abril

El dragón va a traer valor para hacer lo que no atrevió a realizar antes. También le aportará energía iracunda. Tiene que mantener su centro, meditar, estudiar filosofía y practicar un deporte de mediano impacto, además de priorizar en sus relaciones. Es importante que ponga tierra de por medio cuando se dé cuenta de que pierde el control sobre sus actos. Necesita calmarse haciendo ejercicio; de esa manera matará dos pájaros de un tiro ya que es posible que este mes su hígado y demás órganos del sistema digestivo no estén trabajando al 100 %, sobre todo si se desvela más allá de las tres de la madrugada.

Mayo

Este mes de la serpiente puede atraer la necesidad de ser feliz, o por lo menos de divertirse. No está mal hacerlo, pero en su caso es posible que solo esté buscando escapismos. Tal vez se enrede en relaciones superficiales también; el problema es que la combinación serpiente-rata le podría provocar disgustos por cuestiones laborales y legales, en especial con mujeres jóvenes que pertenezcan a los signos afines a la rata (mono y dragón). En esos casos, al igual que en el mes anterior, el tigre deberá apartarse geográficamente de los problemas viajando hacia el Oeste, pero jamás al Norte.

Junio

Las lealtades con la familia, los amigos y el trabajo se pondrán a prueba durante este mes, por lo que el tigre puede aprovechar para ayudar y ayudarse en el proceso y así quemar un poco de karma. En el aspecto laboral estará muy solicitado, por lo que es posible que trabaje horas extra. La familia y los amigos le exigirán que les dedique más tiempo, entonces nuestro felino tendrá que aprender a delegar responsabilidades. No se puede dar el lujo de descuidar su salud. Tiene que empezar a decir que NO cuando le pidan hacer más cosas de las estipuladas en contratos o facturas, y darse tiempo para descansar.

Julio

La energía tierra del mes de la cabra traerá paz y reflexión. Este proceso será indispensable para transitar el laberinto de la rata durante la segunda mitad del año. También tendrá oportunidades para conocer gente nueva, enamorarse o recuperarse del mal de amores de otros tiempos; será un mes mucho más propicio porque varios a su alrededor estarán tan distraídos en sus afanes, que podrá escabullirse un rato y dedicarse a disfrutar el poco tiempo libre que tendrá. Los únicos tigres incompatibles con esta energía serán los de 1986, ya que es posible que se encuentren más cansados de lo normal.

Agosto

Este mes representa una confabulación entre la rata y el mono; el tigre se verá envuelto en una red de intrigas molestas en el trabajo o la escuela. Cuidado. No es recomendable que haga nada importante entre las 7 y las 9 de la mañana, así como los días 17 y 29. No podrá firmar contratos, papeles importantes, prestar o pedir dinero o hacer deportes peligrosos ni confiar en negocios turbios o en políticos. Para sobrevivir este mes con dignidad, deberá juntarse con sus amigos caballo y perro; meditar, hacer ejercicio moderado y tener mucho cuidado con cada paso que dé afuera de su casa.

Septiembre

El mes del gallo le traerá energía metal. Al combinar esta con las energías agua y metal del año, provocará que los tigres de 1974 y 1998 tengan mucha más disciplina que de costumbre, pero los agotará un poco emocionalmente: necesitarán rodearse de gente alegre o, por lo menos, ver películas de comedia cuando se permitan la oportunidad de descansar. Los demás tigres, sobre todo los de 1962 y 2010 estarán distraídos. Esa situación molesta podría repercutir en su salud pulmonar. Esto se soluciona aprendiendo a respirar profundamente y limpiando el ambiente del trabajo y su casa por medio de plantas.

Octubre

Este mes será obsesivo. El tigre se sentirá observado y juzgado. Es importante que mantenga la mente fría ya que algunas de sus sospechas se harán realidad, más que nada en el ambiente laboral. Necesita ser más diplomático, tarea nada fácil para el rey de la selva. Los asuntos legales y de impuestos tendrán que ponerse sobre la mesa una vez más, eso ocurre porque tanto al tigre como al perro que gobierna el mes no les va muy bien cuando las energías de la rata chocan contra ellos y el caballo. Este efecto es bien conocido en fēng shuǐ y se llama Tres Asesinos. Para contrarrestar su influencia, es necesario que tenga cuidado con todo lo relacionado con fuego, agua y la interacción entre estas dos energías sumadas a la energía propia, que es madera.

Noviembre

Este mes desgraciadamente va a ser terrible para la economía mundial y para el tigre eso representa pérdidas materiales y emocionales. Su tranquilidad dependerá de su capacidad de organización y su voluntad para trabajar de manera estable, aunque por ello pierda su libertad de movimiento y tenga que sacrificar algunas ideas innovadoras. La combinación de energía entre el mes y el año le provoca mala salud, accidentes, malas relaciones de pareja y pleitos con gente cercana. Tendrá que ponerse a resguardo y buscar seguridad a como dé lugar. Tiene que ahorrar tiempo, dinero, energía y, sobre todo, palabras.

Diciembre

Esperemos que el tigre esté leyendo con anticipación todo esto, porque el mes de la doble rata será difícil. Le costará trabajo comunicarse efectivamente con los seres amados y los compañeros de trabajo; además, los aspectos legales y económicos seguirán siendo indispensables. Si puede, pague todas sus deudas antes de que termine el año. Será preferible pasar una cena de Navidad o de año nuevo comiendo papas fritas que llegar a 2021 en la bancarrota. Volverá a salir el sol;

eso se lo prometemos, pero mientras, hay que practicar el WÚ WÈI 无为 es decir, hacer sin forzar las cosas.

PREDICCIONES PARA EL TIGRE Y SU ENERGÍA

TIGRE DE MADERA (1914-1974)

Estará atento a la flauta de Hamelin y sus consecuencias.

Necesitará un *spa* en Tulum, en las islas Mandivias para sanar sus siete cuerpos.

En la familia habrá rebeliones, demandas y ganas de mejorar la situación económica.

Tendrá que salir de cacería por la noche para traer alimento a su prole.

Deberá cuidarse de las flechas envenenadas que podrían ponerlo en riesgo, y de las relaciones extraconyugales.

TIGRE DE FUEGO (1926-1986)

Su energía estará baja al comenzar el año de la rata.

Deberá reforzarla con karate, ejercicios físicos, yoga, taichí y mucha laborterapia.

Lloverán propuestas decentes e indecentes para un cargo público, una profesión que deberá estar a la altura de su mérito, estudio o trayectoria.

Podrá compartir su vida con ratas, chanchos y perros y tener ideas solidarias en la comunidad de los hombres.

Un amor le caerá con solidez y contundencia para cazarlo.

Su libertad e independencia tienen un precio, podría caer en los brazos de eros y olvidar su liderazgo haciendo vida casera y cocinando manjares al zoo.

Tiempo de meditación dinámica y cambios sistémicos.

TIGRE DE TIERRA (1938-1998)

Llegará entusiasmado al año de la rata: tendrá propuestas laborales nacionales e internacionales.

Sentirá ganas de renovar su *look*, cambiar el auto, hacer

permuta de casas y estar más liviano de equipaje. Será convocado a participar en foros, ONG, asambleas, seminarios por el cambio climático, los cambios políticos y sociales y el cambio de paradigma.

Su experiencia será clave en la constelación familiar.

Su salud deberá ser atendida física y espiritualmente.

Podrá comenzar un nuevo ciclo de investigación, exploración en su profesión, dando a conocer sus ideas sobre permacultura, ciencia, y tecnología. Año de arranque para encauzar su caudal creativo con ayudantes, amigos y el zoo.

Tigre de Metal (1950-2010)

Llegará exhausto al año de la rata: las responsabilidades familiares, políticas y en la comunidad de los hombres alteraron su salud. Es necesario que descanse, que haga cura de sueño y delegue responsabilidades.

Su liderazgo se verá jaqueado si no comparte actividades y problemas. Su familia le reclamará más tiempo, cuidados y tendrá rebeliones en la granja.

El intercambio de roles, ideas y el trueque serán su forma de vida.

La rata le exigirá más tiempo para resolver asuntos políticos, económicos y judiciales; le tomará examen acechándolo desde un rincón, y tendrá que confiar en mujeres sensatas para el cambio de paradigma.

El trabajo en lo echado a perder se revertirá con disciplina, convocatoria popular e ideas innovadoras integrando ciencia y tecnología.

Organice mejor su agenda y no descuide los afectos.

Tigre de Agua (1902-1962)

Revisará atentamente el trabajo en lo echado a perder para fortalecer su autoestima.

Desde allí desplegará su radiación solar y eólica para participar en la comunidad de los hombres.

Cambios sistémicos en la familia, cambio de roles y rebeliones lo mantendrán con alerta meteorológico.

Tiempo de introspección, planeará su vida a mediano plazo y ayudará a los más débiles.

Saldrá de cacería en noches de luna llena; tendrá que hacer la digestión al sol si devora un venado.

Su experiencia se pondrá al servicio en la comunidad de los hombres y recibirá reconocimiento por su trabajo, consejos y caudal afectivo.

Año de equilibrar la energía que se da y recibe; superar traumas y sanar sus zonas erróneas.

En la pareja habrá crisis: "oportunidad para el cambio".

L. S. D.

Si quieres hacer algo,
haz que tu contrincante
lo haga por ti
Proverbio militar chino.

Estrategia

Matar con un cuchillo prestado.

PREDICCIONES PREVENTIVAS PARA EL CONEJO BASADAS EN EL I CHING, LA INTUICIÓN Y EL BAZI

Está amaneciendo en Traslasierra, Las Rabonas, y en mi casa.

Abrí postigos para ver la última estrella que me saluda antes del azul aurora que me fascina, cuando las figuras que fueron noche se dibujan como lo haría el plumín de un monje tibetano.

Es un día claro, el cielo lentamente se convierte en día; y los tímidos pájaros comienzan a silbar bajito.

Las liebres que viven en el jardín aún sueñan con un invierno a resguardo del frío, las vicisitudes que tienen cuando el hambre azota y los perros del vecindario, si las ven distraídas, las devoran.

Llegará el año de la rata con un tiempo de grandes cosechas, de trabajo, nueva madriguera, herencias, renovados lazos de poliamor, reencuentro con la vocación y el I-SHO-KU-JU (techo, vestimenta y comida).

El conejo –que admira a la rata– tendrá bienestar y equilibrio; disfrutará de las pequeñas cosas de la vida, integrando a su microclima nuevos amigos, socios, maestros que aportarán ideas innovadoras, creativas, revolucionarias, y lo mantendrán en el candelero.

Su trabajo, como guía el I CHING, será "de evolución paulatina", enraizando con algunas situaciones adversas que lentamente encontrarán su cauce para fluir con el TAO.

El conejo, que tuvo años difíciles, seguirá con el envión del año porcino cerrando grandes ciclos en su destino.

Tendrá más adrenalina y empuje para integrarse en la comunidad de los hombres.

Sentirá mariposas en la panza por algún nuevo rol social, humanista, de asesoramiento en empresas, universidades, ONG, en la escuela, el dispensario, comedor o cooperativa textil.

Su espíritu solidario, generoso, abierto le franqueará nuevas puertas y participará con su gracia, talento y sabiduría en decisiones clave en la comuna.

Tendrá una racha de suerte en lo económico que deberá atesorar para épocas de vacas flacas.

Su influencia en la gente será paulatina, moderada, discreta.

Estará dispuesto a compartir su departamento, carpa, palacio, o casa rodante con quienes ofrezcan un *feedback* a su energía.

La rata sacará lo mejor del conejo y hará las paces después de años luz.

Estará sociable, divertido, recuperando un tiempo de depresión y autismo que pudo superar por su tenacidad y voluntad.

Debido a situaciones de estrés que enfrentará en la familia, por pleitos, peleas, cambios inesperados de planes o acuerdos, deberá recurrir a la medicina holística.

Su hipersensibilidad le jugará malas pasadas y tendrá que "hacer medicina preventiva" para evitar caer en cama.

Es recomendable tener una antena parabólica para detectar situaciones de riesgo; sobre todo en su entorno y en viajes al exterior.

Pondrá foco en integrarse en cada puerta abierta que encuentre para ayudar al prójimo.

Aprenderá durante el año del roedor a equilibrar pasión y razón.

Será líder en la familia y en la tribu cósmica.

L. S. D.

El I CHING les aconseja:
53. Chien / La Evolución (Progreso paulatino)

EL DICTAMEN
La Evolución. Casan a la muchacha. ¡Ventura!
Es propicia la perseverancia.

Es vacilante la evolución que conduce a que la muchacha siga al hombre a su hogar. Es necesario cumplir las diversas formalidades antes de que se realice la boda. Esta paulatina evolución puede transferirse también a otras circunstancias, siempre que se trate de relaciones correctas de cooperación, por ejemplo cuando se designa a un funcionario. En tales casos hay que esperar que las cosas se desarrollen correctamente. Un procedimiento precipitado no sería bueno. Lo mismo ocurre finalmente cuando se pretende ejercer influencia sobre otros. También en este caso se trata de una vía evolutiva correcta lograda mediante el cultivo de la propia personalidad. Todo el influjo ejercido a la manera de los agitadores carece de efecto duradero.

También en el interior la evolución ha de emprender el mismo camino, si se aspira a obtener resultados duraderos.

Lo suave, lo que se adapta, y que sin embargo al mismo tiempo penetra, es lo externo, que debe surgir de la tranquilidad interna.

Precisamente lo paulatino de la evolución hace necesaria la constancia. Pues únicamente la constancia logra que a pesar de todo el lento progreso no se pierda en la arena.

LA IMAGEN
Sobre la montaña hay un árbol: la imagen de la evolución.
Así permanece el noble en digna virtud
a fin de mejorar las costumbres.

El árbol sobre la montaña es visible a lo lejos y su evolución influye en la imagen del paisaje de toda la comarca. No emerge rápidamente hacia arriba como las plantas de pantano, antes bien su crecimiento se produce paulatinamente. También el efecto que se ejerce sobre los hombres tan solo puede ser paulatino. Ningún influjo o despertar repentino tiene efecto persistente. Y para lograr este progreso en la opinión pública, en las costumbres públicas, es preciso que la personalidad adquiera gravitación e influencia. Esto se logra mediante un cuidadoso y constante trabajo dedicado al propio desarrollo moral.

Las diferentes líneas:
Al comienzo un seis.
Seis en el cuarto puesto.
Muta al hexagrama 13. T'ung Jen / Comunidad con los Hombres.

EL TRÁNSITO DEL CONEJO DURANTE EL AÑO DE LA RATA

PREDICCIÓN GENERAL

El mejor aliado del conejo este año será un cuaderno de notas o un diario personal. Como este año será tan bueno, si logra encontrar una estrategia vencedora, será importante tener los detalles a la mano en cualquier temporada de "vacas flacas" que pueda llegar en el futuro. Este año será amoroso y sensual al mismo tiempo. Si bien las conejas de 1975 se acercarán al climaterio, los cambios hormonales podrían ser manejables. El resto de la madriguera tendrá cambios, pero todos enfocados en los asuntos emocionales y espirituales que vayan apareciendo poco a poco. Su aspecto físico, su trabajo y su salud mejorarán porque su energía podrá disciplinarse con facilidad.

Enero

Sigue el tema "Chancho" en el que continúan las oportunidades laborales, pero el mes búfalo podría frenarlo un poco debido a problemas con el aparato respiratorio o una mala racha de tristeza o pensamientos obsesivos. Para salir de eso, puede buscar la ayuda de sus amigos tigre y dragón o de una cabra.

Le conviene aprovechar estos momentos para organizarse antes de que comience el año de la rata, ver cómo van a estar sus finanzas y su tiempo libre, ya que este año querrá más libertad de movimiento y, para poder disfrutar de lo que sea que se presente en adelante, necesita tener un poco de plata extra ahorrada.

Febrero

La combinación rata/tigre sube la energía madera, eso tendrá al conejo en el centro de todo evento social y artístico. Este podría ser su gran debut en todos los círculos a los que siempre quiso pertenecer. Los más beneficiados serán los conejos de 2011, que si bien apenas son unos gazapos, ya tienen interacciones sociales que serán importantes incluso dentro de doce años. Los demás conejos se sentirán confiados, pero la popularidad siempre viene con una cuota de precaución. Es importante que aprenda a ser más discreto para que esta oleada de buena vibra le dure bastante más que un solo año.

Marzo

El mes propio provocará que el conejo se enoje por los detalles más mínimos, haciendo que los logros conseguidos el mes anterior se detengan un poco. Es normal cuando hay energía de madera y agua en combinación. Puede evitar querellas buscando en su interior motivos para sentirse agradecido con lo que tiene y con las personas que lo rodean, incluso aquellas que puedan haberle hecho daño anteriormente. Esto lo puede lograr practicando el HO'OPONOPONO en grupo; mejor aun si lo realiza con sus amigos y familiares. El mes será provechoso aunque hay peligro de pérdidas de dinero por descuidos.

Abril

Hay compatibilidad con el dragón del mes, pero al mismo tiempo esa compatibilidad provoca distracciones. Por otro lado, el dragón se combina con la rata y provocaría problemas de todo tipo a lo largo del mes, pero con más fuerza cuando se combinen con la hora del mono, entre las 15 y las 17, y durante los días mono, que serán el 11 y el 23. Esta combinación podría arruinar las alegrías conseguidas en los meses anteriores, pero no todo está perdido; puede aliarse con los signos del tigre, la cabra y el chancho, ya sea poniendo atención a un calendario chino en cuanto a días y horas o asociándose con personas de esos tres signos.

Mayo

Si el conejo aprende a estar solo sin sentirse abandonado, podrá transitar el mes de la serpiente con menos resentimientos. Será un mes con cambios de domicilio, empleo o materias en la escuela, y aislamiento. En especial los conejos hombre podrían tener mal de amores o rompimientos, aunque estas relaciones se podrían arreglar una vez que pase el mes. La clave para su bienestar es no perder su conexión con las personas que sí lo quieren y mantenerse ocupado. Seguramente tiene algún proyecto relegado, un cuento que siempre quiso escribir, un cuadro para pintar, y si no, internet podría sugerirle un nuevo pasatiempo.

Junio

Estos treinta días serán difíciles para todo el zoo porque el mes del caballo choca con el año de la rata, pero relativamente sencillo para el conejo, a menos que este trabaje manejando proyectos y grupos. Será especialmente complicado para los conejos dedicados a la docencia. En todos estos casos, solo queda ser más flexible y más paciente; cosa difícil para el conejo, que además estará enamorado o a punto de enamorarse. La meditación será siempre el recurso más recomendado, pero el conejo lo pasará mejor corriendo y practicando actividades al aire libre para aclarar la cabeza. Buenas noticias vienen en camino.

Julio

Este será un mes de trabajo arduo. La cabra llega a consentir al conejo con una buena dosis de concentración. Esto le viene de perlas porque ha estado muy distraído y es posible que necesite ponerse al día con tareas y cuestiones profesionales que ha estado postergando. Esta vez, el entusiasmo valdrá cada segundo de tiempo invertido. Puede aprovechar el momento para hacer algo creativo o presentar una propuesta novedosa en el trabajo o la escuela. Los conejos dedicados a la ciencia, tecnología, o los que estén estudiando tendrán buena suerte en competencias, presentación de tesis y debates.

Agosto

Conforme avancen los meses regidos por los signos de metal (mono y gallo) el conejo se sentirá cada vez más propenso a la autoindulgencia. Esto podría ser un problema en lo emocional porque el conejo, en especial los nacidos en el siglo XX, tienen muy arraigada la autoestima al aspecto físico. Lo mejor contra todo este proceso es hacer ejercicio, bailar, escalar montañas.

Posiblemente se presente algún conflicto amoroso debido a malentendidos y accidentes. Ambas situaciones las puede prevenir haciendo y diciendo las cosas con seguridad, basado en la lógica y la razón, y no en la experiencia.

Septiembre

El mes del gallo es su opuesto energéticamente y al mismo tiempo complementa la energía del año de tal forma que el conejo podría llegar a obsesionarse con el amor romántico de manera molesta o peligrosa. Es importante que los padres y tutores de los conejos de 2011 pongan mucha atención a lo que están haciendo los gazapos, ya que podrían ponerse precoces. Los conejos ya adultos tendrán que aprender a separar amor y sexo, aunque sea por el momento, o podrían acabar presos de una historia que les ocasionaría decepciones o alguna infección. No le conviene casarse todavía, aunque esté muy enamorado.

Octubre

El mes del perro será complicado para todo el mundo, eso deja al conejo en una situación algo triste, porque es un ser muy empático y eso lo tendrá muy ocupado. Resultará importante que no se deje llevar por los problemas de los demás y que se fije muy bien en sus necesidades primordiales ya que, como bien se sabe, si se cuida a sí mismo primero, después podrá ayudar a los demás.

Noviembre

El mes del chancho se presta para concretar asuntos importantes, hacer exámenes, visitar al médico, comenzar algún proyecto o montar un negocio. Los mejores días para meditar y recargar la energía serán el 12 y el 24. Seguirá enamoradizo, así que este mes le ofrece una ventana para poderse casar o formalizar relaciones emocionales. Los lazos serán fuertes y es muy probable que lo que inicie este mes sea para siempre. En cuanto a lo profesional, puede pedir un aumento, competir por una promoción y hacerse escuchar si habla con sus superiores o inversionistas ya que será más atractivo y asertivo.

Diciembre

Desgraciadamente, cuando se juntan dos ratas –por mes y año– el conejo obtiene beneficios y problemas simultáneos. En este caso, los problemas se manifiestan por medio de inseguridades y miedo. El conejo tiene que reconocer sus propios atributos y alimentar la autoestima. Es importante que no planifique ni se obsesione entre las 23 y la una de la madrugada, ya que a esas horas debería estar bien dormido, con excepción de la Nochebuena, momento en el cual puede darle la bienvenida al año gregoriano en calma, de preferencia sobrio y esperanzado, en compañía de los seres que ama y que siguen a su lado.

PREDICCIONES PARA EL CONEJO Y SU ENERGÍA

Conejo de Madera (1915-1975)

Después de un año intenso de grandes transformaciones personales llegará a buen puerto en el año de la rata para disfrutar de sus logros.

Estará dinámico, creativo, con nuevos proyectos que serán valorados en la empresa, y en la comunidad de los hombres.

Se sentirá más casero; aprenderá nuevos oficios relacionados con el arte, el FENG SHUI, la jardinería, la búsqueda de caminos de autoayuda que sanarán relaciones tóxicas y de amores que aún retornan a su vida.

Su vocación artística renacerá; por giras, viajes al exterior, nuevos directores o el grupo humano con el que aprenderá la ley del dharma.

La rata lo rescatará de situaciones límite: algún altercado callejero, juicio, demanda, estafa.

Recuerde que sigue pendiente en la mitología china, que cuando Buda convocó a los animales para formar el zodíaco, la rata se olvidó de despertar al gato (o conejo) y él jamás lo perdonó...

Conejo de Fuego (1927-1987)

Llegará al año de la rata con el vaso más lleno que vacío.

Pondrá en remojo algunas cuentas pendientes con la familia, y se dedicará a ordenar herencias, ventas de inmuebles, su patrimonio espiritual y material.

Sentirá ganas de rebelarse frente a la injusticia y el revuelo del año áspero que se vivirá en el país, o en el mundo.

El conejo adora la paz y la calma hogareñas y cualquier situación que lo desestabilice lo alterará emocionalmente.

Podrá concretar un nuevo rumbo profesional; ofertas del exterior lo tentarán para poner en práctica sus virtudes y talento con éxito.

Se reencontrará con amigos del pasado y nuevos a través de las redes y el ciberespacio, y será clave para el liderazgo en la comunidad de los hombres.

Una pasión o un amor con contrastes culturales le dará vitalidad y renovará su *look*.

Será el motor en la comunidad de los hombres si practica la meditación, el zazen, el yoga y EL TAO DEL AMOR Y DEL SEXO.

Conejo de Tierra (1939-1999)

El conejo sabe que aún tiene asignaturas pendientes del año del cerdo.

Es mejor cerrarlas antes del 25 de enero de 2020, cuando la rata sigilosa lo esperará para cobrarle peaje.

Podrá planificar a mediano y largo plazo su vida y la de su tribu, sea ADN o en la comunidad de los hombres.

Tiempo de grandes cambios sistémicos. Reformulará su hábitat, podrá mudarse, explorar nuevos continentes y enamorarse de otra cultura y raza.

Su bagaje profesional le abrirá puertas, conocerá gente con poder y será el vip del zodíaco.

La salud deberá ser atendida holísticamente.

Cambios en su *look*, relaciones afectivas serán propicias en el tiempo ratonil.

Conejo de Metal (1951-2011)

Después de la montaña rusa del año del cerdo, y de cerrar asignaturas pendientes con la familia, podrá planificar su vida a mediano plazo.

Un cambio de lugar, hábitat, mejorará su humor y sus hormonas.

Conocerá gente talentosa, original que lo inspirará para militar por el cambio climático en ONG, en fundaciones y en la vida de su pueblo.

Tendrá tiempo para el ocio creativo, el tao del amor y del sexo, y para innovar en un *hobby* u oficio.

Año con adrenalina y flechazos inesperados.

Conejo de Agua (1903-1963)

Comenzará el año del roedor con celebraciones familiares, de amigos y en la comunidad de los hombres.

Su espíritu altruista estará recompensado y podrá hacer cambios positivos en su profesión y estudios.

Podrá cerrar asignaturas pendientes y dejar en orden herencias y temas de papeles.

Sentirá un nuevo impulso para cooperar en su ciudad o pueblo y se asesorará con gente idónea.

Tal vez una ruptura afectiva lo mantenga en soledad hasta que llegue la primavera, con nuevas dosis de hormonas y autoestima

Año de crecimiento lento pero eficaz, y nuevas fuentes de inspiración en su cosmovisión.

L. S. D.

Algo que es familiar
la mujer supera al hombre en tranquilidad.
Lao Tse, *El libro del camino recto*.

ESTRATEGIA

Relajarse mientras el enemigo se agota a sí mismo.

PREDICCIONES PREVENTIVAS PARA EL DRAGÓN BASADAS EN EL I CHING, LA INTUICIÓN Y EL BAZI

Hace un rato, en pleno mediodía Fer Manguz, dragón médium envió la Lectura del Cielo de los Abuelos Quilmes.

Cau-salidad; sincronicidad, magia que el rey del cielo nos regala a los humanos.

Buen comienzo para el renacimiento que les espera en el inicio del año de la rata metálica: 25-1-2020.

Después de pasar dos años muy complicados, lentamente comenzarán a levantar vuelo, sacar las escamas del fango al que los llevó el año del chancho, inspirar y exhalar un nuevo aire que será prana para su nueva etapa, ciclo; saldrá del letargo a despabilarse y encenderse, y logrará recuperar su voltaje y dominio del cielo.

Su aliada, socia y cómplice, la rata, lo invitará a protagonizar un tiempo de grandes hazañas, de eros, de suerte en lo que emprenda, de nuevos amigos, amores que sacudirán con un fuerte viento Sur los pliegues de sus alas y las teñirán con purpurina. La sensación de rejuvenecimiento será desde el ADN hasta el *look*; y aceptará el ciclo que tendrá gérmenes de nuevas semillas, fertilidad, prosperidad, ideas originales e innovadoras.

Tendrá FENG SHUI a favor en lo que inicie, el vacío con el que convivió irá lentamente llenándose de "lo esencial".

Recuperará el humor, a veces ácido, negro, pero necesario en tiempos de incertidumbre y cambios en los hábitos y costumbres del zoo.

El I CHING le es propicio: el hexagrama 46 habla de una subida, ascenso con esfuerzo, día a día, poniendo a favor lo que ha sembrado, soñado, trabajado en soledad y en comunidad.

El dragón tuvo duelos, separaciones, estepas siberianas de soledad en las que se escondió, se refugió para que no lo vieran; su ego se disolvió en la nieve, en las tórridas siestas del Valle de la Luna; en los peñascos del estrecho de Gibraltar, en las cuevas de Altamira, en los cenotes mayas.

Desapareció… aunque marcará tarjeta.

Por eso, su autodisciplina, temporada en el monasterio, Tíbet, lo esculpió para dejar en orden el tiempo caótico y recomenzar, reformular su vida, reinventarse con la bendición de la Vía Láctea, los planetas, asteroides y las estrellas nova.

La rata lo invitará a viajar en *business* y tomar el Expreso de Oriente hasta Estambul, bailar con las odaliscas, comer manjares árabes y visitar lugares sagrados; compartir las ganancias de los negocios que florecerán en cada lugar del planeta, para nuevas inversiones que serán patrimonio familiar cuando decida aterrizar en el año del buey.

Su intuición sabrá moderar cada oportunidad, no sobrepasarse en exigencias que pueden ser un *boomerang,* y recuperar la modestia, que no es algo usual en este signo.

Estar en equilibrio, en el punto medio, observando como un dron lo que ocurre con sus hermanos, supervisando el cambio climático, a los refugiados que intentan emigrar de sus países por guerras, tiranías, hambruna, o porque quieren intentar una nueva vida en otro continente o nación.

Y a quien pueda rescatar en sus alas, lo llevará a nuevos y más confortables lugares para renacer.

El dragón estará altruista y solidario.

Se embarcará en nuevos horizontes y mantendrá una amorosa calma que será una bendición para quienes lo admiran y aman.

L. S. D.

Año de manifestaciones. Si 2019 fue el año para descubrir los anhelos largamente postergados, de hacerle espacio a los deseos más íntimos y cumplirlos; 2020 nos espera con el escenario, el espacio/tiempo para poder plasmarlo. No es una invitación. Más bien, se presenta como la única salida posible para la subsistencia. Si hicimos la tarea en 2019, donde lo importante era despejar las resistencias más profundas (algunas disfrazadas con sus mejores atavíos de hermosura y simpatía, y que creíamos que formaban parte de nuestra identidad), entonces, el camino se presenta despejado, diáfano y sin demasiados accidentes geográficos. Para quienes se desoyeron una vez más, aduciendo "urgencias" de la vida diaria, "indispensables" tan importantes como para postergar, de nuevo, eso que nos llama desde el interior con una potencia cada vez más intensa, el año se presenta como una sucesión de escollos. El camino de siempre está muy trabado, es preciso tomar el camino más suave, el más corto y más armonioso. El Cielo está impulsando lo nuevo, lo genuino; y las máscaras se derrumban, para nosotros y para los demás. Desnudos de adornos, más reales, más honestos, más limpios.

El salto es inevitable. No hay abismos. Los abismos están en la mente, en la estructura que ya se ha caído y que algunos intentaremos volver a unir con pegamento. No se unirá. La Fe de creer que lo que se ha ido debía irse. Aunque no entendamos las razones. No tenemos que comprenderlas (si es que no las hemos descubierto el año pasado). El dique se ha abierto.

Carla Pandolfo
Astróloga, sanadora de ambientes y editora

El I CHING les aconseja:
46. Sheng / La Subida (El empuje hacia arriba)

EL DICTAMEN
La subida tiene elevado éxito.
Hay que ver al gran hombre.
¡No temas!
La partida hacia el Sur trae ventura.

La ascensión de los elementos aptos no tropieza con ningún obstáculo; por eso se ve acompañada de un gran éxito. La modalidad que posibilita la ascensión no es violenta, sino modesta y dócil, pero como uno es apoyado por el favor de los tiempos, avanza. Hay que movilizarse e ir en busca de las personas que deciden. Esto no debe infundir temores, pues no fallará el éxito. Sólo que es necesario poner manos a la obra; pues la actividad (es este el significado del Sur) aporta ventura.

LA IMAGEN
En medio de la tierra crece la madera:
La imagen de la subida.
Así el noble, con gran dedicación, acumula lo pequeño
para lograr lo elevado y lo grande.

La madera en la tierra crece sin prisa y sin pausa hacia la altura, doblándose dócilmente para eludir los obstáculos. Así el noble es abnegado en su carácter y no descansa jamás en su progreso.

Las diferentes líneas.
Al comienzo un seis:
Nueve en el segundo puesto:
Seis en el quinto puesto:
Muta al hexagrama 63. Chi Chi / Después de la consumación

EL TRÁNSITO DEL DRAGÓN DURANTE EL AÑO DE LA RATA

PREDICCIÓN GENERAL

La rata crea una combinación de energía agua al combinarse con dos signos clave: el mono y el dragón. Esa energía se expresa por medio de la comunicación, la velocidad, el frío y el miedo. El año no será sencillo; es como si la rata buscara al mono y al dragón para batallar a su lado. La rata y el dragón son compatibles sobre todo en lo que involucra trabajo, por lo tanto, los dragones que tengan problemas de salud o que quieran tomarse un tiempo sabático no la pasarán tan bien como los adictos al trabajo o que hacen lo que realmente aman. Para complementar esta predicción le conviene ver las predicciones de la rata y el mono.

Enero

Este mes pinta para ser bueno, siempre y cuando el dragón no se case. No importa si encontró al amor de su vida y está listo para dar ese paso, la combinación de energías atraerá problemas con miembros de su familia extendida, malentendidos con la pareja, en especial para los dragones hombre. Además tendrá asuntos urgentes que resolver en el trabajo. Los signos apuntan a que hay que ir con calma, dejarse llevar por frivolidades y eventos que involucren menos a su familia y amigos. Además, este es el último mes en el que podrá tomarse descanso, porque después la rata lo tendrá marcando el paso.

Febrero

En este tiempo tendrá que aprender a confiar en sus instintos, ya que es posible que tenga que moverse más allá de su localidad. Podría conseguir algún trabajo de corta estancia en otra ciudad o cambiará de escuela si aún es estudiante. En especial los dragones de 1952 y 2012 tendrán la mente conectada con la Pachamama y el Cosmos, atrayendo más trabajo emocional que deberán resolver por sí mismos. Los demás dragones no tendrán tiempo para parar a oler las flores, pero tendrán que hacerse ese espacio, so pena de perderse momentos con la gente amada, en especial viejos amigos y la pareja.

Marzo

Este mes, la combinación conejo/rata provocará distracciones ocasionadas por cansancio. Aunque no es un mes propicio para someterse a ningún régimen para mejorar la salud, es conveniente que vaya al médico solo a revisar cómo tiene el cuerpo físico, para después ponerse a tono con el cuerpo emocional, que podría tender al aislamiento porque la vida moderna a veces hace que se sienta invadido, como si él mismo fuera el planeta Tierra. Esa conexión es real: lo que le ocurra al planeta repercutirá en su estado emocional. Puede meditar en el karma propio y en crear dharma para su bien y el del prójimo.

Abril

El dragón se convertirá en un genio incomprendido encerrado día y noche en su laboratorio o estudio. Los dragones de 2012 darán sorpresas a sus padres y maestros ya que se les ocurrirán soluciones a problemas concretos, por eso necesitan tener un espacio abierto a lo que tengan que compartir. Los dragones de 1952 estarán en una situación parecida, solo que ellos tendrán que conquistar espacios negados para mayores de sesenta años; si pierden el miedo, podrán inspirar a las nuevas generaciones. Los demás dragones no querrán que los interrumpan en sus tareas: mejor dejarlos en paz.

Mayo

Cada día del calendario estará cargado de eventos: accidentes, trabajo arduo, mal de amores… una que otra buena nueva. El fuego con metal del mes de la serpiente combinado con el agua y el metal del año de la rata situarán al dragón en el epicentro del temblor, como si el universo lo quisiera poner a prueba para un campeonato. Las lecciones que aprenderá este mes serán para toda la vida. Le resultará complicado comunicarse bien con los que lo rodean, incluso con audiencias que ya tenía bien dominadas; algo raro, pero se le suplica que sea paciente consigo mismo, esto pasará en cuanto termine el mes del ofidio.

Junio

El mes chocará con el año y los dragones saldrán de sus escondites para salvar al mundo. Estarán comprometidos hasta la coronilla con toda clase de actividades a favor de los derechos de todo ser sintiente y la naturaleza. Hasta los dragones que clamen ser apolíticos (si es que todavía hay alguno) buscarán el modo de ayudar a los más necesitados sin hacer distinciones. A pesar de tanto entusiasmo, el caballo regente podría frenarlo de alguna manera, ya sea que su salud no esté óptima o que sus actividades provoquen roces con figuras de poder. Necesitará ser discreto y tener aliados leales.

Julio

En el mes de la cabra la suerte será apenas justa. La primera mitad del mes tendrá la oportunidad para pagar deudas y ponerse al día con proyectos laborales o creativos que había abandonado. La segunda mitad podría estar distraído y perder objetos o dinero, por eso debe ser cuidadoso y más aún si tiene que hacerse cargo de objetos de otras personas. En la salud la cosa estará algo mejor porque tendrá la mente más ocupada con su vida interior, eso provoca que atienda las señales que le dará su cuerpo, lo cual facilitará cualquier detección temprana.

Agosto

En cuanto comience el mes del mono, se activará la combinación de agua que forman el dragón, el mono y la rata. Esto pondrá a prueba todas las habilidades conocidas y aún por descubrir que posean los dragones. De nuevo, tenemos que aclarar que aunque nuestro quimérico ser es compatible tanto con la rata como con el mono, cuando los tres se combinan a nivel energético el resultado es difícil para los miembros de la tríada. Entonces, el dragón tendrá la agenda repleta de responsabilidades, deberá aprender cosas nuevas, con la consiguiente falta de tiempo libre, lo cual creará problemas con su familia.

Septiembre

Parece que el gallo le dará un respiro al dragón, al menos durante la segunda mitad del mes, pero la necesidad de establecer lazos amorosos más fuertes competirá con la necesidad de conseguir más estabilidad laboral, así como más plata en los bolsillos. Deberá elegir sabiamente cómo distribuir su tiempo y espacio. Los dragones ya casados o comprometidos tendrán la oportunidad de enmendar la falta de atención de meses anteriores: se les recomienda dejarse llevar y disfrutar cada segundo en la alcoba porque después de esta tregua amorosa y emocional, su trabajo fuera de casa se impondrá de nuevo.

Octubre

La carga de trabajo se multiplicará de tal manera que los dragones del mundo desaparecerán de la vista. La llegada del mes del perro será complicada pero no difícil de transitar siempre y cuando el dragón aprenda a delegar responsabilidades medianas en el trabajo y a pedir ayuda emocional entre amigos y familiares. Los dragones de 1940, 1952 y 1976 podrían tener problemas estomacales por estrés; se les recomienda un horario menos estricto y una dieta más fácil de digerir. Los demás dragones corren el riesgo de engordar, incluso los de 2012.

Noviembre

Tendrá una ventana de tiempo que le permitirá enamorarse o formalizar una relación, pero no se le recomienda casarse sino hasta la segunda mitad del mes, so pena de tener que soportar envidias y rumores. En asuntos más mundanos, el mes chancho provoca agotamiento y una mala racha causada por no saber administrar tiempo y dinero correctamente. Los dragones de 1988 y 2000 tendrán más posibilidades de mejorar su economía porque son capaces de usar mejor aplicaciones y herramientas modernas, pero el resto las podría tener más problemas si no aprenden a vivir en este mundo excesivamente tecnológico.

Diciembre

Ahora sí, el mundo tendrá que aprender a vivir sin los dragones durante un mes, porque será tal la carga de trabajo y responsabilidades que los únicos que gozarán de su presencia serán sus colaboradores, jefes y subordinados. Los dragones de 1976 y algunos de 1964, que están más dedicados a la docencia, al trabajo a destajo y la burocracia podrían aceptar trabajos extra que les arruinarán las vacaciones, o tendrán tantas reparaciones que hacer en casa que no gozarán de un solo respiro. Los dragones de 1940 serán los más castigados por su propia noción de honor y trabajo; necesitan cuidar de su salud ¡ya!

PREDICCIONES PARA EL DRAGÓN Y SU ENERGÍA

Dragón de Madera (1904-1964)

Serán los anfitriones del año de la rata, su socia, cómplice y patrocinadora, y desde el inicio del año, el 25 de enero de 2020, sentirán un cambio energético muy favorable. Quedarán atrás las navegaciones ciclotímicas y de incertidumbre que pusieron un freno a su vuelo.

Aprendió a pedir perdón, HO'OPONOPONO, y ordenar el caos afectivo, legal y laboral para renacer como el ave fénix.

La salud será el punto G; más dieta, yoga, taichí, reiki, combinar ocio creativo con jornadas largas laborales, viajes, y disfrutar del eros que retornará a su vida con *bonus track*.

Año de alegrías compartidas con el zoo y salto cuántico profesional.

Dragón de Fuego (1916-1976)

Durante el año de la rata sentirá que recupera los siete cuerpos, el alma, el deseo, la vocación y el arte de vivir.

Estará estimulada afectivamente, con ganas de criar a sus hijos en la naturaleza y con cambio de FENG SHUI en su hogar.

Podrá trabajar en equipo, compartir ideas, sueños, su experiencia, y ser parte del cambio profundo en la comunidad de los hombres.

Llegarán deudas con amigos, socios o con la pareja que necesitará más tiempo para compartir tareas y obligaciones cotidianas.

Será parte clave del cambio climático, ayuda en ONG contra la violencia de género, y un faro para el resto del zoo.

Dragón de Tierra (1928-1988)

Año de despegue emocional, ordenando con ayuda terapéutica la constelación familiar con pequeños y medianos logros.

Su capacidad solidaria estará a prueba día a día: con rescates reales o virtuales a inmigrantes políticos y climáticos.

Su vocación y estudios encontrará eco en su ciudad, país y en el mundo.

Podrá ser parte del cambio de paradigma, ayudando a quienes más lo necesitan.

Quedarán establecidos los cimientos de un gran amor, con o sin papeles, traerá más ratitas al planeta de los simios o adoptará nuevos hijos del corazón.

La rata potenciará su imaginación, creatividad, talento y buena energía grupal.

Año para proyectar su vida a largo plazo.

Dragón de Metal (1940-2000)

Año de cambios sistémicos desde el ADN hasta su proyección en el futuro.

Saldará deudas con cónyuges, hijos, hermanos y podrá "resetear" su vida con nuevos planes de lugares, países o con el privilegio de cambios cuando las ofertas llamen a su peñasco.

Podrá compartir más tiempo con la constelación familiar, indexar rencores y salir ileso de las facturas que estará en condiciones de diluir haciendo taichí, yoga, arte núbico o practicando EL TAO DEL AMOR Y DEL SEXO.

Una nueva relación estimulará el eros, el humor, la compañía, y juntos tendrán ganas de convivir mientras observan los inevitables cambios del planeta y del sistema solar.

Haga testamento, ordene su parte legal y vuele hacia otra galaxia.

Dragón de Agua (1952-2012)

Después de años de incertidumbre, nostalgia y desazón recuperará la capacidad de amar, crear, viajar, participar en eventos solidarios, de género, de cambio climático, y se desnudará frente al espejo para saber en quién se convirtió.

Retornarán amigos del pasado, habrá nuevos vínculos afectivos en la comunidad que le abrirán la kundalini.

Sentirá ganas de emigrar en busca de nuevos aires, posibilidades para desarrollar innovadoras facetas de su artística personalidad.

Conseguirá renovar escamas, ADN y la pasión por la vida.

L. S. D.

El enemigo que tiene
problemas internos
está maduro para ser conquistado.

ESTRATEGIA

Saquear una casa en llamas.

PREDICCIONES PREVENTIVAS PARA LA SERPIENTE BASADAS EN EL I CHING, LA INTUICIÓN Y EL BAZI

Queridos ofidios

Imagino cómo esperarán el inicio del año de la rata *heavy metal.*

STILL ALIVE??

¿¿Están aún en la faz de la tierra??

El cerdo, su opuesto complementario, los llevó a combates, pruebas en el inframundo al que los deportó, y los convirtió en KUKULCAN –la serpiente emplumada– o en un ser que deambula entre la superación de los obstáculos o se deja llevar por ellos hacia las arenas de la playa.

Las serpientes más ambiciosas pagaron caro su karma; las más sabias, estuvieron haciendo *zapping* entre demoledores juicios, peleas de socios, hermanos, hijos y sobre todo consigo mismas.

La vida les enseñó que tienen que sanar o intentar enfrentar cada etapa con lucidez. Estarán buscando patrocinadores, madrigueras subterráneas, asilo político o alguna beca que las transporte al mundo hindú, maya, donde la serpiente tenga buena fama.

Se cumplirán las asignaturas pendientes que no quiso ver en su vida: su vocación postergada, un trabajo redituable, una familia para compartir los buenos y malos momentos de la vida, y sobre todo estar en el lugar y la situación que siempre soñó.

La rata la conoce muy bien; no se acercará para que la devore y haga la digestión durante seis meses.

Intentará ponerla en situaciones de espejo, en las que todo lo que proyecta en los demás lo pueda visualizar en su interior.

El abismo del que habla el I CHING es una hondonada donde queda atrapada el agua que cae del cielo; si no lucha con esto, el agua encontrará la salida adecuada.

En el corazón, es la culpa o la hibernación de sentimientos hacia personas con las que no obró correctamente.

Cada situación traumática necesita ser perdonada, y mirada sistémicamente.

El año de la rata será un tren bala para su condición anímica; apenas podrá contar con la suerte que la acompaña para no caer en bancarrota y asumir compromisos a corto plazo.

Tendrá que fortalecerse para llegar al año del búfalo con los siete cuerpos alineados, la sabiduría enfocada en el progreso del día a día, los nuevos socios y amigos seducidos por su *charme* y promesas de encontrar una mina de oro o de litio donde pisan, y la rendición de deudas interiores con el zoo.

Es fundamental que en el año de la rata haga medicina preventiva: cuide la dieta, la alimentación, el sueño, practique yoga, arte núbico, medicina ayurveda y pueda restablecer un diálogo amoroso consigo misma.

L. S. D.

El I CHING les aconseja:
29. K'an / Lo Abismal, El Agua

EL DICTAMEN
Lo Abismal repetido.
Si eres veraz, tendrás logro en tu corazón,
y lo que hicieres tendrá éxito.

Con la repetición del peligro uno va acostumbrándose a él. El agua da un ejemplo para la conducta correcta que corresponde en tales condiciones. Fluye y fluye y rellena todos los lugares por los que pasa hasta sus bordes y nada más; no retrocede ante ningún sitio peligroso, ante ninguna caída, y nada le hace perder su índole propia y esencial. En todas las circunstancias permanece leal a sí misma. Así la veracidad hace que en circunstancias difíciles uno perciba interiormente, con el corazón, el fondo de la situación. Y una vez que se ha llegado a ser interiormente dueño de una situación, fácilmente se logrará por sí mismo que las acciones exteriores se vean acompañadas por el éxito. En cuestiones de peligro se trata de poseer la necesaria escrupulosidad que ayude a despachar realmente todo lo que debe hacerse, y de tener asimismo la posibilidad de avanzar para no perecer por quedarse uno en medio del peligro.

Mediante una aplicación activa, el peligro puede adquirir una importante significación en cuanto medida de protección. Así el cielo posee una altura peligrosa que lo protege contra todo intento de intervención. Así la tierra posee montañas y aguas que con sus peligros separan a los países. Asimismo los soberanos utilizan el peligro como medida de defensa con el fin de protegerse de los ataques que vienen de afuera y de los disturbios que vienen de adentro.

LA IMAGEN
El agua fluye ininterrumpidamente y llega a la meta:
la imagen de Lo Abismal reiterado.
Así el noble observa una conducta de constante virtud
y ejerce el negocio de la enseñanza.

El agua alcanza su meta fluyendo sin interrupción. Rellena todo hueco antes de seguir fluyendo. Lo mismo hace el noble. Él estima como valioso que el camino del bien se convierta en una cualidad firme de su carácter, que no sea cosa casual y aislada. También en la enseñanza brindada a otros, todo es cuestión de ser consecuente, pues únicamente por la repetición la materia se convierte en propiedad del que aprende.

EL TRÁNSITO DE LA SERPIENTE DURANTE EL AÑO DE LA RATA

PREDICCIÓN GENERAL

En el año del chancho las oportunidades fueron escasas o nulas, tuvo problemas en el trabajo o en la escuela, el dinero no rendía. En la primera mitad del año, la rata le traerá un tiempo de reestructuración de los cuatro cuerpos: espiritual, astral, emocional y causal. Cada mes vendrá con retos individuales que podrán ayudarle a mejorar como persona y a liberar a otros. Las serpientes saben curar a los demás tan solo con su presencia y sabiduría, por lo tanto son muy solicitadas, pero debido al exceso de energía agua en el ambiente, estarán propensas a enfermedades relacionadas con los riñones y las hormonas; tendrán que cuidarse todo el año.

Enero

Aún está bajo la influencia del chancho. Mientras se acerca el cambio de año en el mes que entra, la serpiente tiene que prepararse para recibir las bendiciones que le trae la rata. Antes del 25 de enero debe elaborar una agenda con los planes a largo plazo y sanear al máximo los aspectos prácticos. El mes del búfalo activa una combinación energética que forma energía metal, en especial entre las 17 y las 19; en esos momentos tendrá capacidad de concentración y genialidad que deberá aprovechar para cerrar el año del chancho mejor de lo que lo comenzó.

Febrero

La influencia de la energía de la rata comenzará a sentirse a partir del 4 de este mes pero la energía que más beneficiosa la va a sentir ya muy avanzado el año. Mientras tanto, durante este mes, la combinación con el tigre provoca que tenga algunos problemas físicos, sobre todo motrices. Se sentirá un poco torpe, lenta. Hay pérdidas escondidas en las ganancias, sobre todo en el orden económico. Para contrarrestar ese efecto, la serpiente tiene que andar con pies de plomo y cuidar lo que dice a otras personas –sobre todo a colegas del trabajo– y evitar confrontaciones con amigos y amantes.

Marzo

El mes del conejo no será fácil, pero con la combinación de la rata anual, la serpiente va a estar inspirada, aun cuando sea muy difícil liberarse de una dura carga de trabajo o incluso de problemas con figuras de autoridad. Las serpientes de 2013 se van a sentir rebeldes. Las nacidas en el siglo XX estarán ansiosas, y eso será menos manejable para las serpientes de 1941, que ya no están para aguantar faltas de respeto, pero sus palabras podrían meterlos en problemas. Todas las serpientes pueden buscar refugio entre personas más empáticas y sobre todo que estén dispuestas a escucharlas.

Abril

Este será un buen mes para las finanzas y para resolver asuntos legales que requieran papeleo y firmas importantes, pero en asuntos carnales y en relaciones emocionales con amigos y colegas, será un mes complicado. En el caso de las serpientes solteras, la combinación atrae mal de amores. Esto podría afectar a las mujeres serpiente de 1977 y 1989 que quieran tener hijos, ya que la combinación afecta a la fertilidad al grado de causar problemas hasta con las plantas y hortalizas que estén bajo su cuidado. Paciencia, ya podrá encargarse de esos asuntos después.

Mayo

El mes propio le va a ayudar a estabilizarse física y emocionalmente ya que tendrá muy bien la autoestima y la intuición. Se va a atrever a independizarse de los sistemas familiares que la tenían con una incómoda sensación de falta de movimiento. La serpiente también podrá concretar uno o dos planes que había dejado para otra ocasión en otros años pero que extrañaba. Eso incluye, tal vez, acercarse a personas con las que no guarda ningún rencor pero que se le perdieron a lo largo de la vida y que podrían buscarla tanto en redes como en persona.

Junio

Este mes es complicado para todo el zoo humano y para todos los seres sintientes porque el año choca con el mes. La serpiente es práctica y no le gusta involucrarse con cosas que van más allá de su percepción corporal y sus experiencias sensoriales, pero por la vulnerabilidad de los que la rodean, podría entrar en contacto con personas más empáticas. Eso la afectará emocionalmente porque podría involucrarse en actividades que le parecerán superfluas o estúpidas. Tal vez la vida le enseñe un par de lecciones de humildad a cambio del tiempo que considere perdido.

Julio

Las serpientes de 1965 podrían tener problemas de salud, en especial con el sistema circulatorio. Las más jóvenes estarán tranquilas en ese aspecto, y tendrán la influencia positiva del fuego a su favor. Eso se expresará por medio de la alegría. Les será mucho más fácil encontrarle la gracia a todo. Ese buen humor será contagioso, por lo tanto pueden aprovecharlo para mejorar su imagen social, escribir sus memorias, contar chistes en público, bailar y cantar. Tendrá energía para comenzar una disciplina deportiva, y eso es muy positivo.

Agosto

Al entrar el mes del mono mejorará su capacidad de comunicación, pero es importante que no se desvele ya que si la hora del tigre (3 a 5 de la mañana) la encuentra despierta es posible que tome decisiones de las que se arrepentirá más adelante. Las defensas físicas estarán bajas, pero el estado de ánimo será estable, por lo que solo necesita cuidarse y evitar espacios donde haya gente con gripe o comer alimentos preparados en lugares poco higiénicos. Podrá obtener ayuda, o más seguidores en redes sociales o convencer a posibles mecenas o patrocinadores para que intervengan en sus planes.

Septiembre

La serpiente encontrará inspiración durante el sueño, principalmente entre la 1 y las 3 de la madrugada, así que es importante que no se desvele para nada. Si además hace ejercicios de respiración o meditación antes de ir a la cama, podrá asegurar su salud mental y espiritual, y tomará mejores caminos al despertar. Este mes también vendrá cargado de trabajo porque el gallo siempre la tiene marcando el paso y su mes será un recordatorio de todo lo bueno que vivió hace un par de años. Este período resultará estable a pesar del caos que se vivirá fuera de su burbuja.

Octubre

Lo que la serpiente funde en este mes fructificará y tendrá una larga vida útil. Esto se extiende a las serpientes de 1977 y 1989 que deseen comenzar una familia, ya que podrían ser padres de búfalos que necesitarán la guía y sabiduría de padres serpiente. Los oficios de 2013 van a necesitar ayuda porque les encargarán muchos deberes en la escuela. Los jóvenes de 2001 comenzarán a dar señales de su inclinación vocacional. Las serpientes de los demás años estarán tan ocupadas trabajando que no se darán cuenta de que el amor de sus vidas les pide su atención.

Noviembre

El año de la rata combinado con el mes del chancho podrían traer problemas de salud a todas las serpientes, pero las más afectadas serán las casi centenarias serpientes de 1929 y sus gemelas energéticas de 1989 porque tanta energía agua podría ocasionarles problemas en los riñones o con agua contaminada. Las demás serpientes estarán a salvo, pero quizá sufran algunos cambios molestos por lo que les sugerimos que consulten profesionales competentes ya sea que necesiten acceder a una terapia para digerir mejor un duelo o que necesiten a un maestro de fēng shuǐ auténtico.

Diciembre

Mes de rata, año de rata. Este mes de reuniones familiares y fiestas para despedir el año traerán reflexión. Las serpientes podrán recolectar todo lo aprendido a lo largo del año y aprender a soltar. Dejar ir es el máximo acto de perdón hacia uno mismo y hacia el universo al que se puede aspirar, y todo eso la ayudará a llevar un equipaje emocional más liviano. Muchas serpientes despedirán algo que les hizo daño, ya sea un vicio o un mal amor. En cambio, las serpientes de 2013, que apenas comienzan a comprender la vida, establecerán los lazos emocionales que las atarán durante mucho tiempo.

PREDICCIONES PARA LA SERPIENTE Y SU ENERGÍA

Serpiente de Madera (1905-1965)

Comenzará el año con la energía debilitada, por eso es esencial que tenga un *kit* para empezar con buen prana el año de la rata.

Desde un *personal trainer*, flores de Bach, clases de yoga, taichí y sobre todo practicar el tao del amor y del sexo.

Tiempo de cambios imprevistos en sus planes; calma.

Su vida será una licuadora emocional, y deberá darle prioridades: salud, familia, trabajo, viajes y, si hay tiempo, salidas a museos, cocteles, recitales, y lo que llene su alma.

Promediando el año, sentirá que pudo domesticar al roedor, pero no confíe demasiado.

Serpiente de Fuego (1917-1977)

Llegará exhausta al año de la rata y necesitará un gran descanso emocional.

Es recomendable que delegue responsabilidades, sepa administrar sus ahorros y no despilfarre.

Habrá propuestas laborales que la tentarán desde lejos, pero aún no sentirá deseos de cambiar de vida ni de hábitos.

Tome cada día como un aprendizaje en un monasterio zen.

Involúcrese en el arte, en los servicios a la comunidad, ONG o practique deportes, karate, yoga, taichí o artes marciales.

La rata le ofrecerá atajos, trampas para sacar provecho lo antes posible de situaciones económicas, negocios, o de usufructos a terceros.

Recuerde que todo es un espejismo este año; si acorta caminos tardará el doble en retornar al TAO (camino).

Serpiente de Tierra (1929-1989)

Llegará decepcionada y desconcertada al año de la rata.

Tuvo muchas posibilidades de un cambio de lugar, viajes y no tomó la decisión acertada.

Deberá recomponer su ánimo, su salud, y reformular su vida sobre nuevos proyectos.

Sentirá deseos de libertad y *rebelión en la granja.*

Delegará en la constelación familiar responsabilidades que le costarán reclamos en el futuro.

Su suerte no será tanta; la rata estará acechándola para sacarle tajada de sus logros, trabajo y fortuna. Tendrá que asesorarse legalmente antes de tomar decisiones que podrían perjudicarla.

Sentirá el llamado de las sirenas de Ulises y dejar todo por un amor.

Serpiente de Metal (1941-2001)

Año de digestión del anterior que la dejó desnuda frente al mar.

Juntará las partículas de ADN, seguirá con su rutina de deporte, dieta y canasta, y podrá rebobinar su vida junto a quienes la visiten en su madriguera.

Tiempo de dejar en orden deudas kármicas y económicas.

Podrá disfrutar de viajes cortos, salidas, estudiar sobre nuevas culturas y enamorarse de quien le enseña el arte de vivir.

La salud pasará ciclones, tsunamis y cambios irreversibles: haga medicina preventiva y mejorar día a día fortaleciendo su autoestima.

Compartirá trabajo, amistad, conocimiento con nuevos discípulos y viejos amores que la sorprenderán con una reformulación de los vínculos.

Serpiente de Agua (1953-2013)

Año de ciencia ficción. Llegará con la lengua afuera, con algunas materias sin cursar y con ganas de evadirse de la realidad.

Tiempo de encauzar sus bienes; sanar la constelación familiar y retornar al ocio creativo.

La rata la acechará en un córner esperando contagiarla con el hantavirus.

Tiempo de recolección de frutos, joyas y volver a la baticueva hasta que soplen vientos más favorables.

Un viaje al exterior podría marcarle un año sabático, en el que la esperan los amigos en el exilio.

Es fundamental que se asesore con algún maestro, gurú, o E.T. para delinear sus movimientos en el Sahara.

L. S. D.

Se puede ganar sin librar una sola batalla.
Sun Zi, *El arte de la guerra*

ESTRATEGIA

Golpear la hierba para asustar a la serpiente.

PREDICCIONES PREVENTIVAS PARA EL CABALLO BASADAS EN EL I CHING, LA INTUICIÓN Y EL BAZI

Queridos caballos, yeguas, potros y potrancas:

La astrología china nos ayuda a prevenir más que a predecir; por eso, a preparar los siete cuerpos y el alma para la llegada de su opuesto complementario: la rata.

Los chinos aconsejan perfil bajo durante todo el año y no intentar desviarse de la cabalgata, que deberá ser al paso firme y seguro y no al galope frenético al que están acostumbrados.

El año del cerdo trajo muchas enseñanzas y *bonus track*.

A pesar de las responsabilidades familiares, de la economía de guerra que los visitó, se dieron cuenta de quién los quiere de verdad y sin cuento chino.

El I CHING les aconseja "La Restricción", en cada área de su vida: amor, trabajo, viajes, gastos extras, vicios, placeres y sueños compartidos.

Es necesario encontrar al domador o jinete que los tenga con freno y rienda corta.

La vida les ha demostrado muchas veces que el ego no es un buen compañero de destino. Tendrán que dejarse amansar de abajo, y aceptar las espuelas cuando estén muy belicosos.

OMOMOM. Todos los mantras de la creación y algunos nuevos para el reinado del roedor. Sé que los límites no son moneda frecuente en su personalidad. Esta vez, la vida se los pone, y si aceptan los consejos del oráculo, se convertirán en un caballo de salto o de hipódromo, y ganarán todas las carreras.

El sentido de La Restricción es definir, regular, limitar, detener; arriba está Kan, el agua corriente; abajo está Tui, el pantano.

"Si no se observa la justicia o se la sobrepasa, los principios se tornan crueles y abusivos, y no pueden constituir reglas permanentes. Por lo tanto, no son la perfección. El hombre no sabe limitarse en lo que lo complace; si encuentra el peligro, no sabe detenerse. Por eso el principio que detiene y limita.

"Aplicados a la justicia y la rectitud, generalmente son amantes de la libertad; el exceso los torna odiosos y crueles. Corresponde que se limiten, pues sin reglamentación, las pasiones del hombre no tendrían límite y este se destruiría a sí mismo. Sus virtudes y las acciones del hombre deben ser ponderadas y ser precedidas por deliberaciones y discusiones".

La salud será el talón de Aquiles de los caballos matungos, o sea los que pasan el medio siglo de vida. Las pérdidas afectivas caerán en balde; los duelos serán relinchos a la Vía Láctea.

Año de cambios imprevistos; se recomienda haga taichí, yoga, arte núbico, constelaciones familiares, y que declare su amor a aquella persona en quien confía, o estará desolado, triste, sin ánimo para compartir con quienes lo quieren y apoyan incondicionalmente.

Revise sus zonas erróneas y acepte sus límites.

La recompensa llegará con creces: un terroncito de azúcar, una penca de alfalfa, y un balde de avena.

Suerte.

L. S. D.

El I CHING les aconseja:
60. Chieh / La Restricción

EL DICTAMEN
La Restricción. Éxito.
No se debe ejercer con persistencia una restricción amarga.

Las limitaciones son penosas. Pero algo se consigue con ellas. En la vida común, gracias al ahorro queda uno preparado para épocas de necesidad. Gracias a una actitud reservada, se ahorra uno humillaciones. Mas asimismo son indispensables las limitaciones en el ordenamiento de las relaciones universales. La naturaleza dispone de límites firmes para el verano y el invierno, el día y la noche, y estas limitaciones dan su significado al año. Del mismo modo la ahorratividad mediante firmes restricciones en los gastos sirve para que se conserven los bienes y los hombres no se vean perjudicados.

Sin embargo, también con respecto a la restricción es necesario observar mesura. Si uno procediera a imponer a su propia naturaleza barreras excesivamente amargas, el sufrimiento sería la consecuencia. Frente a la pretensión de llevar demasiado lejos la restricción de los demás, estos se sublevarían. De ahí que también dentro de la restricción misma sean necesarias las restricciones, las barreras.

LA IMAGEN
Por encima del lago hay agua:
La imagen de la restricción.
Así el noble crea el número y la medida e investiga
qué es la virtud y la recta conducta.

El lago es finito; el agua es inagotable. El lago únicamente puede dar cabida a una determinada medida del agua infinita. En ello consiste su particularidad. Mediante la discriminación y la erección de vallas, también el individuo adquiere su dignificación en la vida. Aquí se trata, pues, de establecer con toda claridad estas discriminaciones que, por así decirlo, constituyen la columna vertebral de la moralidad. Las posibilidades irrestrictas no son aptas para el hombre. Con ellas su vida no haría más que diluirse en lo ilimitado. Para llegar a ser fuerte, se requiere una libre fijación de límites, impuestos por el deber. Únicamente al rodearse el individuo de tales restricciones y establecer libremente para sí mismo el mandato del deber adquiere significación como huésped libre.

EL TRÁNSITO DEL CABALLO DURANTE EL AÑO DE LA RATA

PREDICCIÓN GENERAL

La vida no ha sido sencilla para los caballos porque les gusta dejarse llevar por los impulsos y pocos cuentan con la fortuna de tener un jinete que les señale pasturas más verdes. La rata de metal es su Suì Pò 歲破, su opuesto complementario y será complicada, pero también será una buena maestra. Los nobles corceles de los años 1930, 1942, 1954 y 1966, que ya saben de qué se trata vivir un año rata, necesitan hacer un recuento de los errores cometidos y no repetirlos esta vez. Lo que la caballeriza entera tiene que hacer es: no invertir en la bolsa, no contraer matrimonio, no comenzar negocios, no tener hijos, no, no, no. Suena restrictivo, pero es por su bien. Lo que sí puede hacer es estar al lado de la gente que lo ama y no dejarlos ir jamás.

Enero

Los caballos ya están hartos de pleitos, problemas, y en algunos casos hasta humillaciones. Mientras sigan bajo el paso del año del chancho, encontrarán soluciones a sus problemas por medio de contactos lejanos que podrían ayudarlos, pero el mes del búfalo complica las cosas, los planes no cuajan, la comunicación será fallida, más les convendrá mantener los planes y fracasos ocultos de todos. Algunos buscarán algún cambio de residencia, sobre todo los potros de 1990 y 2002, que poseen más optimismo que los caballos que ya peinan canas, quienes posiblemente se tomen este mes de descanso.

Febrero

En el mes del tigre el caballo encontrará un aliado que lo protegerá brevemente ante el caos inevitable que se viene. Este mes, la energía madera distraerá a la energía agua de la rata, además detendrá un poco a la energía metal del año, con lo cual el caballo podrá ahorrar tiempo, energía y dinero para momentos de emergencia que ocurrirán después. Se le recomienda retomar o comenzar una disciplina de ejercicio y respiración de al menos quince minutos al día. Este año no conviene dejarse llevar por quejas o excusas, y sí ser más proactivos y responsabilizarse más por su cuerpo físico.

Marzo

Cuando se suman los signos del conejo y la rata, el caballo siente que nada es más importante que la pasión y el amor sexual. A esto se le suma la energía metálica del año en curso, lo cual hace que el equino se sienta valiente, ambicioso. Esto puede liberarlo o aprehenderlo. Debe reconocer la diferencia entre pasión y obsesión, entre amor y limerencia. No le conviene formalizar o casarse, pero tampoco es bueno que no abra su corazón al romance, aunque sea fugaz. Deberá atender a las sugerencias del WÚ WÈI: hacer sin forzar nada, con suavidad y conciencia.

Abril

Las mujeres del signo del caballo tendrán más problemas para relacionarse con la gente que los hombres caballo, eso es porque la balanza se inclinará más hacia el lado *yin* de la energía mundial, provocando desequilibro en su vida. Deberá tener cuidado con socios, colegas, subordinados y alumnos porque su nivel de carisma descenderá mucho, provocando que pueda sufrir alguna falta de respeto. Tendrá que replegarse un poco y dedicarse a actividades que no involucren socializar tanto, aunque deberá tener cuidado con actividades adictivas, incluyendo juegos de video y el uso de redes sociales.

Mayo

Este será un mes de competencias, pero desgraciadamente el caballo no estará apostando por el ganador. Podría perder el apoyo de algunos colaboradores, patrocinadores e inversionistas. Eso puede afectar su tranquilidad porque es posible que se sienta paranoico, aunque en realidad no tiene enemigos, solo asuntos que no trató a tiempo. La ayuda puede venir por parte de sus amigos conejo y cabra que son los que mejor comprenden la energía de la serpiente (del mes) y pueden traerle al caballo motivos para reír. Los caballos de 2014 estarán muy rebeldes, por lo cual los padres deben comunicarse mejor con sus maestros.

Junio

El mes propio será difícil para el mundo entero y para el caballo traerá pruebas duras. Los caballos de 1930 y 1990 son los más afectados por la combinación de energías porque son de metal *yang*, como este año. Eso se expresa por medio de tristeza y problemas del aparato respiratorio, lo cual es más difícil para los de 1930, que necesitarán mucha ayuda. Los de 1942 y 2002 serán los menos afectados porque estarán con más energía y claridad mental. Los demás equinos tendrán que bajar la guardia y andar con pies de plomo para evitar meterse en problemas aun cuando tengan buenas intenciones.

Julio

Este mes será más o menos neutro gracias a la cabra, y puede aprovecharlo para terminar con asuntos pendientes, recuperar las fuerzas, reconectarse con amigos y familiares. En fin, puede ser un mes bastante bueno, siempre y cuando no se le ocurra cometer faltas técnicas u omita información en la casa, la escuela o el trabajo. También es importante que no deje de hacer ejercicio y que sea más consciente de su respiración y descanso. Este mes será más fácil que mantenga rutinas ordenadas que lo ayudarán a mejorar su tránsito por este año caótico.

Agosto

El mes del mono lo tendrá bajo control, así que si algo sale mal sentirá que todo forma parte de un plan. Eso también ayudará a que maneje la culpa de manera más saludable. Será capaz de comunicarse mejor, atacar cualquier signo de depresión y si juega bien sus cartas, podrá comenzar a pagar alguna deuda que le esté quitando el sueño. Esta oleada de organización la debe mantener el resto del año aunque le cueste un poco más de trabajo, pero de verdad tener todo en orden le facilitará mucho la vida. Se sentirá también un poco egoísta, pero después de todo lo que ha vivido todo se le será perdonado tranquilamente.

Septiembre

El gallo del mes traerá otro poco de aire en este año, pero cuidado, si bien el gallo propicia el amor, es de suma importancia que no se vaya a casar. Un matrimonio en el año de la rata no concluirá bien, no solo porque la pareja no durará a su lado mucho tiempo, sino porque podría meterse en problemas legales bastante grandes. Mejor que sea corcel cimarrón un tiempo más.

En la escuela o el trabajo, los caballos podrían tener problemas con evaluaciones, por lo tanto deben aprender a tomar más y mejores apuntes, a llevar un buen organigrama y a poner atención al lenguaje corporal de sus jefes y maestros.

Octubre

El mes perro le va a ayudar. Pero no puede permanecer despierto entre las 3 y las 5 de la madrugada porque perdería mucha energía y no podría cumplir con todo lo que tiene pendiente en su trabajo. Debe dormir bien, así la combinación benéfica del tigre (por las horas mencionadas) y el perro del mes va a funcionar perfectamente, protegiéndolo para que no tome malas decisiones. Otra cosa que podría mejorar su tránsito por el Suì Pò 歲破, su opuesto complementario, es que mantenga buenas alianzas en lo que resta del año, prefiriendo así la compañía y el consejo de personas más calmadas.

Noviembre

El mes chancho combinado con la rata lo tratará igual que si fuera diciembre de 2019. Le conviene regresar al libro de ese año y volver a leer los consejos de ese mes porque servirán para este. La diferencia aquí es que la propensión a los accidentes será todavía más violenta, así como las consecuencias en caso de no poner atención a las finanzas. Es, pues, importante que este mes lo dedique a crecer espiritualmente mientras se conduce con cuidado en los asuntos más mundanos. En verdad es importante que no se descuide, que duerma sus ocho horas, que se rodee de gente amorosa y que respire profundamente.

Diciembre

Este mes también será caótico porque dos ratas juntas, una por el mes y la otra por el año ya son mucho roedor. Le conviene quedarse encerrado en la caballeriza, aunque, por condiciones energéticas, es poco probable que pueda salir de ella. Los más afectados por las condiciones agrestes de este mes serán los caballos de fuego de 1966, a los que les pedimos premura y que no hagan las cosas solos: pedir ayuda no tiene nada de malo. Los caballos de 1978 podrían tener problemas de salud, así como los de 1942. Ya casi se acaba el calvario, solo necesitan ser más cuidadosos y tener paciencia. ¡OMOMOM!

PREDICCIONES PARA EL CABALLO Y SU ENERGÍA

Caballo de Madera (1954-2014)

Tiempo de reconciliación con su amodio (amor-odio).

Sentirá que cada acto consciente o inconsciente será evaluado por Buda.

Estará retraído, aislado y con poco ánimo para integrarse a los problemas del mundo o de su círculo cercano.

Deberá tener autodisciplina en todo, desde lo más pequeño hasta lo que lo saque del establo en busca de aire puro.

Su estabilidad emocional deberá ser atendida por especialistas, grupo de terapia o amigos del corazón.

La rata lo pondrá contra las cuerdas; sentirá impulsos de rebelión y su lucha –si no tiene una causa justa– será en vano.

Año para practicar el HO'OPONOPONO.

Caballo de Fuego (1906-1966)

Arderá Troya.

Año de un antes y después en su vida.

Cambios drásticos en la constelación familiar lo obligarán a reformular su vida.

Estará dispuesto a modificar hábitos y costumbres y atravesar la crisis con estoicismo.

Tendrá que dejar deudas saldadas en el trabajo, con sus socios y con los amigos.

Los caballos que puedan tomarse un año sabático para desarrollar su vocación o para asistir a gente con problemas sociales serán recompensados con creces.

Es tiempo de independizarse de karmas familiares; y de encontrar un buen jinete que los cabalgue hacia el arcoíris.

Caballo de Tierra (1918-1978)

Después del galope del año del cerdo pedirá asilo en la ONU para restablecer el equilibrio emocional.

Las deudas afectivas y familiares serán saldadas en el año del roedor. Calma. Se pueden pagar en cómodas cuotas.

Hará un balance existencial. Tendrá que aceptar límites físicos, económicos y del entorno.

Su capacidad de organización será clave para este tiempo.

Un amor, flechazo o espejismo podría poner en jaque su establo. Necesitará salir a trotar por el mundo para valorar lo que tenía en su corazón vagabundo.

Año para poner en práctica diksha, eneagrama, registros akáshicos y las recetas de la abuela.

Con su intuición y sensibilidad sabrá reconocer a tiempo las bendiciones disfrazadas.

Suerte.

Caballo de Metal (1930-1990)

Después del trote arrítmico del año del cerdo tendrá que reformular su existencia desde el lugar donde establecerse hasta su pareja, que estará en crisis y con ganas de nuevas emociones.

Su profesión será cuestionada por colegas y superiores; deberá aceptar los límites si quiere seguir en carrera…

En la familia habrá pase de factura; recurra a ayuda terapéutica para no desbocarse y llegar a situaciones sin retorno.

Un viaje de placer a un nuevo país lo dejará fascinado y con ganas de dar un volantazo en su vida.

Nuevos amigos y un gran amor serán clave para su desarrollo psicoemocional.

Atento con trampas y traiciones en su círculo cercano.

Tiempo de cambios profundos en el rumbo de su vida.

Caballo de Agua (1942-2002)

El nuevo tiempo será propicio para reconstruir su vida con nuevos miembros, amigos y desconocidos.

Tomará distancia de su país y será un caballo andariego en busca de nuevas emociones.

Deberá que confiar en su intuición y aceptar lo que sienta que es una buena oportunidad para su desarrollo, aunque tenga al mundo en contra.

Nuevos desafíos y cambios en su conducta ocurrirán durante el año de la rata de metal. Conecte la antena parabólica al universo.

L. S. D.

Todo en el universo ha sido creado
a partir de alguna cosa,
que a su vez ha sido creada de la nada.
Lao Tse, *Tao Te King*

ESTRATEGIA

Crear algo a partir de la nada.

PREDICCIONES PREVENTIVAS PARA LA CABRA BASADAS EN EL I CHING, LA INTUICIÓN Y EL BAZI

Aún es de noche en junio en las sierras.

El silencio invade mi cuarto rosa con las brasas de la salamandra para iniciar el día.

Pienso en el frío que estarán pasando las cabras en la montaña.

Y sé que tienen paz.

Están en su hábitat, llenas de sueños al salir el sol que las entibiará para pelear por la pastura diaria y su reunión de baladas esotéricas.

El año del cerdo benefició a la cabra que escuchó las señales y se dejó guiar por la intuición, el hiperrealismo de esta época adaptándose a achicar gastos, despedirse de *shoppings* y viajes al Caribe o a Europa y quedarse trabajando con lo esencial del I-SHO-KU-JU (techo, vestimenta, comida).

Tiempos de restablecer vínculos afectivos y sanar la constelación familiar.

El año de la rata acentuará y mejorará su equilibrio emocional, su percepción de los cambios inexorables, y se pondrá a favor de la corriente.

Su espíritu samaritano seguirá *in crescendo* durante este tiempo en que la familia la reclamará y necesitará de su bondad, buen humor, creatividad y apoyo en decisiones trascendentales.

Su capacidad de asombro frente al vértigo del año del roedor será clave para cumplir con sus planes a mediano plazo.

Cambios en su tradicional forma de vivir serán una revolución en su vida.

Después de hablar y confesarse con los Siete Cabritos encontrará que la verdad interior regirá el año ante cualquier imprevisto.

Tendrá que ser cabra madrina en decisiones clave: asuntos legales, empresariales, mudanzas o compra venta de inmuebles.

Su ánimo oscilará como péndulo: recurra a especialistas de la salud: médicos ayurvedas, medicina china, medicina holística; todo lo que encauce su potencial para seguir sana y a resguardo de las decisiones *heavy metal* de la rata.

Un nuevo ciclo se avecina: irá preparando sus prioridades para dar un giro galáctico en su vida.

Puede ser un largo viaje, un nuevo país, ciudad, o un retorno a la naturaleza.

Dice el I CHING: "Cielo y tierra se unen. Los seres se desarrollan normalmente. El gobierno es próspero; el hombre dotado ocupa la posición que le conviene, y la dicha de la libertad rige a todos los seres. Lo negativo se va, viene lo grande. La vida e integridad de los pueblos depende de las reglas de las instituciones; corresponde, pues, determinar y definir a fin de prevenir los excesos posibles y concurrir y ayudar a suplir lagunas inevitables. Hay reciprocidad en las acciones, pensamientos e ideas".

Cada cabra se diferencia del rebaño y encontrará su lugar interno y por consiguiente externo.

Su radar le indicará ante cada obstáculo qué debe hacer; cómo desarrollar su intuición y sacar a relucir su estrategia en la comunidad de los hombres.

L. S. D.

El I CHING les aconseja:
11. T'ai / La Paz

EL DICTAMEN
La paz. Lo pequeño se va, llega lo grande.
¡Ventura! ¡Éxito!

En la naturaleza, este signo alude a una época en la cual, por así decirlo, reina el cielo sobre la tierra. El Cielo se ha colocado por debajo de la Tierra. Así sus fuerzas se unen en íntima armonía. De ello emana paz y bendición para todos los seres.

En el mundo humano se trata de una época de concordia social. Los encumbrados condescienden con los de abajo. Y los de abajo, los inferiores, abrigan sentimientos amistosos para con los elevados, y así llega a su término toda contienda.

En lo interior, en el centro, en el puesto decisivo, se halla lo luminoso; lo oscuro está afuera. Así lo luminoso actúa con vigor y lo oscuro se muestra transigente. De este modo ambas partes obtienen lo que les corresponde. Cuando en la sociedad, los buenos ocupan una posición central y tienen el gobierno en sus manos, también los malos experimentan su influjo y se vuelven mejores. Cuando, dentro del hombre, reina el espíritu que procede del cielo, su influjo abarca también a la sensualidad y esta obtiene así el sitio que le corresponde.

Las líneas individuales ingresan en el signo desde abajo, y arriba vuelven a abandonarlo: de este modo los pequeños, los débiles, los malos están yéndose, y ascienden los grandes, los fuertes, los buenos. Este hecho es fuente de ventura y éxito.

LA IMAGEN
Cielo y Tierra se unen: la imagen de La Paz.
Así reparte y completa el soberano
el curso de cielo y tierra,
fomenta y ordena los dones de cielo y tierra,
con lo cual asiste al pueblo.

Cielo y tierra cultivan su trato y unen sus afectos. Esto da por resultado una época general de florecimiento y prosperidad. Semejante corriente de energía ha de ser regulada por el soberano de los hombres. Este lo lleva a cabo mediante la distribución. Así el tiempo indiferenciado, de acuerdo con la secuencia de sus fenómenos, es subdividido por el hombre en estaciones del año y, en virtud de definiciones humanas, el espacio que todo lo abarca aparece diferenciado por puntos cardinales. De esta manera la naturaleza, con su avasalladora plenitud de fenómenos, se ve limitada y controlada. Por el otro lado, es necesario estimular a la naturaleza en lo que produce. Esto sucede cuando se adapta su producción a la época que le corresponde y al lugar correcto, pues con ello se incrementa el rendimiento natural. Tal actividad de estímulo y sujeción de la naturaleza constituye una labor que redunda en beneficio del hombre.

EL TRÁNSITO DE LA CABRA DURANTE EL AÑO DE LA RATA

PREDICCIÓN GENERAL

El año pasado fue más o menos tranquilo; la rata le trae una especie de descanso tras haber bajado por un tobogán, pero cuidado: tiene que salir de ahí antes de que alguien que venga de bajada le pegue desde atrás. La rata representa oportunidades en su vida social. Subirá puntos de carisma y *sex appeal*, pero eso podría representar también roces con la gente que está acostumbrada a ser popular, y nacerán rivalidades con las que tendrá que batallar un poco. Las cabras de 2003 serán el alma de la fiesta, se enamorarán y comenzarán a experimentar. Las de 1955 y 1967 solo necesitarán tener cuidado con su sistema reproductivo; las otras: a disfrutar del amor, porque lo merecen.

Enero

Hasta el 25 de enero sigue siendo año del chancho, pero a partir del 4 de enero ya es mes del búfalo, y puede ser que despida el año porcino con algún problema leve: diferencias familiares, papeleos molestos, mucho tránsito y retrasos. ¡OM! Solo tiene que relajarse y pensar que el búfalo se irá pronto. Como la rata trae cosas fantásticas combinadas con problemas menores, la cabra podría aprovechar esta transición para organizar todo lo relacionado con la salud reproductiva y hormonal (sí, señores cabra, ustedes también); unos cuantos documentales y una visita a la ginecóloga o al urólogo bastará.

Febrero

El tigre que representa el mes es un buen compadre, pero como este mes choca con la energía metal que gobierna la primera mitad del año, es posible que la cabra, tan sensible y empática como siempre, se vea envuelta en toda clase de problemas ajenos que la tendrán un tanto triste. Las más sensibles serán las cabras de 1955 y sus gemelas energéticas de 2015. Las de 2003 estarán preocupadas por el medio ambiente, pero tendrán más herramientas emocionales para poderse comprometer activamente en eso. Las demás cabras tendrán la necesidad de distraerse. Está bien, pero hay que tener cuidado por las noches.

Marzo

Estará muy solicitada para asistir a toda clase de eventos sociales y para compartir las noches con algún nuevo amor, pero este mes, aunque es compatible, será traicionero porque le incrementará la carga de trabajo. De todos modos la prosperidad económica que vendrá de ese trabajo extra será bienvenida. Solo es importante que recuerde que el trabajo es bueno, pero no así extralimitarse y hacer de más: el equilibrio se debe aplicar también a los beneficios, ya que si se pierde el balance, el beneficio desaparece. Se le recomienda dar caminatas en lugares con mucha vegetación y relajarse.

Abril

Nuestro rebaño tiene que aprender la diferencia entre orden y control: el control aparece cuando el orden se ha perdido; el orden es natural, el control, intelectual. Este principio taoísta es difícil de entender en Occidente, pero este mes del dragón se encargará de enseñarle esto a la cabra por medio de las señales que le mandarán su cuerpo físico y su mente La salud todavía será un tema importante este año, más aún durante este mes dragón, pero eso se debe a algunos problemas que no atendió antes y ahora el Tao le da la oportunidad de componerlos porque por fin tendrá los recursos para hacerlo.

Mayo

La serpiente del mes vendrá a sacudir cualquier indicio de inercia. No tendrá tiempo para descansar. Su vida social seguirá todavía muy activa; solo deberá tener cuidado con las desveladas. Este mes es de cambios, unos más notorios que otros, pero hasta la eventual pérdida de algún objeto significará un cambio de conciencia. Puede aprovechar para comenzar alguna disciplina o terapia que la ayude a sacar las telarañas de pensamientos viejos y dañinos que solo le estorban. También podría aprender alguna manualidad o nuevo oficio que pueda darle remuneración extra.

Junio

Es muy posible que sus amigos del signo caballo la busquen durante este mes porque necesitarán ayuda. Es normal, por la proximidad de edades, pero para las cabras de 1991 y 2003 esos dramas ajenos podrían ser demasiado fuertes y tendrán que buscar el modo de no casarse con esos problemas. Este es un mes para ser imparcial y objetiva. También será un mes creativo y fértil. Las cabras de 1991 y hasta las muy jóvenes de 2003 sentirán el impulso de comenzar una familia, pero no les conviene porque sus hijos serían búfalos, y no son para nada compatibles, aunque quemarían mucho karma con ello.

Julio

La cabra vivirá un mes propio bastante relajado, considerando que la interacción con su propio signo no es fácil. Como tiene la influencia del año de la rata cada vez más fuerte, su capacidad para hacer nuevas amistades y convencer a colegas y superiores irá concretando proyectos que antes parecían imposibles. Estará concentrada, abierta a encontrar soluciones. Las cabras dedicadas a las matemáticas y las ciencias exactas, y las académicas podrán resolver problemas muy complejos. Otras cabras podrían dejar algún vicio con más facilidad porque subirán su autoestima y la confianza en sí misma.

Agosto

El mes del mono vendrá con altibajos emocionales intensos y al igual que el mes anterior, muchas cabras se sentirán tentadas a tener hijos y comenzar una familia. Este mes tendrá ganas de casarse, pero si lo hace podría tener problemas más adelante, y para cuando llegue el año del búfalo los recién casados podrían ya estar muy agotados como para sentirse a gusto. Será mejor que se lo tome con calma y no se deje llevar por los impulsos que en realidad hablarán en el nombre de la pasión y no del amor. Una vez que se dé cuenta de que esos pasos se tienen que dar con calma y planificación, será más feliz.

Septiembre

La combinación de energías entre el gallo y la rata provocará que los días que siguen sean los más complicados para la cabra. La comunicación será difícil porque la energía del mes provoca malentendidos y aislamiento. Es de suma importancia que la cabra tenga cuidado con todo lo que hace, sobre todo en días lluviosos, ya que hay propensión a accidentes. Los asuntos legales también serán importantes, por lo cual todo lo que tenga que ver con firma de papeles importantes por nuevos negocios o contratos deberá ser realizado bajo la supervisión de abogados y contadores, y no por impulso.

Octubre

Todo este mes será más o menos neutro debido a que la presencia de la energía del perro detiene un poco a la energía de la rata y eso le da a la cabra la oportunidad de gozar de los beneficios de la rata, pero con una claridad mental mucho más aguda. Este será un mes creativo también; las cabras dedicadas a las artes podrían brillar mucho en museos y galerías de todo el mundo. Aun así, las cabras de 1979 estarán muy atareadas con viajes y responsabilidades cada vez mayores que dejarán poco espacio para el amor. El resto del rebaño podrá dedicarse a una cosa que le agrada: embellecer los espacios en los que vive y trabaja.

Noviembre

Durante el mes del chancho, la cabra se sentirá tentada a quedarse despierta hasta tarde, ya sea por motivos de placer o por algún libro o serie de internet de moda, pero es importante que ya esté dormida antes de la una de la madrugada. Si presta atención a este consejo, este mes no solo será muy bueno sino que podría resultar excelente. Como ya habíamos advertido antes, no busque comenzar una familia todavía; es de vital importancia que se repita el consejo porque este mes será muy activo sexualmente. Las cabras de 2015 necesitan ser supervisadas por sus padres.

Diciembre

En el mes de la rata las cabras brillarán en sociedad. El amor y el sexo serán constantes, algo muy bueno para las cabras mayores de edad que realmente desean tener una vida sexual activa más estable, pero las cabras de 2015 podrían estar expuestas ante depredadores, por lo tanto los padres y tutores deberán ser más estrictos con los controles de seguridad de internet, y no las pueden dejar solas ni un instante. Solamente la salud será el punto débil, en particular la salud hormonal y reproductiva, por lo que se les recomienda alejarse de alimentos y químicos que interfieran con las hormonas.

PREDICCIONES PARA LA CABRA Y SU ENERGÍA

Cabra de Madera (1955-2015)

Año de paz y verdad interior.

Después de equilibrar su vida afectiva, laboral, de ocio creativo, enfocará nuevas utopías.

La salud dará señales que deberá atender.

Su necesidad de romper la rutina provocará bruscos cambios con la pareja, el entorno y sus socios.

La rata sabe cuál es su punto G, y apuntará sin piedad para atraparla en el corral.

El I CHING le aconseja: "Por la buena fe y la confianza, puede influir sobre todo el mundo y el presagio es feliz. Hay beneficio en atravesar una gran corriente de agua. La sinceridad más extrema puede conmover a los seres más bajos, como los peces. Lo mismo que el agua, el corazón del hombre está vacío, y se deja influir y penetrar fácilmente".

Cabra de Fuego (1907-1967)

En el año de la rata soltará amarras y buscará libertad, independencia y nuevas fuentes de inspiración para su futuro.

Dejará algún trabajo que la aburría y se animará a jugarse por su vocación en un nuevo lugar.

Sentirá deseos de rebelión, enfrentará a jefes, socios y a sus progenitores balando una nueva canción.

Podrá vivir con patrocinadores, mecenas y su inagotable talento puesto al servicio en la comunidad de los hombres.

Año de luchas estériles y necesidad de recluirse en un monasterio zen.

Cabra de Tierra (1919-1979)

Tiempo de metanoia (cambio de timón) en su vida.

Saldará cuentas familiares y podrá encontrar su lugar en la constelación familiar.

Dejará un gran ciclo de su vida y volará hacia otras pasturas y montañas.

Sentirá atracción por países exóticos, tomará un tiempo sabático y de reflexión y se reinventará.

La familia lo demandará; estará dispuesto a pagar una niñera para recuperar la libertad, la independencia y las ganas de explorar universos paralelos.

Su espíritu se nutrirá de maestros, amigos nuevos, amor, y comenzará a proyectar un tiempo de siembra a mediano y largo plazo. Recuperará el sentido del humor, el eros, la buena mesa y EL TAO DEL AMOR Y DEL SEXO.

Es posible que traiga más ratas al planeta; crecerá su fertilidad y sentido de trascendencia.

Cabra de Metal (1931-1991)

Llegará al año de la rata con FENG SHUI a favor.

Estará inspirado para crear nuevas formas de trabajo basadas en la era robótica.

Nuevas fuentes de inspiración la mantendrán en estado saludable; podrá transmitir sus experiencias en forma solidaria y nutritiva.

Cambios en la estructura familiar la pondrán al frente de nuevas responsabilidades.

Una carta, mail o chat de algún pariente lejano o un amigo la llevarán sorpresivamente a otro lugar donde decidirá instalarse sin pasaje de retorno.

Descubrirá oficios, *hobbies* y ONG para ayudar en el cambio climático y en nuevas formas de sustentabilidad.

Año de logros y apuestas por un futuro humanista.

Cabra de Agua (1943-2003)

Año de encauzar su experiencia y compartirla con alumnos, amores y desconocidos.

Podrá recuperar la capacidad organizativa y enseñar su talento en el arte, el comercio, el campo, y en nuevos paradigma.

Sentirá con fuerza las raíces del terruño; logrará llevar a su rebaño a un nuevo territorio donde disfrutará de filosofía, buena cocina y caminatas a la luz de la luna.

Un episodio legal lo sacará de la paz rumbo a la *Ilíada* y la *Odisea*.

Año de cambios estructurales en su ADN.

L. S. D.

Miles de granos de arena amontonados
forman una pagoda.
Dicho chino

ESTRATEGIA

Aprovechar la oportunidad para robar una cabra.

PREDICCIONES PREVENTIVAS PARA EL MONO BASADAS EN EL I CHING, LA INTUICIÓN Y EL BAZI

Amanece en Las Rabonas. Miro la última estrella antes de que desaparezca del cielo.

La silueta de los pinos empieza a asomar, mientras el día comienza su despertar.

Es la hora sagrada, como el atardecer, cuando me preparo para recibir y despedir el día.

Llegó el turno de predecir-me y predecir-los, amada tribu simia.

Es cierto que la rata y el mono se aman, admiran, divierten, tienen entendimiento telepático, y manejan los tiempos a la velocidad de la luz.

Después del denso, sofocante año del chancho, que lo mantuvo dedicado al ADN, a cerrar grandes temas legales, herencias, juicios, contratos, el mono necesita sentir la "liviandad del ser" que le proporciona su aliada rata *heavy metal*.

Por eso, junto al dragón, este trío llegará adonde se lo proponga.

El mono tuvo achaques de salud, sustos, cansancio sideral.

Es óptimo que le dé espacio a la recuperación holística; que se comprometa a sanar con cuerpo, alma y mente.

Necesitará amigos, patrocinadores, gente que lo estimule en esta etapa.

Su vocación estará acrecentada como el Ganges; muchos recurrirán a usted para proponerle algo nuevo, inesperado, que tiene que ver con su talento, trayectoria, creatividad y coraje para asumir nuevos compromisos.

El año comenzará con hiperactividad; el secreto será graduar las dosis para disponer de tiempo para compartir con la pareja, amigos, personas con las que trabaja y sus asistentes: todos querrán estar con el mono renovado, reciclado, lleno de vida y entusiasmo.

Crecerá profesionalmente y será reconocido con honores, premios e invitaciones para contribuir a la mejora del planeta, del país y la comunidad.

La rata lo sacudirá desde el ADN, la osamenta, las ganas de renovar su *look*; cambiar hábitos y costumbres y estar siempre dispuesto para acudir a su convocatoria.

Cambios de lugar, incluso de país, por becas, estudios, visitas a amigos o nuevos amores serán el *leitmotiv* de su año.

La familia podrá reconocer su cariño, aporte, apoyo en momentos críticos y saldar deudas.

El motor del año será el renacimiento del amor en todas sus formas; un replanteo de la pareja, un recreo para darle hiperventilación serán propicios para saber si debe continuar o despedirse con gratitud por el tiempo compartido.

El mono sabe que tiene obstáculos e impedimentos que debe superar.

Una limpieza a fondo de su casa, desechar objetos, regalar o donar parte de su patrimonio serán necesarios para seguir liviano de equipaje por *el planeta de los simios*.

Su carisma y su inteligencia emocional estarán compensados por el *feedback* de nuevas personas con las que podrá integrarse para un proyecto humanista.

Reunirá en su casa, pueblo o comunidad a ayudantes que resultarán clave para la evolución de problemas enquistados en la vida de mujeres, niños y adolescentes que deben salir adelante en tiempos de crisis e incertidumbre.

Su corazón será sabio; lo escuchará cuando esté en medio del tsunami, ciclón o terremoto afectivo que lo visitará sin tregua.

El mono tendrá abundancia de frutos en la selva, sabrá elegir con sabiduría el que más lo nutre sin llegar a la gula, un vicio que podría ocasionarle serios problemas de salud.

Tiempo de cosecha, nuevos amigos, un salto cuántico humano y profesional.

A sentir que el eros retorna en todas sus manifestaciones.

¡Suerte!

L. S. D.

El I CHING les aconseja:
19. Lin / El Acercamiento

EL DICTAMEN
El Acercamiento tiene elevado éxito.
Es propicia la perseverancia.
Al llegar el octavo mes habrá desventura.

El signo, en su conjunto, alude a un tiempo de esperanzado progreso. Se aproxima la primavera. La alegría y la transigencia van acercando entre sí a altos y bajos. El éxito es seguro. Lo único que hace falta es la realización de una labor resuelta y tesonera capaz de aprovechar plenamente los favores del tiempo. Y otra cosa más: el tiempo de primavera no dura eternamente. Llegado el octavo mes los aspectos se invierten. Quedan entonces tan sólo dos líneas fuertes, que empero no están avanzando, sino retirándose. Es necesario tener en cuenta a tiempo este viraje y meditar sobre él. Si uno de este modo se enfrenta con el mal antes de que se manifieste como fenómeno, más aún, antes de que haya comenzado a dar señales, llegará a dominarlo.

LA IMAGEN
Por encima del lago está la Tierra: la imagen del Acercamiento.
Así el noble es inagotable en su intención de enseñar,
y en soportar y proteger al pueblo no conoce límites.

La tierra linda desde lo alto con el lago: es este el símbolo del Acercamiento y de la condescendencia de alguien superior con los de posición inferior: de las dos partes que conforman la Imagen surge su comportamiento frente a estos hombres. Así como aparece inagotable la profundidad del lago, así es inagotable la solicitud del sabio para instruir a los hombres: y así como la tierra es vasta sin límites y portadora y protectora de todas las criaturas, así el sabio es portador y protector de los hombres, sin poner fronteras de ninguna clase que puedan excluir parte alguna de la humanidad.

EL TRÁNSITO DEL MONO DURANTE EL AÑO DE LA RATA

PREDICCIÓN GENERAL

El mono forma con la rata y el dragón una combinación de energía que produce energía metal. Esto puede ser muy bueno, siempre y cuando encuentre el modo de ser usada en trabajo de organización y manejo de publicidad y grupos, pero si esa energía se desperdicia, se manifiesta como ansiedad y depresión; hay que tener cuidado y no automedicarse con alcohol u otras drogas. El efecto llamado Běn mìng Nián (año propio) que afectará a la rata también afectará, aunque en menor escala, a monos y dragones, atrayendo retos y una gran propensión a acumular karma, aunque eso también le da la oportunidad de deshacer viejos karmas. Es conveniente que en paralelo a esta predicción, los monos atiendan a las predicciones de la rata y el dragón.

Enero

Aún bajo el influjo del chancho hasta el día 25, los monos podrán recibir buenas nuevas y obtener diplomas, certificados formales, títulos y en algunos casos, herencias. El mes del búfalo será relajado en comparación con los últimos meses, que trajeron cambios abruptos. Lo pasará mejor y adquirirá paz mental si medita, canta, se mueve por medio del baile o de las distintas artes marciales que le ofrecen las culturas asiáticas y africanas. Este es además un mes de reflexión ya que podrá acceder a capas muy profundas de su mente en las cuales se encuentran las claves de su evolución personal.

Febrero

Este mes atrae un poco más de plata para satisfacer sus bolsillos, por lo que se le recomienda ahorrar para los momentos difíciles que seguramente se presentarán más adelante. El tigre será benévolo con él en este mes porque la combinación de energía entre el mono y la rata crea mucha energía metal y esta a su vez corta a la madera propia del mes del tigre, provocando así una pronta resolución de problemas. Es posible que de todos modos se presenten inconvenientes porque el mes no es compatible con el año, y esos problemas se relacionen con desplazamientos complicados por el tránsito y los viajes poco placenteros.

Marzo

Este mes del conejo ocurre igual que con el mes anterior y por las mismas razones, solo que marzo también atrae oportunidades en el trabajo y la escuela, y hasta es más probable, para los que no cuentan con un empleo, que su currículum sea tomado en cuenta. También hay buenas posibilidades para obtener ganancias en juegos de azar y en inversiones en la bolsa de valores, pero dadas las complicaciones generales en el mundo, le pedimos que sea cuidadoso y de todos modos no apueste más que a la seguridad. La salud será también excelente, así que podrá comenzar a hacer ejercicio vigoroso con más confianza.

Abril

El mes del dragón concreta una combinación de energía agua maravillosa que le sacará brillo a su reputación. Toda mala vibra será cortada con solo aclarar las cosas. Podrá convencer de lo que sea a quien quiera; además, recibirá reconocimientos públicos, legales y certificados en cualquier actividad que resulte de suma importancia para el mono. Buenas noticias para los monos comerciantes, escritores, académicos, alumnos, investigadores y profesores ya que podrán concentrarse para al fin acabar con papeleos. También el mes es propicio para comenzar o retomar alguna disciplina o dejar atrás algún mal vicio.

Mayo

Este mes será para guardar distancias y aprender a argumentar eficientemente con figuras de poder y autoridad, lo cual resultará difícil para los monos revolucionarios de 1944 y 2004, quienes por cierto subirán al estrado para darnos discursos y conferencias inspirados en el amor a la Pachamama. Desgraciadamente, este mes de la serpiente también podría atraer algunos problemas menores que afectarían la movilidad, como torceduras y caídas. Los más perjudicados con esto serán los monos de 1956 y los pequeños de 2016; a ellos se les pide que caminen con cuidado, no con la cabeza en las nubes.

Junio

Todos los actos del mes anterior, sin importar qué tan buenos hayan sido, serán duramente criticados y en algunos casos castigados durante este mes. No interesa si fue una opinión sin importancia o algún debate bien sustentado, el mono tendrá que ser más astuto todavía. Para los monos de 2004, que ya tienen una maleta llena de ideales, el reto será evitar represalias por parte de maestros y autoridades directas. Para monos un poco menos agitados, la selva será un lugar demasiado pequeño para sus ambiciones, pero podrían recibir algunos cocotazos si no mantienen finanzas e impuestos bien saneados

Julio

El mes de la cabra podrá parecer confuso para los monos que no se saben comunicar en pareja ya que lo que diga o haga podrá ser malinterpretado. Eso atraerá mal de amores, aunque el mes es propicio para casarse; esta aparente contradicción es más común de lo que parece y ahora les toca a los monos vivir culebrones televisivos de leyenda. Sin embargo, la combinación también trae consigo buenas relaciones con los amigos y parientes de confianza, que podrían ayudarlo a remendar los problemas con la pareja siempre y cuando el mono escuche con calma y admita en qué se está equivocando.

Agosto

El mes propio traerá revoluciones en todo el mundo y el mono estará en el epicentro; en algunos casos ganando más notoriedad que los nativos del signo de la rata o sus opuestos del signo del caballo. Eso también les puede traer problemas a los monos que tengan algún problema de depresión o neurodivergencia, para los cuales hace falta ayuda desde todos los frentes aunque digan que no necesitan apoyo alguno. Todos los monos necesitarán llevar una dieta mucho más rica en proteínas y fibras vegetales porque este mes estarán propensos a subir de peso y lastimar su metabolismo de manera irreversible.

Septiembre

Cuando llegue el mes del gallo, el día 7 de este mes, los monos sentirán que les regresan la fuerza y la buena fortuna, pero más les vale actuar de acuerdo con su legendaria astucia y no por instinto. Hay grandes posibilidades para enamorarse apasionadamente, aunque tendrá que pensarlo bien, ya que sus impulsos lo llevarán a formalizar esa relación con mucha velocidad y eso le traerá consecuencias económicas o en la salud; ese es el caso de los monos de 2004, para quienes dar un paso así en la vida sería irreversible, pues son muy jóvenes. Los demás monos deberán estar atentos ante falsas promesas.

Octubre

El mes del perro es relativamente neutral, aunque tendrá una nota melancólica o reflexiva. Esta paz aparente hará que el mono tienda a la autoindulgencia, aunque de distintos modos: los de 1944, 1956 y 1968 se inclinarán a buscar satisfacciones en la comida, mientras que los de 1980, 1992, 2004 y hasta los de 2016 perderán el tiempo en redes sociales y videojuegos. Jóvenes y viejos buscarán también compañías poco compatibles para hacer y deshacer, lo cual a la larga traerá consecuencias desagradables. Lo bueno es que pueden hacerse conscientes de eso a tiempo y corregirlo por medio de disciplina y deporte.

Noviembre

Este mes, la combinación de energía rata/chancho baja las defensas emocionales del mono, así que el trabajo podría agotarlo hasta permitir malos tratos que de ninguna manera aceptaría bajo otras circunstancias y combinaciones energéticas. Habrá mal de amores entre monos varones, rumores, juegos políticos por rivalidades y envidias en el trabajo. También es posible que las monitas de 1980 puedan embarazarse, pero cuidado: eso le podría ocurrir también a las adolescentes de 2004; hay que tener mucho cuidado con eso. Los monos que peinan canas también podrían recibir noticias de un embarazo en la familia.

Diciembre

Siguen las probabilidades para recibir noticias de la llegada de un nuevo miembro en la familia o de embarazos precoces, así que, en el caso de tener un monito (hombre o mujer) en casa, hay que observar su comportamiento. Además, poco importa que este mes sea de vacaciones porque al juntarse rata en el mes y rata en el año el trabajo y la escuela se volverán una carga. No habrá recompensas por todo el trabajo y esfuerzo, pero si consigue dejar de procrastinar y adelantar, la cosa mejorará muchísimo. Los monos de 1944 y 1956 serán los más afectados por esta combinación que podría degradar la salud.

PREDICCIONES PARA EL MONO Y SU ENERGÍA

Mono de Madera (1944-2004)

Este año será inolvidable.

Podrá hacer un balance de su vida y sanar relaciones tóxicas, amores del pasado, y cerrar un ciclo de karma.

Lentamente sentirá una brisa suave que acariciará su corazón y cabeza.

Estará inspirado; será reclamado en la comunidad de los hombres para transmitir su conocimiento, sabiduría o técnicas de autoayuda.

La rata le proporcionará sustento, viajes, nuevos amigos y la posibilidad de crear una ONG, fundación o intercambio cultural con gente del mundo.

Deberá buscar apoyo terapéutico si siente que llega un tiempo de confusión, incertidumbre y desapego con la familia.

Mantendrá sus *hobbies*: jardinería, taichí, redes sociales, amor al arte y a la cultura.

Saldrá del estancamiento cuando salde sus deudas afectivas.

Mono de Fuego (1956-2016)

Año de purificación en su propio fuego.

La rata lo enfrentará consigo mismo, sin escapatoria.

Después de dejar en orden el caos, las herencias y los amores inconclusos renacerá rumbo a la liviandad del ser.

Su carácter estará fortalecido y podrá iniciar una etapa de gran producción creativa y diversificación de su trabajo.

El amor tendrá matices, reformulaciones y logros en cada fase, podrá perdonar y ser perdonado.

La rata lo movilizará de la palmera rumbo a nuevos horizontes: una propuesta laboral con estadía en el exterior, innovaciones en su *look*, imagen y el desapego a los chupaprana.

La salud deberá ser atendida holísticamente: yoga, meditación dinámica, arte núbico… y EL TAO DEL AMOR TÁNTRICO.

Despedidas, nuevos amigos, socios, compañeros de trabajo serán la sal de la vida.

Disfrutará más tiempo en la naturaleza, compartirá sus logros con los poetas, artistas, sannyasines, y con la Pacha Mama.

Distribuirá sus ganancias con alegría y el universo estará agradecido.

Mono de Tierra (1908-1968)

Tiempo de cambios sistémicos en su vida.

Logrará superar una etapa difícil en la constelación familiar y estar libre para instalarse en un nuevo lugar donde le lloverán propuestas laborales que lo estimularán y divertirán como desde hace mucho tiempo no ocurría.

Buscará amigos, gente de otras culturas para intercambiar conocimiento, sabios consejos y una vida nómada.

Su familia le dará permiso para que investigue sobre su especialidad en ámbitos en el exterior donde saboreará honores y premios.

Podrá disponer de más tiempo para hacer deporte, yoga, travesuras en la selva, e imaginar el futuro del éxtasis.

Mono de Metal (1920-1980)

Comenzará el año con *bonus track* de la rata: viajes por trabajo, becas, invitaciones a seminarios, disertaciones, festivales de cine y de teatro colmarán su agenda.

Necesitará reponerse cada tanto de tal cantidad de propuestas decentes e indecentes.

Sentirá que está dispuesto a dejar todo por un gran amor, traer ratitas al mundo y mejorar su autoestima.

Podrá mudarse a un lugar soñado y tener más tiempo para compartir con el zoo.

No descuide la salud; haga terapias para adicciones, busque nuevas musas e inspiración en la comunidad de los hombres.

Mono de Agua (1932-1992)

Año inolvidable en su vida.

Sentirá una fuerza innovadora para cambiar de profesión, oficio o profundizar en su vocación.

Romperá con mandatos y lazos atávicos.

Soltará una mochila pesada con el ADN y podrá vivir su vida sin darle explicaciones a nadie.

Su humor oscilará como un péndulo.

Encontrará refugio en los monasterios, en la selva y en un maestro que lo guiará en la oscuridad.

Año de revelaciones y avance lento pero eficaz

L. S. D.

Es más importante disponer de un terreno favorable
que tener buenas oportunidades.
Mencio

ESTRATEGIA

Atraer al tigre fuera de las montañas.

PREDICCIONES PREVENTIVAS PARA EL GALLO BASADAS EN EL I CHING, LA INTUICIÓN Y EL BAZI

Mis queridos gallitos y gallinas:

Llegarán al año de la rata con varias plumas menos, el pico menos afilado y la cresta más baja.

Las pruebas familiares los devastaron y les sacaron KI, CHI, PRANA para seguir en la lucha.

Tiempo de alineación y balanceo. De encauzar las prioridades y seguir con el día a día lo más íntegro posible.

Nuevas posibilidades se abrirán en su destino.

El gallo aprenderá a cantar al alba sus *blues*, *zamba de mi esperanza*, rap o cumbia. Amanecerá para despertar al resto del zoo e inspirarlo para un nuevo día.

Sentirá la responsabilidad de estar atento a los problemas que surgirán en la familia por enfermedades, herencias, juicios y temas legales; es aconsejable que se asesore con especialistas para no caer en trampas en las que sea "pollo al spiedo".

Aprenderá nuevos lenguajes, oficios, y con su tenacidad y autodisciplina conseguirá logros en poco tiempo.

El año del roedor lo mantendrá alerta, con adrenalina, dispuesto a adaptarse en un instante a las señales cósmicas y terrenales.

La salud holística necesitará atención; la somatización podrá abarcar zona de riñones, aparato digestivo y pulmones.

Con su intuición deberá detectar cuándo, cómo y con quién aliarse; el *timing* es el arte en situaciones límite.

Los gallitos y gallitas tendrán deseos de traer más ratas o engendrar bufalitos.

Tal vez adopten, o los lleven en la propia panza, pero durante este año se despertarán el instinto maternal y la revalorización de las pequeñas cosas de la vida.

Su espíritu rebelde y curioso buscará acción en diferentes áreas: social, humanística, de investigación científica, arte, maestrías, cocina.

Se reinventará; hay que llevar maíz al gallinero y alimentar a los polluelos.

En la pareja habrá una nueva reformulación; amigovios, socios, aliados para enfrentar la crisis del cambio climático.

La modestia es la llave maestra para este tiempo en que el mundo necesita gente amable, cariñosa, atenta y altruista.

Etapa de encauzar su vocación, y buscar patrocinadores para seguir adelante. Si viaja lejos, tendrá que asesorarse con expertos en FENG SHUI, en el bazi o sobre zonas peligrosas para no sufrir accidentes ni robos.

El I CHING le aconseja el hexagrama 52: "El Aquietamiento del Corazón".

No debe forzar nada en las posibilidades reales para cuidar su ánimo, autoestima, que sufrirá ataques en momentos de gran fragilidad y descuido.

El año de la rata es un tiempo de transición y consolidación para el maravilloso, estimulante y mágico año del búfalo, en el que sentirá que ha resucitado de una larga pesadilla.

L. S. D.

El I CHING les aconseja:
52. Ken / El Aquietamiento (La Montaña)

EL DICTAMEN
Aquietamiento de su espalda,
de modo que él ya no siente su cuerpo.
Va a su patio y no ve a su gente.
Ningún defecto.

La verdadera quietud consiste en mantenerse quieto una vez llegado el momento de mantenerse quieto, y en avanzar una vez llegado el momento de avanzar. De esta manera quietud y movimiento están en concordancia con los requerimientos del tiempo, y así hay luz en la vida.

El signo representa el fin y el comienzo de todo movimiento. Se menciona la espalda, pues en la espalda se encuentran todos los cordones nerviosos que trasmiten el movimiento. Cuando uno consigue que el movimiento de estos nervios espinales se aquiete, desaparece por así decirlo el yo con sus inquietudes. Ahora bien, una vez que el hombre ha logrado aquietarse así en su interior, puede dirigirse hacia el mundo externo. Ya no verá en él la lucha y el torbellino de los seres individuales, y será dueño de la verdadera quietud necesaria para comprender las grandes leyes del acontecer universal y el modo de actuar como corresponde. El que actúe partiendo de esta posición abisal no cometerá ninguna falta.

LA IMAGEN

Montañas, una junto a otra: la imagen del aquietamiento.

Así el noble no va en sus pensamientos más allá de su situación.

El corazón piensa constantemente. Esto no puede cambiarse. Empero, los movimientos del corazón, vale decir los pensamientos, han de limitarse a la situación actual de la vida. Todo pensar que trasciende el momento dado tan solo hiere al corazón.

EL TRÁNSITO DEL GALLO DURANTE EL AÑO DE LA RATA

PREDICCIÓN GENERAL

La rata le trae al gallo algunas sorpresas fuertes: unas agradables, otras no tanto. Primero, la posibilidad de tener un nuevo miembro en la familia, ya sea una rata o un búfalo. Hay posibilidad de subir un poco en el escalafón social y de mejorar su salud emocional gracias a nuevos contactos con gente mucho más sociable y capacitada.

El secreto para disfrutar de eso es que el gallo acceda a recibir ayuda y críticas constructivas. Desgraciadamente también hay probabilidades de pérdida de energía expresada en forma de robos, problemas de salud, en especial con la salud de los pulmones y el sistema endocrino.

Enero

La influencia del chancho continuará hasta el 25 de este mes, pero ya es suficiente con la presencia de la energía metal del año y agua del signo de la rata para que el gallo sienta cómo todo va acomodándose en su sitio.

Este mes puede esperar oleadas de inspiración que le ayudarán a concretar algún proyecto que se quedó en el tintero; también puede recibir muestras de gratitud que hacía mucho tiempo necesitaba para levantar el ánimo. La combinación de energía será más fuerte de las 9 a las 11 de la mañana, tiempo que tiene que aprovechar al máximo para poner en orden su mente y sus finanzas, y así elevar el amor propio.

Febrero

Ya bien entrado el año de la rata el gallo sentirá esperanzas y optimismo, por lo cual deberá poner atención en sus actos y no dejarse llevar sin ningún control. Tendrá energía para hacer y deshacer a sus anchas. Tendrá algunos problemas a lo largo del camino ya que el metal formado por el año y su propia energía choca con el tigre que domina el mes, pero eso se solucionará teniendo cuidado con la cartera y con cada paso que dé adentro o afuera de su casa. También es importante que no confíe demasiado en personas que apenas conoce, podría perder su reputación en redes sociales por cualquier tontería.

Marzo

Todas las excelentes oportunidades vendrán combinadas con accidentes menores y problemas con colegas, compañeros en el trabajo o en la escuela. Es posible que reciba algún dinero, pero que al mismo tiempo este no le rinda lo que desea por problemas que no podrá controlar, como la economía de su país de origen. También es importante que tenga cuidado con lo que sale de su boca, porque por ser tan honesto como siempre podría ganarse una reprimenda y la posible pérdida de una amistad que no podrá recuperar después. El mes conejo le enseñará a ahorrar todos sus recursos, ya sea por las buenas o por las malas.

Abril

El dragón atraerá estabilidad, claridad y seguridad en todo lo que haga. En estos días podrá recuperarse del caótico mes anterior. Sería bueno que utilice este tiempo en planear bien las estrategias a seguir más adelante, ya que la energía acomodará todo para que tenga las herramientas adecuadas para que 2020 sea uno de los mejores de su vida. Solo necesita poner atención y ser un poco más amable con la gente que lo quiere y que confía en su criterio. Este tiempo podría ser más provechoso si usa su elocuencia para escribir, aunque sea en redes sociales o en su diario íntimo.

Mayo

El año se va complicando conforme la temperatura cambia, y los gallos son muy sensibles ante esas variaciones impredecibles de temperatura. El gallo forma junto al mes de la serpiente y el búfalo una combinación de metal que podría mejorar su estado de ánimo a algunos gallos, aunque a los de metal de 1981 esto podría ocasionarles un efecto contrario, produciendo una melancolía inexplicable. Le costará trabajo ser asertivo, más a los gallos que manejen grupos y equipos. Es de suma importancia que la hora del búfalo, entre la 1 y las 3, esté descansando y no picoteando problemas añejos.

Junio

El mes del caballo será el más difícil del año, y va a afectar al gallo con combinaciones complejas que fraguarán toda clase de problemas, algunos podrían ser graves por enfermedades pulmonares. Se le recomienda no salir del granero en todo el mes. Por un lado estará sensible, con posibilidades de tener una nueva relación ardiente, aunque al mismo tiempo enamorado hasta la médula. Es posible que sea correspondido solo con interés sexual, pero no amoroso. Los días más difíciles serán: 7, 12, 19 y 24. Esto se extenderá unos días más del mes que viene.

Julio

Como decíamos en el horóscopo del mes anterior, los problemas con una combinación difícil se extenderán al mes de la cabra, afortunadamente son solo dos días: el 1 y el 6 de julio. Después de esos dos días, la situación será más manejable en lo profesional y lo económico, pero seguirá el mal de amores a todo vapor, aunque su *sex appeal* mejorará considerablemente. Para sobrellevar estos días con el estado de ánimo menos maltratado, le sugerimos buscar la compañía de algún viejo amigo del año del dragón que le ayudará a salir del predicamento emocional a punta de anécdotas y recuerdos del pasado.

Agosto

Esta vez, hay otra combinación de metal, esto le traerá asuntos de índole económico o social mucho más manejables que los problemas amorosos de los meses anteriores. El trabajo volverá a ser lo más importante en su vida. Solo necesita tener cuidado con actitudes algo altaneras que podrían convertirlo en la comidilla de sus colegas de trabajo o de la escuela. Los gallos domésticos podrían tener problemas con sus vecinos, específicamente los días 11 y 23, para lo cual podrían consultar cómo revertir la mala vibra de un mal vecino con algún Sifú experto en fēng shuǐ.

Septiembre

El mes propio traerá una tonelada de deberes y responsabilidades; no podrá descansar para nada. En el fondo muchos gallos se frotarán las manos con emoción porque es muy probable que ese trabajo sea bien remunerado y que además los mantenga tan entretenidos que no tendrán tiempo para pensar en tonterías. El trabajo liberará su mente, le permitirá ganar buen dinero y reponerse emocionalmente de las tormentas que lo tenían deprimido. Ya con la energía en su lugar, todo el gallinero podrá retomar su ritmo y salir adelante con sus plumas intactas y con algo de plata extra en los bolsillos.

Octubre

La energía metal se activará de nuevo durante los días del mono: 8, 20 e incluso el 7 de noviembre, ya que las energías no cambian sino hasta después de ese día. Tendrá la necesidad de decir las cosas que le pasan por la mente, pero aun así, se le recomienda que guarde sus pensamientos más polémicos para la poesía y no para discursos políticos; podrían ganarle algunas enemistades, sobre todo en la familia y en redes sociales. El mes del perro tendrá su lado amable, ya que también le trae encuentros agradables con viejos amigos o con gente nueva, que caerá rendida ante su personalidad, que estará muy encantadora.

Noviembre

El chancho le traerá mucho movimiento, entusiasmo y ganas de concretar sus proyectos antes de que termine el año. Las mayores oportunidades estarán fuera de su zona de confort, por lo cual quizá su vida dé un vuelco tremendo si se decide a cambiar de domicilio o de trabajo. Los hombres gallo podrían tener problemas con amoríos adquiridos en meses anteriores, por lo que se les suplica discreción, y tal vez una o dos visitas con un terapeuta o en casos más graves HO'OPONOPONO y constelaciones familiares. Los gallos mayores podrían dar la bienvenida a un nieto rata.

Diciembre

Este mes será consecuencia de todos sus esfuerzos. Un mes tan bueno que apenas podrá creer que se haya enredado tanto en meses anteriores. Se sentirá amado, bienvenido en todos los lugares. Es posible que reciba visitas de amigos y familiares a los cuales extrañaba mucho, y también que las mujeres rata de los años 1981 y 1993 se enteren de que serán madres de bufalitos por venir el año entrante. Podrá disfrutar de las fiestas decembrinas entre personajes a los que admira mucho, y estos a su vez se sentirán felices de contar con el gallo para recibir el año nuevo.

PREDICCIONES PARA EL GALLO Y SU ENERGÍA

Gallo de Madera (1945-2005)

A pesar de los cabos sueltos que no pudo cerrar en el año del cerdo, podrá visualizarse más liviano de karma y emprender un nuevo ciclo.

Estará mimado, estimulado, reconfortado con sus logros

a corto y mediano plazo. En la familia podrá saldar deudas, herencias y situaciones traumáticas.

Sentirá ganas de volar alto y dejar atrás el pasado; aún no es tiempo de cambios de 180 grados; estudie la meteorología mundial.

Será buscado para administrar la economía y las finanzas en la comunidad de los hombres.

Su visión de la macro y la microeconomía en tiempos de restricción es clave para la gente y su desarrollo sustentable.

Cuide su salud; el estrés puede jugarle un revés.

Busque terapias alternativas para su salud emocional.

Gallo de Fuego (1957-2017)

Tiempo de transición y decisiones fundamentales.

Su espíritu quijotesco encontrará eco en el año del roedor; pondrá a prueba sus experiencias y su sentido común.

En la pareja habrá crisis por maíces y falta de proyectos en común. Intente rodearse de gente afín, con experiencia, y no vuele alto pues podrían bajarlo de un hondazo.

Será cuestionado en la familia, en el club, en el partido político, y deberá dar explicaciones de sus acciones, administración y conducta.

Mantenga el gallinero a resguardo de los roedores que quieren robar los huevos de la gallina de oro.

Gallo de Tierra (1909-1969)

Tiempo de recuperar el aliento, la inspiración y las riendas de sus múltiples actividades.

Tendrá fuerza para emprender un nuevo GPS en su vida personal y afectiva.

La salud deberá ser el punto de atención y observación; los cambios bruscos de lugar, la riña de gallos serán amenazantes para su equilibrio emocional.

Sentirá ganas de volar alto y lejos... aún debe mantener el gallinero en orden y cerrar asignaturas pendientes de herencias, juicios y roles antisistémicos.

Prepare motores para su aliado: el año del búfalo.

Gallo de Metal (1921-1981)

Su fortaleza interior se pondrá a prueba con los cambios imprevistos del año del gallo.

Tendrá que ser padre y madre de la gente de su comunidad, ser solidario y abastecer de ideas y medios a quienes confían en su inteligencia emocional.

La rata le dará sustento para que pueda dar alimento a sus seres queridos y le abrirá las puertas a una nueva vida.

Su creatividad desarrollará ideas para la sustentabilidad y la permacultura.

Su espíritu solidario encontrará eco y podrá ser líder en situaciones de emergencia.

Mantendrá sus logros a resguardo de la crisis y se preparará para un sólido y eficaz año del búfalo.

Gallo de Agua (1933-1993)

Después del *rock & roll* del año del cerdo, podrá programar su vida a corto y mediano plazo.

Sentirá fuerzas para comenzar una etapa en soledad e ir integrando de a poco a gente con ideas afines y solidarias.

Su vocación renacerá; podrá conquistar nuevos mercados nacionales e internacionales y cacarear nuevos paradigmas a nivel mundial.

El estudio y la especialización de una carrera lo ayudarán a sobrevivir en un mundo robotizado.

L. S. D.

Si careces de autoridad suficiente,
la gente no te escuchará;
y si no te escucha
tus órdenes no serán cumplidas.
Confucio

ESTRATEGIA

Levantar un cadáver de entre los muertos.

PREDICCIONES PREVENTIVAS PARA EL PERRO BASADAS EN EL I CHING, LA INTUICIÓN Y EL BAZI

Queridos canes: es cierto que el año del chancho los trató bastante bien; pudieron mantener la cucha en orden, el trabajo con continuidad, la salud con mejoras, a pesar de las largas noches y los días con jornadas de horas extras y alguna caricia en el cuerpo y el corazón.

Los ladridos por la justicia social, los cambios abruptos en el país y el mundo alteraron su sueño y buscaron refugio en la "ONU galáctica".

El balance ante la llegada meteórica de la rata fue potable; y de pronto se verán envueltos en un confuso viaje, en el que no saben cuándo ni por qué se embarcaron.

Las presiones sobre un tiempo incierto y lleno de especulaciones, de alianzas perversas y de gente interesada en el saqueo de la horma de queso gruyere no son compatibles con sus principios y creencias.

Llegó el año en el que saldrán a la luz conductas perrunas que no sabían que tenían en algún rincón del inconsciente, y se desnudarán en público con reclamos juveniles.

La astucia, la rapidez mental, la telaraña con que la rata atrapa a los perros representa una pérdida energética, que deberán prevenir con yoga, meditación, taichí, largas caminatas a la luz de la luna, con sus seres queridos, y en estado zen.

El perro recibirá originales propuestas que deberá estudiar con atención; asesorarse legalmente y tener olfato e intuición antes de embarcarse en proyectos de apariencia fácil y que son bendiciones disfrazadas.

El cambio acelerado, sin reloj, y avasallador del reinado del roedor será muy estresante para los programados perros, a quienes les gusta saber por qué y hacia dónde van en cada acción que se propongan.

En la constelación familiar habrá duelos, nacimientos, separaciones y grandes reencuentros, que aunque efímeros, podrán proporcionar al perro el envión que necesita para "dar la pisada" que lo mantendrá firme y seguro.

Las tentaciones serán muchas durante el año de la rata: posibles viajes por becas, estudios, trabajo en el exterior, o sentir el llamado solidario para ser parte de los inmigrantes climáticos, políticos y sociales, y despertarán nuevas ideas para el futuro.

Su sentido humanitario, práctico y solidario lo acercarán a gente en estado crítico de calle, de salud y de falta de recursos de sobrevivencia.

Estará compenetrado con trabajar en equipo en la comunidad de los hombres, aportando su experiencia.

La sensación de desamparo, de inseguridad por lo que pasa en el mundo marcará su humor, nuevas formas de adaptarse a la realidad y de convivir con seres que tocarán su cucha en busca de un huesito, unas caricias y ganas de aprender una nueva forma de sobrevivencia en el planeta.

Sepa escuchar consejos, señales cósmicas y cambios de paradigma.

L. S. D.

El I CHING les aconseja:
10. Lü / El Porte (La Pisada)

EL DICTAMEN
Pisar la cola del tigre.
Este no muerde al hombre. Éxito.

La situación es en verdad difícil. Lo más fuerte y lo más débil se encuentran en contacto directo. Lo débil le pisa los talones a lo fuerte y se entretiene provocándolo. Pero lo fuerte lo deja hacer y no le hace daño alguno, pues el contacto es alegre y nada hiriente. La situación humana es esta: uno tiene que habérselas con personas salvajes, inabordables. En este caso el objetivo deseado se alcanza si en su porte, en su conducta, se atiene uno a las buenas costumbres. Las formas de conducta buenas y gratas conquistan el éxito aun en el caso de enfrentarse con gente irritable.

LA IMAGEN
Arriba el cielo, abajo el lago: la imagen del Porte.
Así distingue el noble entre alto y bajo
y afirma con ello el sentido del pueblo.

El cielo y el lago revelan una diferencia de altura que se ha producido por sí misma conforme a la naturaleza de ambos; por lo tanto ninguna forma de envidia enturbia esta relación. Así también en el seno de la humanidad tiene que haber diferencias de nivel. Es imposible lograr que la igualdad general sea una realidad. De lo que se trata es que las diferencias de rango en la sociedad humana no sean arbitrarias e injustas, pues de otro modo la envidia y la lucha de clases será consecuencia inevitable. Si, en cambio, las diferencias de rango externas responden a una justificación interior, y si la dignidad interior forma la pauta para el rango externo, reinará la calma entre los hombres y la sociedad logrará el orden.

EL TRÁNSITO DEL PERRO DURANTE EL AÑO DE LA RATA

PREDICCIÓN GENERAL

Cuando uno piensa en energía agua y energía tierra se imagina una lluvia que empapa a la tierra y deja el campo fértil. Pero no todas las tierras son iguales. La energía fija del perro es la tierra, pero esta energía es una tierra que se parece a las arenas del desierto y esta energía fructifica con protección y ayuda de todos los que lo aman. El perro es un signo creativo, y la rata le ofrece algo de energía, pero debe saber que este año no será sencillo, sobre todo la primera mitad, en la cual se sentirá agotado por el estrés. La segunda mitad, si no se recupera, corre el riesgo de quedarse encadenado a su cucha por agotamiento o desazón.

Enero

El año de la rata comenzará el día 25; mientras tanto, el perro seguirá bajo la misma dinámica del año el chancho: mal de amores, accidentes menores, mala suerte. En este caso tendrá que cuidarse de pérdidas monetarias. No podrá pedir dinero ni sacar compras a crédito. En cambio puede ahorrar o invertir en su propia actualización de habilidades y conocimientos. Es importante que no les dé un lugar privilegiado a personas que en realidad son un lastre, como parejas de otros tiempos, principalmente. Es un mes para tener cuidado con cada paso; se le recomienda usar calzado cómodo para evitar accidentes.

Febrero

Este mes del tigre ofrece una oportunidad especial para conseguir trabajo, subir de puesto o mejorar sus condiciones de empleo. También es bueno para pedir apoyo por parte de maestros y profesores universitarios, pero tiene que ser exactamente en los días 9 y 21, ya que la energía estará de su parte e irradiará un aura de seguridad y entusiasmo. Todo esto podría mejorar considerablemente su situación laboral para lo que resta del año; sin embargo, es importante que siga siendo lo más discreto posible con su trabajo y finanzas, porque también podría despertar la envidia de algunos colegas o parientes resentidos.

Marzo

El amor se encuentra cerca de su territorio, pero este tipo de amor está más próximo al simple deseo sexual. Probablemente los perros no deseen una relación de un rato, sino que quieran integrarse por completo en la vida emocional de su pareja o proyecto de pareja, así que la atracción sexual sin amor podría traerle algunos disgustos, o por lo menos insatisfacción. Dejarse llevar y pensar que la otra persona quiere ya sentar cabeza sería descabellado, por lo cual deberá enfocarse en otras cosas para evitar un enfrentamiento innecesario, y con ello arruinar lo que resta del año.

Abril

Este mes del dragón el choque será tremendo. Seguramente todavía arrastrará con lo ocurrido en el mes anterior, y su estabilidad emocional y hasta económica dependa solo del apoyo que reciba por parte de la gente a su alrededor, entonces más le vale rodearse de gente que de verdad lo ame y se lo haya demostrado en otros momentos duros de la vida. Para los perros de 2006 esto será difícil de comprender dada su juventud, pero incluso los perros de 1946 verán que les resulta difícil dejar ir amistades tóxicas. A los demás perros les costará menos trabajo dejar ir, liberase a sí mismos y a sus karmas.

Mayo

Mes desparejo. Por un lado hay posibilidad de conocer gente amable e inteligente que lo ayudará a sobrepasar el trago amargo de meses anteriores, por el otro lado también se topará con dinámicas grupales en las que se menosprecian el aprendizaje, el trabajo y el conocimiento, y se da importancia a gente frívola, amante del cotilleo y poco comprometida con la naturaleza y la comunidad. La situación mundial actual le bajará la fe en el futuro cercano. Al mismo tiempo hay posibilidades de terminar algún estudio o materia que no había logrado concretar, y que por su logro reciba algún reconocimiento o certificado.

Junio

La llegada del mes del caballo aumenta la energía fuego que necesita desde hace mucho rato. Su estado de ánimo mejorará, así como las relaciones con gente amada y hasta compañeros de trabajo o escuela. Esta energía se activa con más fuerza durante los días del tigre: 16 y 28. Esos son los únicos días en los que podrá tomar decisiones importantes, abrir cuentas, firmar contratos e iniciar proyectos. Los demás días tendrá tanto trabajo que le será imposible organizarse. Además, el mes será caótico para todas las personas a su alrededor, por lo tanto se les sugiere paciencia y mucha concentración.

Julio

El mes de la cabra atrae una combinación conflictiva que se activa con los días del búfalo. La energía de ese signo toma mucha fuerza en el año de la rata y es probable que los conflictos exteriores se reflejen en su propio entorno. O sea que si afuera llueve, lloverá adentro de su cucha, metafórica y realmente. Este mes solo tiene un día búfalo caótico, el 21, pero la advertencia se extiende hacia el día 2 de agosto, ya que la influencia animal de cada mes varía, no cae en las mismas fechas que el calendario gregoriano. Cualquier ayuda que reciba será bienvenida.

Agosto

Otro mes complicado en los niveles amoroso y emocional, pero con la energía un poco mejor balanceada a nivel aprendizaje y trabajo. Los perros dedicados a las artes se sentirán más inspirados y lograrán concretar contratos. Encontrarán buenas oportunidades y ventas si trabajan con la energía madera (artes marciales, baile, canto, actuación, talla, carpintería). Los días 10 y 22, que serán gobernados por el gallo, resultarán particularmente buenos para mejorar la autoestima, y con ello proyectar un aura de seguridad y confidencialidad. Con eso estará en condiciones de optimizar su tránsito hacia el resto del año roedor.

Septiembre

Este mes será igual al mes anterior, pero el gallo que lo gobierna no le dará un solo día de descanso, y además provocará que los días mono que se le crucen (15 y 26) el perro encuentre una voz más firme, en algunos casos hasta autoritaria. Esto está muy bien para los perros dedicados a la farándula, pero podría ser difícil para las personas que viven con perros de 1946 o que son subordinadas a su mando. Les pedimos a los perros en general que se den cuenta de que por más que quieran, la gente no puede ser igual a ellos. Van a tener que aprender a ser más pacientes, o se atendrán a las consecuencias.

Octubre

El mes propio le trae disciplina y concentración. En este tiempo podrá encerrarse a terminar el trabajo acumulado o los proyectos que ha dejado para otro día. Muchos calificarán de delirio que el perro quiera quedarse enclaustrado trabajando hasta obtener los resultados deseados, pero este mes es la consecuencia energética de varios meses de pensar su estrategia. También es posible que reciba inspiración por medio del sueño, por lo que se le recomienda tener a la mano un diario de sueños cerca de la cama. En cuanto a lo amoroso, ya ni se acuerda, y eso le dará más libertad para enfocar su energía hacia otros asuntos.

Noviembre

Las noticias agradables se mezclarán con una sensación de incertidumbre que no sentía desde la última ruptura emocional o amorosa. ¿Qué sigue para el can en adelante? La naturaleza del perro es decididamente optimista, pero en este mes del chancho sentirá la necesidad de ser guiado por una mente más sabia, un oráculo o cualquier señal que provenga del cielo mismo. Podrá encontrar esa guía adentro de su propio corazón, solo necesita abrir el chakra del plexo solar por medio de ejercicios de respiración, dar paseos descalzo sobre el pasto y continuar con el diario de sueños que sugerimos anteriormente.

Diciembre

La doble rata, por el mes y el año, podría parecer peligrosa porque aumenta un tipo de energía que se llama "Astro desastroso". Esto suena lapidario, pero indica el peligro de aislamiento, y por ello la pérdida de la reputación. Para sobrevivir esta doble posibilidad, debe aprender a seguir sus instintos, lo cual les saldrá mejor a los perros de tierra de 1958. Los cachorros de 2018, aunque de tierra, necesitarán muchos cuidados extra para evitar accidentes. A los demás perros se les recomienda sobriedad. Suena aburrido por ser días de fiestas decembrinas, pero les irá mejor si permanecen alertas y bien despiertos.

PREDICCIONES PARA EL PERRO Y SU ENERGÍA

Perro de Madera (1934-1994)

Después de un año apacible, amistoso con el zoo, y con nuevos paradigmas, logrará encauzar sus logros a corto y mediano plazo.

Una oferta laboral o de organización en su comunidad despertará entusiasmo.

Tendrá que estar abierto a nuevas formas de pensar y resolver estrategias en un mundo que ha cambiado valores y prioridades.

Haga medicina preventiva; no descuide su cucha ni su familia y emprenda un viaje interior que asiente la revolución sistémica del año del roedor.

Conseguirá un crédito para nueva cucha o planes laborales a través de los cuales podrá transmitir su experiencia artística y humanista.

Perro de Fuego (1946-2006)

Llegará al año de la rata con escepticismo y desgano.

Los combates del año del jabalí lo dejaron exhausto.

Necesitará un cambio sistémico en su vida: un viaje al exterior con amigos, hijos o nietos, practicar el ocio creativo y no quedarse mucho tiempo paralizado ante el meteórico año del roedor.

Sentirá ganas de quedarse más en la cucha, cultivar la huerta, intercambiar ideas y filosofar con sus amigos e íntimos enemigos.

Es tiempo de planificar a mediano y largo plazo sus prioridades y no olvidarse de cultivar EL TAO DEL AMOR Y DEL SEXO.

Perro de Tierra (1958-2018)

Después de un año de reencuentros con amigos, maestros, guías espirituales podrá organizar su vida con más claridad.

Un nuevo proyecto profesional lo marcará en los próximos años y podrá plasmar arte, ciencia, tecnología y avanzar en su profesión.

Una decisión familiar cambiará planes a corto plazo.

Podrá dejar en orden una herencia, juicios, cambios en su forma de planificar sus ingresos y ahorros y esperar tiempos más propicios.

Podrá recuperar el sentido del humor, la vida hogareña y social. Será reclamado artística e intelectualmente.

Los amigos conformarán la gran tribu en la cual confiar y apoyarse en momentos críticos.

Su presencia en la pareja será esencial para recuperar la confianza y los momentos decisivos para continuar compartiendo trabajo, amor y conocimiento.

Perro de Metal (1910-1970)

Tiempo de grandes cambios internos y externos.

La experiencia del último año lo mantuvo alerta al momento de tomar decisiones; la pisada es clave para no cometer errores y retornar al pasado.

Sentirá ganas de rebelarse, salir de su rol y reformular su vida conyugal. Anímese.

Las decisiones formarán parte de una maduración, de éxitos y fracasos y de diseñar el futuro con entusiasmo.

Podrá contar con amigos, parientes, su experiencia profesional y las ganas de cambiar su GPS hacia donde lo guía el corazón.

La rata le producirá adrenalina extra.

Perro de Agua (1922-1982)

Tiempo de cambios sistémicos: desde el *look*, la cucha, la pareja o los posibles candidatos y forma de vivir.

Estará entusiasmado por nuevos planes laborales y cambios en su cosmovisión.

Podrá cuidar a su cría, salir al mundo para mejorar cursos, estudios o cambiar el aire cuando sea necesario,

Un amor lo sorprenderá entre *check-in and check-out*.

Retornará a su lugar de origen y cerrará heridas y rencores.

Un tiempo de salir del lugar de confort en busca de nuevos desafíos.

L. S. D.

Un hombre verdaderamente sabio
suele parecer poco ingenioso.
Dicho chino

ESTRATEGIA

Hacerse el tonto sin dejar de ser listo.

PREDICCIONES PREVENTIVAS PARA EL CHANCHO BASADAS EN EL I CHING, LA INTUICIÓN Y EL BAZI

Bienvenidos, queridos marranos sobrevivientes, al año de la rata metálica, que empieza el 25 de enero de 2020.

OMOMOM y todos los mantras para felicitarlos por su año y las pruebas entre el infra y el supramundo que atravesaron.

El ascenso paulatino, el confiar en la energía diaria para mantener el chiquero en orden, sin deudas ni asignaturas pendientes es realmente un gran logro en tiempos de transmutación planetaria.

Los chanchos que cursaron todas las materias sin irse a marzo encontrarán la paz tan merecida, los sueños concretados, las ganas de revolcarse en el chiquero y sentir la llegada de eros.

Estarán divertidos, llenos de prana, buenas intenciones para transitar un nuevo ciclo con su cómplice y aliada, la rata.

Los estímulos crecerán cada día, y el chancho sentirá que puede pisar firme en el chiquero al tomar alguna decisión.

Sus amigos lo buscarán para salir a bailar, filosofar o abrir la puerta para ir a jugar.

Su pareja le dará vacaciones para que viaje por el país o el mundo con amigos, y pueda conocer el Lejano Oriente o las playas del Caribe y disfrutar después de años de padecimiento y nostalgia.

Sentirá deseos de construir su casa, templo, estudio con sus propias manos y con permacultura.

Estudiará FENG SHUI, paisajismo, y volcará su talento en convocar a los avatares para tamaña empresa.

Una sorpresiva oportunidad podría cambiar su GPS.

La posibilidad de un trabajo *part time*, una gran convocatoria con el zoo para colaborar en ONG, comedores, fundaciones podría ser óptima para su bienestar.

Intente practicar taichí, arte núbico, medicina china y ayurveda y EL TAO DEL AMOR Y DEL SEXO.

Tiempo de prioridades: postergó su vida, sueños, cambios en el hábitat por miedo, prevención a la situación política y económica del país, y fue cola de cometa.

Avanzará con firmeza y tenacidad como líder en la comunidad de los hombres.

Sentirá el apoyo de la gente; su sentido común brillará y podrá tener aliados incondicionales en esta etapa.

La inspiración lo visitará con creces.

En su familia habrá motivos para festejar, honores, becas, viajes por trabajo serán la alegría del zoo.

Debe cuidarse de los excesos; los vicios podrían jugarle una mala pasada.

Su talón se Aquiles son los sentimientos, que estarán exaltados durante el año de la rata.

Grandes decisiones en poco tiempo lo mantendrán despabilado, ágil y sin las habituales dudas que lo caracterizan.

El nuevo ciclo que comienza el año de la rata le dará la posibilidad de reinventarse, refundarse y salir del XIBALBAY (inframundo).

Tiempo de siembra en tierra fértil. De superar crisis existenciales y dar lugar al diálogo consigo mismo y con sus guardianes terrenales y celestiales.

L. S. D.

El I CHING les aconseja:
46. Sheng / La Subida (El empuje hacia arriba)

EL DICTAMEN
La subida tiene elevado éxito.
Hay que ver al gran hombre.
¡No temas!
La partida hacia el Sur trae ventura.

La ascensión de los elementos aptos no tropieza con ningún obstáculo; por eso se ve acompañada de un gran éxito. La modalidad que posibilita la ascensión no es violenta, sino modesta y dócil, pero como uno es apoyado por el favor de los tiempos, avanza. Hay que movilizarse e ir en busca de las personas que deciden. Esto no debe infundir temores, pues no fallará el éxito. Sólo que es necesario poner manos a la obra; pues la actividad (es este el significado del Sur) aporta ventura.

LA IMAGEN
En medio de la tierra crece la madera:
La imagen de la subida.
Así el noble, con gran dedicación, acumula lo pequeño
para lograr lo elevado y lo grande.

La madera en la tierra crece sin prisa y sin pausa hacia la altura, doblándose dócilmente para eludir los obstáculos. Así el noble es abnegado en su carácter y no descansa jamás en su progreso.

11. T'ai / La Paz

EL DICTAMEN
La paz. Lo pequeño se va, llega lo grande.
¡Ventura! ¡Éxito!

En la naturaleza, este signo alude a una época en la cual, por así decirlo, reina el cielo sobre la tierra. El Cielo se ha colocado por debajo de la Tierra. Así sus fuerzas se unen en íntima armonía. De ello emana paz y bendición para todos los seres.

En el mundo humano se trata de una época de concordia social. Los encumbrados condescienden con los de abajo. Y los de abajo, los inferiores, abrigan sentimientos amistosos para con los elevados, y así llega a su término toda contienda.

En lo interior, en el centro, en el puesto decisivo, se halla lo luminoso; lo oscuro está afuera. Así lo luminoso actúa con vigor y lo oscuro se muestra transigente. De este modo ambas partes obtienen lo que les corresponde. Cuando en la sociedad, los buenos ocupan una posición central y tienen el gobierno en sus manos, también los malos experimentan su influjo y se vuelven mejores. Cuando, dentro del hombre, reina el espíritu que procede del cielo, su influjo abarca también a la sensualidad y esta obtiene así el sitio que le corresponde.

Las líneas individuales ingresan en el signo desde abajo, y arriba vuelven a abandonarlo: de este modo los pequeños, los débiles, los malos están yéndose, y ascienden los grandes, los fuertes, los buenos. Este hecho es fuente de ventura y éxito.

LA IMAGEN
Cielo y Tierra se unen: la imagen de La Paz.
Así reparte y completa el soberano
el curso de cielo y tierra,
fomenta y ordena los dones de cielo y tierra,
con lo cual asiste al pueblo.

Cielo y tierra cultivan su trato y unen sus afectos. Esto da por resultado una época general de florecimiento y prosperidad. Semejante corriente de energía ha de ser regulada por el soberano de los hombres. Este lo lleva a cabo mediante la distribución. Así el tiempo indiferenciado, de acuerdo con la secuencia de sus fenómenos, es subdividido por el hombre en estaciones del año y, en virtud de definiciones humanas, el espacio que todo lo abarca aparece diferenciado por puntos cardinales. De esta manera la naturaleza, con su avasalladora plenitud de fenómenos, se ve limitada y controlada. Por el otro lado, es necesario estimular a la naturaleza en lo que produce. Esto sucede cuando se adapta su producción a la época que le corresponde y al lugar correcto, pues con ello se incrementa el rendimiento natural. Tal actividad de estímulo y sujeción de la naturaleza constituye una labor que redunda en beneficio del hombre.

EL TRÁNSITO DEL CHANCHO DURANTE EL AÑO DE LA RATA

PREDICCIÓN GENERAL

El chancho deja atrás todo un rosario de problemas, deudas, accidentes, enfermedad y retos. Algunos pudieron llegar a la recta final con el morro intacto. Otros decidieron, por karma y amor propio, tomar rumbos completamente distintos. Y otros partieron rumbo al Nirvana. Pero los cerdos que quedan tienen ante sí un año roedor de aparente descanso en el que podrán retozar en el chiquero sin la carga de llevar a cuestas tanta responsabilidad. Si bien siguen las pruebas, la rata será generosa con la energía productora, sobre todo la primera mitad del año. Después podría venir una racha creativa. Este es un año para amar y dejarse amar sin inhibiciones; la sensualidad y el erotismo marcarán su paso.

Enero

El chancho aún sigue en su año; le costará trabajo quedarse quieto, sobre todo a la hora del búfalo, cuando debería estar dormido. Si llega a despertar entre la 1 y las 3 de la madrugada, tendrá que apuntar los sueños en un diario, ya que estos serán la respuesta a cualquier duda trascendental que tenga. Los chanchos que padezcan de ansiedad y TDA (Trastorno por Déficit de Atención) podrán mejorar mucho su situación si practican taichí o algún arte marcial antes del mediodía. La danza también mejorará mucho la salud de todo el chiquero, Esto en especial para los chanchos de 1947, 1971 y 2007 que vienen de sobrevivir el mismísimo infierno.

Febrero

El signo del tigre que rige el mes siempre ha sido complicado. Atrae energías de madera que son benéficas, pero al mismo tiempo no es un mes fácil en lo social, ya que provoca la necesidad de ser más frívolo y volcarse a pasar todos los límites, en especial los que competen a su sexualidad. Si bien a los chanchos adultos solo queda decirles que se diviertan, los chanchos de 2007 podrían meterse en problemas porque no están aún preparados para esos escarceos y porque hay posibilidades definitivas de embarazo, algo que los chanchos de 1983 y 1995 podrían manejar mucho mejor.

Marzo

El mes del conejo será más tranquilo en cuanto a asuntos eróticos se refiere. Los dos roedores atraen una energía elevada en madera que se activa durante los días de la cabra: 5, 17 y 29; en los cuales no tendrá paciencia para estupidez alguna, ni siquiera propia. Por lo tanto andará más iracundo de lo normal, y se le advierte que no todos a su alrededor le tendrán paciencia. Esa energía lo hará también más valeroso, entonces puede aprovechar para hacer lo que antes no se atrevía, como cambiar de carrera o practicar algún deporte extremo. También querrá que más gente lo escuche y respete.

Abril

Por lo general el mes dragón que rige abril siempre es peligroso para el chancho, pero en esta ocasión, más que peligroso, será caótico. De nuevo atrae más de esa energía erótica, pero con un toque de romanticismo y ganas de compromiso. Sí, este mes podría ser bueno para contraer matrimonio –al fin–, pero como la energía vendrá toda revuelta, cualquier boda programada en este mes será una locura. Vale la pena soportar que el servicio de catering sea pésimo, o que se rompa el vestido de novia, o que el juez llegue tarde, porque cualquier matrimonio consumado en este mes será longevo y firme como una casa de ladrillos.

Mayo

Muy difícil. Los chanchos vivirán conflictos en su mes opuesto, pero nada que un poco de plata no pueda remediar, y este mes atrae dinero por medios extraordinarios, como encontrarse un billete en la calle o recibir un premio pequeño en la lotería. Si eso ocurre, le recomendamos ahorrar ese dinero en caso de que vengan algunos gastos imprevistos propios del tiempo de la serpiente. También puede ser bueno que pague alguna deuda contraída durante el año propio; eso ayudará a mantener su reputación intacta. Este mes es también de movimientos internos, cambios de residencia, carrera universitaria o de trabajo.

Junio

Es un mes complicado, pero si se organiza todo saldrá bien. El tiempo del caballo choca con el año de la rata y eso provoca situaciones desastrosas. El cerdo estará muy involucrado, pero su estado de ánimo subirá al saberse capaz de resistir lo que sea. Algunos días todo saldrá perfecto gracias a esa actitud, pero en otros se complicará la existencia debido a la combinación de energías que se activarán en los días de dragón y gallo: 6, 11, 18, 23 y 30. Además, entre las 7 y las 9 de la mañana y las 17 y las 19 necesita tener cuidado con asuntos legales.

Julio

Este mes de la cabra el chancho pondrá orden en los espacios que habite y en su cabeza. Podrá despedirse de todos los temores o ansiedades acumulados en el año, y recuperar su creatividad y ganas de trabajar y disfrutar de la vida. Su concentración dependerá de su nivel de actividad, así que necesitará hacer ejercicio o bailar, antes de encerrarse en su taller u oficina, eso le dará un brillo especial y entusiasmo contagioso. Los días más productivos serán el 15 y el 27. También puede usar la hora de la cabra, de las 13 a las 15, para concretar proyectos exitosos.

Agosto

Este mes del mono será mixto. Tendrá la capacidad de obtener certificados que podrán abrirle puertas. Los chanchos de 1995 estarían en condiciones de programar sus exámenes profesionales o de grado en este mes para obtener mejores resultados. Los chanchos de 1947 y 2007 también podrían diplomarse, pero al mismo tiempo necesitan cuidar la salud pulmonar y el estado de ánimo. Los de 1971 podrían tener problemas con la pareja por competencia entre ellos. Los demás chanchos estarán propensos a accidentes menores por hacer las cosas con demasiada fuerza.

Septiembre

Este mes del mono no es bueno para casi nada importante. Más le vale apaciguarse y quedarse tranquilo en su chiquero. Si trata de salirse de la rutina, es probable que el trabajo, la escuela o incluso las labores del hogar lo detengan. No será propicio planear ningún viaje de placer, y los que realice por trabajo serán molestos, en algunos casos hasta peligrosos. En cambio, puede restablecer lazos rotos con miembros de la familia, sobre todo con tías, abuelas y mujeres sabias. Si se acerca a ellas podrá hacer que se disipen las inquietudes que albergue en cualquier tema.

Octubre

El mes del perro trae descalabros amorosos a los chanchos hombres. Las chanchas, en cambio, podrían tener problemas con colegas. Si comprenden las bases de la sororidad, las chanchas podrán estar mejor. También estaría en condiciones de recibir alguna buena noticia, ya sea por carta o correo electrónico. Hay algunos conflictos menores con figuras de autoridad, por lo tanto todos los chanchos deberán tener cuidado a la hora de meterse en un embrollo burocrático. Es posible que a los chanchos de 1995 y 2007 se les alborote la rebeldía, lo cual podría ser contraproducente si no tienen el apoyo de gente más astuta.

Noviembre

El mes propio será tenso, tal vez peligroso. Los chanchos con alguna condición de salud crónica o preexistente deberán seguir los cuidados pertinentes para evitar recaídas. Los demás necesitan tener cuidado y mirar dónde pisan, sobre todo los chanchitos de 1947 y 2007, pues el choque del año y mes agua con la energía fuego que rige sus años de nacimiento los hará vulnerables. Esa vulnerabilidad se extiende a los demás chanchos; los afectará en lo emocional, y en ese campo es fácil que caigan presa de vivillos y gente poco honesta, y necesitarán ser más astutos.

Diciembre

Este mes siempre trae sorpresas agradables a los chanchos, pero como el año de la rata representa el doble de energía sexual, puede ser un arma de dos filos si se juntan dos o hasta cuatro ratas en un solo momento. Cada signo rige un día, mes, año y hora, entonces los chanchos deberán poner atención a sus impulsos entre las 11 y la 1 de la madrugada y los días 11 y 23, y hasta el 4 de enero, porque esos días además de lo ya dicho, los de 1959 y 1971 podrían tener problemas en el aparato reproductivo, y los de 1983, 1995 y 2007, problemas hormonales.

PREDICCIONES PARA EL CHANCHO Y SU ENERGÍA

Chancho de Madera (1935-1995)

Un año para empezar con baterías renovadas. Su espíritu estará entusiasmado, alegre y disponible para los planes que le imponga la rata. Deberá ser firme y protector con la familia y sus reclamos, jugar nuevos roles y tener prevención en la salud.

Tal vez traiga ratitas, adopte nuevos hijos o comparta momentos más íntimos en la comunidad de los hombres.

Una estampida de acontecimientos inesperados invadirá el chiquero.

Una asignatura pendiente en su corazón necesitará sanación.

Busque terapias alternativas de autoayuda y mejore su comunicación con el mundo exterior.

Hará más vida hogareña, recordando que la vida es "aquí y ahora".

Tiempo de nuevos rumbos creativos y profesionales.

Chancho de Fuego (1947-2007)

Llegará exhausto al año del roedor que seguirá provocándole "estados alterados".

Sentirá deseos de mantener el chiquero en armonía con hijos y amigos.

Su nueva pareja o amigovio le aportará inteligencia emocional y podrá compartir trabajo, amor, conocimiento con su tribu.

Viajes al exterior lo mantendrán atlético, curioso, lleno de nuevas inquietudes culturales, sociales y humanistas que encontrarán eco en la sociedad.

Revise sus zonas erróneas y acepte sus límites humanos.

Deberá atender la salud holísticamente y no dejar el diálogo con gente que lo inspira.

Superará la crisis existencial y encontrará paz.

Chancho de Tierra (1959-2019)

Después de su tai sui renacerá o dejará pasar la vida haciendo *zapping* en Netflix.

El desgaste, estrés, la incertidumbre desaparecerán al comenzar el año del roedor. Sentirá ganas de mejorar su *look*, hacer algún deporte o iniciar una danza tántrica para despertar la kundalini.

Sus amigos lo buscarán para salir de viaje o pedirle consejos.

Sentirá ganas de pisar un nuevo lugar con desapego y fluir con el wu wei (no acción) en lo que se presente.

Tiempo de grandes cambios desde su humor hasta su oficio o profesión.

Compartirá con su pareja viajes a lugares remotos del mundo.

Chancho de Metal (1911-1971)

Después de las pruebas en el inframundo y el supramundo hará una síntesis de su vida.

Mejorará las relaciones afectivas y familiares y saldará deudas kármicas con su zoo.

Un tiempo de grandes intercambios culturales; viajes cortos y al exterior lo mantendrán entusiasta y lleno de ideas originales que plasmará en su comunidad.

Una partida familiar será causa para replantearse la vida desde la "a" a la "z".

Chancho de Agua (1923-1983)

Después de la metamorfosis de su año podrá encauzar grandes empresas, nuevos trabajos, oficios, participación en ONG, seminarios humanistas y apertura para combatir el cambio climático como *leitmotiv* de su vida.

Estará sensual, *sexy* lleno de fanes y admiradores que lo perseguirán por el mundo.

Año de desapego, avances en el patrimonio familiar y cultural y nuevos seres que le aportarán magia, amor y cambios sistémicos.

L. S. D.

Para librarse de las semillas,
arrancar de raíz;
para que una cazuela deje de hervir,
retirar el combustible.
Proverbio chino

ESTRATEGIA

Robar la leña de debajo de la caldera.

ESCRIBE TU PROPIA PREDICCIÓN

Los años lunares exactos desde 1912 a 2020

SIGNO					
Rata	18/02/1912	a	05/02/1913	agua	+
Búfalo	06/02/1913	a	25/01/1914	agua	-
Tigre	26/01/1914	a	13/02/1915	madera	+
Conejo	14/02/1915	a	02/02/1916	madera	-
Dragón	03/02/1916	a	22/01/1917	fuego	+
Serpiente	23/01/1917	a	10/02/1918	fuego	-
Caballo	11/02/1918	a	31/01/1919	tierra	+
Cabra	01/02/1919	a	19/02/1920	tierra	-
Mono	20/02/1920	a	07/02/1921	metal	+
Gallo	08/02/1921	a	27/01/1922	metal	-
Perro	28/01/1922	a	15/02/1923	agua	+
Chancho	16/02/1923	a	04/02/1924	agua	-
Rata	05/02/1924	a	24/01/1925	madera	+
Búfalo	25/01/1925	a	12/02/1926	madera	-
Tigre	13/02/1926	a	01/02/1927	fuego	+
Conejo	02/02/1927	a	22/01/1928	fuego	-
Dragón	23/01/1928	a	09/02/1929	tierra	+
Serpiente	10/02/1929	a	29/01/1930	tierra	-
Caballo	30/01/1930	a	16/02/1931	metal	+
Cabra	17/02/1931	a	05/02/1932	metal	-
Mono	06/02/1932	a	25/01/1933	agua	+
Gallo	26/01/1933	a	13/02/1934	agua	-
Perro	14/02/1934	a	03/02/1935	madera	+
Chancho	04/02/1935	a	23/01/1936	madera	-
Rata	24/01/1936	a	10/02/1937	fuego	+
Búfalo	11/02/1937	a	30/01/1938	fuego	-
Tigre	31/01/1938	a	18/02/1939	tierra	+
Conejo	19/02/1939	a	07/02/1940	tierra	-
Dragón	08/02/1940	a	26/01/1941	metal	+
Serpiente	27/01/1941	a	14/02/1942	metal	-
Caballo	15/02/1942	a	04/02/1943	agua	+
Cabra	05/02/1943	a	24/01/1944	agua	-
Mono	25/01/1944	a	12/02/1945	madera	+
Gallo	13/02/1945	a	01/02/1946	madera	-
Perro	02/02/1946	a	21/01/1947	fuego	+
Chancho	22/01/1947	a	09/02/1948	fuego	-

SIGNO					
Rata	10/02/1948	a	28/01/1949	tierra	+
Búfalo	29/01/1949	a	16/02/1950	tierra	-
Tigre	17/02/1950	a	05/02/1951	metal	+
Conejo	06/02/1951	a	26/01/1952	metal	-
Dragón	27/01/1952	a	13/02/1953	agua	+
Serpiente	14/02/1953	a	02/02/1954	agua	-
Caballo	03/02/1954	a	23/01/1955	madera	+
Cabra	24/01/1955	a	11/02/1956	madera	-
Mono	12/02/1956	a	30/01/1957	fuego	+
Gallo	31/01/1957	a	17/02/1958	fuego	-
Perro	18/02/1958	a	07/02/1959	tierra	+
Chancho	08/02/1959	a	27/01/1960	tierra	-
Rata	28/01/1960	a	14/02/1961	metal	+
Búfalo	15/02/1961	a	04/02/1962	metal	-
Tigre	05/02/1962	a	24/01/1963	agua	+
Conejo	25/01/1963	a	12/02/1964	agua	-
Dragón	13/02/1964	a	01/02/1965	madera	+
Serpiente	02/02/1965	a	20/01/1966	madera	-
Caballo	21/01/1966	a	08/02/1967	fuego	+
Cabra	09/02/1967	a	29/01/1968	fuego	-
Mono	30/01/1968	a	16/02/1969	tierra	+
Gallo	17/02/1969	a	05/02/1970	tierra	-
Perro	06/02/1970	a	26/01/1971	metal	+
Chancho	27/01/1971	a	14/02/1972	metal	-
Rata	15/02/1972	a	02/02/1973	agua	+
Búfalo	03/02/1973	a	22/01/1974	agua	-
Tigre	23/01/1974	a	10/02/1975	madera	+
Conejo	11/02/1975	a	30/01/1976	madera	-
Dragón	31/01/1976	a	17/02/1977	fuego	+
Serpiente	18/02/1977	a	06/02/1978	fuego	-
Caballo	07/02/1978	a	27/01/1979	tierra	+
Cabra	28/01/1979	a	15/02/1980	tierra	-
Mono	16/02/1980	a	04/02/1981	metal	+
Gallo	05/02/1981	a	24/01/1982	metal	-
Perro	25/01/1982	a	12/02/1983	agua	+
Chancho	13/02/1983	a	01/02/1984	agua	-

SIGNO					
Rata	02/02/1984	a	19/02/1985	madera	+
Búfalo	20/02/1985	a	08/02/1986	madera	-
Tigre	09/02/1986	a	28/01/1987	fuego	+
Conejo	29/01/1987	a	16/02/1988	fuego	-
Dragón	17/02/1988	a	05/02/1989	tierra	+
Serpiente	06/02/1989	a	26/01/1990	tierra	-
Caballo	27/01/1990	a	14/02/1991	metal	+
Cabra	15/02/1991	a	03/02/1992	metal	-
Mono	04/02/1992	a	22/01/1993	agua	+
Gallo	23/01/1993	a	09/02/1994	agua	-
Perro	10/02/1994	a	30/01/1995	madera	+
Chancho	31/01/1995	a	18/02/1996	madera	-
Rata	19/02/1996	a	06/02/1997	fuego	+
Búfalo	07/02/1997	a	27/01/1998	fuego	-
Tigre	28/01/1998	a	15/02/1999	tierra	+
Conejo	16/02/1999	a	04/02/2000	tierra	-
Dragón	05/02/2000	a	23/01/2001	metal	+
Serpiente	24/01/2001	a	11/02/2002	metal	-
Caballo	12/02/2002	a	31/01/2003	agua	+
Cabra	01/02/2003	a	21/01/2004	agua	-
Mono	22/01/2004	a	08/02/2005	madera	+
Gallo	09/02/2005	a	28/01/2006	madera	-
Perro	29/01/2006	a	17/02/2007	fuego	+
Chancho	18/02/2007	a	06/02/2008	fuego	-
Rata	07/02/2008	a	25/01/2009	tierra	+
Búfalo	26/01/2009	a	13/02/2010	tierra	-
Tigre	14/02/2010	a	02/02/2011	metal	+
Conejo	03/02/2011	a	22/01/2012	metal	-
Dragón	23/01/2012	a	09/02/2013	agua	+
Serpiente	10/02/2013	a	30/01/2014	agua	-
Caballo	31/01/2014	a	18/02/2015	madera	+
Cabra	19/02/2015	a	07/02/2016	madera	-
Mono	08/02/2016	a	27/01/2017	fuego	+
Gallo	28/01/2017	a	15/02/2018	fuego	-
Perro	16/02/2018	a	04/02/2019	tierra	+
Chancho	05/02/2019	a	24/01/2020	tierra	-
Rata	25/01/2020	a	11/02/2021	metal	+

Correspondencia según fecha de nacimiento y Ki nueve estrellas

AÑO	10 KAN		12 SHI		KI 9 ESTRELLAS
1919	Tierra menor	6	Oveja (cabra)	9	Fuego púrpura
1920	Metal mayor	3	Mono	8	Tierra blanca
1921	Metal menor	9	Gallo	7	Metal rojo
1922	Agua mayor	6	Perro	6	Metal blanco
1923	Agua menor	3	Jabalí (cerdo-chancho)	5	Tierra amarilla
1924	Árbol mayor	9	Rata	4	Árbol verde oscuro
1925	Árbol menor	6	Vaca (buey-búfalo)	3	Árbol verde brillante
1926	Fuego mayor	3	Tigre	2	Tierra negra
1927	Fuego menor	9	Conejo (liebre-gato)	1	Agua blanca
1928	Tierra mayor	6	Dragón	9	Fuego púrpura
1929	Tierra menor	3	Serpiente	8	Tierra blanca
1930	Metal mayor	9	Caballo	7	Metal rojo
1931	Metal menor	6	Oveja (cabra)	6	Metal blanco
1932	Agua mayor	3	Mono	5	Tierra amarilla
1933	Agua menor	9	Gallo	4	Árbol verde oscuro
1934	Árbol mayor	6	Perro	3	Árbol verde brillante
1935	Árbol menor	3	Jabalí (cerdo-chancho)	2	Tierra negra
1936	Fuego mayor	9	Rata	1	Agua blanca
1937	Fuego menor	6	Vaca (buey-búfalo)	9	Fuego púrpura
1938	Tierra mayor	3	Tigre	8	Tierra blanca
1939	Tierra menor	9	Conejo (liebre-gato)	7	Metal rojo
1940	Metal mayor	6	Dragón	6	Metal blanco
1941	Metal menor	3	Serpiente	5	Tierra amarilla
1942	Agua mayor	9	Caballo	4	Árbol verde oscuro
1943	Agua menor	6	Oveja (cabra)	3	Árbol verde brillante
1944	Árbol mayor	3	Mono	2	Tierra negra
1945	Árbol menor	9	Gallo	1	Agua blanca
1946	Fuego mayor	6	Perro	9	Fuego púrpura
1947	Fuego menor	3	Jabalí (cerdo-chancho)	8	Tierra blanca
1948	Tierra mayor	9	Rata	7	Metal rojo
1949	Tierra menor	6	Vaca (buey-búfalo)	6	Metal blanco
1950	Metal mayor	3	Tigre	5	Tierra amarilla
1951	Metal menor	9	Conejo (liebre-gato)	4	Árbol verde oscuro

AÑO	10 KAN		12 SHI		KI 9 ESTRELLAS
1952	Agua mayor	6	Dragón	3	Árbol verde brillante
1953	Agua menor	3	Serpiente	2	Tierra negra
1954	Árbol mayor	9	Caballo	1	Agua blanca
1955	Árbol menor	6	Oveja (cabra)	9	Fuego púrpura
1956	Fuego mayor	3	Mono	8	Tierra blanca
1957	Fuego menor	9	Gallo	7	Metal rojo
1958	Tierra mayor	6	Perro	6	Metal blanco
1959	Tierra menor	3	Jabalí (cerdo-chancho)	5	Tierra amarilla
1960	Metal mayor	9	Rata	4	Árbol verde oscuro
1961	Metal menor	6	Vaca (buey-búfalo)	3	Árbol verde brillante
1962	Agua mayor	3	Tigre	2	Tierra negra
1963	Agua menor	9	Conejo (liebre-gato)	1	Agua blanca
1964	Árbol mayor	6	Dragón	9	Fuego púrpura
1965	Árbol menor	3	Serpiente	8	Tierra blanca
1966	Fuego mayor	9	Caballo	7	Metal rojo
1967	Fuego menor	6	Oveja (cabra)	6	Metal blanco
1968	Tierra mayor	3	Mono	5	Tierra amarilla
1969	Tierra menor	9	Gallo	4	Árbol verde oscuro
1970	Metal mayor	6	Perro	3	Árbol verde brillante
1971	Metal menor	3	Jabalí (cerdo-chancho)	2	Tierra negra
1972	Agua mayor	9	Rata	1	Agua blanca
1973	Agua menor	6	Vaca (buey-búfalo)	9	Fuego púrpura
1974	Árbol mayor	3	Tigre	8	Tierra blanca
1975	Árbol menor	9	Conejo (liebre-gato)	7	Metal rojo
1976	Fuego mayor	6	Dragón	6	Metal blanco
1977	Fuego menor	3	Serpiente	5	Tierra amarilla
1978	Tierra mayor	9	Caballo	4	Árbol verde oscuro
1979	Tierra menor	6	Oveja (cabra)	3	Árbol verde brillante
1980	Metal mayor	3	Mono	2	Tierra negra
1981	Metal menor	9	Gallo	1	Agua blanca
1982	Agua mayor	6	Perro	9	Fuego púrpura
1983	Agua menor	3	Jabalí (cerdo-chancho)	8	Tierra blanca
1984	Árbol mayor	9	Rata	7	Metal rojo
1985	Árbol menor	6	Vaca (buey-búfalo)	6	Metal blanco

AÑO	10 KAN		12 SHI		KI 9 ESTRELLAS
1986	Fuego mayor	3	Tigre	5	Tierra amarilla
1987	Fuego menor	9	Conejo (liebre-gato)	4	Árbol verde oscuro
1988	Tierra mayor	6	Dragón	3	Árbol verde brillante
1989	Tierra menor	3	Serpiente	2	Tierra negra
1990	Metal mayor	9	Caballo	1	Agua blanca
1991	Metal menor	6	Oveja (cabra)	9	Fuego púrpura
1992	Agua mayor	3	Mono	8	Tierra blanca
1993	Agua menor	9	Gallo	7	Metal rojo
1994	Árbol mayor	6	Perro	6	Metal blanco
1995	Árbol menor	3	Jabalí (cerdo-chancho)	5	Tierra amarilla
1996	Fuego mayor	9	Rata	4	Árbol verde oscuro
1997	Fuego menor	6	Vaca (buey-búfalo)	3	Árbol verde brillante
1998	Tierra mayor	3	Tigre	2	Tierra negra
1999	Tierra menor	9	Conejo (liebre-gato)	1	Agua blanca
2000	Metal mayor	6	Dragón	9	Fuego púrpura
2001	Metal menor	3	Serpiente	8	Tierra blanca
2002	Agua mayor	9	Caballo	7	Metal rojo
2003	Agua menor	6	Oveja (cabra)	6	Metal blanco
2004	Árbol mayor	3	Mono	5	Tierra amarilla
2005	Árbol menor	9	Gallo	1	Agua blanca
2006	Fuego mayor	6	Perro	9	Fuego púrpura
2007	Fuego menor	3	Jabalí (cerdo-chancho)	8	Tierra blanca
2008	Tierra mayor	9	Rata	7	Metal rojo
2009	Tierra menor	6	Vaca (buey-búfalo)	6	Metal blanco
2010	Metal mayor	3	Tigre	5	Tierra amarilla
2011	Metal menor	9	Conejo (liebre-gato)	4	Árbol verde oscuro
2012	Agua mayor	6	Dragón	3	Árbol verde brillante
2013	Agua menor	3	Serpiente	2	Tierra negra
2014	Árbol mayor	9	Caballo	1	Agua blanca
2015	Árbol menor	6	Oveja (cabra)	9	Fuego púrpura
2016	Fuego mayor	3	Mono	8	Tierra blanca
2017	Fuego menor	9	Gallo	7	Metal rojo
2018	Tierra mayor	6	Perro	6	Metal blanco
2019	Tierra menor	3	Jabalí (cerdo-chancho)	5	Tierra amarilla
2020	Metal mayor	9	Rata	4	Árbol verde oscuro

UN VIAJE POR LOS AÑOS DE LA RATA

Rata de Agua 18-02-1912 al 05-02-1913

• En Argentina se cayó la Piedra Movediza de Tandil, un ícono de esta zona de la provincia de Buenos Aires. • El buque *RMS Titanic* chocó contra un iceberg en la noche, en el océano Atlántico, y se hundió. Iba desde Southampton hacia Nueva York. En el accidente murieron 1517 personas. El *RMS Carpathia* rescató a los 705 supervivientes. • En Argentina tuvo lugar la rebelión agraria conocida como el Grito de Alcorta. • En Nueva York fue inaugurada la Grand Central Terminal, la estación ferroviaria más grande del mundo en número de andenes.

Rata de Madera 05-02-1924 al 24-01-1925

• En Italia, Benito Mussolini dejó al Partido Nacional Fascista como único en Italia al poner fuera de la ley a todos los partidos de oposición. • En Estados Unidos se impuso 29 km/h como la velocidad máxima que podían desarrollar los automóviles para circular por las ciudades. • La fusión de Metro Pictures, Goldwyn Pictures y Louis B. Mayer llevó a la fundación de la Metro-Goldwing-Mayer. • Nellie Tayloe Ross se convirtió en la primera mujer gobernadora en Estados Unidos. • Pablo Neruda publicó *Veinte poemas de amor y una canción desesperada*, Thomas Mann, *La montaña mágica*, André Breton, *Manifiesto del surrealismo*.

Rata de Fuego 24-01-1936 al 10-02-1937

• En Londres se estrenó la película *Tiempos modernos*, de Charles Chaplin. • Comenzó la Guerra Civil Española. Los franquistas fusilaron a Federico García Lorca. • The Crystal Palace, un inmenso edificio de hierro y vidrio construido en Londres para la Feria Mundial de 1851, quedó destruido por un incendio. • En Pensilvania, Estados Unidos, el arquitecto Frank Lloyd Wright diseñó la Casa de la cascada, hoy museo y monumento nacional. • Murieron los escritores Chesterton, británico, y Máximo Gorki, ruso. • El jurista, político y diplomático argentino Carlos Saavedra Lamas fue galardonado con el Premio Nobel de la Paz.

Rata de Tierra 10-02-1948 al 28-01-1949

• En Bélgica se aprobó el voto femenino para todas las elecciones. Desde 1919 podían votar en las de rango comunal. • En Nueva York se fundó la Organización Mundial de la Salud y la ONU proclamó la Declaración Universal de los Derechos Humanos. • Se creó el Estado de Israel. • En Costa Rica abolieron las Fuerzas Armadas. • El escritor Ernesto Sabato publicó *El túnel.* • Se inventó el transistor de contacto. • Se creó el LP, álbum de larga duración, unos 20 a 25 minutos por cara.

Rata de Metal 28-01-1960 al 14-02-1961

• En Massachusetts, Estados Unidos, una ráfaga de viento huracanado destruyó el dirigible ZPG-3W, de 120 metros de largo. • Brasilia se convirtió en la nueva capital de Brasil. • Fue lanzado el Enterprise (CVN-65), primer portaaviones impulsado por energía atómica. • En Buenos Aires, Argentina, comenzó a emitir el Canal 13. • Federico Fellini realizó *La dolce vita*, y Hitchcock, *Psicosis*, considerada su obra maestra. • El escultor Antonio Pujia recibió el Gran Premio de Honor en el XLIX salón de Artes Plásticas de la República Argentina.

Rata de Agua 15-02-1972 al 02-02-1973

• En la cordillera de los Andes se cayó el avión en el que viajaba un equipo de rugby uruguayo; en total 45 pasajeros. Sobrevivieron 16 de ellos, que fueron rescatados 72 días más tarde, el 22 de diciembre. • En Estados Unidos el diario *Washington Star* puso al descubierto el "experimento Tuskegee", que en Macon (Alabama) entre 1932 y 1972 utilizó como conejillos de Indias a 400 familias afroamericanas para comprobar el desarrollo de la sífilis. • Se formó el cuarteto Björn & Benny, Agnetha & Frida, que luego cambiaría su nombre por el de ABBA.

Rata de Madera 02-02-1984 al 19-02-1985

• En Argentina la CONADEP (Comisión Nacional por la Desaparición de Personas), convocada por el presidente Raúl Alfonsín, le entrega al mandatario el informe Nunca Más, también conocido como Informe Sabato. • El Canal BBC de Londres difundió reportajes que dieron a conocer la hambruna de Etiopía. • En Londres, el grupo Band Aid grabó el tema *Do They Know It's Christmas?* para recaudar fondos para combatir la hambruna de Etiopía, y en Hollywood se formó el grupo USA for Africa, que grabó *We Are the World* para ayudar a distintos países africanos. • Gran Bretaña y China acordaron que en 1997 se produciría la cesión de la soberanía británica sobre Hong Kong. • En Palermo (Sicilia) fue descubierta una ciudad subterránea que la mafia usaba como refugio. • Se creó el Cirque du Soleil.

Rata de Fuego 19-02-1996 al 06-02-1997

• Después de ser derrotado en las elecciones, el expresidente de Polonia, Lech Walesa, volvió a trabajar como electricista en los astilleros de Gdansk. • En Escocia nació la oveja Dolly, primer animal clonado. • Los Juegos Olímpicos de Atlanta, Estados Unidos, sufrieron un ataque terrorista en el Centennial Olympic Park, que dejó un saldo de ciento once heridos y dos muertos. • En Pinamar, Argentina, fue asesinado el fotógrafo José Luis Cabezas, y se convirtió en emblema de la lucha por la libertad de prensa en el país. • En Entre Ríos, Argentina, en un accidente, fallecieron la cantante Gilda, su hija, el conductor y tres músicos.

Rata de Tierra 07-02-2008 al 25-01-2009

• Después de cuarenta y nueve años en el poder, Fidel Castro renunció al cargo por motivos de salud. • El volcán chileno Chaitén entró en erupción y las poblaciones de Chaitén y Futaleufú debieron ser evacuadas. • En Estados Unidos fue electo Barack Obama, primer presidente afroamericano del país. • Quebró Lehman Brothers, el cuarto banco de inversiones del mundo, con un pasivo de 550 000 millones de dólares. El hecho afectó a miles de entidades financieras y produjo una oleada de pánico por la posibilidad de un *crash* financiero mundial. • En la ciudad de México se realizó la marcha "Iluminemos México" para poner de manifiesto los altos índices de inseguridad en el país. Otras ciudades mexicanas se hicieron eco.

BIBLIOGRAFÍA

- Botton Beja, Flora. *China. Su historia y cultura hasta 1800.* El Colegio de México. México, 1984.
- Buttler, Judith: *El género en disputa: Feminismo y subversión de la identidad*, Paidós, Buenos Aires, 1990.
- Maestro Yuan-Kuang: *Método práctico de adivinación china por Yi King*, Editorial Kier, Buenos Aires, 1985.
- Michio Kushi: *Astrología oriental*, Asociación Macrobiótica del Uruguay, Montevideo.
- Motta, Carlos-Gustavo: *Marcas de la época, huella en el sujeto,* Ed. Contemporáneos, Buenos Aires, 2001.
- Squirru, Ludovica: *Horóscopo Chino*, Ediciones B, Buenos Aires, 2003.
- Squirru, Ludovica: *Horóscopo Chino*, Urano. Buenos Aires, 2015.
- Wilheim, Richard: *I Ching*, Editorial Hermes, Sudamericana 1996.

- https://www.chineseastrologyonline.com/OracleBone.htm
- http://www.chinavista.com/experience/oracle/oracle.html
- https://www.britannica.com/topic/Shang-dynasty
- https://es.wikipedia.org

Horóscopo Chino 2020 de Ludovica Squirru Dari
se terminó de imprimir en noviembre de 2019
en los talleres de
Offset Santiago, S.A. de C.V.
Ubicados en Parque Industrial Exportec,
Toluca, Estado de México. C.P. 50200